Lutz Stührenberg

Professionelle betriebliche Kommunikation

Lutz Stührenberg

Professionelle betriebliche Kommunikation

Erfolgsfaktoren der Personalführung

GABLER

Bibliografische Information Der Deutschen Bibliothek
Die Deutsche Bibliothek verzeichnet diese Publikation in der Deutschen Nationalbibliografie;
detaillierte bibliografische Daten sind im Internet über <http://dnb.ddb.de> abrufbar.

Prof. Dr. Lutz Stührenberg ist als Führungskraft, Trainer und Coach seit vielen Jahren in der Industrie tätig. Er ist Leiter des Studienbereichs Betriebswirtschaft an der Privaten Fachhochschule für Wirtschaft und Technik FHWT (www.fhwt.de) und vertritt das Fachgebiet »Management & Organisation«. Darüber hinaus betreibt er die Dienstleistungsplattform »atlando Personalentwicklung und -training« (www.atlando.de).

1. Auflage Februar 2003

Alle Rechte vorbehalten
© Betriebswirtschaftlicher Verlag Dr. Th. Gabler GmbH, Wiesbaden 2003

Lektorat: Ulrike Lörcher / Katharina Harsdorf

Der Gabler Verlag ist ein Unternehmen der Fachverlagsgruppe BertelsmannSpringer.
www.gabler.de

Umschlaggestaltung: Ulrike Weigel, www.CorporateDesignGroup.de
Druck und buchbinderische Verarbeitung: Lengericher Handelsdruckerei, Lengerich
Gedruckt auf säurefreiem und chlorfrei gebleichtem Papier
Printed in Germany

ISBN 3-409-12316-4

„Einer Änderung unseres Denkens und Handelns ... steht weniger der Mangel an geistigen und technischen Möglichkeiten entgegen als vielmehr ein ungeheurer Ballast an Traditionen und Tabus, an Lehrmeinungen und Dogmen. Obwohl keineswegs genetisch verankert, wurden sie doch von Generation zu Generation als unverrückbare »Wahrheiten« weitergegeben."[1]

Vorwort

Ausgangspunkt dieser Arbeit ist der von vielen Seminarteilnehmern und Studenten geäußerte Wunsch, das präsentierte und ausführlich diskutierte Gedankengut in einer übersichtlichen und in sich geschlossenen Darstellung bereitzustellen.

Dieses Buch ist meines Erachtens nicht für Personen geeignet, welche sich stichprobenartig mal hier und dort informieren wollen. Da die Begrifflichkeiten und Denkmodelle systematisch aufeinander aufbauen, ist es vorteilhaft, Seite für Seite vom Anfang bis zum Ende zu lesen. In Sprache und Darstellung versuche ich der Zielgruppe gerecht zu werden. Die Zielgruppe ist dabei nicht auf die Führungsebenen der Unternehmen und anderer Organisationen beschränkt, sondern umfasst alle Personen, die dem allgemeinen Trend des »Mobbings« entkommen wollen und einen positiven Beitrag zur Kultur ihrer Organisation erbringen möchten. Auf Fußnoten konnte und wollte ich aus urheberrechtlichen Gründen nicht verzichten, zumal sie als Quellennachweis der wissenschaftlichen Diskussion dienen.

Zur Abgrenzung der Thematik erscheint es sinnvoll, einige Begrifflichkeiten bereits an dieser Stelle zu klären. In Anlehnung an REINER BRÖCKERMANN definiere ich »Personalführung« als den Teilbereich der Unternehmensführung, der sich auf die Ressource (gemeint ist das natürliche »Produktionsmittel«) Mensch bezieht.[2] Eine wichtige Aufgabe der Personalführung besteht darin, Veränderungen im eigenen sowie im Verhalten der Mitarbeiter herbeizuführen. Der Begriff Verhalten beinhaltet dabei nicht nur das Handeln selbst, sondern umfasst Dimensionen wie zum Beispiel Haltungen, Orientierungen und Wertvorstellungen. Gegenstand dieser Arbeit ist es unter anderem zu prüfen, ob und in welchem Maße es gelingen kann, bei sich selbst, aber auch bei Mitarbeitern, nachhaltige Verhaltensänderungen herbeizuführen.

---

[1] Vester, (1993), Seite 456.
[2] Vgl. Bröckermann, (2000), Seite 25.

Im ersten Kapitel geht es um die psychologischen Grundlagen der Verhaltensänderung. Hierbei werden dem Leser die Wirkungsweisen und Auswirkungen der »klassischen« und »operanten Konditionierung« nahe gebracht.

Die im zweiten Kapitel vorgestellten Überlegungen basieren auf dem Modell der »Transaktionalen Analyse« von ERIC BERNE. In meiner betrieblichen Praxis hatte ich Gelegenheit zu beobachten, wie Kollegen mit Hilfe dieses Kommunikationsmodells sehr erfolgreich ihren Arbeitsalltag bewältigten. Jeder, der die Argumentationskette nachvollziehen und die zugrunde liegenden Modellannahmen vor dem Hintergrund eigener persönlicher Lebenserfahrungen verifizieren (bestätigen) kann, wird in diesem Buch nützliche Hinweise für eine kontinuierliche Verbesserung und Weiterentwicklung der eigenen Persönlichkeit finden. So gesehen soll dieses Buch einen Beitrag zur kreativen Selbstbestimmung leisten und dem Leser eine neue, ihm bislang möglicherweise unbekannte Perspektive vermitteln.

Im dritten Kapitel werden ausgewählte Aspekte der Personalführung, wie zum Beispiel Führungsstile, Coaching, Gruppendynamik, Konfliktmanagement, Mikropolitik und Führungsethik aus dem Blickwinkel der Transaktionalen Analyse diskutiert. Diese Überlegungen bilden die Grundlagen für das folgende Thema »Mobbingprävention« im vierten Kapitel. Das fünfte und letzte Kapitel beschäftigt sich mit Möglichkeiten der Stress-Bewältigung und des Zeitmanagements.

Mein Dank gilt allen Menschen, die zum Gelingen dieses Buches beigetragen haben, insbesondere CHRISTIAN LANFER, der sich ausführlich mit der Thematik »Coaching in der betrieblichen Unternehmung« auseinander setzte, INES MENKE für ihre Ausführungen zu dem Abschnitt Mobbingprävention sowie SABINE und GERTA KUNZMANN für die redaktionelle Arbeit und das konstruktive Feedback. Die vollständigen Ergebnisse der empirischen Untersuchungen sowie Musterverträge stehen als kostenloses Download im Internet unter »www.atlando.de/publikationen.htm« zur Verfügung.

Ganz besonders verbunden fühle ich mich meinem Mentor und Supervisor PETER KLEINLINGER, der mich in die Thematik der »Transaktionalen Analyse« einführte und mir seit vielen Jahren mit seinem fundierten und reichhaltigen Erfahrungsschatz zur Seite steht.

Wenn auch Sie sich an der Diskussion beteiligen, von Ihren eigenen Erfahrungen berichten oder möglicherweise an einem Seminar zur betrieblichen Kommunikation teilnehmen möchten, dann nehmen Sie bitte unter »www.atlando.de« Kontakt auf. Ich werde mich dann umgehend mit Ihnen in Verbindung setzen.

Oldenburg, 1. Januar 2003

LUTZ STÜHRENBERG

Inhaltsverzeichnis

Abbildungsverzeichnis

„Es ist nicht das Wissen, sondern das Lernen,
nicht das Besitzen, sondern das Erwerben,
nicht das Da-Sein, sondern das Hinkommen,
was den größten Genuß gewährt."[3]

1. Möglichkeiten und Grenzen der Verhaltensänderung

Möchte jemand eine Verhaltensänderung bei sich selbst oder einer anderen Person bewirken, so setzt dieses einen **Lernprozess** voraus. Lernen ist eine umfassende Bezeichnung für Veränderungen des individuellen Verhaltens auf bestimmte Reize, Signale, Objekte oder Situationen. Lernen basiert auf der Grundlage wiederholter Erfahrungen, die bewusst oder unbewusst verarbeitet werden. Vom Lernprozess zu trennen sind

- Verhaltensänderungen, die durch angeborene Reaktionstendenzen, wie zum Beispiel Instinkte oder Reflexe, hervorgerufen werden,

- genetisch bedingte Reifungsprozesse sowie

- vorübergehende Veränderungen des Organismuszustands, wie sie zum Beispiel durch Ermüdung oder biologische Bedürfnisse hervorgerufen werden.[4]

Typische **angeborene Reaktionstendenzen** können beispielsweise bei Neugeborenen beobachtet werden. Zahlreiche lebenserhaltende Aktivitäten wie Nahrungsaufnahme, Ausscheidung und Atmung werden durch ganz bestimmte Reize hervorgerufen. Dieses so genannte **Reflexverhalten** ist genetisch programmiert und beinhaltet automatisiert ablaufende Handlungsketten, die nicht erst erlernt werden müssen. Das Kleinkind saugt, schluckt und atmet in sorgfältig abgestimmter Reihenfolge, wenn die Reaktionskette durch den Saugreflex ausgelöst wird.[5]

Lernen wird in der Regel aus der Beobachtung **einer Verhaltensänderung** gefolgert. Demnach sollte sich das Verhalten, zum Beispiel die Arbeitsproduktivität, verbessern, wenn das Team im Rahmen einer betrieblichen Weiterbildung etwas gelernt hat. Umgekehrt müsste die Produktivität sinken, wenn Mitarbeiter einen Teil des Gelernten wieder vergessen haben. Dieses Beispiel zeigt sehr deutlich, dass die Leistung keine genaue Widerspiegelung des Gelernten erlaubt, da die Ursache für die Schlechtleistung nicht

---

3   Gauß, (1992), Seite 13.
4   Vgl. Argyris & Schön, (1999), Seite 19 bis 22; Fröhlich, (1994), Seite 257; Thagard, (1999), Seite 90 bis 92.
5   Vgl. Legewie & Ehlers, (2000), Seite 247.

zwangsläufig in dem Vergessen des Gelernten liegen muss, sondern andere Gründe dazu geführt haben können, wie beispielsweise Spannungen im Team oder gesundheitliche Einschränkungen einzelner Mitarbeiter. Die Begriffe Lernen und Verhalten sind folglich eng miteinander verknüpft, sollten aber dennoch nicht verwechselt werden.[6]

1.1   Klassische Konditionierung

Schon nach wenigen Wochen wird der angeborene Saugreflex durch **erlernte Verhaltensweisen** ergänzt. Das Kleinkind beginnt bereits zu saugen, wenn es zum Stillen hochgenommen oder wenn von den Eltern die Milchflasche vorbereitet wird. Offensichtlich geht der ursprünglich durch die Brust ausgelöste Berührungsreiz auf andere **erlernte Signale** über.[7]

Die hierbei beteiligten Lernvorgänge werden nach dem russischen Nobelpreisträger IWAN PAWLOW als **klassische Konditionierung** bezeichnet. PAWLOW war Naturwissenschaftler und untersuchte in erster Linie die Physiologie der Verdauung. Bei seinen Experimenten entdeckte er, dass Hunde nicht nur Speichel absondern, wenn Nahrung die Mundschleimhaut berührt, also der natürliche, angeborene Speichelreflex ausgelöst wird, sondern dass die Aktivität der Speicheldrüsen bereits beim Anblick der Nahrung einsetzt. Dieses Verhalten nannte PAWLOW **konditionierte Reaktionen**, um es von angeborenen unkonditionierten Reflexen zu unterscheiden, wie zum Beispiel den bereits erwähnten Saugreflex.

Abbildung 1:
IWAN PETROWITSCH PAWLOW (1849 - 1936)
Quelle: Krech und andere, (1985), Seite 13.

In seinen Experimenten stellte PAWLOW künstliche Reaktionen bei seinen Versuchstieren her. In den fast einhundert Jahre alten Originalfilmaufnahmen aus der militärärztli-

---

[6]   Vgl. Bourne & Ekstrand, (1992), Seite 131f.
[7]   Vgl. Legewie & Ehlers, (2000), Seite 247.

chen Akademie in St. Petersburg ist deutlich erkennbar, wie PAWLOW bei Fütterung seiner Versuchstiere ein Metronom ticken lässt. Das Metronom alleine löst beim Hund keinen Speichelfluss aus.

Erst **durch die wiederholte Kopplung des neutralen Signals** (Metronom) **mit der Fütterung** des Hundes wird die Konditionierung hergestellt. Nach nur wenigen Bekräftigungsversuchen werden bereits durch das Ticken des Metronoms einige Tropfen Speichel abgesondert, noch **bevor** die eigentliche Fütterung einsetzt.

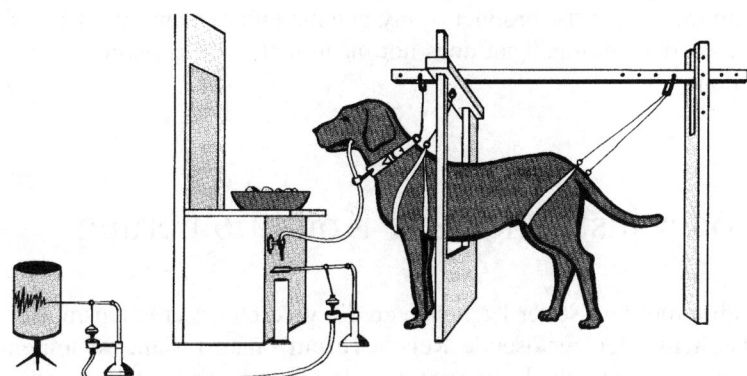

Abbildung 2:
Versuchsanord-nung zur klassi-schen Konditionierung
Quelle: Legewie & Ehlers, (2000), Seite 246.

Dieser Versuchsabschnitt wird auch **Lernphase** genannt, da mit jeder erneuten Kopplung die Konditionierung beständiger und damit das Auftreten der gewünschten Reaktion (Speichelfluss) wahrscheinlicher wird.

Dem so genannten »**Kontiguitätsgesetz**« zufolge wird ein Organismus eine Assoziation (Verknüpfung von Vorstellungen) zwischen mehreren beliebigen Reizen (zum Beispiel Metronom & Fütterung) herstellen, sofern diese zeitlich und örtlich nah beieinander liegen. Für jede Reizkombination existiert ein optimales Konditionierungsintervall, welches in der Regel sehr kurz ist.[8]

1.2   Extinktion und spontane Erholung

PAWLOW beobachtete, dass bei wiederholter alleiniger Darbietung des Metronoms die Stärke der konditionierten Reaktion kontinuierlich abnahm, bis schließlich jeder Speichelfluss unterblieb. Damit war die konditionierte Reaktion nicht mehr feststellbar. Wurde der Versuch für einige Zeit unterbrochen, indem die Versuchstiere eine Ruhe-

---

[8]   Vgl. Bourne & Ekstrand, (1992), Seite 135.

pause erhielten, so trat jedoch bei erneuter Darbietung des Metronoms der Speichelfluss wieder auf, was bedeutet, dass es zu einer **spontanen Erholung** kam. Dieses Phänomen wird so erklärt, dass während der so genannten Extinktionsphase (**Extinktion = Schwächung einer Wellenbewegung**) die Verbindung des neutralen Signals (Metronom) mit der gewünschten Reaktion (Speichelfluss) nicht verlernt, sondern nur **vorübergehend entkoppelt** wird.[9]

„I am sometimes asked, »Do you think of yourself as you think of the organisms you study?« The answer is yes. So far as I know, my behaviour at any given moment has been nothing more than the product of my genetic endowment, my personal history, and the current setting. That does not mean that I can explain everything I do or have done."[10]

1.3   Operante oder instrumentelle Konditionierung

Bei der klassischen Konditionierung ist der Lernende an die vererbten Verhaltensmuster (Reflexe) gebunden. Das heißt, der auslösende Reiz wird auf einen bislang neutralen Reiz übertragen. Das Lernen neuer, nicht angeborener Handlungsweisen und –muster kann mit Hilfe der klassischen Konditionierung nur unzureichend erklärt werden.[11] Ausgangspunkt dieser Erkenntnis war die Beobachtung, dass das Verhalten oftmals keine Reaktion auf **vorausgegangene** Reize ist, sondern dass Tiere und Menschen selbst Verhaltensweisen entwickeln, wobei die Auftretenswahrscheinlichkeit durch **nachfolgende** Reize verstärkt werden kann.

Im Rahmen des »Behaviorismus« wurde diesem Phänomen ein eigenes Forschungsprogramm gewidmet, dessen wohl einflussreichster Vertreter der an der Havard University tätige Psychologieprofessor BURRHUS FREDERIC SKINNER war.[12] »Behaviorismus« ist eine sehr verbreitete und einflussreiche Schule der amerikanischen Psychologie und beschränkt sich im Wesentlichen auf »objektiv« beobachtbares und messbares Verhalten.[13]

SKINNER wird häufig in Zusammenhang mit den Begriffen **operantes** beziehungsweise **instrumentelles Konditionieren** genannt. Der Begriff »operant« im Sinne von »Handeln« wird benutzt, um die Aktivität, das heißt, die Eigenhandlung des Lernenden zu betonen. Der Begriff »instrumentell« verdeutlicht, dass die Lernenden in einem gewissen

---

[9]   Vgl. Bourne & Ekstrand, (1992), Seite 146; Deißenböck, http://www.deissenboeck.de/ downloads/faq-psy_2up.pdf, 08.10.2001; Krech u. a., (1985), Seite 21.

[10]   Skinner, (1983), Seite 138.

[11]   Vgl. Legewie & Ehlers, (2000), Seite 257.

[12]   Vgl. Schönpflug, (2000), Seite 339.

[13]   Vgl. Häcker & Stapf, (1998), Seite 108f.

Rahmen Kontrolle über ihre Umwelt ausüben. Ihr Tun ist demzufolge instrumentell, das heißt zielgerichtet und ursächlich für die Folgen. Der Lernende versucht demzufolge, durch instrumentelles Verhalten eine angenehme Konsequenz in Form einer Belohnung herbeizuführen oder eine unangenehme Konsequenz, zum Beispiel eine Bestrafung, zu vermeiden.[14] Als »**Verstärker**« können dabei sowohl »nonverbale« als auch »verbale« »Aktivitäten« dienen.[15]

Abbildung 3:
**BURRHUS FREDERIC SKINNER
(1904 - 1990)
und die »Skinner-Box«**
Quelle: B. F. Skinner Foundation,
http://www.bfskinner.org/images.
asp, 12.02.2002; Bourne &
Ekstrand, (1992), Seite 137.

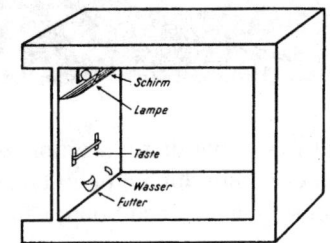

Die von SKINNER entwickelte Box (**Skinner-Box**) ist eine sehr häufig benutzte experimentelle Apparatur zur Untersuchung der operanten Konditionierung.[16]

Ein solches Experiment könnte beispielsweise folgendermaßen aussehen: Wenn eine Taube beim Aufleuchten der Lampe auf eine Taste pickt, fällt Futter in den Napf. Da die Taube dieses anfangs nicht weiß, wird sie wahllos in unregelmäßigen zeitlichen Abständen die Taste »betätigen«. Bereits nach kurzer Zeit wird die Taube den Zusammenhang zwischen Lichtsignal und Verfügbarkeit des Futters durch das Benutzen der Taste erkennen und das wahllose Picken durch eine gezielte Verhaltensstrategie ersetzen.

Bei vielen derartigen Anpassungsleistungen ist zu beobachten, dass sich die optimale Verhaltensweise erst **schrittweise** einstellt. Während des Lernprozesses verändert sich nicht nur die Häufigkeit, mit der Reaktionen durch bestimmte Reize ausgelöst werden. Auch die Verkettung einzelner Reaktionen ist einem kontinuierlichen Wandel unterworfen, so dass sich die Anpassungsleistung als **fortgesetzte Modifikation des Gesamtverhaltens** vollzieht.

Ein wesentliches Ziel der »operanten« beziehungsweise »instrumentellen« Konditionierung ist die gezielte schrittweise Verhaltensmodifikation. SKINNER hat hierfür den Ausdruck »**Shaping**« (Verhaltensformung) eingeführt. Hierbei erfolgt das **Lernen in »kleinen« Schritten**, wobei jeder nachfolgende Schritt eine Reaktion verlangt, welche dem gewünschten Verhalten näher kommt. Durch die **gezielte Verstärkung** werden be-

---

14 Vgl. Bourne & Ekstrand, (1992), Seite 136.
15 Vgl. Bay, (1981), Seite 76.
16 Vgl. Bourne & Ekstrand, (1992), Seite 137.

stimmte Reaktionen aus dem zunächst zufälligen Handlungsstrom hervorgehoben und so in einen Handlungsablauf integriert, dass oftmals ganz neue Verhaltensmuster entstehen.[17]

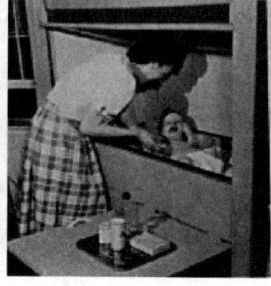

Abbildung 4:
SKINNERS Tier- und Menschenversuche
Quelle: IMP, http:// diggity.schwag.org/~zeno/ skinner, 12.02.2000.

SKINNER hat diesen Lernprozess nicht nur durch Experimente mit Tauben, sondern, wie in der Abbildung 4 deutlich erkennbar, auch am menschlichen Verhalten, in diesem Fall an seinem eigenen Sohn, näher untersucht.

Vor dem Hintergrund der Forschungsergebnisse zur Konditionierung formulierte der amerikanische Psychologe E. L. THORNEDIKE das »**Empirische Gesetz des Effekts**«, wonach die Wahrscheinlichkeit des Auftretens einer bestimmten Handlung im Allgemeinen im Anschluss an eine Belohnung zunimmt. Nach einer Bestrafung wird jedoch die Wahrscheinlichkeit des Auftretens dieser Handlung geringer. Anders ausgedrückt: Handlungsweisen, denen eine Belohnung folgt, erfahren eine »Verstärkung« bzw. »Bekräftigung«. Diese beiden Begriffe sind von zentrale Bedeutung in der Lern- und Motivationspsychologie.[18]

1.4   Kognitive Aspekte der Verhaltensmodifikation

Nicht jede Verhaltensänderung beziehungsweise nicht jeder Lernerfolg muss das Ergebnis einer klassischen oder operanten Konditionierung sein. Die **Modifikation** des Verhaltens kann auch das Ergebnis einer Aneignung oder Umstrukturierung des Wissens **auf der Grundlage kognitiver** (die Erkenntnis betreffende) **Fähigkeiten** sein. Hierzu zählen beispielsweise die Wahrnehmung, die Vorstellungskraft, das Schlussfolgern und andere Formen der Informationsverarbeitung.[19]

---

[17]   Vgl. Bourne & Ekstrand, (1992), Seite 144; Legewie & Ehlers, (2000), Seite 260;
       Krech u. a., (1985), Seite 36f; von Rosenstiel, (1992), Seite 232f.
[18]   Vgl. Legewie & Ehlers, (2000), Seite 221.
[19]   Vgl. Bourne & Ekstrand, (1992), Seite 153; Amelang & Zielinski, (1997), Seite 461.

Der Forscher W. KÖHLER führte zur Offenlegung dieser Mechanismen zahlreiche Versuche mit Affen durch, welche bestätigten, dass Lernerfolge nicht ausschließlich durch Versuch und Irrtum (Trial and Error) eintreten, sondern dass geändertes Verhalten **Ergebnis einer Umstrukturierung der Wahrnehmung** eines Problems sein kann. Diese Umstrukturierung erfolgt durch »Einsicht«, welche die Affen durch Nachdenken und Erkennen (Kognition) erreichen. In der Abbildung 5 sehen wir Affen, die zunächst vergeblich versuchen, durch Hochspringen und Strecken eine Banane zu erreichen. Sie lösen das Problem durch Nachdenken. Sie stapeln umherliegende Kisten übereinander und klettern an diesen hoch.[20]

Abbildung 5:
»KÖHLERS Affen« Problemlösung durch Einsicht
Quelle: Legewie & Ehlers, (2000),
Seite 264.

Es lässt sich nicht mit Sicherheit klären, ob das Verhalten von »KÖHLERS Affen« tatsächlich Resultat ihres Nachdenkens ist; schließlich könnte es sich um den Endpunkt eines langen »Versuch-und-Irrtum-Lernens« handeln. Dennoch kennen wir alle Beispiele für kognitive Lernerfolge. Führt beispielsweise die Lektüre dieses Buches oder auch der Besuch eines entsprechenden Seminars zu einer Veränderung des Verhaltens, so lässt sich dieses kaum mit der klassischen oder instrumentellen Konditionierung erklären. Es wäre das Ergebnis eines **Denkprozesses**.

In den meisten Alltagssituationen dürfte die Verhaltensmodifikation sowohl durch kognitive Aspekte als auch durch klassische und operante Konditionierung beeinflusst werden. Muss eine Führungsperson zum Beispiel ein Kritikgespräch führen, so wird sie im Vorfeld überlegen, welches Verhalten der zu kritisierende Mitarbeiter erwartet. Sie wird gegebenenfalls eine andere, aus ihrer Sicht erfahrene Person um Rat bitten und deren Erfolge oder Misserfolge in die Gesprächsstrategie einfließen lassen. Diese **(kognitive) Erkenntnisleistung** wird durch eine instrumentelle Komponente verstärkt oder abgeschwächt. Zu einer Verstärkung kommt es beispielsweise, wenn die Führungsperson

---

20   Vgl. Legewie & Ehlers, (2000), Seite 263.

»belohnt« wird, indem der Mitarbeiter sein Verhalten in die gewünschte Richtung verändert und der Führungsperson damit das Gefühl **persönlicher Kompetenz** vermittelt. Zu einer Abschwächung kommt es zum Beispiel, wenn die geäußerte Kritik vom Mitarbeiter nicht akzeptiert wird. Dadurch stellt der Mitarbeiter die Kompetenz seines Gesprächspartners in Frage. Die Gesprächsführung der Führungsperson ist instrumentell, da sie ihre Strategie anhand der erfahrenen Folgen fortlaufend verändern wird. Führt die Führungsperson diese Kritikgespräche stets in demselben Besprechungsraum und nehmen wir an, dass diese Gespräche bei ihr stets ein Gefühl der Nervosität hervorrufen, dann kann es zu einer Übertragung der Nervosität auf einen neutralen Gegenstand kommen, in diesem Fall auf den Besprechungsraum, womit auch die dritte Komponente (die klassische Konditionierung) zum Tragen käme.

Im Gegensatz zur kognitiven Komponente, bei der es zu einer aktiven und **bewussten** Informationsverarbeitung der Betroffenen kommt, werden die klassische und instrumentelle (operante) Konditionierung von den Betroffenen in der Regel nicht wahrgenommen, dass heißt, sie dringt in der Regel nicht in die Bewusstseinsebene des Menschen vor.

> „Wer an den Spiegel tritt, um sich zu ändern, der hat
> sich schon geändert."[21]

1.5   Bedeutung der Konditionierung

Bis PAWLOW die Bedeutung der Konditionierung offen legte, waren die Menschen immer sehr stolz gewesen auf ihren Verstand und auf ihre »freie Willensentscheidung«. Sie hatten das Gefühl, alle Dinge, mit denen sie in Berührung kamen, danach beurteilen zu können, ob sie richtig oder falsch, ob sie gut oder schlecht seien. Sie lebten in der festen Überzeugung, dass dieses immer nur eine Frage der eigenen Entscheidung sei. Mit dem wissenschaftlichen Beweis des Phänomens der Konditionierung machte PAWLOW deutlich, dass sowohl tierisches als auch menschliches Verhalten oftmals lediglich eine Antwortreaktion auf unsere Umwelt darstellt. Dieses bedeutet, dass konditionierte Reaktionen (unbewusst) unser Handeln in hohem Maße bestimmen.

„Daß viele unserer Verhaltensweisen nicht nur weniger rational sind, als uns lieb ist, sondern auch viel unüberlegter, als wir zugeben würden, hatten schon skeptische Philosophen früherer Jahrhunderte wie HUME vermutet. Natürlich wäre es falsch und ungerecht, daraus den Schluß zu ziehen, auch wir seien nur biologische Automaten, wie es in gewissem Sinn der Stichling ist. Doch auch wir reagieren wie viele mehr oder weni-

---

[21]   Seneca, (2002), Seite 45.

ger sympathische und mehr oder weniger hochentwickelte Lebewesen nicht so sehr aufgrund von Absichten als vielmehr aufgrund von Signalen: Und das ändert sich nicht schon deshalb, weil wir anders als eine Schnecke oder ein Fisch auch imstande sind, unsere Handlungen zu kontrollieren, und weil wir phantasieren, argumentieren und Kultur hervorbringen. WITTGENSTEIN hat provokatorisch, aber auch sehr ernsthaft gesagt, das sogenannte »willentliche« menschliche Verhalten sei nicht durch das Vorhandensein vorausgegangener mentaler Vorgänge gekennzeichnet, sondern dadurch, daß es uns nicht überrascht, so gehandelt zu haben. ... Der naiven Psychologie zufolge ist Absicht der mentale Vorgang, der normalerweise dem Verhalten zugrunde liegt: Ich habe die Absicht, etwas zu tun, also tue ich es; ich habe es getan, also hatte ich die Absicht, es zu tun. Das ist jedoch nur eine Aussage von mir, wobei noch nicht gesagt ist, daß sie der Wahrheit entspricht: Tatsächlich ist es eine Aussage, die sich darauf beschränkt, Verantwortung zuzuschreiben. Das Verhalten wird hier also in einen Rechtfertigungskontext gestellt und nicht in einen Erklärungskontext. ... Solche Verhaltensweisen sind größtenteils Handlungsmuster, die in unserer kulturellen Welt konsolidiert sind, Drehbücher für normales Sozialverhalten, Kalender für Gepflogenheiten, wiederkehrende Anlässe, Riten und Feiern und auch banale Gewohnheiten.«[22]

Mit der Offenlegung der Mechanismen der Konditionierung und des intentionalen Verhaltens schien festzustehen, dass der Mensch kein wunderbares freies Geschöpf ist, sondern dass er in Wirklichkeit nichts anderes als eine Art biologische Supertelefonschaltzentrale ist, über die verschiedene Elemente seiner Umgebung mit anderen Elementen in Verbindung treten, so wie Telefonkabel über eine Schaltzentrale miteinander verbunden sind.

Das wahrscheinlich populärste Beispiel für die Konditionierung finden wir in der Werbung. In der Regel wird die Werbung so geschickt aufgebaut, dass die konditionierten Reaktionen nicht bis in unsere Bewusstseinsebene vordringen. Dieses bedeutet natürlich nicht, dass die verdeckten Botschaften keine Wirkung zeigen. Meines Erachtens ist sogar zu erwarten, dass diese unterschwellige Einflussnahme stärker unser Verhalten beeinflusst, als die auf der Bewusstseinsebene übermittelten »Appelle«.

In einem vom Autor durchgeführten Experiment wurden jeweils zu Beginn und am Ende der Veranstaltung die Probanden befragt, wie stark sie sich von Werbesendungen beeinflusst beziehungsweise »manipuliert« fühlten. In diesen Veranstaltungen wurden Videosequenzen der Konsumgüterwerbung, des Wahlkampfes sowie historische Filmdokumente aus der Zeit des Nationalsozialismus eingehend analysiert und diskutiert. Die Abbildung 6 verdeutlicht, dass die Probanden, bedingt durch die kognitive (erkenntnismäßige) Auseinandersetzung mit dem Thema, ihre Meinung grundlegend änderten. Fühlte sich vorher die Mehrheit als wenig bis überhaupt nicht betroffen, vertraten zum Schluss die meisten die Auffassung, dass sie sich stark bis sehr stark beeinflusst fühlen.

Empirische Studien belegen, dass Männer, die eine Werbeannonce für ein Auto betrachten, in welcher eine verführerische Frau abgebildet ist, das Auto als schneller, anspre-

---

[22]   Jervis, (2001), Seite 100f und 104.

chender, teurer aussehend und besser gestylt einschätzen, als Männer, welche die gleiche Werbeanzeige ohne das »Model« beurteilen sollen. Anschließend durchgeführte Befragungen ergaben, dass die Versuchspersonen nicht glauben wollten, dass die Abbildung der attraktiven Frau ihr Urteil beeinflusst haben könnte.[23]

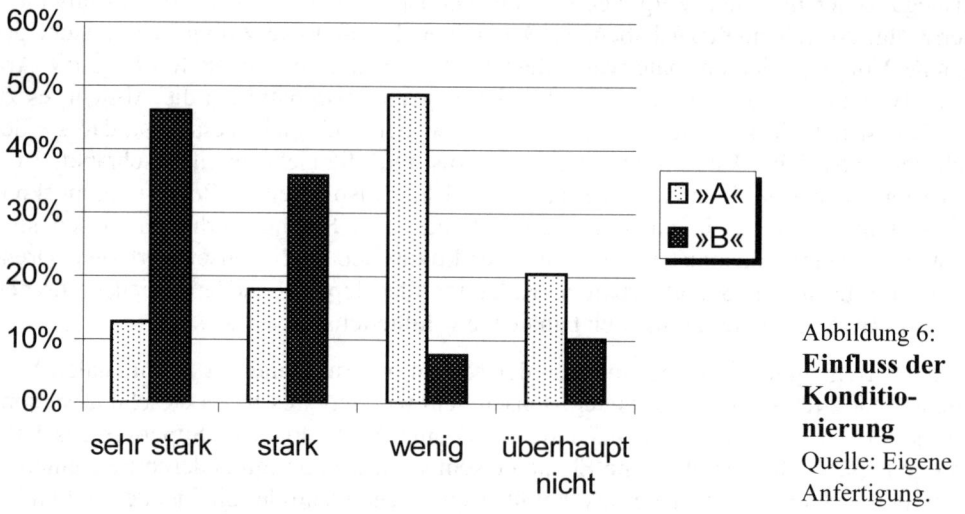

Abbildung 6:
Einfluss der Konditionierung
Quelle: Eigene Anfertigung.

Erläuterungen zur Abbildung 6:
Die beiden Säulen spiegeln die kumulierte (summierte) Antwort mehrerer Seminargruppen wider, die mit folgender Fragestellung konfrontiert wurden: »Haben Sie den Eindruck, durch moderne Massenmedien, insbesondere durch die Werbung, »manipuliert« zu werden?«. Die hellen Säulen (»A«) spiegeln die Antwort **vor** Durchführung, die dunklen Säulen (»B«) die Ergebnisse **nach** Durchführung des jeweiligen Seminars wider!

Nachdem die Mechanismen der Konditionierung offen gelegt wurden, schien die Umwelt stark an Bedeutung zu gewinnen. Es ist eher damit zu rechnen, dass die Umwelt den Menschen beeinflusst, als umgekehrt. NEUBERGER stellt fest, dass „... Individualität letztlich nur noch als Geste möglich ist, durch die der einzelne sich selbst und die anderen darüber hinwegbetrügt, daß er im Grunde »programmiert« ist. Individualität gerät zum schönen Schein, zur Fassadenkosmetik. Diese soll vergessen machen, daß eigentlich kein relevanter persönlicher Handlungsspielraum verblieben ist, weil jeder (und das gilt für Führer und Geführte gleichermaßen) nach dem Plan, nach dem er angetreten ist, zu funktionieren hat.“[24] Und so wird jeder Mitarbeiter innerhalb seines Unternehmens „... zu einem Rädchen in dieser Maschine und innerlich zunehmend darauf abgestimmt,

---

[23]   Vgl. Cialdini, (1997), Seite 229f.
[24]   Neuberger, (1990), Seite 36.

sich als ein solches zu fühlen und sich nur zu fragen, ob er nicht von diesem kleinen Rädchen zu einem größeren werden kann."[25] Fürchterlich erscheint „... der Gedanke, daß die Welt mit nichts als jenen Rädchen, also mit lauter Menschen angefüllt sein soll, die an einem kleinen Pöstchen kleben und nach einem größeren Pöstchen streben."[26]

Heute wird von vielen Psychologen die Auffassung vertreten, dass ein großer Teil des menschlichen Verhaltens, auf klassischem und operantem Konditionieren beruht.[27] Es gibt nur noch wenige Vertreter dieser Zunft, die beispielsweise »Intelligenz« für rein genetisch bedingt halten. Die umweltbedingte Konditionierung spielt auch hier offensichtlich eine wesentliche Rolle.[28] Da eine Löschung unerwünschter konditionierter Verhaltensweisen weitgehend ausgeschlossen erscheint, stellt sich die Frage, wie eine nachhaltige Entkoppelung erreicht werden kann. Die Erkenntnis, dass ein konditioniertes Verhalten vorliegt, reicht offensichtlich hierzu nicht aus, da Menschen allzu oft in »bewährte«, »gelernte«, »alte« Handlungsmuster zurückfallen.

1.6   Widersprüche in der Konditionierungsphase

Es stellt sich die Frage, wie sich Widersprüche in der Konditionierung auf das Verhalten von Tieren und Menschen auswirken.

Bei einem Experiment musste ein Hund zwischen einem Kreis und einer Ellipse unterscheiden. Gelang ihm dieses, so erhielt er eine entsprechende Belohnung. Im Laufe der Zeit wurde dann die Ellipse dem Kreis immer stärker angeglichen, so dass kaum noch Unterschiede bestanden und die Unterscheidung für das Versuchstier immer schwieriger wurde. Erstaunlich war, dass die Differenzierungsleistung des Hundes nur geringfügig abnahm. Erst bei einem Achsenverhältnis der Ellipse von 8 zu 9 kam es zu einer grundlegenden Verhaltensänderung. Das Versuchstier erlitt einen **neurotischen Zusammenbruch**. Es winselte, drehte sich im Kreis und biss zuweilen in die Messapparatur. Diese Erfahrung prägte den Hund so sehr, dass er am nächsten Tag nicht einmal zwischen einer ausgeprägten Ellipse und einem Kreis differenzieren konnte.[29]

Bei Menschen, insbesondere bei Kindern und Jugendlichen, muss bei Widersprüchen in der Konditionierung mit beträchtlichen Folgen gerechnet werden: Ziellosigkeit, Zwiespalt, Frustration, Resignation und/oder Aggression. Aus der Aggressionsforschung wissen wir heute, dass eine Folge der Frustration häufig die Aggression ist. KONRAD LORENZ entwickelte das so genannte »Dampfkesselmodell«, wonach ein angeborenes

---

25   Weber, (1924), Seite 413.

26   Weber, (1924), Seite 414; vgl. auch Kreis, (1993), Seite 361f.

27   Vgl. Bourne & Ekstrand, (1992), Seite 133.

28   Vgl. Cohen, (1997), Seite 169.

29   Vgl. Legewie & Ehlers, (2000), Seite 253.

Aggressionspotential, welches in der Regel auf den Sieg über den Rivalen ausgerichtet ist, durch Umwelteinflüsse aufgestockt werden kann. Kann der Betroffene keine oder zu wenige Ventile öffnen, um den Dampf abzulassen, kommt es irgendwann zum völlig unkontrollierten Ausbruch der aufgestauten Aggression. Die »Soziale Lerntheorie« besagt zudem, dass Aggression beobachtet und nachgeahmt wird. In der wissenschaftlichen Diskussion wird zwischen »Aggressivität« (subjektives Erleben) und der objektiv beobachtbaren »Aggression« unterschieden, wobei umstritten ist, ob es sich dabei um angeborene (endogene) oder gelernte (reaktive, exogene, psychogene) Verhaltensweisen handelt.[30]

Diese Überlegungen zum Aggressionspotential sind insbesondere bei der Ausbildung Jugendlicher zu berücksichtigen (siehe Seite 188).

Da Verhalten in der Regel das Ergebnis eines Konditionierungsprozesses ist, kann eine nachhaltige **Veränderung** meines Erachtens **nur durch eine »Gegen-Konditionierung«** erreicht werden. Dieses gilt sowohl für die Einflussnahme auf das Verhalten anderer als für das eigene Verhalten.

Diese »Gegen-Konditionierung« erscheint meines Erachtens besonders deshalb schwer realisierbar zu sein, da wir einer Vielzahl uns beeinflussender Umweltfaktoren ausgesetzt sind, wie zum Beispiel Kollegen, Nachbarn und Freunde. Grundsätzlich eröffnen sich dem Betroffenen zwei Möglichkeiten, mit dieser Situation umzugehen:

1.   Er entzieht sich diesen aus seiner Sicht »negativen« Einflüssen zum Beispiel durch eine neue Stelle, eine neue Wohnung oder einen neuen Freundeskreis, wobei er jedoch darauf achten muss, dass diese »neuen« auf ihn einwirkenden Personen tatsächlich andere Normen und Werte vermitteln, ansonsten kommt der Betroffene nur »vom Regen in die Traufe«.

2.   Er versucht seine Mitmenschen so zu konditionieren und zu beeinflussen, dass diese ihn in seinen eigenen Bemühungen einer nachhaltigen Verhaltensänderung »positiv« unterstützen.

Der »aufgeklärte« Mensch sollte meines Erachtens seine Umwelt so gestalten und beeinflussen, dass die Vielzahl der Einflüsse, die bisher außerhalb seiner Persönlichkeit lagen, zu einem Teil seiner selbst werden. Statt die Abgrenzung eng um den Menschen herumzuziehen, müssen alle Einflüsse, die ihn konditionieren und programmieren, mit einbezogen werden. Bildlich ausgedrückt könnte man sagen, diese Person wird hierdurch zu einer »**vielschichtigen Persönlichkeit**«!

Unter dem Begriff »**Freiheit**« wird im Allgemeinen die Unabhängigkeit von tradierter (überlieferter/weitergegebener) oder selbst auferlegter Autorität oder Fremdbestimmung verstanden.[31] Wann ist eine Person im Sinne dieser Definition »frei«? Meines Erachtens werden wir nicht dadurch frei, dass wir die Mechanismen der Konditionierung verdrän-

---

[30]   Vgl. Hardman, http://www.hardman.at/psychophilo/content/psycho/sozialpsychologie.html, 29.10.2002; von Cube, (1993), Seite 11 bis 13.

[31]   Vgl. Diegel & Kwiatkowski, (1987), Seite 241f.

gen und versuchen uns »einzureden«, hiervon unbeeinflusst zu sein! **Wir werden dadurch frei, dass wir uns bewusst machen, wie konditioniert wir sind** und die Chance nutzen, unser eigenes Verhalten über die bekannten Instrumente des Konditionierens selbst zu steuern!

Die Umstände unserer Handlungen können natürlich nicht **nur** von uns selbst beeinflusst werden, sondern ebenso von Mitarbeitern und anderen Bezugspersonen. Die bewusste und gezielte Einflussnahme auf Menschen ohne deren Wissen, oftmals gegen deren eigenen Willen, wird im Allgemeinen auch **Manipulation** genannt.[32]

Gerade deshalb ist es wichtig, seine eigenen Wünsche und Schwächen zu identifizieren. Jeder Mensch hat Träume, Komplexe und Vorlieben, die ihn anfällig machen für die »anteilnehmenden« Worte eines anderen. Je besser jemand die »weichen Stellen« seiner Psyche kennt, desto vorsichtiger ist er gegenüber Personen, welche diese auf manipulative und zugleich einfühlsame Weise zu nutzen versuchen.[33]

1.7   Verhaltensänderung bei Mitarbeitern

Die bisherigen Überlegungen verdeutlichen, das in gewisser Weise jeder von uns beeinflussbar ist. Fragen wir auf der instrumentellen Ebene, wie das Verhalten der Mitarbeiter beeinflusst werden kann, so ist folgende Vorgehensweise denkbar:

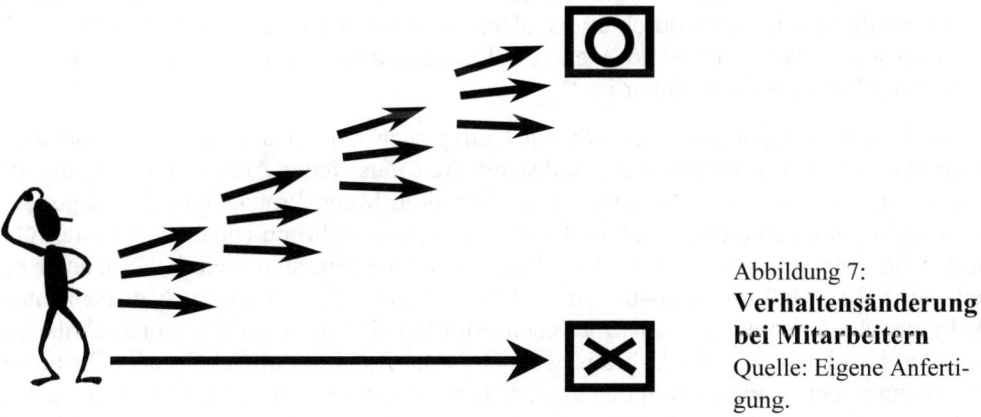

Abbildung 7:
Verhaltensänderung bei Mitarbeitern
Quelle: Eigene Anfertigung.

Das Verhalten wird in seine einzelnen Elemente zerlegt. Nehmen wir an, die untere Linie in der Abbildung 7 symbolisiert die Art und Weise, wie sich der Mitarbeiter »norma-

---

[32]   Vgl. Häcker & Stapf, (1998), Seite 516.
[33]   Vgl. Ernst, (2001), Seite 23.

lerweise« verhalten würde. Beispielsweise arbeitet er relativ unkonzentriert, macht ausgedehnte Arbeitspausen und selten Überstunden. Wir möchten, dass er in Zukunft weniger Fehler macht, Arbeitspausen auf das notwendige Maß reduziert und im Sinne der Firma und des Kunden freiwillig Überstunden leistet. Dieses neue Ziel soll durch den Kreis symbolisiert werden. Dazu müssen wir sein Verhalten in kleine Abschnitte zerlegen und warten, bis er eine Bewegung in die von uns gewünschte Richtung tätigt um diese zu belohnen. Dann warten wir ab, und wieder belohnen wir die Bewegung, welche in die von uns gewünschte Richtung führt.

Als **Belohnung** können dabei verschiedene »Motivatoren« eingesetzt werden, wie zum Beispiel ein Wort des Dankes oder der Anerkennung, die Weiterleitung einer positiven Kundenreaktion, die Übertragung von Verantwortung, eine zusätzliche individuelle Gratifikation oder auch nur ein Gutschein für das italienische Restaurant nebenan.

Am Ende haben wir erreicht, dass dem betreffenden Mitarbeiter diese Art des Verhaltens selbstverständlich geworden ist. Wir haben die Verhaltensweise dieser Person verändert. Die Konditionierung hat bewirkt, dass diese Person jetzt dorthin geht, wo wir sie gerne haben möchten und nicht mehr dorthin, wohin sie ursprünglich gegangen wäre!

Diese neuen Verhaltensweisen werden so sehr verinnerlicht, dass meines Erachtens viele der Betroffenen sich nach einer gewissen Zeit gar nicht mehr daran erinnern können, was ihre eigenen, ursprünglichen Ziele und Wünsche beinhaltet haben. Sie sind fest davon überzeugt, dass diese neue Ausrichtung schon immer ihren eigenen Erwartungen entsprochen habe.

Psychologische Untersuchungen zeigen, dass »schlechte Gewohnheiten« am wirkungsvollsten durch eine »**Gegen-Konditionierung**« beseitigt werden können. Das bedeutet, eine Verhaltensweise wird durch eine andere Verhaltensweise ersetzt, wobei der Erfolg dann besonders nachhaltig wirkt, wenn die Ersatzreaktion mit der ursprünglichen, unerwünschten Reaktion unvereinbar ist.[34]

Konditionierte Verhaltensweisen können häufig auch bei selbständigen Unternehmern beobachtet werden. Zu Beginn der Selbständigkeit muss jeder Auftrag mit hohem Aufwand akquiriert werden. Negative »von-Mund-zu-Mund-Propaganda«, welche beispielsweise durch eine ungenügende Qualität in der Ausführung entstehen könnte, führt in den sicheren »Insolvenz-Tod«. Um dieses zu vermeiden, sind viele Unternehmer bereit, ein hohes Maß an Überstunden zu leisten. Zum Teil werden auch deshalb mehr Aufträge angenommen als zum Überleben erforderlich wären, da der Unternehmer nie genau wissen kann, wie die Auftragslage sich in der Zukunft entwickeln wird. Er möchte sich durch ein finanzielles »Polster« absichern. Wenn er dann zehn oder zwanzig Jahre lang sechzig bis siebzig Stunden die Woche gearbeitet hat, so ist ihm diese Verhaltensweise selbstverständlich geworden. Viele Unternehmer können sich zu diesem Zeitpunkt gar nicht mehr vorstellen, weniger zu arbeiten. Dieses könnte meines Erachtens ein Grund dafür sein, weshalb viele Menschen nach ihrem Ausscheiden aus dem

---

[34]   Vgl. Bourne & Ekstrand, (1992), Seite 148; Krech u. a., (1985), Seite 23.

Arbeitsleben sehr schnell physisch und psychisch abbauen und in der Folge häufig relativ früh versterben.

Eine wichtige Erkenntnis ist meines Erachtens, dass Veränderungen **nicht** funktionieren, solange sie eine rein intellektuelle Angelegenheit bleiben. Stellen Sie sich oder gegebenenfalls dem Anderen eine **Belohnung** in Aussicht.[35] Wollen Sie Ihr eigenes Verhalten ändern, so **visualisieren** Sie das **Ergebnis.** Versuchen Sie, sich **konkrete** Situationen nach der Verhaltensänderung vorzustellen und beantworten Sie die Frage, ob Sie sich infolge der Verhaltensänderung besser fühlen werden! Positive **Wünsche** funktionieren, negative Erwartungen nicht! Viele neigen dazu, als Wunsch den Weg zu formulieren und nicht das Ergebnis.»Ich will abnehmen!« ist kein Ziel, sondern nur das Mittel, um einen veränderten Zustand zu erreichen, wie zum Beispiel»Ich bin schlank und fühle mich gut, weil ich mich von meinen Kollegen nicht durch meine »Körperfülle« unterscheide!« Um diesen veränderten Zustand zu erreichen, sollten Sie sich zudem die »Extremsituation« vorstellen können. Visualisieren Sie die Gelegenheiten, in denen Sie beispielsweise mit den Kollegen mittags in der Kantine sitzen oder mit Ihren Kunden ein Arbeitsessen absolvieren. Sofern Sie sich nicht vorstellen können, auch in dieser Situation mit einem Salatteller vorlieb zu nehmen, so wird Ihr »Wunsch« nicht - oder nur unter großen Entbehrungen erreichbar sein!

Um eine Änderung der Einstellung oder des Verhaltens zu bewirken, muss die auslösende Information drei Bedingungen erfüllen: „Bei der ersten Bedingung geht es um die Frage, ob eine Erwartungshaltung erfüllt wird oder nicht, da die Bestätigung dieser Erwartung an sich schon als Verstärker anzusehen ist. Wenn jemand seine Einstellung z. B. gegenüber einem bestimmten Produkt ändert, liegt die Vermutung nahe, dass die Verwendung dieses Produkts zu positiven Resultaten geführt hat. Die zweite Bedingung bezieht sich auf die Intention des Kommunikanten. Wir sind eher dazu bereit, unsere Einstellungen zu ändern, wenn wir von jemandem überzeugt werden, der keinerlei Vorteil aus dieser Änderung ziehen kann. Die dritte Bedingung ist die soziale Anerkennung. Soziale Anerkennung wird als Belohnung, Ablehnung hingegen als Bestrafung empfunden. Auf dieser Erkenntnis basieren die verschiedenen Strömungen und Trends in unserer Gesellschaft.“[36]

Die Grenzen zwischen **Manipulation** im Sinne einer **verdeckten Transaktion** mit dem Ziel einer Verhaltensänderung, zum Teil auch gegen den Willen der Betroffenen sowie einer gezielten, offenen Einflussnahme auf die Ziele, Wünsche und Motive der Mitarbeiter, sind meines Erachtens fließend. Auch die unbewusste Einflussnahme kann sich meines Erachtens sehr nachteilig auf die Mitarbeiter auswirken. Unsere Erwartungshaltung ist in erster Linie bestimmt durch die Erwartungshaltung unserer Gesellschaft! Wir alle sind das Produkt eines langjährigen komplexen Sozialisationsprozesses.[37] Nur selten werden das Normen- und Wertegefüge hinterfragt. Die Erkenntnis, dass das Verhalten

---

[35] Vgl. Harris & Harris, (2000), Seite 194.
[36] Sureda u. a., (2000), Seite 175.
[37] Vgl. Cohen, (1997), Seite 132; Stroebe / Hewstone & Stephenson, (1996), Seite 129.

des Menschen verändert werden kann, dass es formbar ist durch die Anwendung der Konditionierung, wirft insbesondere die Frage nach der **ethischen Verantwortung der Führungskraft** auf.

Wie ein offener und fairer Dialog zwischen allen Beteiligten (Mitarbeiter, die Gesellschafter, aber auch die Kunden) geführt werden kann, soll im zweiten Kapitel veranschaulicht werden. Ziel des dort vorgestellten Kommunikationsmodells ist unter anderem, auf Manipulationen zu verzichten und eine offene und gleichberechtigte Kommunikation zwischen allen Organisationsmitgliedern zu gewährleisten.

„Das Wertvollste, was ich je lernte, ist, wie ungeheuer wichtig das ist, was wir denken. Wenn ich wüßte, was Sie denken, wüsste ich, was Sie sind, denn Ihre Gedanken machen Sie zu dem, was Sie sind. Durch die Veränderung unserer Gedanken vermögen wir unser Leben zu verändern."[38]

---

[38]   Carnegie, (1994), Seite 24.

2. Kommunikation und Interaktion auf Grundlage der Transaktionalen Analyse

Der Begriff »**Kommunikation**« ist ein Sammelbegriff für alle Vorgänge, in denen eine bestimmte Information gesendet (signalisiert) und empfangen wird, auch wenn dies nicht wechselseitig geschieht. Erfolgt eine wechselseitige Beeinflussung, so wird auch von Interaktion gesprochen. Neben der Personalführung, welche in diesem Punkt eine gemeinsame Schnittmenge mit der Psychologie bildet, beschäftigen sich die Kybernetik, die Soziologie, die Biologie oder auch die Informationstheorie und Nachrichtentechnik mit Kommunikation und Interaktion. In Abgrenzung zu anderen Disziplinen wird »Kommunikation« in der Personalführung und Sozialpsychologie präzisiert durch Begriffe wie »zwischenmenschliche Kommunikation« oder »soziale **Interaktion**«.[40]

Die Begriffe »**Sender**«, »**Empfänger**« und »**Nachricht**« stammen ursprünglich aus der Informationstheorie. Seit den 5O-er Jahren werden die Begriffe auch in den zwischenmenschlichen Kommunikationsmodellen verwendet. Hierbei wird als Sender derjenige bezeichnet, der etwas mitteilt. Das, was er oder sie von sich gibt, wird Nachricht genannt, wobei zwischen **verbaler** und **nonverbaler Kommunikation** unterschieden wird. Ein Sender muss, um sich mitteilen zu können, sein Anliegen in verbale und nonverbale Botschaften umsetzen. Botschaften gelten aufgrund der nonverbalen Anteile der Nachricht auch als verschlüsselt. Die Aufgabe des Empfängers ist es, die Botschaften zu entschlüsseln. Stimmt die gesendete mit der empfangenen Botschaft überein, so ist es Sender und Empfänger gelungen, sich zu verständigen. Meldet der Empfänger dem Sender zurück, wie er die Botschaft entschlüsselt hat, was er verstanden hat oder was die Botschaft bei ihm ausgelöst hat, so wird diese Rückmeldung als Feedback bezeichnet. Dieses Feedback wiederum können wir als Botschaft verstehen, d. h. sie ist verschlüsselt und kann aus verbalen und/oder nonverbalen Nachrichtenanteilen bestehen.[41]

---

39 Herriger, (1998), Seite 13.
40 Vgl. Schlegel, (1995), Seite 85; Steiger & Lippmann, (1999a), Seite 262; Mast, (2002), Seite 7f.
41 Vgl. Hartig (1997), Seite 23 bis 30; Steiger & Lippmann, (1999a), Seite 262.

In dem Kommunikationsmodell der »**Transaktionalen Analyse**« wird die Grundeinheit aller sozialen Verbindungen als Transaktion« bezeichnet. Sofern sich zwei oder mehrere Menschen begegnen, so beginnt früher oder später einer von ihnen zu sprechen oder in irgendeiner Form Notiz von dem anderen zu nehmen. Dieser Vorgang wird »**Transaktions-Stimulus**«« genannt. Reagiert die andere Person auf diesen vorausgegangenen Stimulus, so wird dieser Vorgang ERIC BERNE zufolge als »**Transaktions-Reaktion**« bezeichnet.[42]

Abbildung 8:
ERIC BERNE (1910 - 1970)
Quelle: TAII, http://indigo.ie/~liztai/ index.html? /~liztai/ta/berndate.htm, 04.12.1996.

ERIC BERNE gilt als Begründer der Transaktionsanalyse«. Er wurde 1910 in Montreal unter dem Namen ERIC LENNARD BERNSTEIN als Sohn eines praktischen Arztes und einer Schriftstellerin geboren. Nach seiner Promotion im Jahre 1935 war er an verschiedenen Kliniken in den USA tätig, bevor er 1943 als Psychiater in die amerikanische Armee eintrat. 1946 verließ er die Armee mit dem Dienstgrad Major und ließ sich als frei praktizierender Psychiater nieder; unter anderem war er als Dozent an der »Universität von Kalifornien« tätig.[43] Mit dem von THOMAS HARRIS im Jahre 1967 veröffentlichten Buch »Ich bin o.k. - du bist o.k.« erfuhr die Transaktionsanalyse eine weltweite Verbreitung; allein in Deutschland beträgt die Gesamtauflage bis heute 895.000 Exemplare.[44]

---

[42]   Vgl. Berne, (1999), Seite 32; Henning & Pelz, (1997), Seite 43.

[43]   Vgl. Schlegel, (1995), Seite 4; Wons, (1999), Seite 7; Woolams & Brown, (1979), Seite 5f.

[44]   Vgl. Harris, (2000), Impressum.

Die Transaktionsanalyse basiert auf der Grundlage des **humanistischen Menschenbildes** und der Psychoanalyse.[45] BERNE stellt Begriffe bereit, welche meines Erachtens geeignet erscheinen, Transaktionen und ihnen zugrunde liegende mögliche Ursachen in einer einfachen, für jedermann verständlichen Sprache zu beschreiben.

Die Transaktionsanalyse kann eingesetzt werden, um die Kommunikation und das Verständnis zwischen den Menschen innerhalb und außerhalb bestehender Organisationsstrukturen zu fördern. Sie fördert die Fähigkeit, uns und andere wahrzunehmen und behandelt damit eine der vorrangigsten und zugleich komplexesten Aufgabengebiete der Personalführung.[46]

Die Einsatzmöglichkeiten der Transaktionsanalyse« in der Arbeitswelt erscheinen nahezu unbegrenzt. Sie sollte meines Erachtens überall dort angewandt werden, wo persönlicher, offener, konstruktiver und effektiver Meinungsaustausch erforderlich erscheint. Wenn Menschen miteinander kommunizieren, dann geschieht unsichtbar oft viel mehr, als wir normalerweise wahrnehmen können.

Wir alle sind **geprägt durch Gefühle, Wünsche, Einstellungen, Wertvorstellungen** usw., welche unsere Beziehungen zu anderen Menschen beeinflussen. Wir verfügen über charakteristische Eigenschaften, die entscheidend für die Ansprache unserer Mitmenschen sind. Obwohl jeder von uns in der Art der Ansprache einmalig ist, gibt es jedoch **grundlegende Gemeinsamkeiten**.

Nach einer entsprechenden Trainingsphase ist es möglich, auf Basis der Transaktionsanalyse derartige Gemeinsamkeiten blitzschnell in einer Gesprächssituation zu erfassen und die weitere Kommunikation in die gewünschte Richtung zu lenken. Dabei bedient sich die Transaktionsanalyse eines Modells, mit dessen Hilfe schwierige psychologische Sachverhalte in eine leicht verständliche Sprache übersetzt werden können. Auf diese Weise wird gewährleistet, dass die Transaktionsanalyse von **jedem** Organisationsmitglied verstanden und angewandt werden kann.

2.1 Eric Bernes Grundmodell der menschlichen Psyche

BERNE beobachtete systematisch die Veränderungen in der Gefühlslage und das damit verbundene Verhalten. Bei der Strukturanalyse nach BERNE werden das Verhalten und Erleben als Ausdruck wechselnder »**Ich-Zustände**« beschrieben.[47] In seinem Denkmo-

---

45   Vgl. Beilfuß & Lannte, (1994), Seite 49; Häcker & Stapf, (1998), Seite 885.
46   Vgl. Forgas, (1999), Seite 20.
47   Vgl. Hagehülsmann & Hagehülsmann, (1998), Seite 16f.

dell formuliert er drei dominante Bereiche, welche je nach Gefühlslage bei den einzelnen Menschen zum Tragen kommen:

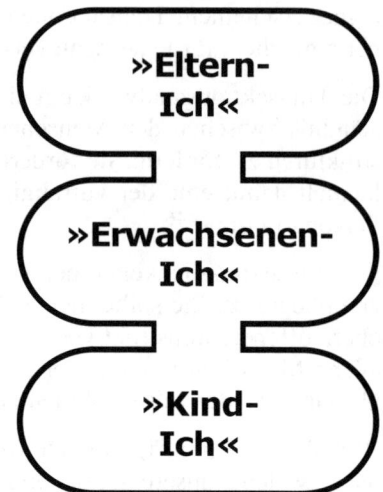

1. das so genannte »Eltern-Ich«,

2. das so genannte »Erwachsenen-Ich« sowie

3. das so genannte »Kind-Ich« .

Diese Erkenntnis war zu dem damaligen Zeitpunkt zwar nicht grundlegend neu. Auch FREUD, FEDERN, ERIKSON und ADLER versuchten dieses Phänomen durch Modelle zu erklären,[48] jedoch war aufgrund verwirrender Terminologie diese Thematik in der Regel nur Fachleuten zugänglich. FREUD bezeichnete die Ich-Zustände, mit deren Hilfe er unsere Verhaltensweisen zu erklären suchte, als »Über-Ich«, »Ich« und »Es«. FREUDS Grundmodell wurde von ADLER, JUNG und anderen übernommen, weiterentwickelt und verändert. Bedingt durch BERNES Werdegang wurzelt auch das Modell der Transaktionalen Analyse in der Psychoanalyse, jedoch wurde es vielfältig umgestaltet, vereinfacht und ergänzt.[49]

2.1.1   Das so genannte »Eltern-Ich«

THOMAS HARRIS beschreibt das »Eltern-Ich« als eine Aufzeichnung dessen, was der Mensch innerhalb seiner ersten fünf Lebensjahre durch die **Autoritätspersonen** wie zum Beispiel seine Eltern, Tante, älterer Bruder und Pfarrer vermittelt bekommt. Diese Erlebnisse werden kritiklos und ungefiltert aufgezeichnet, da das Kind über keine Möglichkeiten verfügt, das »Gesagte« oder »Beobachtete« zu hinterfragen. Weshalb sollte ein Kind auch diese »mächtigen« Figuren, welche aus der Perspektive des »kleinen« Menschen über magische Kräfte verfügen müssen, in Frage stellen. Im »Eltern-Ich« sind

---

[48]   Vgl. Clarkson, (1996), Seite 69; Häcker & Stapf, (1998), Seite 885; Weisman, (1980), Seite 10.

[49]   Vgl. Breisig, (1990), Seite 60.

alle die Lebensregeln gespeichert, welche wir von Autoritätspersonen ungeprüft als Wahrheit übernommen haben. Dieses anerzogene, **vorgelebte** zum Teil **konditionierte Lebenskonzept**, in dem sich auch die Traditionen und Wertvorstellungen vergangener Generationen widerspiegeln, stellt eine prägende Erfahrung im Leben eines jeden Menschen dar. Auch wenn die gespeicherten Informationen unter Umständen im späteren Leben aktualisiert werden, so ist das so genannte »Eltern-Ich« tendenziell eher veraltet. Es entspricht vielleicht nicht einmal dem, was die Eltern des Kindes tatsächlich getan oder gesagt haben, sondern dem, was der Wahrnehmung des Kindes entspricht.[50]

Eine Grundannahme der Transaktionsanalyse besteht darin, dass das »Eltern-Ich« ,wie alle Erfahrungen, die ein Mensch im Leben macht, unauslöschlich sei.[51] Diese Annahme stimmt weitgehend mit der von PAWLOW gemachten Beobachtung überein, dass konditionierte Verhaltensweisen offenbar nicht verlernt werden, wohl aber (vorübergehend) entkoppelt werden können.

Vermutlich entspringt der **frühen Konditionierung** die bei vielen Menschen zu beobachtende Neigung zum »großen Mann« (als Autoritätsperson) aufsehen zu wollen. FREUD umschreibt diese Neigung folgendermaßen:

> „Warum der große Mann überhaupt zu einer Bedeutung kommen sollte, das ist uns keinen Augenblick unklar. Wir wissen, es besteht bei der Masse der Menschen ein starkes Bedürfnis nach einer Autorität, die man bewundern kann, der man sich beugt, von der man beherrscht, eventuell sogar mißhandelt wird. Aus der Psychologie des Einzelmenschen haben wir erfahren, woher dies Bedürfnis der Masse stammt. Es ist die Sehnsucht nach dem Vater, die jedem von seiner Kindheit her innewohnt, nach demselben Vater, den überwunden zu haben der Held der Sage sich rühmt. Und nun mag uns die Erkenntnis dämmern, daß alle Züge, mit denen wir den großen Mann ausstatten, Vaterzüge sind, daß in dieser Übereinstimmung das von uns vergeblich gesuchte Wesen des großen Mannes besteht. Die Entschiedenheit der Gedanken, die Stärke des Wollens, die Wucht der Taten gehören dem Vaterbilde zu, vor allem aber die Selbständigkeit und Unabhängigkeit des großen Mannes, seine göttliche Unbekümmertheit, die sich zur Rücksichtslosigkeit steigern darf. Man muß ihn bewundern, darf ihm vertrauen, aber man kann nicht umhin, ihn auch zu fürchten. Wir hätten uns vom Wortlaut leiten lassen sollen; wer anders als der Vater soll denn in der Kindheit der »große Mann« gewesen sein."[52]

Das »Eltern-Ich« kann einen **fürsorglichen und liebevollen Charakter** haben mit unterstützenden Botschaften wie zum Beispiel »Weiter so«, »Das kannst du«. Das »Eltern-

---

50   Vgl. Harris & Harris (2000), Seite 27; Harris, (2000), Seite 28.
51   Vgl. Berne, (1999), Seite 28 bis 31.
52   Freud, (1990), Seite 43.

Ich« kann jedoch auch als **autoritäre Instanz** auftreten mit Botschaften wie beispielsweise »Das schaffst du sowieso nicht«, »So etwas tut man nicht«. In diesem Ich-Zustand agieren wir oft unkritisch und leben meist nach »alt-bewährten«, oftmals auch nach »überalterten« Mustern aus der Vergangenheit. Dieses ist beispielsweise der Fall, wenn wir weitgehend unreflektiert nach eingefahrenen Vorurteilen agieren und in der Folge häufig nicht situationsgerecht reagieren. Auf der anderen Seite helfen uns diese abgelegten »Programme« Alltagssituationen zu bewältigen.[53]

Stellen Sie sich vor, Sie müssten während einer Autofahrt mit 200 km/h **alle** visuellen Eindrücke zeitnah verarbeiten. Was befähigt uns, derartige Situationen zu bewältigen? Folgende Mechanismen kommen in solchen Situationen zum Einsatz:[54]

1. Die **selektive Wahrnehmung** sorgt dafür, dass nur ein geringer Teil der Eingangsinformation der tatsächlichen Wahrnehmung zugänglich gemacht wird.

2. Die dann einsetzende **Mustererkennung** bewirkt eine »Abstraktion des Wesentlichen«, wodurch die Informationsmenge nochmals stark verkleinert wird.

3. Die dann aktivierten, in der Vergangenheit **gelernten** beziehungsweise **konditionierten Programme** ermöglichen uns, dass wir in diesen Situationen nahezu »reflexartig« reagieren können.

Ohne die Fähigkeit der selektiven Wahrnehmung und Mustererkennung, ohne die hierfür gelernten Programme wäre diese Aufgabe für den menschlichen Organismus nicht lösbar.

Da Selektion (Auswahl) und Interferenz (Überlagerung) im Wahrnehmungsprozess zu Vorurteilen beziehungsweise Stereotypen führen und zukünftige Wahrnehmungen beeinflussen, sollten wir diese **Aufzeichnungen** von Zeit zu Zeit **hinterfragen und** den aktuellen Gegebenheiten, wie zum Beispiel Gesetzesänderungen, **anpassen**, um dann wieder auf die abgespeicherten standardisierten Programmabläufe zurückgreifen zu können. An diesem kleinen Beispiel wird deutlich, dass die Funktion des »Eltern-Ichs« einerseits (über-)lebenswichtig ist, andererseits aber zu nicht situationsgerechtem, meist mit **Vorurteilen** verbundenem Verhalten führen kann.

ALBERT EINSTEIN zufolge sind Vorurteile schwerer zu zertrümmern als Atome. Sie sind kaum zu vermeiden oder nur sehr schwer zu ändern, denn sie

■   befriedigen das Bedürfnis nach Einfachheit, Ordnung und Überschaubarkeit,

■   schützen oder steigern das Selbstwertgefühl,

■   geben Sicherheit und soziale Anerkennung,

■   ermöglichen Aggressionsabbau durch Projektion bzw. Schaffen von Feindbildern.[55]

---

[53]   Vgl. Birker, (1998), Seite 52f.

[54]   Vgl. Legewie & Ehlers, (2000), Seite 251.

[55]   Vgl. Hardman, http://www.hardman.at/psychophilo/content/psycho/sozialpsychologie.html, 29.10.2002.

2.1.2   Das so genannte »Kind-Ich«

> „Nur das Kind denkt wirklich kreativ."[56]

HARRIS zufolge werden die »Kindheitserfahrungen« genauso aufgezeichnet wie das »Eltern-Ich«.[57] Das »Kind-Ich« umfasst alle **Impulse**, über welche ein Mensch von Natur aus verfügt, **wie zum Beispiel Triebe, Instinkte, Neugierde, Freude, Traurigkeit, Intuition.** Erinnert werden nicht nur die Ereignisse, sondern auch die damit verbundenen Gefühle.[58] Im »Kind-Ich« werden diese inneren Reaktionen des Kindes auf die äußeren Reize der Autoritätspersonen gespeichert. Insbesondere die Gefühle werden oftmals in der Gegenwart abgerufen, zum Beispiel wenn Situationen ähnlich empfunden werden wie in der Kindheit. Wird der Mitarbeiter durch den Vorgesetzten zu Unrecht beschuldigt, in die Enge getrieben, uninformiert gelassen, so wird diese Person unter Umständen gefühlsmäßig in seine Kleinkinderzeit zurückversetzt und reagiert gegebenenfalls hilflos oder trotzig. Der Chef als »**elternähnlicher Ankläger**« kann also gewollt oder ungewollt derartige kindliche Reaktionen hervorrufen.[59]

Das »Kind-Ich« enthält alle Einstellungen und Verhaltensstrategien, die wir als Kinder anwendeten, um unterschiedliche Situationen zu bewältigen. Wenn jemand genauso fühlt, denkt oder handelt, wie er es (intuitiv = aus dem Bauch heraus) als Kind getan hat, dann dominiert das »Kind-Ich« die Kommunikation.

Das »Kind-Ich« ist voller **Wünsche**. Ihm entspringt die **intrinsische** (innerer Anreiz) **Motivation**. Im Gegensatz zum »Eltern-Ich«, welches überladen ist mit Forderungen, Anweisungen und Dogmen, kennt das »Kind-Ich« keine Grenzen. BERNE beschreibt das »Kind-Ich« als den wertvollsten Teil der Persönlichkeit, da dieser dem Menschen Kreativität, Spontaneität usw. ermöglicht.[60] Ist das »Kind-Ich« dagegen durch äußere Einflüsse dergestalt geprägt, dass es ängstlich, gehemmt oder gar egozentrisch erscheint, so ist dieses nicht nur für die betroffene Person selbst, sondern häufig auch für die Mitarbeiter problematisch.

2.1.3   Das so genannte »Erwachsenen-Ich«

Dieser von BERNE geschilderte dritte Teil einer Persönlichkeit vermittelt häufig als »**Schiedsrichter**« zwischen den Ansprüchen des »Eltern-Ichs« und den Wünschen des »Kind-Ichs«. Spätestens gegen Ende des ersten Lebensjahrs beginnt der Mensch mit der

---

[56]   Piaget, (1999), Seite 25.
[57]   Vgl. Harris & Harris, (2000), Seite 32.
[58]   Vgl. Rüttinger, (1999), Seite 23; Stewart, (1991), Seite 60.
[59]   Vgl. Harris & Harris, (2000), Seite 32.
[60]   Vgl. Berne, (1995), Seite 27f; Preissler / Koop & Neuberger, (1992), Seite 169.

selbständigen Erkundung seiner Umwelt. Er beginnt zu krabbeln, zu klettern, zu laufen und zu denken. Die Fähigkeit zu denken versetzt die Menschen in die Lage, dem anerzogenen Lebenskonzept des »Eltern-Ichs« und dem gefühlten Lebenskonzept des Kind-Ichs« ein drittes, nämlich das gedachte Lebenskonzept des »Erwachsenen-Ichs« hinzuzufügen.[61]

Das »Erwachsenen-Ich« ist der unabhängige **rationale Teil unserer Persönlichkeit.** In diesem Zustand werden Informationen gesammelt und aktiv verarbeitet, indem Wahrscheinlichkeiten abgeschätzt und bewusste Entscheidungen getroffen werden. Befindet sich eine Person in diesem Zustand, so wirkt sie nachdenklich, rational, fragend und ganz im Hier und Jetzt verankert. Wie auch die anderen beiden »Ich-Zustände« kann das »Erwachsenen-Ich« anhand der Körpersprache, Wortschatz und Gestik identifiziert werden.[62]

Im Gegensatz zum »Eltern-Ich« werden also nicht etwa »veraltete« Programme abgespult, sondern die gelernten Regeln und Gesetze werden bewusst in Frage gestellt und gegebenenfalls der aktuellen Situation angepasst. Eine weitere wichtige Aufgabe des »Erwachsenen-Ichs« ist es, die Botschaften des »Kind-Ichs« auf ihre Gültigkeit für die Gegenwart beziehungsweise für eine bestimmte Situation zu prüfen. Das »Erwachsenen-Ich« sammelt und verarbeitet Informationen, wägt Wahrscheinlichkeiten ab und bildet die Grundlage für »rationale« situationsgerechte Entscheidungen.

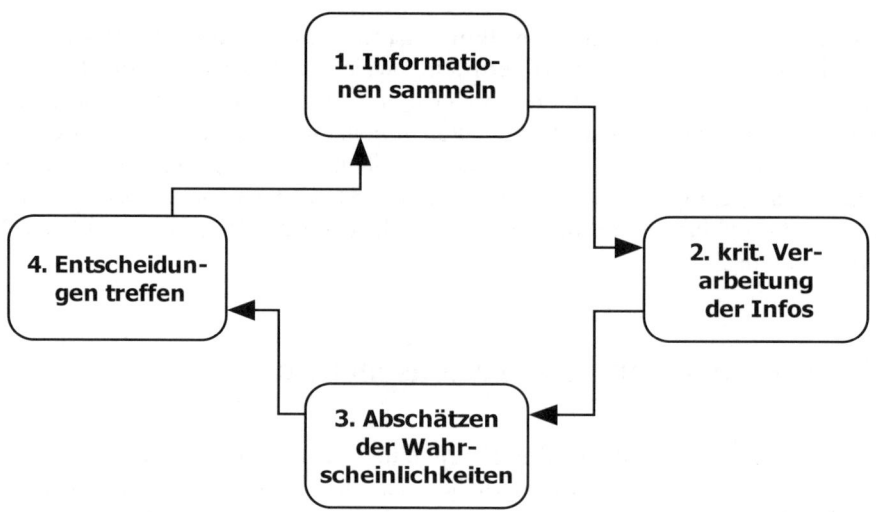

Abbildung 9:
Aufgaben des »Erwachsenen-Ichs«
Quelle: Eigene Anfertigung.

---

61   Vgl. Berne, (1961), Seite 90.
62   Vgl. Rogoll (1982), Seite 17.

Das »Erwachsenen-Ich« entscheidet, welche Lebensregeln aus dem »Eltern-Ich« oder welche Regeln aus dem »Kind-Ich« für eine bestimmte Situation »angemessen« erscheinen.

2.2   Künstliche Gedächtniserlebnisse

Der kanadische Neurochirurg WILDER PENNFIELD operierte in den vierziger und fünfziger Jahren Hunderte von Patienten mit lokalisierten epileptischen Krampfanfällen. PENNFIELD führte die Operationen am offenen Gehirn bei örtlicher Betäubung durch. Er nutzte die Gelegenheit, durch eine elektrische Sonde verschiedene Hirnregionen mit einem Wechselstrom zu reizen, um so die Funktionen zu erkunden. Ziel der Operationen war die Lokalisierung und Entfernung der Hirnbereiche, welche bei elektrischer Reizung die Krampfanfälle auslösten.[63]

Die verschiedenen Reizwirkungen wurden detailliert in den Operationsprotokollen festgehalten. Die Experimente zeigten, dass die Vergangenheit mit allen Einzelheiten in genauer zeitlicher Abfolge erinnert wurde. **Jede elektrische Stimulation löste eine klar abgegrenzte Erinnerung nach der anderen aus; es kam zu keiner Vermischung oder Verallgemeinerung des Erlebten.** Beispielsweise hörte eine Dame bei der wiederholten Stimulation eines bestimmten Punktes einen Schlager, als würde er von einem Orchester live gespielt werden. Ein anderer Patient sah bei der Stimulation eines bestimmten Punktes einen Mann und einen Hund, die in der Nähe seines Hauses eine Landstraße entlanggingen.[64]

 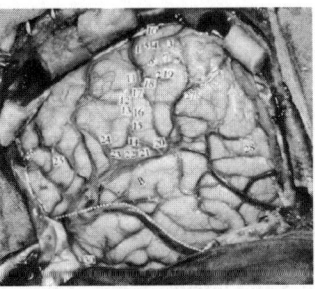

Abbildung 10:
**WILDER PENFIELD
& his brain map**
Quelle: PBS Online,
http://www.pbs.org/
wgbh/aso/tryit/brain/
cortexhistory2.html,
04.03.2000.

PENNFIELD vermerkte in seinen Protokollen, dass die Versuchspersonen das Gleiche empfanden, was die ursprüngliche Situation bei ihnen bewirkt hatte, dass die Erinnerung keine genaue fotografische oder phonografische Reproduktion vergangener Ereignisse

---

63   Vgl. Legewie & Ehlers, (2000), Seite 55.
64   Vgl. Anderson, (1989), Seite 155; Meininger, (1974), Seite 31 bis 33.

sei, sondern das **Wiedererleben der damaligen Situation** mit dem, was die Person sah, hörte und fühlte.[65]

PENNFIELDS Versuche führten zu vier Schlussfolgerungen:

1. Sobald ein Mensch bewusst auf etwas achtet, kommt es zu einer **lückenlosen Aufzeichnung** im Gehirn, wobei die ursprüngliche zeitliche Anordnung erhalten bleibt.

2. Die **Ereignisse** werden **zusammen mit** den damals empfundenen **Gefühlen** aufgezeichnet und können nur gemeinsam wiedererlebt werden.

3. Der Gesprächspartner beziehungsweise Mitarbeiter kann sich an zwei Orten gleichzeitig befinden. Er kann physisch anwesend, in Gedanken aber Kilometer und Jahre entfernt sein.

4. Die mit Gefühlen verknüpften Ereignisse lassen sich **genauso lebendig abrufen, wie sie ursprünglich erlebt wurden** und geben Aufschluss über die prägenden Faktoren gegenwärtiger Transaktionen. Werden solche Erinnerungen durch gegenwärtige Ereignisse hervorgerufen, so erinnern wir uns nicht nur daran, sondern wir durchleben sie noch einmal mit genau den Empfindungen, die wir damals hatten.

Seit der frühen Kindheit werden die Ereignisse und die begleitenden Gefühle elektromechanisch im Gehirn aufgezeichnet. Die meisten von uns verfügen noch über einen Großteil ihrer Gehirnzellen, so dass anzunehmen ist, dass die meisten Erlebnisse gespeichert sind, auch wenn sie aufgrund menschlicher »Verdrängungsmechanismen« gegebenenfalls durch den Einzelnen nicht mehr »bewusst« abgerufen werden können. Der Archivierungsprozess dauert ein Leben lang, wobei wir uns bewusst werden sollten, dass die im Gehirn kunstvoll aufgebauten Schaltkreise ihre **fundamentale Verdrahtung in der frühen Kindheit** erfahren.[66]

Mit der Geburt ist der größte Teil des menschlichen Gehirns ausgebildet. Noch fehlende Zellen und deren feste Verknüpfungen entwickeln sich in den ersten Wochen und Monaten nach der Geburt. In der Abbildung 11 ist sehr gut zu erkennen, dass innerhalb der ersten drei Monate dieser Veränderungsprozess weitgehend abgeschlossen ist. Untersuchungen zeigten, dass sich Einflüsse aus der »Umwelt« direkt in der anatomischen Struktur niederschlagen können.[67]

Die ersten Hinweise über die Bedeutung **äußerer** Einflüsse auf physikalisch-chemische Verknüpfungen im Gehirn erhielten Forscher durch Tierexperimente. Sie beobachteten, dass jede Nervenzelle im Sehzentrum einer Ratte vor dem Öffnen der Augen über etwa 14 Kontakte mit anderen Nervenzellen verfügt. Nach dem Öffnen der Augen entwickelt die Ratte innerhalb der folgenden vierzehn Tage 8.200 Kontakte pro Nervenzelle. Werden die Ratten durch das Zubinden der Augen blind gehalten, so bleibt die Zahl der Ver-

---

65   Vgl. Birkenbihl, (2000), Seite 277; Harris & Harris, (2000), Seite 34f; Harris, (2000), Seite 20f; Legewie & Ehlers, (2000), Seite 56.

66   Vgl. Harris & Harris, (2000), Seite 35.

67   Vgl. Vester, (1982), Seite 31f.

knüpfungen so niedrig wie am Anfang. Selbst wenn einige Monate später die Augen »entbunden« würden, sei dieser Rückstand kaum mehr aufzuholen: Die Ratten blieben blind! Ähnliche Fälle sind auch von Menschen bekannt, die aus irgendwelchen Gründen in der ersten Lebensphase keine visuellen Eindrücke empfangen konnten.[68]

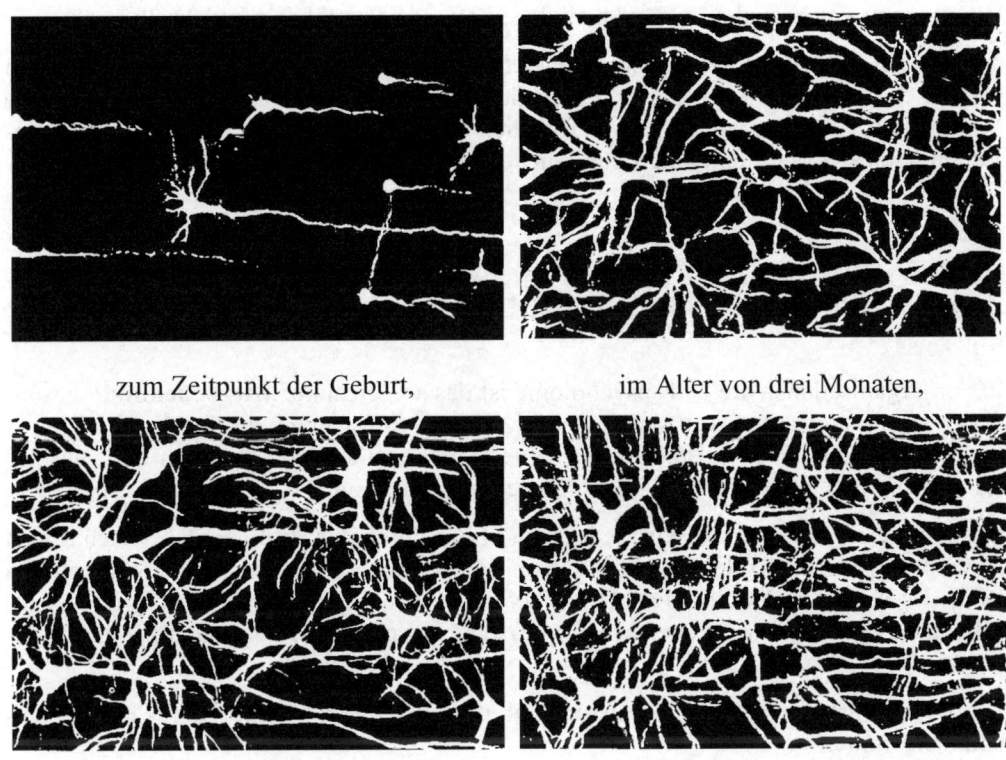

zum Zeitpunkt der Geburt,   im Alter von drei Monaten,

von fünfzehn Monaten und   von drei Jahren.

Abbildung 11:
Schnitt durch eine Partie der menschlichen Großhirnrinde
Quelle: Vester, (1982), Seite 32f.

Weitergehende Untersuchungen zeigten, dass die Hirnrinde offensichtlich so »verdrahtet« ist, dass sie möglichst gut mit derjenigen Umwelt zurechtkommt, welche in den ersten Lebenswochen wahrgenommen wird. In der frühen Phase eines Kindes kommt es demnach zu einer irreversiblen Formung eines durch die Sinneseindrücke geprägten ersten inneren Abbildes der Außenwelt. Später eintreffende Informationen über die Umwelt werden demnach kaum noch verdrahtet (Hardware), sondern entlang des bestehenden »Netzes« über mehrere Stufen in stofflich gespeicherte und kodifizierte Erinnerungen überführt (Software). Sollen sich die Wahrnehmungs- und Lernfähigkeiten eines Men-

---

68   Vgl. Vester, (1982), Seite 31f.

schen umfassend entwickeln, so erscheint es vorteilhaft, bereits in den ersten Wochen nach der Geburt möglichst viele Sinnesorgane und -kanäle zu »aktivieren«.[69] Die attraktive Gestaltung der Umwelt und soziale Interaktion lassen die Verschachtelung zwischen den Neuronen der Großrinde sprießen; Ödnis und Isolation hemmen dagegen die Entwicklung der Hirnrinde. Die Zahl der Synapsen und Neurotransmitter, welche für die Übertragung von Signalen zuständig sind, geraten aus dem Gleichgewicht.[70]

Auch wenn die einmal getätigten »Aufzeichnungen« nicht gelöscht werden können, so verfügt der rationale Teil unserer Persönlichkeit - das »Erwachsenen-Ich« - über die Möglichkeit, alte Programme zu unterbrechen bzw. zu stoppen und mit Hilfe einer gezielten »Selbst-Konditionierung« durch neue Aufnahmen zu überlagern.

2.3   Vier Lebensanschauungen

In der Organisationslehre und -psychologie ist das so genannte »**Menschenbild**« besonders deshalb interessant, weil sich in der jeweiligen Auffassung typische Handlungsmuster widerspiegeln. Wer beispielsweise seine Mitarbeiter für grundsätzlich faul, unselbständig und inkompetent hält, wird sich ihnen gegenüber auch entsprechend verhalten.[71]

Das Verhalten einer Person wird jedoch nicht nur durch das Bild geprägt, welches sich jemand von seinen Kollegen, Vorgesetzten usw. macht, sondern vor allem durch das Bild, das er von sich selbst hat. Diese bereits in der frühen Kindheit getroffene Entscheidung bestimmt das »Lebensmotto« beziehungsweise den »Lebensplan« eines Menschen.[72]

HARRIS beschreibt vier Grundanschauungen, die eine Person im Laufe ihres Lebens einnehmen könnte:[73]

■ »Ich bin nicht o.k. - du bist o.k.«,

■ »Ich bin nicht o.k. - du bist nicht o.k.«,

■ »Ich bin o.k. - du bist nicht o.k.« sowie

■ »Ich bin o.k. - du bist o.k.«.

---

[69]   Vgl. Vester, (1982), Seite 33 bis 35.

[70]   Vgl. Braun, (2002), Seite 30.

[71]   Vgl. Neuberger, (1990), Seite 25.

[72]   Vgl. Berne, (1995), Seite 47; Braun II, (1984), Seite 62f; Hennig & Pelz, (1997), Seite 90 bis 92.

[73]   Vgl. Harris, (2000), Seite 60; Stewart & Joines, (1990), Seite 177.

2.3.1   »Ich bin nicht o.k. - du bist o.k.«

HARRIS geht davon aus, dass **jedes** Kind schon sehr früh zu der Auffassung gelangt: »Ich bin nicht o.k. - du bist o.k.«. Dies sei eine schwere Bürde, eine Ungleichheit zu Beginn der lebenslangen Bemühung eines jeden Einzelnen, sich und seine Umwelt auf einen Nenner zu bringen. Diese Grundsatzentscheidung beeinflusse alles, was ein Mensch im Laufe seines Lebens unternimmt. Da es sich um eine »Entscheidung« handele, könne sie durch eine neue Entscheidung ersetzt werden; vorausgesetzt die ihr zugrunde liegenden Mechanismen werden verstanden und offen gelegt.

Die These, dass jedes Kind irgendwann zu dieser Grundanschauung gelangt, wird durch HARRIS untermauert, indem er die jeweilige Situation des Neugeborenen, des Säuglings und des Kleinkindes, bevor und nachdem es sprechen gelernt hat, untersucht und ausführlich beschreibt.

Ich hatte Gelegenheit, die von HARRIS vorgetragenen Gedanken in zahlreichen Seminaren und Arbeitsgruppen zu diskutieren und habe im Laufe der Jahre keinen einzigen Teilnehmer kennen gelernt, der seine eigene Kindheit grundlegend anders als in der von HARRIS beschriebenen Art und Weise erlebte.

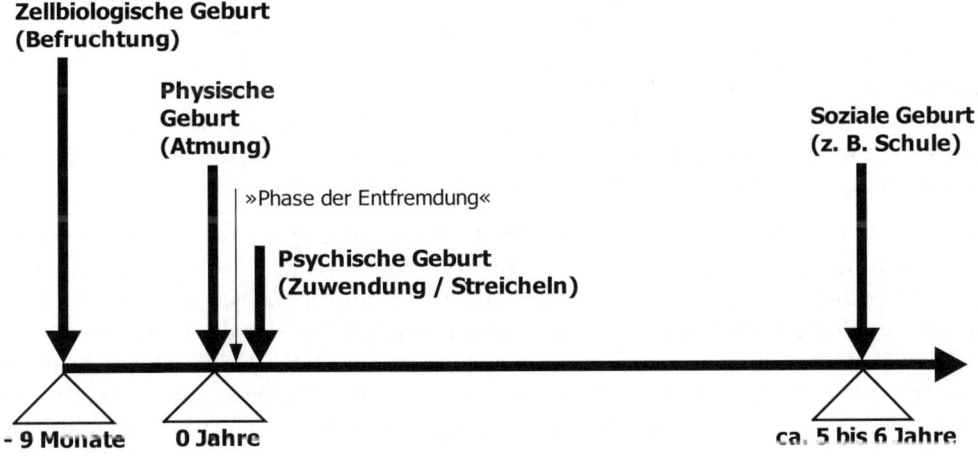

Abbildung 12:
Die vier Geburten des Menschen
Quelle: In Anlehnung an Harris, (2000), Seite 58.

Die Abbildung 12 veranschaulicht die »vier Geburten« des Menschen. Im ersten Lebensabschnitt, der die neun Monate zwischen der Empfängnis und der biologischen Geburt umfasst, beginne das Leben in der »vollkommensten« Umwelt, die das menschliche Individuum jemals bewohnen könne. HARRIS nennt diesen Zustand **symbiotische Intimität**.

Mit der biologischen Geburt werde das kleine Individuum dann innerhalb weniger Stunden in eine **katastrophale Kontrastsituation** katapultiert, in der es fremdartigen und für das Kind furchterregenden neuen Umweltbedingungen wie zum Beispiel Kälte, Lärm, Haltlosigkeit, Helligkeit und Getrenntsein ausgesetzt wird. Für kurze Zeit sei der Säugling abgeschnitten, abgetrennt, beziehungslos und allein gelassen.

Wenige Augenblicke später wird der Säugling dann »gerettet« durch einen Menschen, der ihn hochnimmt und ihn warm einhüllt. HARRIS beschreibt dieses als den beruhigenden Akt des »Streichelns«, den Augenblick der psychologischen Geburt, in dem das Kind erfährt, dass das Leben außerhalb des Mutterleibs nicht ganz und gar schrecklich sei. Diese Wiederherstellung der Verbundenheit setze den Lebenswillen des Neugeborenen in Gang.

HARRIS nennt eine Reihe von Indizien, die dafür sprechen, dass die Ereignisse der Geburt und des Säuglingsdaseins zwar nicht unbedingt aktiv erinnert werden können, es gleichwohl aber zu einer Aufzeichnung im Gehirn kommt. Als erstes Indiz führt er an, dass viele Menschen in ihren Träumen das so genannte »Geburtstrauma« immer wieder durchleben. Dieses Traummaterial stützt die Annahme, dass bereits sehr frühe Kindheitserlebnisse trotz einer gewissen Unbeschreiblichkeit (oftmals wird von Strudeln und Abflussrohren berichtet) aufgezeichnet und in der Gegenwart wiedererlebt werden können. Als zweites Indiz führt Harris an, dass Kinder bereits nach wenigen Tagen und Wochen erlernen, Vorteile zu bewahren. Zwar sei die Reaktion des Säuglings auf äußere Reize zunächst instinktiv, doch bereits nach kurzer Zeit spiegelt sie gelernte beziehungsweise **konditionierte** Erfahrungen wider. Beispielsweise erlerne der Säugling sehr schnell, in die Richtung der mütterlichen Schritte zu schauen.[74]

Die mit der »**psychischen Geburt**« verbundene Zuwendung ist für das Neugeborene außerordentlich bedeutsam. Es ist seit langem bekannt, dass der sich ständig wiederholende körperliche Kontakt für einen Säugling lebensnotwendig ist. In Waisenhäusern sterben Säuglinge oftmals an Marasmus, einer Krankheit, bei der die fehlenden »Streicheleinheiten« zu einem allgemeinen körperlichen und geistigen Kräfteschwund führen. Forscher, wie zum Beispiel RENÉ SPITZ, stellten fest, dass Säuglinge, welche weder von den Eltern noch von den Pflegepersonen persönliche Zuwendung erhalten, selbst bei besten hygienischen Verhältnissen einen Entwicklungsstillstand erleiden, anfälliger für Krankheiten werden oder sogar ohne sichtliche Krankheitssymptome zugrunde gehen können. Für den Begriff »Zuwendung« wird in der Transaktionsanalyse häufig das Wort »Streicheln« oder »Stroke« verwendet, da der Körperkontakt die den Säuglingen gemäße Zuwendung darstellt.[75]

---

[74]   Vgl. Harris, (2000), Seite 57.

[75]   Vgl. Bry, (1973), Seite 113; Schlegel, (1993), Seite 405.

In der Entwicklungspsychologie ist heute weitgehend unumstritten, dass dieses frühe körperliche und emotionale Band, welches sich in der Regel zwischen Mutter und Kind bildet, der Schlüssel zum Überleben ist und die **entscheidende Voraussetzung** für die spätere bestmögliche Entwicklung darstellt.[76] Frühe traumatische Erfahrungen können das Verhalten eines Menschen während seines ganzen Lebens beeinflussen.[77]

HARRIS führt weiter aus, dass auch bei einem »normalen« Säugling die Streicheleinheiten nicht ohne Unterbrechung gewährt werden. Deshalb ist zu vermuten, dass die **Stimmung** des Kleinkindes ständig zwischen der **Zufriedenheit** (Zuwendung) und der **Unzufriedenheit** (Getrenntsein) **schwankt**. Auch wenn der Mensch innerhalb der ersten zwei Jahre noch nicht über die Fähigkeit verfügt, sich mit Hilfe begrifflicher Denkwerkzeuge, wie zum Beispiel Worte, eine Erklärung dieser unsicheren Situation aufzubauen, so sei es dennoch sehr wahrscheinlich, dass eine Aufzeichnung dieser positiven und negativen **Gefühlsmuster** erfolge.[78]

Diese frühen Aufzeichnungen nennen ERIC BERNE und ERIK H. ERIKSON das so genannte »**Urprotokoll**«. Es sei prägend für das »**Urvertrauen**« und der Ausgangspunkt und die Grundlage für das Lebensskript eines jeden Menschen.[79]

Der Psychologe JEAN PIAGET beschäftigte sich jahrzehntelang mit der kognitiven Entwicklung von Kindern und Jugendlichen. Aufgrund genauer Beobachtung stellte er fest, dass der Zusammenhang zwischen Ursache und Wirkung bereits in den ersten Lebensmonaten eines Kindes erwache und nach etwa 18 Monaten voll entwickelt sei. Dass bedeutet, durch **Konditionierung** bildet das Kleinkind in dieser so genannten »**sensomotorischen**« **Phase** Erfahrungsmuster mit folgerichtig verknüpften Informationen, lange bevor der Spracherwerb einsetzt. HARRIS glaubt, dass sich bei dem Kind im zweiten, spätestens im dritten Lebensjahr ein Gleichgewichtszustand einstelle: **seine erste Lebensanschauung**. Diese feste Anschauung ermögliche es dem Kind, Voraussagen zu tätigen und Wahrscheinlichkeiten einzuschätzen. PIAGET beobachtete weiter, dass Kinder offensichtlich bis zur Vollendung des siebten Lebensjahres nicht in der Lage sind, »Wahrheiten« zu erkennen oder festzustellen. Studien zur Entwicklung des Gewissens zeigten beispielsweise, dass in dieser so genannten »präoperationalen« Phase Kinder jede Regelverletzung bestrafen wollen, während die Motive offensichtlich bedeutungslos sind. Zum Beispiel soll ein Kind, welches eine große Vase aus Versehen zerbricht, strenger bestraft werden als eines, das absichtlich ein kleines Glas zerbricht.[80]

Offensichtlich beschränken sich Kinder in den ersten Lebensjahren auf praktische Anpassungen beziehungsweise auf den Wunsch nach Erfolg ihrer Handlungen. Im Mittel-

---

[76]   Vgl. Bourne & Ekstrand, (1992), Seite 334.

[77]   Vgl. Braun, (2002), Seite 30.

[78]   Vgl. Harris, (2000), Seite 58.

[79]   Vgl. Berne, (1995), Seite 122f; Schlegel, (1993), Seite 392.

[80]   Vgl. Fend, (2000), Seite 120 bis 121; Harris, (2000), Seite 58f; Heidebrink, (1999), Seite 134; Piaget, (1981), Seite 93 bis 95; Piaget, (1993), Seite 104f; Piaget, (1995), Seite 37 bis 43; Schmidbauer, (1991) Seite 89f.

punkt ihrer »Überlegungen« könnte beispielsweise die Frage stehen: „Wie kann ich als »nicht-o.k.-Person« erreichen, dass du als »o.k.-Person« gut zu mir bist?" HARRIS glaubt, dass sich diese frühe Anschauung bei dem Kleinkind einprägt. Auch wenn diese Lebensanschauung ungünstig erscheinen mag, sie sei immerhin besser als nichts, und beim Kind stellt sich zumindest ein **erster Gleichgewichtszustand** ein.

ALFRED ADLER zufolge müsse der Mensch aus seinem Lebensplan heraus verstanden werden. Das **zentrale Lebensproblem** äußere sich in dem Bestreben, sozial anerkannt zu werden und **Minderwertigkeitsgefühle** auszugleichen, welche vor allem entstünden aus Hilflosigkeit, Entmutigung sowie sozialer oder wirtschaftlicher Benachteiligung. Diese Minderwertigkeitsgefühle versucht der Mensch in einem **lebenslangen Kampf** zum Beispiel durch Geltungs- und Machtstreben zu überwinden beziehungsweise zu kompensieren.[81]

LAWRENCE S. KUBIE beschreibt die Entwicklung dieser ersten Lebensanschauung folgendermaßen: „Eine sichere Ableitung dürfen wir vornehmen, nämlich daß in einem frühen Lebensalter ... eine emotionale Kernposition bezogen wird ... Klinisch erhärtete Tatsachen sprechen dafür, wenn eine emotionale Kernposition erst einmal bezogen ist zu Anfang des Lebens, daß sie dann zu derjenigen affektiven (gefühlsmäßigen) Position wird, auf welche sich das Individuum meist ganz automatisch zurückziehen wird während seines ganzen Lebens. **Diese Kernposition kann entweder zur stärksten oder zur verwundbarsten Stelle in seinem Leben werden** ... Wenn die emotionale Kernposition ständig schmerzhafte Konflikte verursacht, muß sich ein betreffendes Individuum vielleicht ein Leben lang dagegen zur Wehr setzen. Es bedient sich dabei sowohl **bewusster,** als auch **unbewusster Taktiken** immer mit dem Ziel, sich gegen diesen ausstrahlenden Unruheherd in seinem Inneren abzuschirmen."[82]

Vor diesem Hintergrund erscheint es wenig verwunderlich, dass jedes Kind im Laufe seiner Entwicklung die Grundanschauung »Ich bin nicht o.k. - du bist o.k.« einnimmt. Sie ist die logische Folgerung des kleinen Kindes aus seinen **gesammelten Erfahrungen** bei der Geburt und im Säuglingsalter. HARRIS führt aus, dass diese Grundanschauung eine »o.k.-Seite« habe, da das Kind Zuwendung erfährt. Es muss hochgenommen und mit Nahrung versorgt werden. Wie bereits ausgeführt, würde der Säugling ohne dieses Minimum an Berührung sterben. Zugleich spiegele die »nicht-o.k.-Seite« die Überzeugung des Säuglings von sich selbst wider. Eine Vielzahl von Befunden sprächen dafür, dass es bei Kindern zu einer **erdrückenden Anhäufung derartiger »nicht-o.k.-Gefühle«** kommen müsse. HARRIS schreibt weiter, dass nahezu alle Menschen, denen er die Grundlagen der Transaktionsanalyse und den Ursprung und die Existenz dieser »nicht-o.k.-Seite« erkläre, ihm bestätigten, dass sie selbst diese Erfahrung gemacht hätten.[83]

---

[81]   Vgl. Bourne & Ekstrand, (1992), Seite 372f; Häcker & Stapf, (1998), Seite 392; Schönpflug, (2000), Seite 358f; Möller, http://www.philolex.de/philolex.htm. 15.09.2002.

[82]   Kubie, (2000), Seite 60.

[83]   Vgl. Harris, (2000), Seite 61f.

Eine Vielzahl von **Verhaltensspielen**, welche wir tagtäglich beobachten können, basierten vermutlich auf den Minderwertigkeitsgefühlen dieser »nicht-o.k.-Seite«. In diesem Punkt kam es zum Bruch zwischen ALFRED ADLER und SIGMUND FREUD: Im Gegensatz zu FREUD vertrat ADLER die Auffassung, dass **nicht** die »Lust« im Sinne der Sexualität im Mittelpunkt des Lebenskampfes des Menschen stehe, sondern seine Minderwertigkeitsgefühle, die er durch Geltungs- und Machtstreben zu kompensieren suche. Er glaubte, dass ein Kind sich aufgrund seiner »Kleinheit« und »Hilflosigkeit« zwangsläufig den erwachsenen Personen in seiner Umgebung unterlegen fühlen müsse.[84]

HARRY STACK SULLIVAN, der durch ADLER stark beeinflusst wurde, beschreibt die Mechanismen der Selbsteinschätzung wie folgt:

„**Dem Kind fehlen Ausrüstung und Erfahrung**, um sich ein genaues Bild von sich selbst zu machen; darum kann es sich nur nach den Relationen der anderen auf es selbst richten. Es gibt kaum einen Grund für das Kind, diese Bewertung anzuzweifeln, und auf jeden Fall ist es viel zu hilflos, um sie anzufechten oder dagegen zu rebellieren. Es akzeptiert passiv die Beurteilungen, die zuerst nachdrücklich übermittelt werden durch Worte, Gesten und Handlungen in dieser Periode ... So behält das Individuum immer die Selbsteinschätzungen, die es früh im Leben gelernt hat, wobei besondere Umweltbedingungen und eine Modifikation durch spätere Erfahrungen eine gewisse Rolle spielen können.“[85] Erst mit zunehmendem Alter lernt das Kind langsam, wie Umwelt, Arbeitsstress oder auch eigene Komplexe der Eltern die Reaktionen dieser bestimmen können. Die volle Einsichtsfähigkeit in diese Prozesse erlangt ein Kind erst im jungen Erwachsenenalter.

All die Reaktionen ,die wir als Erwachsene auf unsere Umwelt zeigen, lassen sich auf die Erfahrungswelt unserer Kindheit, also das Erleben unseres inneren Kindes, zurückführen. Ob wir nach unseren »inneren« Maßstäben Erfolg im Leben haben werden, wie unsere Partnerschaften aussehen, wie wir mit Konflikten umgehen, welche Ansprüche wir an andere Menschen stellen und wie wir letztendlich mit unseren eigenen Kindern umgehen, ist elementar davon abhängig, was wir in der Kindheit erfahren haben, d. h. wie unser Urvertrauen und unser Selbstwertgefühl geprägt wurden.[86]

Solange die erste Lebensanschauung gelte, so HARRIS, fühle sich die Person von der »Gnade« anderer Menschen abhängig. Sie habe ein überwältigendes **Bedürfnis nach Zuwendung** in Form von Streicheleinheiten (physisch) sowie sozialer Anerkennung (psychisch). Das »Erwachsenen-Ich« dieser Personen stehe vor der beständigen Aufgabe zu hinterfragen, was erforderlich erscheint, um Zuwendungen einer »o.k.-Person« zu erhalten.

---

[84]   Vgl. Bourne & Ekstrand, (1992), Seite 372f; Fend, (2000), Seite 82f; Frischenschlager, (1994), Seite 53f; Häcker & Stapf, (1998), Seite 10; Schiferer, (1994), Seite 53f; Weiber, (1996), Seite 187 bis 191; Weisman, (1980), Seite 4.

[85]   Sullivan, (2000), Seite 62.

[86]   Vgl. Berryman, (1991), Seite 116 bis 122; NGFG, http://www.ngfg.com/texte/aw008.htm, 01.09.2002.

HARRIS vertritt die Auffassung, dass Menschen mit der Grundanschauung »Ich bin nicht o.k. - du bist o.k.«. zwischen zwei **Varianten der Lebensbewältigung** wählen können:[87]

1. **Bestätigung der Lebensanschauung**
    Menschen in dieser Gruppe suchen in allem, was sie tun, stets die **Bestätigung** ihrer »nicht-o.k.-Gefühle«. Sie leben nach einem »Lebens-Drehbuch«, welches unbewusst durch das »Kind-Ich« bestimmt werde.
    a) Rückzug
       Dieses Drehbuch könne beispielsweise ein **zurückgezogenes Leben** fordern, da es den Betroffenen zu quälend erscheine, von »o.k.-Personen« umgeben zu sein. Stattdessen suchen sie gegebenenfalls Zuwendung in einer **Phantasiewelt** und widmen sich einem sorgfältig ausgemalten Wunschleben mit Formeln wie zum Beispiel »**Wenn ich ...**«.
    b) Provokation
       Eine Variante dieses Drehbuchs schreibe dagegen möglicherweise ein **provozierendes Verhalten** vor, mit dem Ziel, dass sich alle gegen den Betroffenen wenden (negative Zuwendung). Hierdurch werde ihm unter Beweis gestellt, dass er nicht o.k. ist. Ein typisches Beispiel für dieses Skript sei der »böse kleine Junge«, der nach der Formel lebe: »Wenn du sagst, dass ich böse bin, dann werde ich mich auch so verhalten«. Diese Person trete, spucke und kratze sich ihren Weg durchs Leben und erreiche auf diese Weise eine trügerische innere Geschlossenheit mit zumindest einer verlässlichen Konstanten: »Ich bin nicht o.k. - du bist o.k.«. Auf eine unglückliche Weise sei diese Betrachtung sinnvoll, da die **Geschlossenheit der Lebensanschauung** erhalten bleibe.

2. **Kompensation**
    Die zweite Möglichkeit mit dieser Grundanschauung durchs Leben zu gehen, wird HARRIS zufolge häufiger ergriffen. Dabei lebe die Person nach einem (ebenfalls unbewussten) **Drehbuch** mit Anweisungen aus ihrem »Eltern-Ich« wie zum Beispiel »Du kannst o.k. sein, wenn ...«. Derartige Individuen umgäben sich vorzugsweise mit Freunden und Verbündeten, welche über ein **ausgeprägtes** »Eltern-Ich« verfügen, um in ihren Verhaltensweisen eine entsprechende **Bestätigung zu erfahren** mit dem Ziel, ihre latenten Minderwertigkeitsgefühle zu kompensieren. Diese Menschen seien eifrig, willig und nachgiebig gegenüber den Forderungen anderer. Aufgrund ihres ständigen **Bemühens um Beifall** und Zuwendung gehören sie zu »den besten« Mitarbeitern eines Unternehmens. Aber auch dieser Personenkreis erfahre kein dauerhaftes Gefühl von Glück oder bleibenden Werten, da er auf **lebenslanges** »Bergsteigen« festgelegt sei. Sobald diese Menschen einen »Gipfel« erreicht hätten, stünden sie bereits dem nächsten Berg gegenüber. Das Paradoxe dieses Gegendrehbuches ist, dass gleichgültig wie sehr sich die Person anstrengt, sie immer wieder zu der Erkenntnis gelangen werde, sie sei »nicht o.k.«.

---

[87]   Vgl. Harris, (2000), Seite 62 bis 64.

2.3.2 »Ich bin nicht o.k. - du bist nicht o.k.«

Diese zweite Lebensanschauung »Ich bin nicht o.k. - du bist nicht o.k.« kann HARRIS zufolge unter bestimmten Umständen im **zweiten Lebensjahr** entstehen. Gegen Ende des ersten Lebensjahres beginnen Kinder in der Regel zu laufen und müssen folglich nicht mehr oder zumindest deutlich weniger getragen werden. Sofern die Eltern »gefühlskalt« seien und dem Kind nur sehr **sparsam Zuwendung** schenken, wäre hiermit das Ende der Babyzeit erreicht, in der das Kind zumindest aufgrund der **physischen Versorgung** »Streicheleinheiten« erfahren habe. Durch die erhöhte Mobilität des Kindes würden die **Strafen** zudem **härter und häufiger**. Beispielsweise erführe das Kind nunmehr negative Zuwendung, wenn es unerlaubterweise aus dem Bettchen klettere und nicht dort bleibe, wo es nach Auffassung der Eltern bleiben solle. Außerdem komme es häufiger zu Verletzungen, da es jetzt über Hindernisse stolpere oder auch schon mal die Treppe hinunterfalle.

Die Annehmlichkeiten des ersten Lebensjahres seien aufgrund der besonderen Lebensumstände weitgehend verschwunden. Bliebe dieser Zustand der Verlassenheit und Bedrängnis unverändert während des zweiten Lebensjahres bestehen, so käme das Kind wahrscheinlich zu der Auffassung »Ich bin nicht o.k. - du bist nicht o.k.«. Die weitere Entwicklung des »Erwachsenen-Ichs« wäre damit weitgehend gehemmt, da eine seiner primären Funktionen, nämlich Zuwendungen einzufordern, dadurch nachhaltig gestört würde, weil genau diese Zuwendungen ausblieben. Menschen mit dieser Lebenseinstellung gäben auf, seien hoffnungslos und »vegetieren« einfach dahin.

Es erscheine kaum vorstellbar, dass es Menschen gäbe, die keine Zuwendung erführen. Selbst wenn die Eltern dem Kind keine Zuwendung vermittelten, so gäbe es vermutlich andere Personen, wie zum Beispiel die Betreuerin oder der Betreuer im Kindergarten oder die nette Nachbarin von nebenan, die sich um ein solches Kind kümmern. HARRIS vertritt jedoch die Auffassung, dass diese Zuwendung das Kind dann nicht mehr erreichen könne, da es sich die Lebensanschauung »Ich bin nicht o.k. - du bist nicht o.k.« bereits manifestiert habe. **Das »nicht o.k.« gelte dann nicht nur für die Eltern, sondern werde auch auf alle weiteren Bezugspersonen übertragen.** Es lehne jede noch so ehrlich gemeinte Zuwendung ab. Neue Erfahrungen können zu diesem Zeitpunkt die »Weltanschauung« des Kindes nicht ohne weiteres revidieren. Menschen mit einer derartigen Grundeinstellung sei nur schwer zu helfen, da auch der »Ratgeber« automatisch zu der Kategorie »Du bist nicht o.k.« zähle.[88]

Mitarbeiter mit einem derartigen Lebensskript sind folglich kaum zu führen, da sie von ihren Kollegen und Vorgesetzten nicht das Mindeste annehmen und selbst sachlichen Argumenten gegenüber »verschlossen« sind.

HARRIS untermauert seine Auffassung durch Erfahrungen, die er im Zusammenhang mit autistischen Kindern machte. Bei einem autistischen Verhalten liegt eine Veränderung

---

88   Vgl. Harris, (2000), Seite 64f.

beziehungsweise Einschränkung in der Aufnahme und Verarbeitung von Sinneseindrücken wie zum Beispiel Riechen, Fühlen oder auch Schmecken vor, wodurch die Kontaktaufnahme und Kontaktgestaltung sich außerordentlich schwierig gestaltet. HARRIS und andere Psychologen vermuten, dass neben einem physiologischen Faktor fehlende Zuwendung den Krankheitsverlauf negativ beeinflussen könnte. Die Reizschwelle dieser Personen läge vermutlich derart hoch, dass sie die ihnen zugedachten Streicheleinheiten nicht aufnähmen. Da die Eltern die »Gleichgültigkeit« ihrer Kinder häufig derart interpretieren, dass sie offensichtlich keine Zuwendung wünschen, werden die bisher gewährten Streicheleinheiten noch weiter reduziert. Vielleicht könne mehr Streicheln als bei anderen Kindern diese Schwelle überwinden und den Krankheitsverlauf positiv beeinflussen. HARRIS berichtet von einem elfjährigen autistischen Jungen, der seine Lebenseinstellung »Ich bin nicht o.k. - du bist nicht o.k.« dadurch zum Ausdruck brachte, dass er zunächst kräftig und anhaltend seinen Betreuer und anschließend seinen eigenen Kopf mit der Faust schlug.[89]

2.3.3 »Ich bin o.k. - du bist nicht o.k.«

Es stellt sich die Frage, wie gelangt ein Kind im zweiten oder dritten Lebensjahr zu der Grundanschauung »Ich bin o.k. - du bist nicht o.k.«. HARRIS glaubt, dass es sich hierbei um das Ergebnis eines **Selbststreichelns** handelt, wie es etwa auftreten könne, wenn ein kleiner Mensch sich von größeren und schmerzhaften Verletzungen erhole, wie sie **häufig bei misshandelten Kindern** beobachtet werden können. Bei den Opfern der Kindesmisshandlungen fänden sich oftmals äußerst schmerzhafte Verletzungen wie zum Beispiel starke Prellungen, Nierenquetschungen, gebrochene Rippen und Schädelbrüche. Wie mag ein Kind mit gebrochenen Rippen den jeden Atemzug begleitenden Schmerz empfinden? Was geht in ihm vor bei marterndem Kopfweh, welches durch Blut in der Rückenmarksflüssigkeit hervorgerufen wird? Harris vermutet, dass sich bei dem kleinen Individuum, während es sich erhole und sozusagen »seine Wunden lecke« ein Gefühl des Wohlbefindens einstelle und sei es nur deshalb, weil sein gebesserter Zustand in einem so krassen Gegensatz zu den schrecklichen Schmerzen stehe, welche das Kind kurz zuvor erfahren habe. Es erscheint vorstellbar, dass diese Kinder empfinden, das Beste sei, von allen in Ruhe gelassen zu werden, dann komme schon wieder alles in Ordnung. Wiederholen sich derartige Zwischenfälle, so könne sich hieraus die Grundanschauung: »Allein für mich bin ich o.k.« entwickeln. Immer wenn die Furcht erregenden Autoritätspersonen im Raum erschienen, erwarte das Kind voller Angst, es könne wieder geschehen. Wenn das Kind sich immerfort den Aggressionsausbrüchen der Eltern ausgesetzt sieht, erscheint es nahe liegend, dass das Kind gegenüber seinen Eltern die Grundeinstellung gewinnt: »Ihr seid nicht o.k.«.[90]

---

[89] Vgl. Bundesverband für Körper- und Mehrfachbehinderte e. V., http://www.bvkm.de/glossar.htm#Autismus, 20.03.2000; Harris, (2000), Seite 65f.

[90] Vgl. Harris, (2000), Seite 66.

Viele kriminelle Psychopathen (wörtlich: der »seelisch« Leidende) verfügen über derartige Lebensläufe. Menschen, die einer derartigen Brutalität ausgesetzt waren, machten aber auch die Erfahrung, dass sie überleben können. Aufgeben komme für sie nicht in Frage. Mit zunehmendem Alter würden diese Personen immer häufiger zurückschlagen. Sie haben die Härte des Lebens kennen gelernt und wissen selbst, wie hart sie sein können. Zudem verfügen sie über die »Erlaubnis« ihres »Eltern-Ichs«, hart und grausam zu sein. Hass sei ihr Lebensinhalt und richte sie immer wieder auf, auch wenn diese Menschen gelernt haben, diesen Hass hinter einer Maske wohlberechnender Höflichkeit zu verbergen.[91]

Für Kinder, die massiven Misshandlungen ausgesetzt seien, sei die Lebensanschauung »Ich bin o.k. - du bist nicht o.k.« eine lebensrettende Entscheidung. Bedauerlicherweise erlaube ihnen dieses Regelwerk nicht, nach innen zu reflektieren und den Fehler auch mal bei sich selbst zu sehen. »Schuld haben immer die anderen«, ist eine Grundüberzeugung, die sie begleite. Das Ergebnis eines derartigen Sozialisationsprozesses seien Menschen »ohne Gewissen«, ausgestattet mit der Überzeugung, sie seien o.k., egal was sie tun! Diesen Personen sei nur schwer zu helfen, da alle Mitmenschen in die Kategorie »nicht o.k.« gehörten.[92]

Menschen mit der Grundeinstellung »Ich bin o.k. - du bist nicht o.k.« leiden unter fehlender Zuwendung. Jede Zuwendung, die sie erfahren, kann nur so gut sein, wie die Person, von der sie ausgeht. Da es keine »o.k.-Menschen« gäbe, kann es demzufolge auch keine Zuwendung geben, die akzeptabel erschiene. Ein derartiger Mensch könne sich mit einem »Hofstaat von Jasagern« umgeben, der ihm unaufhörlich Lob und Bewunderung ausspricht. Dennoch werde ihn dieses nicht befriedigen, da er wisse, dass diese Zuwendung nicht echt sei, sondern das Ergebnis seiner eigenen dauerhaften Inszenierung. Die gezeigte Zuwendung quittiere eine solche Person mit Verachtung, die darin münde, dass sie alle verstieße zugunsten einer neuen Gruppe von Jasagern.[93]

BERNE zufolge handelt es sich bei dieser Grundeinstellung um ein so genanntes »**Verlierer-Skript**«.[94]

2.3.4   »Ich bin o.k. - du bist o.k.«

Die vierte und letzte mögliche Lebensanschauung eines Menschen »Ich bin o.k. - du bist o.k.« unterscheide sich nach Auffassung von HARRIS von den ersten dreien in einem wesentlichen Punkt. Während die ersten drei das Ergebnis der Lebensumstände des

---

91   Vgl. Häcker & Stapf , (1998), Seite 690f; Harris, (2000), Seite 67.
92   Vgl. Harris, (2000), Seite 67f.
93   Vgl. Häcker & Stapf , (1998), Seite 874f; Harris, (2000), Seite 68.
94   Vgl. Schlegel, (1995), Seite 126.

Kleinkindes seien, welches unbewusst konditioniert und programmiert würde, handle es sich bei der vierten Grundeinstellung um eine **bewusste Entscheidung**.[95]

»Ich bin nicht o.k. - du bist o.k.« sei die erste und bedauerlicherweise für die meisten Menschen auch die bleibende, ihr Leben bestimmende Lebenseinstellung. Seien die äußeren Umstände »unglücklich«, so könne der Wechsel zur zweiten oder dritten Grundanschauung das Ergebnis sein. Da diese Grundanschauung aus Emotionen und Sinneseindrücken bis zur Vollendung des dritten Lebensjahres gebildet würden, habe das kleine Individuum (noch) keine Möglichkeit, korrigierend einzugreifen.[96]

Die vierte Lebensanschauung sei eine individuell beabsichtigte und bewusste Entscheidung. Grundlage dieser Entscheidung können, neben den bereits gesammelten Lebenserfahrungen insbesondere gedachte, bislang noch nicht selbst erlebte Möglichkeiten sein. **Während die ersten drei Lebensanschauungen auf Gefühlen beruhen, basiere die vierte auf Denken, Glauben und Einsatzbereitschaft.** Stellvertretend für die ersten drei könne man die Frage »Warum?« formulieren. Die vierte entspringe dagegen der Frage »Warum nicht?«. Wenn die anderen o.k. sein sollen, warum soll das nicht auch für meine eigene Person gelten? HARRIS vertritt die Auffassung, dass für diese neue Grundsatzentscheidung mehr Informationen erforderlich seien, als die meisten Menschen je erhalten würden. Beneidenswert seien die Kinder, welche immer wieder Gelegenheit erhielten, sich ihren eigenen Wert und den der anderen unter Beweis stellen zu können. Sie würden sehr früh im Leben entdecken, dass sie o.k. seien. **Bedauerlicherweise sei jedoch die am weitesten verbreitete Grundanschauung »Ich bin nicht o.k. - du bist o.k.«. Dieses gelte gleichermaßen für den »Erfolglosen« als auch für den »Erfolgreichen«.** Die meisten würden dieses persönliche Defizit durch so genannte »**Verhaltensspiele**« kompensieren.[97]

In seinem Buch »Spiele der Erwachsenen« erklärt ERIC BERNE komplexere Transaktionen durch die Analyse von »**Spielen**«, die in der Regel immer nach dem gleichen Muster ablaufen. Nach BERNE besteht ein »Spiel« „aus einer fortlaufenden Folge verdeckter Komplementär-Transaktionen, die zu einem ganz bestimmten, voraussagbaren Ergebnis führen. Es lässt sich auch beschreiben als eine periodisch wiederkehrende Folge sich häufig wiederholender Transaktionen, äußerlich scheinbar plausibel, dabei aber **von verborgenen Motiven beherrscht**; umgangssprachlich kann man es auch bezeichnen als eine Folge von Einzelaktionen, die mit einer Falle beziehungsweise einem trügerischen Trick verbunden sind."[98]

Jedes Spiel läuft nach einem **Schema** mit den folgenden Schritten ab:[99]

---

95   Vgl. Harris, (2000), Seite 68.

96   Vgl. Harris, (2000), Seite 68f; Piaget, (1995), Seite 37 bis 43.

97   Vgl. Harris, (2000), Seite 69; Schlegel, (1995), Seite 127.

98   Vgl. Berne, (1999), Seite 57; vgl. auch Hennig & Pelz, (1997), Seite 52.

99   Vgl. Hamann, http://www.transaktionsanalyse.net, 11.12.2001; Hennig & Pelz, (1997), Seite 52 bis 58.

- ▪ **»Trick«**: Der Trick besteht darin, dass A bei Spieler B etwas übersieht, missversteht oder verzerrt darstellt. Dies ist ein »Köder«, der den Auslöser für das Spiel darstellt.

- ▪ **»Wunder Punkt«**: Wenn Spieler B mit dem »Trick« an einem »wunden Punkt« getroffen wurde, dann steigt er in das Spiel ein.

- ▪ **»Verdeckte Transaktion«** Nun entsteht eine Transaktion, bei der sowohl eine offene als auch eine verdeckte Transaktion ablaufen.

- ▪ **»Wechsel des Ich-Zustands«**: Einer der Spieler wechselt vom scheinbar vernünftigen Ich-Zustand in einen anderen Ich-Zustand, und dabei wird die verdeckte Transaktion offenbar (Spieler A wechselt vom fragenden »Erwachsenen-Ich« zum hämischen »Kind-Ich«).

- ▪ **»Verblüffung«**: Der andere erkennt den Wechsel und reagiert auf das Gesprochene verblüfft oder verärgert. Damit endet in der Regel das Spiel.

- ▪ **»Nutzeffekt«**: In der Regel enden solche Spiele mit unguten Gefühlen sowohl beim »Verlierer/Opfer« als auch beim »Gewinner/Täter«. BERNE geht davon aus, dass diese unguten Gefühle zum Teil unbewusst »erwünscht« und »absichtlich« herbeigeführt werden, da sie eine Art der Zuwendung darstellen. Diese Formen der Zuwendung werden im Folgenden näher erläutert.

Dabei bevorzugt jeder ganz bestimmte Spiele. Dies sind die Spiele, die der Einzelne in seiner Kindheit gelernt hat, um sich in seiner Familie durchzusetzen. HARRIS glaubt, dass alle **Verhaltensspiele** Varianten eines einfachen Kinderspieles seien, welches leicht in jeder Gruppe von Dreijährigen zu beobachten sei. Er nennt dieses »**Meins ist besser als deins**« und führt weiter aus, dass dieses Spiel die Person vorübergehend von ihrer drückenden Bürde der »nicht-o.k.-Gefühle« (Minderwertigkeitsgefühle) befreien solle. Die Anschauung »Ich bin nicht o.k.« könne für einen Dreijährigen beispielsweise bedeuten: »Ich bin ein Dreikäsehoch«, »Ich bin schmutzig«, »Ich mache alles falsch«, »Ich bin ungeschickt«. »Du bist o.k.« könne dagegen heißen: »Du bist ein Meter neunzig groß«, »Du bist stark«, »Du hast immer Recht«, »Du bist gescheit und weißt immer alle Antworten«. Jede Milderung dieser »ungerechten« Verteilung von Vor- und Nachteilen sei dem Kind in dieser Situation willkommen. Die größere Portion Eis, sich vordrängeln, über den Fehler der Schwester lachen, den kleinen Bruder verhauen, eine Katze treten, mehr Spielzeug zu haben usw. bedeute eine momentane Erleichterung, wobei die nächste Katastrophe schon vor der Tür stünde: vom kleinen Bruder verhauen zu werden, eine Katze, die ihre Krallen ausfährt oder der Nachbarjunge, der mehr Spielzeug besitze, als man selbst.[100]

Im Laufe ihrer Entwicklung fänden die Menschen dann immer **feinere Varianten** des Spiels »Meins ist besser als deins«. Sie versuchten, sich Erleichterung zu verschaffen, indem sie in größeren oder schöneren Häusern als ihre Bekannten und Nachbarn lebten, ein größeres Auto führen oder sich an ihrer Bescheidenheit weiden würden, indem sie zum Ausdruck brächten, wie anspruchslos sie im Vergleich zu anderen seien. Diese **Manöver** erschienen den Menschen offensichtlich geeignet, sich **vorübergehend Er-**

---

[100] Vgl. Harris, (2000), Seite 70; Meininger, (1974), Seite 82 bis 84.

leichterung zu verschaffen, obgleich die nächste Katastrophe nahe in Form von drückenden Kreditverpflichtungen oder finanziellen Verpflichtungen aufgrund des »überzogenen« Lebensstils, welche sie zu einer lebenslangen Plackerei zwinge. Wichtig sei die Erkenntnis, dass **alle** diese **Verhaltensspiele keine nachhaltige Zufriedenheit** vermitteln und das ursprüngliche Elend der nicht o.k.-Gefühle nur komplizieren und bestätigen. Nur der Verzicht auf jegliche Form der Verhaltensspiele und die Erkenntnis, sich und andere gleichermaßen zu akzeptieren, sowie eigene Werte- und Normvorstellungen zu definieren, werden diesem hoch gesteckten Ziel gerecht.[101]

> „**Neid** bestimmt unser Leben"[102] schreibt der »Erfolgs-«Journalist SVEN HILLENKAMP in einem Selbstportrait. Dabei handele es sich um **ein Gefühl, das antreibt und zerstört**: „Ich wollte schon immer sein wie andere Menschen, wollte haben, was sie hatten, ihr Leben leben. Das heißt, ich wollte nicht ihr Leben leben, sondern sie lebten meins. Sie waren die Figuren, die auf den Feldern standen, auf denen ich hätte stehen müssen. ... Ich war immer auf dem Weg, ein anderer zu werden. ... Indes, es gab durchaus eine Zeit der inneren Ruhe und Identität. ... Mit zweieinhalb bekam ich Ärger in sämtlichen Sandkästen ... Auslöser des Sandkastenkriegs war folgender sich wiederholender Vorgang: Ich stürmte auf die Franzosen (Anmerkung des Autors: HILLENKAMP wuchs in Frankreich auf) zu und riss ihnen Eimer und Schaufel aus der Hand. ... Ich begehrte ein Ding, ohne mich in den Menschen hineinzuversetzen, der (noch) sein Glück darin fand. Und ich glaubte an die Einheit von Wunsch und Erfüllung.
>
> Dazwischen zu unterscheiden erlernte ich erst später, so wie zwischen Heute und Morgen, mir selbst und den anderen. Erst dann wurde es schmerzhaft: Die Fantasie ließ mich ein anderer sein, die Gegenwart, in der ich erwachte, nicht. Aus Begierde wurden Sehnsüchte. Aus den Sehnsüchten, blieben sie unerfüllt, Hass auf mich und andere. Was ich dagegen im Sandkasten tat, war ein ressentimentfreies, kindlich-caesarisches Kommen, Sehen (wenn nötig: Hauen) und Greifen. Für kompliziertere Gefühle waren noch unsere Mütter zuständig. ... Umso schlimmer tobte in dieser Zeit der Objektneid. Allerdings gehörte ich zu den Begünstigten. Als Einzelkind war mir der Futterneid völlig unbekannt, und kein Kleidungsstück, das ich erhielt, war von älteren Geschwistern. Mein Vater verdiente recht gut. Wenn ich an Heiligabend mit Claas, meinem besten Freund, telefonierte und wir die Geschenke durchgaben, hatte ich nicht zu leiden. ...
>
> Die aufgehende Jugend bescherte uns eine neue Palette Objektneid und machte auch mich zum Betroffenen. Wir Jungen hatten vor allem mit Körpergrößen-, Bartwuchs-, Penislängen-, Stimmbruch- und Kehlkopfneid zu kämpfen. ... Ich besuchte Prominente im Urlaub, saß nachts mit dem Präsidenten der Republik Westsahara vor dessen Zelt und aß Kamelcouscous und flog mit einem berühmten Soziologen, dessen Bücher ich im Studium gelesen hatte, nach Moskau. Ich

---

101   Vgl. Birkenbihl, (2000), Seite 129 bis 131Harris, (2000), Seite 70; Schlegel, (1993), Seite 338 bis 347.
102   Hillenkamp, (2002), Seite 65.

kaufte mir einen alten, silbernen Mercedes. Ich strich im Immobilienteil Dachge-schosswohnungen an. Und ich war noch immer so neidisch wie vorher. Ich sah noch immer ab von mir und meinem Selbst, nach oben, nach vorn. ...

Jetzt fahre ich Mercedes und bin immer noch nicht zufrieden. ... Ein Kollege von mir, ein überaus erfolgreicher Journalist, macht seit einem Jahr Psychotherapie. Der Neid auf die Leute, die er besuchte und porträtiert, quält ihn fürchterlich. Er denkt immer, sein Leben sei das falsche, er müsste eigentlich der andere sein. Und zu Hause sitzt seine Ehefrau und neidet ihm eben jene Reisen und Begeg-nungen, die ihn so quälen. ... Wir bleiben die tagträumenden Kinder, die wir wa-ren. Wir fragen uns, ob wir noch einmal über uns hinauswachsen können. Noch einmal jemand anderes werden. Wir beneiden die Jungen um ihre Jugend, die Zeit, die sie noch haben. Wir überlegen, uns zu bescheiden. Dann laufen wir wei-ter.“[103]

Für jedes Spiel gibt es **Ausstiegsstrategien**. Präventiv besteht die Möglichkeit, Spiele zu umgehen, indem Sie anderen Menschen mit Respekt begegnen und ihnen positive Auf-merksamkeit entgegenbringen. BERNE vertritt die Auffassung, dass die meisten Men-schen sich diese positive Grundhaltung »erarbeiten« müssten. Seines Erachtens ist sie kennzeichnend für eine echte »Führungspersönlichkeit«. Selbst unter widrigen Umstän-den werden diese Führer/Führerinnen ihre Selbstachtung und die Achtung vor denen, die ihnen anvertraut wurden, nicht verlieren. BERNE ist der Überzeugung, dass eine Person, die es schafft nach den Maximen (Leitsätzen) dieses Skriptes zu leben, immer ein »Ge-winner« sein wird.[104] Dieses gilt m. E. für alle Lebensbereiche. Was unterscheidet den Professoren von seinem Studenten, das es ihm erlaubt, diesen »respektlos« zu behan-deln? Er mag zwar etwas älter sein und über mehr Lebenserfahrung, Sach- und Metho-denkompetenz verfügen, den »Respekt« der Studierenden wird er sich jedoch nur über seine sozialen Kompetenzen erarbeiten können, indem er den Studenten das Gefühl vermittelt, sie als gleichberechtigte Persönlichkeiten zu betrachten, mit ihren ganz eige-nen individuellen Lebenserfahrungen. Er »lädt« sie ein, sich in einer gemeinsamen Lehr-und Lernerfahrung weiterzuentwickeln. Der Professor, der die »heutige« Studentengene-ration für grundsätzlich faul, unselbständig und inkompetent hält, wird sein »Vorurteil« bestätigt finden (siehe hierzu den self-fulfilling-prophecy-Effekt auf Seite 79, 82, 102 und 128 sowie die Ausführungen zum Menschenbild auf Seite 82, 86, 111 und 121).

BERNE zufolge besteht die praktische Aufgabe eines jeden Einzelnen darin, sich eine **Sammlung** von (konditionierenden) **Aufnahmen** zuzulegen, die »o.k.-Ergebnisse« von Transaktionen beinhalten. HARRIS meint damit Erfolge im Sinne korrekter Wahrschein-lichkeitsabschätzungen, Erfolge im Sinne ganzheitlicher Handlungen, welche sinnvoll erscheinen, welche vom »Erwachsenen-Ich« und nicht etwa vom »Eltern- oder Kind-Ich« programmiert und konditioniert werden, Erfolge, die auf einer Ethik beruhen, wel-che rational untermauert werden könne. Menschen, die jahrelang nach den Entscheidun-

---

[103]   Hillenkamp, (2002), Seite 65f.
[104]   Vgl. Schlegel, (1995), Seite 127.

gen ihres emanzipierten »Erwachsenen-Ichs« handeln, können auf eine große Sammlung derartiger Erlebnisse zurückgreifen und die Erfahrung machen, wie leicht es doch sein kann, sich und andere glücklich zu machen.[105]

Der Mensch definiert sich über die Summe seiner Beziehungen zu anderen Personen. Je mehr Zuwendung Sie anderen zukommen lassen, desto mehr positives Feedback werden Sie selbst erfahren.[106] Psychologische Studien belegen immer wieder, dass materieller Reichtum die Menschen nicht glücklich macht und Befriedigung nur von innen kommen kann. Nicht Einfluss, Macht, Geld, Luxus oder Statussymbole sind die psychologischen Säulen des Glücks, sondern neben einem fruchtbaren persönlichen Beziehungsgeflecht sorgen vor allem Ereignisse im Zusammenhang mit Autonomie, Kompetenz, Selbstachtung und Sicherheit für eine nachhaltige Zufriedenheit des Menschen. »Reichtum« und »Wohlstand« könnte in diesem Sinne neu definiert werden: eine befriedigende Arbeit zu haben, sich gesund zu ernähren, regelmäßig Sport zu treiben, intensivere Gespräche mit Kollegen, Nachbarn, Freunden und der Familie zu führen, eigenen Hobbys nachzugehen, auf Konsum zu verzichten, beim Wohnen und der Fortbewegung Energie und Kosten zu sparen usw. ... mit dem Ergebnis, nicht mehr so viel arbeiten zu müssen und mehr Zeit für sich und andere zu haben.[107]

Die Lebensanschauung »Ich bin nicht o.k. - du bist o.k.« basiert auf dem **Grundgedanken der Gleichwertigkeit aller Menschen.** Diese Sichtweise fördert einen partnerschaftlichen Prozess, der das menschliche Miteinander erleichtert, wodurch alle Beteiligten profitieren.[108]

2.4   Indizien zur Identifizierung verschiedener »Ich-Zustände«

Die Kommunikation der Mitarbeiter wird maßgeblich beeinflusst von dem jeweiligen »Ich-Zustand«, in dem sich der Mitarbeiter zu diesem Zeitpunkt befindet. Um adäquat reagieren zu können, ist es meines Erachtens sinnvoll, diesen Zustand zu identifizieren. Anfangs ist es erforderlich, derartige Analysen bewusst (kognitiv) vorzunehmen. Nach einiger Zeit werden Sie die **Erfahrung** machen, dass Sie die Gesprächssituation intuitiv (gefühlsmäßig im Sinne eines ganzheitlichen, unbewussten Resultats) erfassen und im-

---

105   Vgl. Harris, (2000), Seite 71.

106   Vgl. Steiner, (1998), Seite 131 bis 134; Wartenberg, (1989), Seite 10.

107   Vgl. Fritzenkötter, (2001), Seite 8f; Hetzer, (2002), Seite 71.

108   Vgl. Hagehülsmann, (1993), Seite 12f.

mer öfter automatisch **angemessen reagieren**.[109] Ihre Kommunikationsergebnisse werden sich kontinuierlich verbessern.

Bevor wir mit der systematischen Analyse ausgewählter Beispiele alltäglicher Kommunikation in verschiedenen Situationen unseres Berufslebens beginnen, überlegen wir zunächst allgemein, welche (körper-) **sprachlichen Indizien** auf das »Eltern-Ich«, das »Kind-Ich« oder das »Erwachsenen-Ich« hinweisen könnten.

Die Identifizierung des jeweiligen »Ich-Zustandes« sollte dabei nicht losgelöst von der jeweiligen Gesprächssituation erfolgen. Neben dem Inhalt der Nachricht dienen insbesondere der Tonfall, die Gestik, die Körperhaltung und die Mimik als Anhaltspunkte für den jeweiligen »Ich-Zustand«.

2.4.1 Anhaltspunkte zur Identifizierung des »Eltern-Ichs«

Typische »Eltern-Ich«-Aussagen **können** beispielsweise sein:

*»Können Sie denn **nie** pünktlich kommen«*

*»Muss ich denn bei Ihnen **immer** alles kontrollieren?*

*»Muss **man** denn immer alles selber machen?«*

*»Ein solches Anschreiben kann **man** dem Kunden nicht zumuten!«*

*»Ihr Vorschlag ist **wieder mal idiotisch**!«*

*»Aus Schaden wird **man** klug!«*

*»**Wer nicht hören will, muss fühlen**!«*

*»**Sich regen bringt Segen**!«*

*»**Junger Mann**, das darf Ihnen nicht wieder passieren!«*

*»**Mein lieber Mann**, das ist wieder einmal **typisch** für Sie!«*

*»**Jungs und Mädels**, jetzt lasst uns mal die Ärmel hochkrempeln!«*

*»**Wie konnten Sie denn nur** diesen Termin vergessen!*

*»**Vergessen Sie niemals**, dass ich hier bestimme, was zu tun ist!«*

*»Sie **müssen immer tun**, was ich Ihnen sage!«*

*»**Vergessen Sie niemals**, dass ich hier der Chef bin!«*

*»Sie **sollen** mir nicht widersprechen!«*

---

[109] Vgl. Berne, (1991), Seite 34f; de Bono, (1991), Seite 285.

»Wie kann man nur so ein Angebot verschicken!«

»Wie oft soll ich Ihnen denn noch sagen, dass Sie derartige Entscheidungen nicht alleine treffen dürfen!«

»Denken Sie immer daran, dass man seine Kunden gut behandeln sollte!«

»Merken Sie sich ein für alle Mal, dass das meine Aufgabe ist!«

»Sie begreifen das wohl nie!«

»Sind Sie denn von allen guten Geistern verlassen?«

Sind diese Aussagen **nicht das Ergebnis einer kritischen Abwägung**, so handelt es sich um abgelegte Vorurteile. Sie **werden** automatisiert wiedergegeben, sie werden sozusagen **reflexartig** aus dem Zustand des »Eltern-Ichs« abgespielt.

In einem Zustand des **strengen** bzw. **kritischen** »Eltern-Ichs« kann bei den Gesprächspartnern häufig Folgendes beobachtet werden:

- »Hochgezogene Augenbrauen«
- »Weit aufgerissene Augen«
- »Gerunzelte Stirn«
- »Der ausgestreckte oder erhobene Zeigefinger«
- »Das so genannte Stachelschwein (gefaltete Hände mit ausgestreckten Fingern)«
- »Die Arme in die Seite stemmen«
- »Ironisches Lächeln«
- »Abschätziger Blick«
- »Die Arme vor der Brust verschränken«
- »Distanzierte, abwehrende Körperhaltung«
- »Ein herablassender, moralisierender oder auch verallgemeinernder Tonfall«

Die bislang genannten Beispiele sind alle mehr oder weniger moralisierend, abwertend und verallgemeinernd. Sie entstammen dem so genannten »strengen« »Eltern-Ich«. Häufig wird in diesem Zusammenhang auch das Bildnis der (inneren) »**Antreiber**« verwendet, welche Botschaften aussenden wie z. B. »Du musst ...!«, »Du darfst nicht ...!«, »Das tut man nicht ...!«, »Sei immer perfekt! « oder »Sei immer der Erste!«. Die Antreiber beinhalten all die »Zurechtweisungen«, die wir erhalten und verinnerlicht haben. Wenn wir diese »Antreiber« unreflektiert wirken lassen, schaden wir unter Umständen nicht nur uns selbst, sondern auch unseren Mitmenschen, indem wir unsere Programme als »Befehle« an sie weitergeben.

Aussagen des »Eltern-Ichs« können jedoch auch mitfühlend, beschützend, konfliktvermeidend, verständnisvoll oder auch beratend sein. Im Gegensatz zum strengen »Eltern-Ich«, bei dem in der Regel eine Person entmutigt wird, dienen Aussagen des **fürsorglichen** »Eltern-Ichs« der Aufmunterung einer Person.

Hierzu einige Beispiele:

»Herr Rosch, das schaffen Sie schon!«

»Sie armer Kerl, gut dass Sie zu mir kommen. Gemeinsam finden wir eine Lösung.«

»Das ist halb so schlimm, das ist mir auch schon mal passiert.« oder:

»Das ist halb so schlimm, wer arbeitet, macht auch Fehler!«

»Machen Sie sich keine Sorgen wegen des Auftrags, gemeinsam kriegen wir das wieder hin.«

»Beruhigen Sie sich erst einmal, Sie sind ja vollkommen von der Rolle.«

»Ihr Vater wäre stolz auf diese Leistung!«

Typisch für das **fürsorgliche** beziehungsweise **gütige** »Eltern-Ich« sind folgende Anhaltspunkte:

- »Einem Mitarbeiter den Kopf tätscheln«
- »Jemandem auf die Schulter klopfen«
- »Ein besorgter, mitfühlender Gesichtsausdruck«
- »Ein teilnehmender, fürsorglicher und wohlwollender Tonfall«

Neben diesen typischen Gesten kann es eine Reihe individueller Eigentümlichkeiten geben, welche Ausdruck des persönlichen »Eltern-Ichs« sind. Beispielsweise hatte ich mal einen Kollegen, der sich jedes Mal räusperte, bevor er einen Mitarbeiter ermahnte oder zurechtwies.[110]

2.4.2 Anhaltspunkte zur Identifizierung des »Kind-Ichs«

Während das »Eltern-Ich« voller »Vorurteile« beziehungsweise konditionierter Verhaltensweisen ist, drückt das »Kind-Ich« weitgehend unverfälschte Emotionen und Gefühle aus.[111] Die Aussagen beziehen sich meist auf die eigene Person oder drücken eigene Gefühle aus.

Typische körpersprachliche Indizien des »Kind-Ichs« sind beispielsweise:[112]

- »Lachen«, »in die Hände klatschen«
- »Weinen«, »Schmollen« und «Wutanfälle«
- »Hüpfen«, »Springen« und Tanzen
- »Achselzucken«, »Zittern und Nägelkauen«

---

[110] Vgl. Birkenbihl, (2000), Seite 96 bis 102.
[111] Vgl. Weisman, (1980), Seite 21.
[112] Vgl. Birkenbihl, (2000), Seite 103.

Sprachliche Anhaltspunkte zur Identifizierung des »Kind-Ichs« können sein:

»Ich möchte in der nächsten Woche drei Tage frei haben!«

»Ich wünsche mir einen netten neuen Kollegen!«

»Ich will am Wochenende keine Akten bearbeiten!«

»Lassen Sie mich in Ruhe, dafür bin ich nicht zuständig!«

»Ich bin sauer auf den Chef!«

»Ich tue das, was mir gefällt!«

»Ist mir doch egal (Trotz), ob dem Chef das gefällt oder auch nicht!«

»Ich habe den besten (Superlativ) Chef auf der ganzen Welt!«

Besonders beliebt sind in diesem »Ich-Zustand« die Superlative als Ausdruck des auf Seite 39 beschriebenen Psycho-Spiels »Meins ist besser als deins«. Hiermit versucht die Person dem »Eltern-Ich« des anderen zu imponieren und eine vorübergehende Erleichterung seines »nicht-o.k.-Zustandes« zu erreichen.

Das »Kind-Ich« wägt nicht ab, es reagiert impulsiv. Es zeigt seine Gefühle frei und offen, ohne sich Gedanken darum zu machen, wie die Umgebung darauf reagiert. Es verhält sich so, wie ihm gerade zumute ist: **lustig, traurig, wütend, begeistert, neugierig, schadenfroh, kreativ, ungeduldig, aggressiv, frech, egoistisch** und **manipulierend**.

Eine andere Aussage des »Kind-Ichs« könnte sein: »Helfen Sie mir, ich weiß nicht, wie ich das machen soll.« Derartige Aussagen entspringen einem Gefühl der Hilflosigkeit und Unselbständigkeit. Dieses Gefühl, welches möglicherweise in der Kindheit dazu diente, Aufmerksamkeit zu erregen oder möglicherweise auch nur unbestimmte Ängste ausdrückte, kann sich im Laufe der Zeit zu einem Verhaltensmuster entwickeln. Dieses ist im beruflichen Alltag häufig zu beobachten, zum Beispiel wenn Mitarbeiter um Hilfe bitten, obwohl sie selbständig die ihnen gestellte Aufgabe lösen könnten.

»Ist doch nicht meine Schuld!« oder »Habe ich das nicht gut gelöst?« könnten Aussagen des so genannten **angepassten** »Kind-Ichs« sein. Es orientiert sich an seinen Mitmenschen und bettelt um Lob und Anerkennung. Es gehorcht, jammert, prahlt, entschuldigt sich, ist mutlos, hilfesuchend, rückversichernd, fühlt sich schuldig, schämt sich, ist verschlagen, rachsüchtig und nachtragend.

2.4.3   Anhaltspunkte zur Identifizierung des »Erwachsenen-Ichs«

HARRIS stellt die berechtigte Frage, welche sichtbaren Züge das »Erwachsenen-Ich« zum Ausdruck bringt. Was bleibt, wenn wir uns die charakteristischen Merkmale des »Eltern-Ichs« und des »Kind-Ichs« wegdenken? Ist ein solcher Gesichtsausdruck teilnahmslos, gütig oder möglicherweise sogar leer? HARRIS vertritt die Auffassung, dass »Reglosigkeit« gerade ein Indiz dafür sei, dass der Gesprächspartner nicht zuhöre, jedenfalls nicht im Befinden des » Erwachsenen-Ichs«. Wer in diesem »Zustand« kommuniziere, zeige keine ausdruckslose Miene. Er sei seinem Gesprächspartner zugewandt und mache dabei unablässig Bewegungen wie zum Beispiel Augenblinzeln oder Kopfnicken.[113]

Befindet sich der Gesprächspartner in dem Zustand des »Erwachsenen-Ichs«, so betrachtet er die Dinge aus einer gewissen Distanz. Handlungen, Prämissen und Folgen werden kritisch **hinterfragt**. Die Dinge werden auf ihren Wahrheitsgehalt geprüft. Es geht demzufolge um das Sammeln und Analysieren von Informationen, bevor der Einzelne handelt. Das »Erwachsenen-Ich« sammelt und verarbeitet Daten.

Häufig verwendete Fragewörter im Zustand des »Erwachsenen-Ichs« sind:

- »Warum?«,
- »Wo?«,
- »Weshalb?«,
- »Was?«,
- »Wer?« und
- »Wie?«

Im Zustand des »Erwachsenen-Ichs« signalisiert der Gesprächspartner die **Bereitschaft zum Daten sammeln**. Kennzeichnende Formulierungen können zum Beispiel sein: »Wie denken Sie über ... ?«, »Was ist Ihre Meinung ...?« und »Wie kommen Sie zu dieser Einschätzung ...?«. Ein Indiz für diesen »Ich-Zustand« ist darüber hinaus die Verwendung von Schlüsselwörtern wie beispielsweise »möglich«, »verglichen mit«, »wahrscheinlich« sowie »einerseits / andererseits«. Auch die Kenntlichmachung der **eigenen Meinung** durch Aussagen wie »ich denke«, »meines Erachtens«, »ich finde«, »richtig« oder »falsch« deuten in der Regel auf das »Erwachsenen-Ich« hin, sofern sie das Ergebnis einer bewussten und kritischen Datenverarbeitung sind und nicht ungeprüfte Reflektionen des »Eltern-Ichs«.

Typisch für das »Erwachsenen-Ich« ist, dass sich die **Aussagen in der Regel auf eine Sache beziehen**, während das »Eltern-Ich« vorwiegend Personen beziehungsweise Emotionen anspricht. Das bedeutet, Aussagen des »Eltern-Ichs« sind oftmals persönlich, wogegen Aussagen des »Erwachsenen-Ichs« sachlichen Charakter demonstrieren. Die Formulierungsmöglichkeiten des »Erwachsenen-Ichs« sind nahezu unbegrenzt. Ihnen gemeinsam ist ein **rationaler Ansatz zur Problemlösung**.

> „Optimal Kommunizieren heißt:
> die zwischenmenschlichen Transaktionen verstehen können."[114]

---

[113]   Vgl. Harris, (2000), Seite 88.

[114]   Birkenbihl, (2000), Seite 91.

2.5   Analyse ausgewählter Kommunikationsbeispiele

»Man kann nicht nicht kommunizieren.«

Diese Erkenntnis wurde 1967 von PAUL WATZLAWICK und anderen erstmalig in dem Buch »Human Communication« beschrieben. Jedes Verhalten hat Mitteilungscharakter. Deshalb ist es in einer sozialen Situation nicht möglich, nicht zu kommunizieren. Auch wenn wir nicht sprechen, senden und empfangen wir Signale, welche die Kommunikation und damit die Wirklichkeit beeinflussen. Bei dieser Erkenntnis handelt es sich um ein so genanntes Axiom. Ein Axiom ist ein Grundsatz beziehungsweise eine Grundannahme, die so plausibel erscheint, dass sie nur beschrieben wird; sie werden auch als »gültige Wahrheiten« beschrieben.[115]

Um WATZLAWICKS erstes Axiom zu veranschaulichen, sei hier ein Beispiel aus dem Berufsleben gewählt: Bürovorsteher Rosch ärgert sich maßlos über seinen Chef Schöppe. Er nimmt sich vor, mit Schöppe künftig nicht mehr reden zu wollen, in der Annahme, dass er auf diesem Weg neue Streitigkeiten und Ärger vermeiden könne. Auch wenn es Rosch gelingen sollte, nicht mehr mit seinem Chef sprechen zu müssen, so kommuniziert er dennoch! Sein Schweigen könnte beispielsweise von Schöppe als Botschaft »Lass mich in Ruhe!« oder »Ich mache Dienst nach Vorschrift!« interpretiert werden.

Im Folgenden werden anhand ausgewählter Beispiele häufig vorkommende Transaktionen untersucht. Diese typischen Kommunikationsbeispiele werden durch so genannte »**Transaktionsdiagramme**« dargestellt. Darauf aufbauend werden im weiteren Verlauf weitere nützlich erscheinende Kommunikationsregeln und –strategien näher erläutert. Die Transaktionsdiagramme veranschaulichen, in welchem »Ich-Zustand« sich vermutlich der Sender und in welchem »Ich-Zustand« sich wahrscheinlich der Empfänger befindet.

Neben dem **Sachinhalt** einer Nachricht spielt die **Beziehungsseite**, der an den Empfänger **gerichtete Appell** sowie die **Selbstoffenbarung** des Senders eine entscheidende Rolle für die tatsächliche Reaktion, die beim Empfänger ausgelöst wird.[116] Ein und derselbe Reiz kann bei verschiedenen Empfängern ganz unterschiedliche Reaktionen hervorrufen. Was den einen unter Umständen auf die Palme bringt, weil er sich beispielsweise in seine »Kindheits-Rolle« zurückversetzt sieht, lässt einen anderen Empfänger gegebenenfalls völlig unberührt.

Beispiel: Vor einigen Jahren interessierte ich mich für ein neues Automodell und war gerade dabei, dieses in Augenschein zu nehmen, als der Seniorverkäufer auf mich zu stürmte und zu mir sagte: »Na, junger Mann, was kann ich für Sie tun?« In meinem Bauch entwickelte sich ein spontanes Gefühl des Unbehagens. Da ich zu dieser Zeit be-

---

[115]   Vgl. Steiger & Lippmann, (1999a), Seite 269; Hardman, http://www.hardman.at/ psychophilo/content/psycho/sozialpsychologie.html, 29.10.2002.

[116]   Vgl. Schulz von Thun, (1995), Seite 44 bis 61.

gann, mich aktiv mit den Möglichkeiten der Transaktionalen Analyse auseinander zu setzen, beschloss ich in dem Bruchteil einer Sekunde, dem »Unbehagen« auf den Grund zu gehen. Was störte mich an seinem Auftreten, was war der Auslöser für diese negative Gefühlsreaktion? Nach kurzem Durchdenken der Sachlage kam ich zu dem Ergebnis, dass es die Rollenverteilung sein müsse, die er durch die Verwendung »junger Mann« signalisierte: Er, der lebenserfahrene Seniorverkäufer, der dem »jungen Spund« erklärt, wie die Welt funktioniert. An dieser Stelle werde ich häufig von Seminarteilnehmern angesprochen, ob ich nicht ein wenig empfindlich reagiere, der Verkäufer hätte mir doch sicherlich nur ein Kompliment machen wollen. Und damit sind wir beim springenden Punkt angelangt: Jeder Mensch reagiert vor dem Hintergrund seiner individuellen und mit persönlichen Gefühlen verknüpften Erfahrungen. Offensichtlich hatte der Verkäufer bei »mir« ein Programm zum Ablaufen gebracht, das es galt, in angemessener Form zu kanalisieren.

»Normalerweise« hätte ich jetzt auf der Bewusstseinsebene zu mir selbst sagen können: »Ärger einstellen, der ist wahrscheinlich mit sich selbst unzufrieden und kompensiert auf diese Weise seine Frustrationen.« Eine »angemessene« Reaktion wäre vermutlich gewesen, die für mein Empfinden negative Botschaft im übertragenen Sinne zu »überhören« und in die mir zugedachte Rolle des »jungen Mannes« zu schlüpfen, der sich von dem Seniorverkäufer in die Geheimnisse eines Kleinwagens einführen lässt. Sie erkennen bereits an der Formulierung, dass ich erstens nicht daran glaube, dass das, was Menschen äußern, sich zufällig ereignet (das gesprochene Wort ist immer auch der Spiegel des inneren Referenzsystems) und zweitens auch nicht die Absicht hatte, in diesem Moment eine komplementäre Rolle einzunehmen. Ich beschloss stattdessen, meinen Erfahrungshorizont zu erweitern. In dieser für mich unverfänglichen Situation musste ich weder mit privaten noch beruflichen Konsequenzen rechnen. Deshalb antwortete ich: »Ach, wissen Sie, *alter* Mann, im Moment bin ich ganz zufrieden, ich möchte mir nur das neue Modell anschauen«. Die Reaktion des Verkäufers war kraftvoll: Obwohl sich noch zahlreiche andere Kunden in dem Verkaufsraum befanden, geleitete er mich mit hochrotem Kopf und laut schreiend zum Ausgang. »Man müsse auch mal auf einen Kunden verzichten können« ... klingt noch heute in meinen Ohren.

Eine zweite zu berücksichtigende Kommunikationsregel könnte demzufolge lauten:

»Jeder Mensch agiert vor dem Hintergrund seiner persönlichen Erfahrungen!«

Sollten Sie sich ebenfalls entschließen, praktische Erfahrungen sammeln zu wollen und die Möglichkeiten und Grenzen der Kommunikation kennen zu lernen, dann nutzen Sie bitte »unverfängliche« Gesprächssituationen, d. h. möglichst nicht im familiären oder beruflichen Kontext.

Es folgen nunmehr eine Reihe von Beispieltransaktionen, welche den jeweiligen »Ich-Zustand« des Senders und Empfängers sowie die inter- und intrapersonellen Abläufe erläutern sollen. Zu diesem Zweck untersuchen wir das Interaktionsgeschehen des Büroleiters »Rosch« und seines Chefs »Schöppe«.

»Herr Rosch, typisch - haben Sie mal wieder den
ganzen Tag herumgetrödelt? So schaffen Sie Ihre Arbeit nie!
Sie gehen erst nach Hause, wenn Sie den Auftrag erledigt haben!

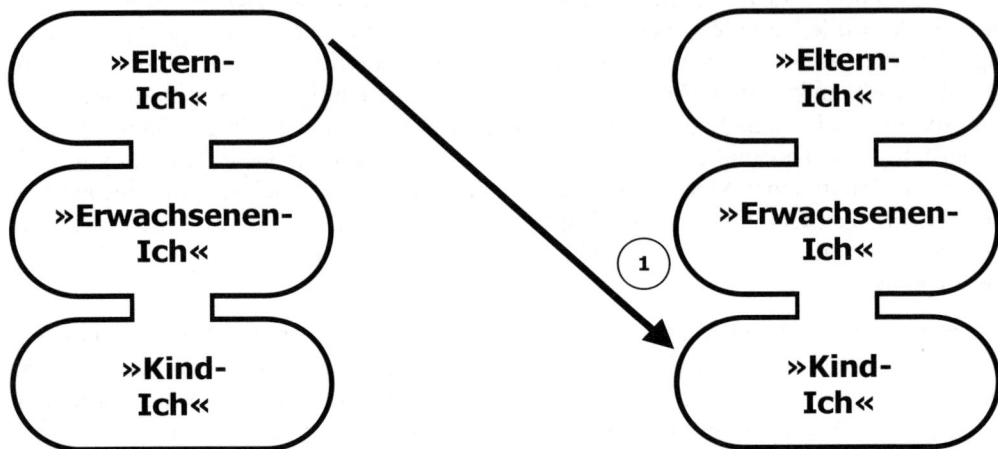

Diese Aussage entspricht der »alten« Regel: »Erst die Arbeit, dann das Vergnügen!« Sie entspringt dem strengen »Eltern-Ich« und versucht das »Kind-Ich« des anderen einzuschüchtern (1). Der symbolisch erhobene Zeigefinger ist deutlich erkennbar. Eltern-Ich-Aussagen sind häufig negativer Natur und verknüpft mit Kritik an anderen Menschen.

»Es ist nicht meine Schuld Chef! ...
Ich werde den Auftrag sofort erledigen; Sie können sich auf mich verlassen!«

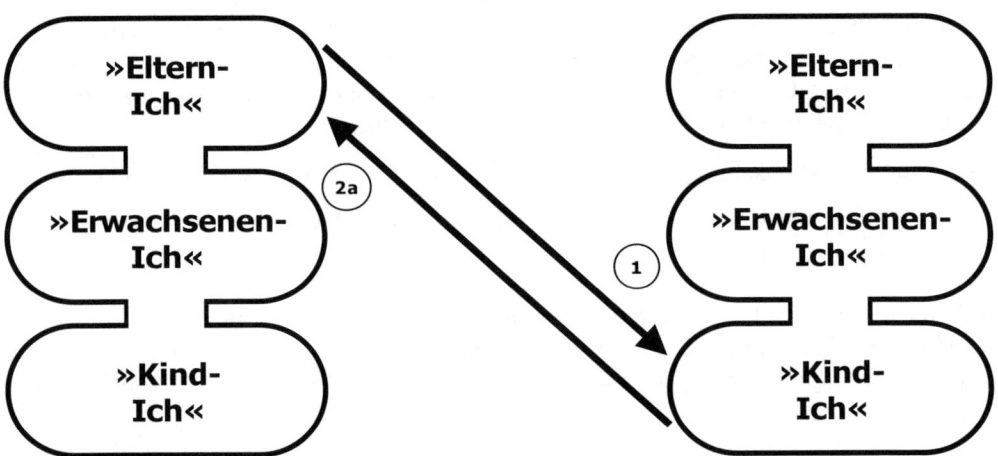

Nehmen wir an, Büroleiter Rosch würde seinem Chef Schöppe diese Antwort kleinlaut und mit gesenktem Blick geben. Das würde bedeuten, er begibt sich in seine ihm **zugedachte Rolle**. Es handelt sich um eine Reaktion des »**angepassten Kind-Ichs**« mit dem

Ziel, dem Anderen (seinem Chef) gefallen zu wollen (2a). In ihr könnte ein versteckter Appell enthalten sein: »Bitte nicht schlagen, ich weiß, dass ich nicht o.k. bin und werde alles tun, um deine Anerkennung zu erlangen«. Die Reaktion verläuft parallel zu dem ausgesendeten Reiz, das bedeutet, sie ist komplementär. Solange die Gesprächspartner diese »Ich-Zustände« beibehalten, kommt es innerhalb der Kommunikation zu keinen Konflikten.

Hieraus können wir die dritte Kommunikationsregel ableiten:

> **„Wenn die Vektoren von Reiz und Reaktion im Diagramm parallel verlaufen, ist die Transaktion komplementär und kann theoretisch endlos fortdauern."**[117]

Es ist meines Erachtens kaum vorstellbar, dass Mitarbeiter lernen können, eigenverantwortlich zu denken und zu handeln, wenn diese Form der innerbetrieblichen Kommunikation der Regelfall sein sollte.

Es wäre jedoch auch vorstellbar, dass der Mitarbeiter auf den gesendeten Reiz vollkommen anders reagiert. Zum Beispiel wäre folgende Rückkopplung denkbar. Mitarbeiter Rosch antwortet empört und mit ausgestrecktem Zeigefinger:

> *»Herr Schöppe, nie erkennen Sie meine Leistung an!*
> *Immer sind Sie nur am Meckern. Die neunundneunzig von hundert*
> *Aufträgen, die optimal laufen, nehmen Sie anscheinend gar nicht zur Kenntnis!«.*

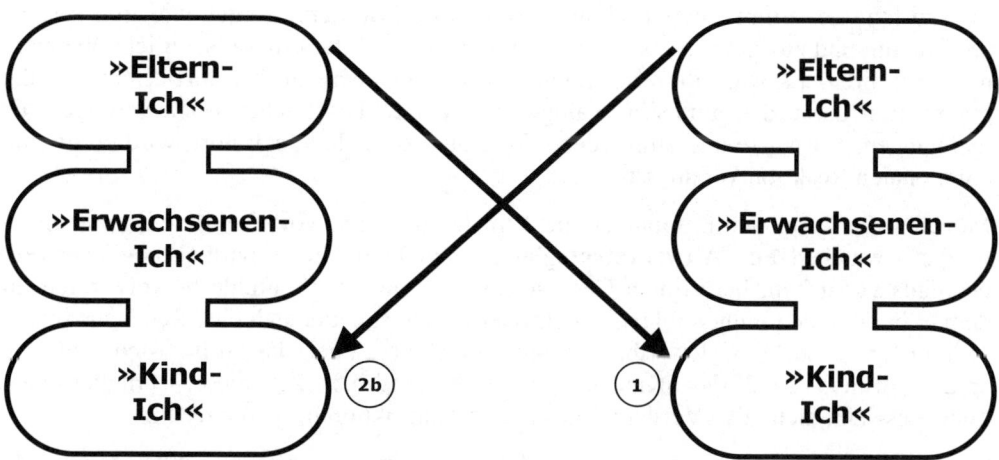

Vordergründig ist dieses eine Reaktion des »Eltern-Ichs«, gerichtet an das »Kind-Ich« des Vorgesetzten Schöppe (2b).

---

[117]   Harris & Harris (2000), Seite 72.

Die Antwort des Mitarbeiters Rosch offenbart, dass dieser sich tief getroffen fühlt. Wie erreicht jedoch ein Gesprächspartner das »Kind-Ich« eines anderen? Genau genommen ist dies keine unmittelbare Reaktion auf die gesendete Botschaft, sondern das Ergebnis eines »**inneren Dialoges**«.

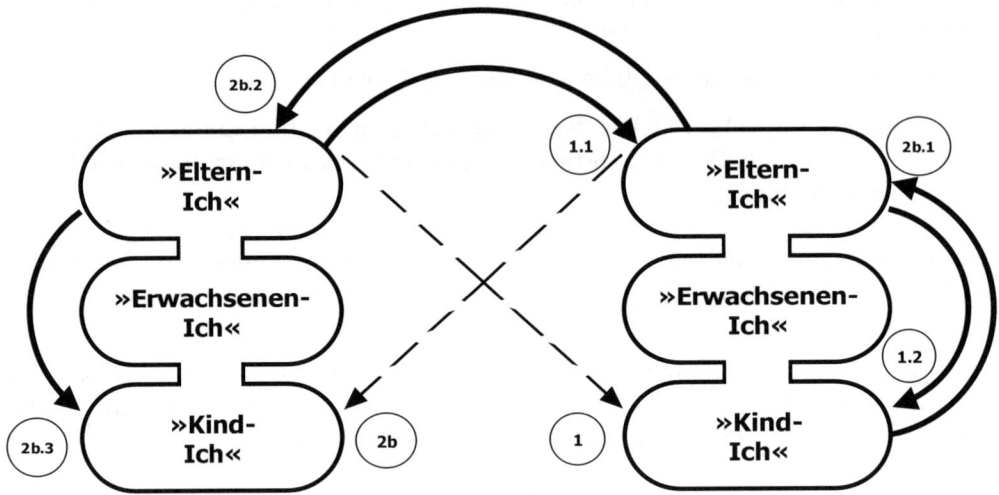

Das bedeutet, der Sender (Rosch) richtet seine Botschaft an das »Eltern-Ich« des Empfängers (1.1) mit dem Ziel, dort einen »inneren Dialog« zu aktivieren. Gäbe es in dem »Eltern-Ich« des Empfängers (Schöppe) keine **konditionierte Regel**, wie zum Beispiel »Sei fleißig und zuverlässig«, so würde ihn meines Erachtens diese Nachricht überhaupt nicht berühren! Es wäre ihm gleichgültig, was der andere in dieser Hinsicht von ihm glaubt. Erst durch den »inneren Dialog«, bei dem er die gleichen Lobäußerungen, Ermahnungen, Vorwürfe und strafenden Worte aus seiner Kindheit hört, wird er zu einer emotionalen Reaktion veranlasst.

Möchte oder kann der Empfänger die Ermahnung nicht vorbehaltlos akzeptieren, so wird er versuchen, eine **Abwehrstrategie** zu entwickeln. Hierzu wird er möglicherweise ebenfalls versuchen, bei seinem Gesprächspartner negative Gefühle hervorzurufen, indem er bei ihm den »inneren Dialog« aktiviert. Dazu sucht er sich eine Regel aus seinem »Eltern-Ich« (2.b.1), welche ihm geeignet erscheint, über das »Eltern-Ich« des Gesprächspartners (2.b.2) das »Kind-Ich« zu »treffen« (2.b.3). Ziel dieser Verhaltensweise könnte es sein, nicht als »Verlierer« aus dieser Transaktion hervorzugehen.

Sollte sich der Chef (Schöppe) »ertappt« beziehungsweise »verletzt« fühlen, so wäre das Ergebnis eine »**gekreuzte Transaktion**« (1 und 2b). In diesem Fall würde das »Eltern-Ich« das »Kind-Ich« mit Vorwürfen überschütten. Dieses Gespräch würde voraussichtlich ein rasches Ende finden; nicht selten kommt es in solchen Situationen zur Beendigung des Arbeitsverhältnisses.

Aus diesem Beispiel können wir die vierte Kommunikationsregel ableiten:

> **„Wenn sich die Vektoren von Reiz und Reaktion im Transaktionsdiagramm überkreuzen, findet die Kommunikation ein Ende,"[118] es sei denn, einer der Gesprächspartner wechselt den »Ich-Zustand«, so dass eine komplementäre Kommunikation möglich wird.«**

Stellt sich der Gesprächspartner auf die neue Situation ein und wechselt in seiner Kommunikation auf die **Sachebene**, das heißt, in den Zustand des »Erwachsenen-Ichs«, **so kann die Transaktion fortgesetzt** werden. Aus eigener Erfahrung kann ich berichten, dass dieses in der Regel erfolgreich ist – und zwar umso erfolgreicher, je sachlicher der Empfänger auf den »Angriff« des Senders reagiert. In der Praxis neigen viele dazu, zwar inhaltlich auf der Sachebene zu reagieren, aber durch Mimik, Gestik oder Tonfall eine verdeckte Botschaft an den Gesprächspartner zu übermitteln. Damit untergraben sie selbst ihre Bemühungen, das Gespräch auf einer rationalen Ebene fortzuführen. Bemerkt der andere die Reaktion auf der emotionalen Ebene (zum Beispiel »Eltern-Ich« an »Kind-Ich«), so wird in der Mehrzahl der Fälle die Kommunikation unterbrochen.

Eine dritte Reaktion, die näher untersucht werden soll, könnte folgendermaßen aussehen: Der Mitarbeiter **reagiert sachlich** mit einer der folgenden Fragen:

> *»Herr Schöppe ...«* ... *»**Wie** kommen Sie zu dieser Aussage?«* ... oder ...
> *»**Waren** Sie schon häufiger mit meiner Arbeit unzufrieden?«* ... oder ...
> *»**Wann** waren Sie das letzte Mal nicht einverstanden mit meinem Lösungsvorschlag?«* ... oder ... *»**Was** könnte ich Ihres Erachtens besser ma*chen?«* ...

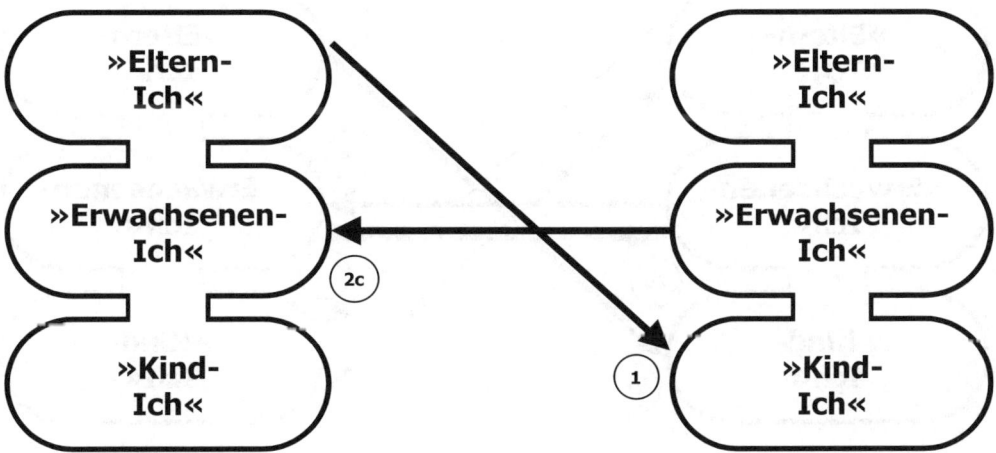

Hierbei handelt es sich um den Versuch, die Transaktion von der Gefühls- auf die Sachebene zu transferieren. Es ist ein Appell des »Erwachsenen-Ichs« an das »Erwachsenen-Ich« des Gesprächspartners (2c). Um antworten zu können, muss Schöppe **nachdenken**,

---

[118] Harris & Harris (2000), Seite 72.

es sei denn, er ist so »emotional geladen«, dass er weiterhin unreflektiert seinen Gefühlsausbruch fortsetzt. Dann gibt es nur zwei Möglichkeiten. Entweder kommt es aufgrund der sich kreuzenden Transaktionen zu einem schnellen, für die Gesprächspartner unbefriedigenden Ende, oder der Mitarbeiter bleibt weiterhin hartnäckig und begegnet jedem »Angriff« erneut mit einer sachlichen Reaktion, beispielsweise in Form weiterer »W-Fragen«.

HARRIS führt aus, dass Menschen mit ausgeprägten (sie bestimmenden) »nicht-o.k.-Gefühlen« Transaktionen meiden, welche zu einer Auseinandersetzung mit der Realität führen könnten. Diese Menschen seien innerlich permanent mit unerledigtem »Kram« beschäftigt und könnten kein Kompliment unverkrampft annehmen, da sie glauben, es nicht verdient zu haben und stets nach einem Haken suchen würden. **Sie suchen in jeder Transaktion die Bestätigung ihrer Lebensanschauung »Ich bin nicht o.k.!«.** Menschen, die dazu neigen, oftmals mit ihrem »Kind-Ich« zu reagieren, brächten folglich zum Ausdruck: »Sieh mich an, ich bin nicht o.k.!«. Personen, welche dauernd mit ihrem (strengen) »Eltern-Ich« reagierten, brächten damit zum Ausdruck: »Sieh dich an, du bist nicht o.k.!«. Dieses ermögliche ihnen kurzzeitig ein Gefühl der Überlegenheit. Beide »Manöver« seien Ausdruck der »nicht-o.k.-Anschauung« und würden dazu beitragen, die »unglückliche«, eine in die Verzweiflung führende **Kernposition zu verfestigen**.[119]

»Herr Rosch, wo haben Sie denn jetzt
schon wieder das Telefonverzeichnis versteckt?«

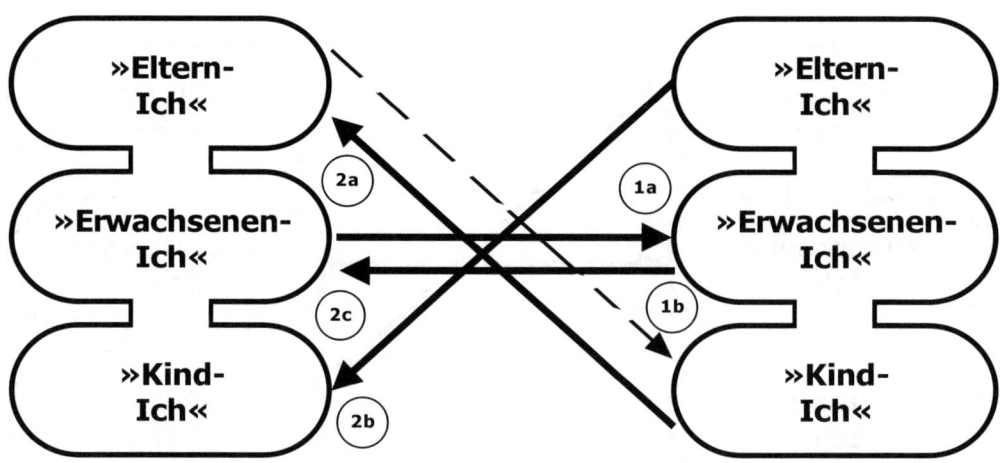

Stellt Schöppe seinem Bürovorsteher Rosch diese Frage mit gereizter Stimme, so handelt es sich hierbei um eine so genannte **»Duplex-Transaktion«**, welche eine Doppel-

---

[119]   Vgl. Harris, (2000), Seite 110f.

botschaft beinhaltet.[120] Hierbei lässt sich die »nicht-o.k.-Anschauung« des Chefs bereits im Reiz identifizieren. Auf der einen Seite erwartet Schöppe eine objektive Information, nämlich die Auskunft, wo sich in diesem Moment das Telefonverzeichnis befindet (1a). Diese Transaktion entspringt demzufolge vordergründig dem »Erwachsenen-Ich« und spricht das »Erwachsenen-Ich« des Mitarbeiters Rosch an. Gleichzeitig wird aber ein zweiter Kommunikationskanal aktiviert, da das Wort »versteckt« noch einen tiefliegenderen Hintersinn verbirgt. Es ist ein Tadel, der ausgelöst vom »Eltern-Ich« des Senders (Schöppe) das »Kind-Ich« des Empfängers (Rosch) aktivieren soll (1b).

Diese unterschwellige Kritik kann entweder zum Abbruch der Kommunikation führen, wenn Rosch die Transaktion als Bedrohung oder möglicherweise auch nur als unberechtigt empfindet und zum Beispiel mit der Äußerung reagiert:

»Herr Schöppe, machen Sie Ihren Kram doch alleine!« (2a).

Dieses entspricht einer typischen Trotzreaktion des »Kind-Ichs«; Rosch erkennt den Tadel seines Chefs (teilweise) an.

Möglicherweise nimmt Rosch die Äußerung Schöppes als Anlass, einen »Gegenangriff« zu starten:

»Das ist Ihr Telefonverzeichnis, Herr Schöppe!
Wenn Sie Ordnung halten würden, dann wüssten Sie, wo es sich befindet!« (2b).

Fühlt sich der Sekretär in diesem Augenblick jedoch »o.k.« genug, um auf der Sachebene zu reagieren und somit die weitere Zusammenarbeit konstruktiv fortzusetzen, dann »überhört« er möglicherweise den versteckten Tadel und antwortet auf der Sachebene:

»Das Telefonverzeichnis liegt auf Ihrem Schreibtisch!« (2c).

Die Gründe für derartige »Doppelbotschaften« können vielfältig sein:[121]

- Die im persönlichen Wertesystem abgespeicherten »Regeln des Anstands« erlauben es dem Sender nicht, die Botschaft offen zu übermitteln.

- Der Sender befürchtet eine »Ärgerreaktion« des Gesprächspartners, die er glaubt, durch eine verdeckte Botschaft vermeiden zu können.

- Der Sender testet, ob die versteckte Botschaft beim Empfänger eine Reaktion hervorruft oder eventuell sogar erkannt wird.

- Verdeckte Botschaften beinhalten den Reiz des Versteckspielens und Entdecktwerdens; sie könnten demzufolge beispielsweise der Auftakt zu einem Flirt sein.

- Ziel könnte es sein, die Beziehungsebene zwischen Sender und Empfänger »verschleiern« zu wollen.

---

[120]   Vgl. Preissler / Koop & Neuberger, (1992), Seite 176.
[121]   Vgl. Henning & Pelz, (1997), Seite 47f.

Wer ist der »Gewinner« aus einer »Duplex-Transaktion« mit verdeckter Botschaft? Meines Erachtens ist es der Gesprächspartner, der es schafft, im »Erwachsenen-Ich« zu kommunizieren:

1. Durch die Reaktion im »Erwachsenen-Ich« bietet er dem Gesprächspartner **keinerlei Angriffsfläche**. Dieser hat keine Möglichkeit, zu ermitteln, was den Anderen verletzen könnte. Seine Versuche, sich durch »Verhaltensspiele« wie zum Beispiel »Meins ist besser als deins« vorübergehende Erleichterung seiner eigenen »unzulänglichen Position« zu verschaffen, zielen ins »Leere«.

2. Der Mitarbeiter behält die **jederzeitige Kontrolle** über den Gesprächsverlauf. Er kann entscheiden, auf welche »komplementäre« Weise er reagieren möchte.

Die im letzten Beispiel vorgestellte »Duplex-Transaktion« kann auch mit Hilfe anderer Kommunikationsmodelle dargestellt werden. Ein häufig verwendetes Modell ist das so genannte »**Nachrichtenquadrat**« bzw. »**Vier-Ohren-Modell**«,[122] welches SCHULZ VON THUN entwickelte.

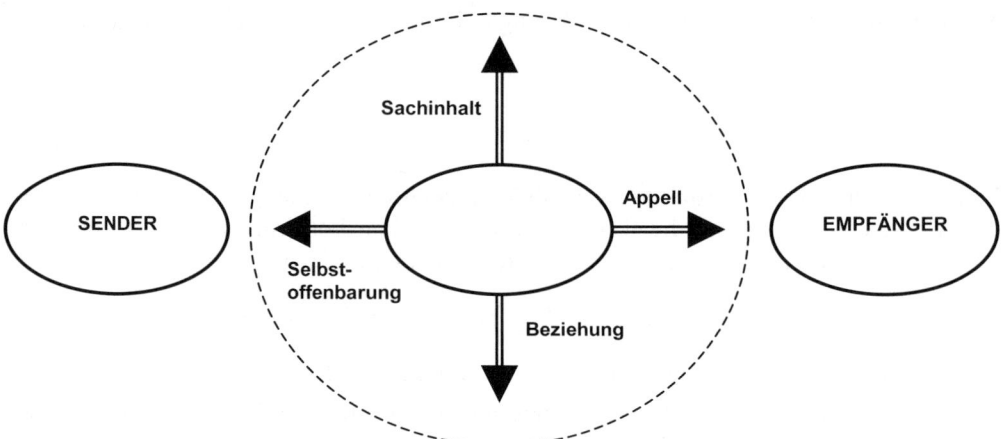

Abbildung 13:   **Die vier Seiten einer Nachricht**
Quelle: In Anlehnung an Schulz von Thun, (1995), Seite 30.

Danach ist jede Transaktion dadurch gekennzeichnet, dass immer vier Botschaften gleichzeitig übermittelt werden. Die vier Seiten der Nachricht »*Herr Rosch, wo haben Sie denn jetzt schon wieder das Telefonverzeichnis versteckt?*« könnten in diesem Kommunikationsmodell wie folgt dargestellt werden:

■ **Sachinhalt**
  a) Der Chef (Schöppe) benötigt offenbar eine Telefonnummer.
  b) Er kann das Telefonverzeichnis augenscheinlich nicht finden.

---

122   Vgl. Büchi & Chrobok, (1997), Seite 308f.

■ **Appell**
Offen: »Beschaffen Sie mir die Information!«
Verdeckt: »Seien Sie in Zukunft ordentlicher!«

■ **Beziehungsaspekt**
Der Chef signalisiert seine ranghöhere Position. Er glaubt, als »Autoritätsperson« erzieherisch auf seinen Mitarbeiter Rosch einwirken zu müssen, so wie der Vater den Sohn in der Kindheit tadeln durfte.

■ **Selbstoffenbarung**
Die verdeckte Transaktion kommt aus dem »Eltern-Ich«. Sie könnte zum Beispiel einer in der Kindheit gelernten (konditionierten) Regel entstammen: »Sei ordentlich, was sollen die Leute denn sonst denken«.

Hierbei kommt es zu einer selektiven Wahrnehmung des Empfängers, wobei das »Eltern-Ich« die Filter-Funktion wahrnimmt. Bei jedem Menschen wird ein bestimmtes Verhalten von einer bestimmten Gefühlslage ausgelöst. Beispielsweise wird sich ein wütender Mitarbeiter wahrscheinlich anders verhalten, als jemand, der traurig, begeistert, ruhig oder freudig erregt ist. Mit der **Veränderung der Gefühlslage** treten dann auch deutliche Veränderungen von Meinungen und Haltungen, aber auch von Gestik, Mimik und Tonfall ein.

Die fünfte Kommunikationsregel lautet folglich:

> **»Ein verändertes Verhalten ist auch immer das Ergebnis einer veränderten Gefühlslage.«**

Die vereinfachten Beispiele haben gezeigt, welche Möglichkeiten die »Transaktionale Analyse«« bietet, sich komplizierten Realitäten im Interaktionsgeflecht der Mitarbeiter zu nähern.[123]

Das oben beschriebene »Nachrichtenquadrat« basiert auf WATZLAWICKS zweitem Axiom ... beziehungsweise unserer sechsten Kommunikationsregel:[124]

> **»Jede Kommunikation hat einen Inhalts- und einen Beziehungsaspekt, derart, dass letzterer den ersten bestimmt und daher eine Metakommunikation ist.«**

Im zweiten Teil des Axioms wird deutlich, dass der Empfänger neben dem Sachinhalt und dem Beziehungsaspekt eine Information über die Information erhält, deshalb der Ausdruck »Meta«, der stets auf etwas Übergeordnetes hinweist. Dieser zweite Teil deutet darauf hin, dass einerseits die Beziehungsebene, andererseits der individuelle Erfahrungshintergrund des Empfängers darüber entscheidet, »wie« er die Information bzw. den Inhalt der Nachricht aufnehmen wird. Beispiel: Spartenleiter Schöppe sieht sich in einer Mentorfunktion gegenüber dem Mitarbeiter Rosch. Er macht Rosch auf einen Feh-

---

123   Vgl. Preissler / Koop & Neuberger, (1992), Seite 177.
124   Vgl. Steiger & Lippmann, (1999a), Seite 270.

ler aufmerksam. Wird Rosch seinem Abteilungsleiter die Kompetenz als Mentor zusprechen, so wird er den Hinweis als wohlwollenden Ratschlag annehmen. Angenommen, die Beziehung zwischen Schöppe und Rosch wäre geprägt durch tiefe gegenseitige Verachtung; Schöppe sieht seinen jungen Assistenten Rosch als bloßen Theoretiker, der über keinerlei betriebliche Erfahrung verfügt; Rosch sieht seinen Vorgesetzten als unbelehrbaren und starrsinnigen Pragmatiker; dann ist es leicht vorstellbar, dass das Gespräch der beiden inhaltlich und sachlich unproduktiv verläuft.

WATZLAWICKS drittes Axiom und gleichzeitig unsere siebte und letzte Kommunikationsregel lautet:[125]

> **»Die Natur einer Beziehung ist durch die Interpunktion der Kommunikationsabläufe seitens der Partner bedingt.«**

Dieses Phänomen wird auch »**Zirkuläre Kausalität**« genannt. Hiermit meint WATZLAWICK die eigenartige und dennoch häufig zu beobachtende Verkehrung von Ursache und Wirkung aufgrund gegenseitiger Schuldzuweisungen. Das eigene Verhalten wir als Reaktion auf das Verhalten des Kollegen interpretiert:
Rosch: »Schöppe redet nicht mit mir, deshalb lasse ich ihn im Vorstand auflaufen, wann immer sich die Gelegenheit bietet!«
Schöppe: »Rosch lässt mich bei jeder Gelegenheit auflaufen, deshalb rede ich nicht mit ihm!«
An diesem einfachen Beispiel wird deutlich, dass es zu einer unterschiedlichen Interpunktion der Ergebnisfolge kommen kann. Um auf der Sachebene kommunizieren zu können, ist es erforderlich, dass die Gesprächspartner erstens diesen negativen Regelkreis erkennen und zweitens beizeiten durchbrechen. WATZLAWICK hat den Begriff »Interpunktion« aus der Satzlehre übernommen. Erst durch das Komma (Interpunktion) erhält der folgende Satz seinen Sinn: »Erhängt ihn nicht begnadigt« könnte interpretiert werden als »Erhängt ihn nicht, begnadigt« oder »Erhängt ihn, nicht begnadigt«.[126]

Eine in der Praxis häufig zu beobachtende Form der (Nicht-)Kommunikation gibt das folgende Beispiel wieder:

> Rosch: »*Unsere Azubis sind auch nicht mehr das, was sie mal waren.*« ...
> Schöppe: »*Was erwarten Sie von der heutigen Jugend.*« ...
> Rosch: »*Die sind alle so antriebslos.*« ...
> Schöppe: »*Liegen lieber mit einer Kiste Bier am*
> *Baggersee, anstatt anständig zu arbeiten.*« ...
> Rosch: »*Zu unserer Zeit gab es so etwas nicht.*« ...
> Schöppe: »*Wo soll das alles nur hinführen.*« ...
> Rosch: »*Wenn sich die Einstellung der heutigen Auszubildenden*
> *nicht ändert, dann sehe schwarz für unsere Renten*« ...

---

[125]   Vgl. Hardman (Johannes), http://www.hardman.at/psychophilo/content/psycho/
sozialpsychologie.html, 29.10.2002; Steiger & Lippmann, (1999a), Seite 271.
[126]   Vgl. Steiger & Lippmann, (1999a), Seite 271.

Beide Gesprächspartner kommunizieren fortgesetzt auf der Ebene des »Eltern-Ichs« und tauschen ihre wenig reflektierten Vorurteile aus. Ich nenne diese Form der Interaktion gerne »Nicht-Kommunikation«, weil der Informationsgehalt auf der Sachebene gegen null strebt.

Dieses »Spiel« lässt sich (theoretisch) endlos fortsetzen. Wenn Sie auf Menschen treffen, die bevorzugt auf dieser Ebene »Eltern-Ich« kommunizieren, so ist es nach meinen Erfahrungen kaum möglich, mit ihnen ein echtes Gespräch z. B. auf der Ebene des »Erwachsenen-Ichs« zu führen. Das ist etwa so, als wenn Sie sich mit einer Parkuhr unterhielten. Da mir meine persönliche Lebenszeit für solche »Spiele« zu schade ist, versuche ich in der Regel derartige Kommunikationssituationen zu vermeiden.

Eine Ausnahme dieser Regel sind die so genannten »**Rituale**«, bei denen es sinnvoll erscheinen kann, in einem gewissen Umfang und in bestimmten Situationen komplementär auf der Ebene des »Eltern-Ichs« zu kommunizieren. Unter Ritualen werden in der Transaktionalen Analyse Interaktionen verstanden, die nach festgelegten konventionellen Regeln und Traditionen ablaufen, welche im «Eltern-Ich» verankert sind. Hierzu zählen beispielsweise Begrüßungsrituale wie »Guten Tag!«, »Hände schütteln« oder »Schönes Wetter heute, nicht wahr?«. »Zeremonien« werden von BERNE formal zu den Ritualen gezählt. Hierzu gehören beispielsweise Hochzeitsfeste und Trauerfeiern. Ein wesentliches Kennzeichen von Ritualen und Zeremonien besteht darin, dass der ungefähre Ablauf vorauszusehen ist, wenn diese erst einmal eingeleitet worden sind.[127] Denken wir beispielsweise an das Begrüßungsritual, bei dem es in der Regel ebenfalls nicht zum Austausch echter Informationen kommt und dennoch macht dieses Sinn: Zum Beispiel als Ausdruck der Wertschätzung (... du bist mir wichtig, ich habe dich zur Kenntnis genommen), als Zeitvertreib (... bis die echte Kommunikation beginnt) sowie um sich vorsichtig abzutasten (... um den anderen kennen zu lernen und nicht versehentlich zu verletzen). Vorsicht ist geboten, wenn Sie jemanden nach der Gesundheit fragen; dieses sollten Sie nur dann tun, wenn Sie willens und bereit sind, sich tatsächlich seine (Leidens-)Geschichte anzuhören.

2.6 Erfolg versprechende Kommunikationsstrategien

Jeder von uns kennt Situationen, in denen er innerlich explodieren möchte. Wie zuvor ausgeführt, erscheint es jedoch zweckmäßig, in **jeder Gesprächssituation** die Oberhand durch **Sachlichkeit** zu behalten. Um destruktive Reaktionen zu vermeiden und eine weitgehend konfliktfreie Gesprächsführung zu gewährleisten, schlage ich folgende Verhaltensweisen vor, welche durch gezieltes **Training** im Laufe der Zeit automatisiert werden können:

---

[127] Vgl. Berne, (1999), Seite 40 bis 47; Herriger, (1998), Seite 46 bis 48; Schlegel, (1995), Seite 107f.

1. Wer ein Gespräch beginnt, sollte meines Erachtens dieses immer auf der Sachebene aus dem Zustand des »Erwachsenen-Ichs« tun und dabei jeden Gesprächspartner als **vollwertiges, gleichberechtigtes Mitglied** unserer Gemeinschaft akzeptieren! Wann immer das Selbstwertgefühl des Gesprächspartners verletzt wird, leidet die Kommunikation. Behandeln Sie andere Menschen und deren Weltanschauungen mit dem gebotenen Respekt.

2. **Meiden Sie »Verhaltensspiele«** .... Spiele sind immer darauf ausgelegt, einen Gewinner und einen Verlierer hervorzubringen. Gehen Sie als vermeintlicher »Gewinner« aus der Transaktion hervor, so haben Sie bei Ihrem Gesprächspartner in jedem Fall ein schlechtes Gefühl erzeugt. Ihnen wird dieser »Gewinn« keine nachhaltige Zufriedenheit vermitteln. Zudem wird sich dieser »Gewinn« negativ auf das Verhältnis zu Ihrem Kollegen, Vorgesetzten oder auch Kunden auswirken. Abgesehen von dem kurzfristigen Spielgewinn oder auch –verlust werden Sie also in jedem Fall als »Verlierer« aus dieser Transaktion hervorgehen.

3. Versucht der Gesprächspartner Sie in Ihrem »Kind-Ich« zu treffen, und Sie merken, wie zum Beispiel der Ärger, die Wut oder auch die Tränen in Ihnen aufsteigen, dann versuchen Sie, diesen Gefühlsausbruch zu unterbinden. Setzen Sie einen sogenannten »**Separator**«. Aus eigener Erfahrung kann ich Ihnen versichern, dass es möglich ist, emotionale Reaktionen durch fortlaufendes Training weitgehend auszuschließen:[128]

   a) Zwingen Sie sich, im Hier und Jetzt zu verweilen. Schaffen Sie sich eine Gedankenpause, indem Sie blitzschnell eine Frage formulieren wie zum Beispiel: »Was ist der Anlass Ihres Vorwurfs?« oder »Wie kommen Sie zu dieser Auffassung?« In vielen Fällen wird Sie die Antwort nicht maßgeblich weiterbringen, aber Sie haben in jedem Fall Zeit gewonnen. Sie können, während der Andere damit beschäftigt ist, eine Antwort zu formulieren, sich eine Gesprächsstrategie zurechtlegen und den weiteren Verlauf der Transaktion bestimmen. Zudem erreichen Sie in der Regel hierdurch, dass der Andere **nachdenken** muss, um eine Antwort formulieren zu können. **Denken** ist stets eine Eigenschaft des »Erwachsenen-Ichs«, und folglich stehen die Chancen gut, das Gespräch auf einer sachlichen Ebene (»Erwachsenen-Ich«) fortzusetzen.

   b) Unterdrücken Sie die alten Aufzeichnungen, die negativen Gefühle aus Ihrer Kindheit, indem Sie sich zwingen, im »Hier« und »Heute« zu verweilen. Schauen Sie an Ihrem Gesprächspartner vorbei, zum Beispiel durch ein sich hinter ihm befindliches Fenster und formulieren Sie für sich selbst, was Sie dort sehen: »Ich sehe einen Baum, ein Auto, ein niedliches Kind usw.!«. Zählen Sie notfalls bis zehn, wenn es Ihnen hilft, auf der Sachebene zu reagieren. Versuchen Sie an etwas Schönes zu denken, z. B. an Ihren letzten oder nächsten Urlaub. Diese Technik wird auch »Ankern« genannt. Schenken Sie dem Ge-

---

128   Vgl. Harris, (2000), Seite 114 bis 118.

sprächspartner nicht den »verdeckten Spielgewinn«; er muss nicht wahrnehmen, dass er sein Ziel, Sie zu verletzen, auch tatsächlich erreicht hat.

c) Im Zweifel reagieren Sie lieber gar nicht. Über Ihre »Nicht-Reaktion« muss der Gesprächspartner nachdenken. Damit zwingen Sie ihn, die Kommunikation im »Erwachsenen-Ich« fortzusetzen.

Handeln Sie nicht zornig. Zorn zu empfinden ist eine Sache, zornig zu handeln eine andere. Durch Gewalt erzeugen Sie wieder Gewalt. Der Luftballon wird nicht dadurch kleiner, dass Sie ihn »aufblasen«. Sie werden Ihren Zorn nicht dadurch los, dass Sie andere wütend machen.[129] Wollen Sie Ihre Stresshormone wirksam abbauen, dann gehen Sie lieber »Squash« spielen, und suchen Sie am nächsten Tag das sachliche Gespräch. „Das größte Gegenmittel gegen den Zorn ist der Aufschub."[130]

4. **Meiden Sie verdeckte Botschaften.** Sprechen Sie die Verhaltensweisen, die Sie zu billigen nicht bereit sind, direkt auf einer sachlichen Ebene an. Merken Sie, dass der Andere sich (in seinem »Kind-Ich«) verletzt fühlt, so überdenken Sie Ihre Transaktion. Versuchen Sie den Auslöser dieser Reaktion zu identifizieren. Lernen Sie aus dieser Reaktion und versuchen Sie, den auslösenden Reiz künftig zu vermeiden. Wollen Sie die aktuelle Transaktion fortsetzen, dann »retten« Sie das Gespräch zum Beispiel durch folgende Aussage:
»Tut mir leid, ich wollte Ihnen nicht zu nahe treten. Mir ging es darum, das Sachproblem zu lösen. Haben Sie diesbezüglich einen Vorschlag?« Sie brauchen sich nicht zu entschuldigen, da Sie nicht die Absicht hatten, den Anderen zu verletzen. Drücken Sie Ihr »Mitleid« (Tut mir leid ... ist keine Entschuldigung) aus und lenken Sie das Gespräch in konstruktive Bahnen.

5. Gilt es wichtige Dinge durchzusetzen, **sorgen Sie dafür, dass das »Kind-Ich« Ihres Gesprächspartners zufrieden ist.** Das kann beispielsweise dadurch unterstützt werden, dass wichtige Dinge erst nach einer ausgedehnten Mahlzeit (Stichwort: Geschäftsessen) besprochen werden, also zu einem Zeitpunkt, in dem das »Erwachsenen-Ich« mit verringerter Aufmerksamkeit arbeitet und nicht mit der »Nahrungsbeschaffung« für das »Kind-Ich« beschäftigt ist.

6. Verhalten Sie sich **glaubwürdig und aufrichtig.** Die Übereinstimmung von Reden und Handeln ist eines der Erfolgsgeheimnisse der Gebrüder Albrecht.[131] Folgen Sie Ihrer inneren Überzeugung, dann wirken Sie auf Ihre Transaktionspartner authentisch. Die »beste« Rhetorik ist nutzlos, wenn Ihre Mitarbeiter merken, dass Sie nicht meinen, was Sie sagen. Wer die »Transaktionsanalyse« instrumentell einsetzt, um Menschen zu manipulieren, wird früher oder später »Schiffbruch« erleiden,

---

[129] Vgl. Harris, (2000), Seite 222.
[130] Seneca, (2002), Seite 31.
[131] Vgl. Brandes, (1999), Seite 48.

insbesondere wenn er mit sich selbst beizeiten nicht ins »Reine« kommt. Niemand schafft es auf Dauer, eine ihm »fremde« Rolle zu spielen.

7. **Halten Sie Verträge** und Vereinbarungen ein. Sie treffen jeden Menschen in Ihrem Leben noch ein zweites Mal. Dabei sollten Sie Ihrem Gesprächspartner gerade in die Augen schauen können.

8. Schulen Sie Ihre empathischen Fähigkeiten: **Achten Sie** bei der Analyse von Transaktionen **auf** die **Signale** der Körpersprache. Stimmen Körpersprache, Mimik usw. mit dem Inhalt der Nachricht überein? Hinterfragen Sie, was ursächlich für etwaige Differenzen sein könnte.

9. Seien Sie bemüht, in jeder Situation **angemessene Zuwendungen** auszuteilen. Hat der Gesprächspartner, wie zum Beispiel der Mitarbeiter, etwas gut gemacht, so sprechen Sie Ihre Anerkennung aus.
    Einfache Mittel der Zuwendung sind beispielsweise:
    ☺ Blickkontakt,
    ☺ eine geöffnete zugewandte Körperhaltung
      (ggf. herstellen durch Pacing, Rapport & Leading),
    ☺ (aktives) Zuhören,
    ☺ Fragen stellen (sich für die Person des Anderen interessieren),
    ☺ Feedback geben,
    ☺ den Gesprächspartner mit Namen ansprechen,
    ☺ ein freundliches Lächeln oder
    ☺ Worte der Anerkennung.
    Jeder Mensch, also auch der »Vorgesetzte«, **möchte gelobt und anerkannt werden.** Hierbei geht es nicht darum, sich anzubiedern, sondern darum, **Menschen** und Leistungen angemessen zu würdigen. Je häufiger Ihnen dieses gelingt, desto öfter werden Sie selbst der Nutznießer eines positiven Feedbacks (siehe auch Gliederungspunkt »Lob als Führungsmittel« auf Seite 129.).

10. Respektieren Sie den Wunsch Ihres Transaktionspartners, eine gewisse **Distanz wahren** zu wollen. Unverlangte Intimität, wie zum Beispiel: »Ich heiße Peter, wollen wir uns nicht duzen?«, führt bei dem Anderen häufig zu Unbehagen. Einige empfinden dieses sogar als plumpen Versuch der Manipulation. Die spontane Herzlichkeit eines Kunden oder eines neuen Mitarbeiters, den Sie gerade wenige Stunden kennen, sollte Sie misstrauisch machen, wie jede Form der Intimität, zu der Sie nicht »eingeladen« haben. Wer Ihre »persönlichen« Grenzen nicht respektiert und versucht, Sie emotional zu bedrängen, hat sich sozusagen selbst entlarvt.

Für die Kommunikationsstrategien und daraus abgeleitete Leitlinien und Führungsgrundsätze gilt, dass sie nicht nur festgeschrieben werden, sondern im unternehmerischen Alltag mit Überzeugung gelebt und umgesetzt werden. Die Mitarbeiterkommunikation ist ein unverzichtbarer produktiver Faktor, dessen Funktionsfähigkeit nicht dem Zufall überlassen werden sollte.[132]

---

[132] Vgl. Klöpfer & Nies, (2001), Seite 103.

2.7 Programmierte »Erlebens- und Verhaltensmuster«

2.7.1 Grundsatzüberlegungen

„Der geschlagene Hund liebt seinen Herrn"[133]

Auch wenn es absurd erscheinen mag, aus der Sozialpsychologie ist seit langem bekannt, dass **negative Zuwendung** für die Entwicklung eines Individuums **besser ist, als Gleichgültigkeit**. Die positive oder negative Prägung und Konditionierung der frühen Lebensphase eines Menschen ist bestimmend für sein späteres »**Wiederholverhalten**«. Die Ursache für die Abhängigkeit der Kinder von ihren Eltern und das Wiederholverhalten im Erwachsenenalter liegt darin begründet, dass den Kindern durch die Aktivität und Haltung der sie umgebenden Autoritätspersonen eine Selbstbestätigung gegeben wird, die für ihre Entwicklung existenziell wichtig ist. Das Verhalten der Eltern und anderer Autoritätspersonen, und sei es auch noch so fehlerhaft, vermittelt dem Kind eine »vertraute« Atmosphäre und eine Form von Bestätigung, die es auch in späterer Zeit immer wieder suchen wird. Findet das Kind bzw. nachfolgend der Jugendliche oder der Erwachsene diese »**vertraute**« **Atmosphäre** nicht vor, die ihm das Gefühl von »Heimat« im Sinne wohlbekannter Kommunikations- und Interaktionsmuster verspricht, wird es (unbewusst) alles daran setzen, diese Atmosphäre, und damit auch dieselbe positive oder negative Behandlung, die es als Kind erfuhr, wieder zu erzeugen oder durch Dritte erzeugen zu lassen. Dieser von FREUD bereits erkannte und beschriebene Wiederholungszwang kann in extremen Fällen zu einer so genannten »Schicksalsneurose« führen, ein Begriff, den HELENE DEUTSCH prägte. Dieses ist beispielsweise dann der Fall, wenn die innere Erwartungshaltung, von allem und jedem enttäuscht zu werden, zu einer selbst erfüllenden Prophezeiung wird.[134]

Der »Hang« zu vertrauten Kommunikations- und Interaktionsmustern ist in allen Lebensbereichen zu beobachten. In Seminaren durchgeführte Rollenspiele zeigen immer wieder ähnliche Resultate: Bereits nach wenigen Minuten kommen bei den »Spielern« ihre programmierten »Erlebens- und Verhaltensmuster« zum Vorschein, d. h. im Grunde genommen spielen sie sich selbst. Die »gespielte« Teilpersönlichkeit muss dabei nicht mit dem Fremd- oder Selbstbild übereinstimmen. Ich erinnere eine Situation, bei der eine äußerst nette und immer hilfsbereite Dame (überwiegend angepasstes »Kind-Ich«) die Rolle ihres »cholerischen« Chefs übernahm. Sie entfaltete zu ihrem eigenen und zum

---

133   NGFG, http://www.ngfg.com/texte/aw008.htm, 01.09.2002; vgl. auch Dorsch, (1998), Seite 949f; Schlegel, (1995) Seite 182f.

134   Vgl. Stroebe / Hewstone & Stephenson, (1997), Seite 130; NGFG, http://www.ngfg.com/texte/aw008.htm, 01.09.2002; NGFG, http://www.ngfg.com/texte/nv045.htm, 01.09.2002.

Erstaunen ihrer Kollegen innerhalb kürzester Zeit ein gewaltiges Aggressionspotential und verbreitete im Raum ein »Klima« des Schreckens. Hinterher darauf angesprochen, resümierte sie, dass sie sich so gar nicht kennen würde, die Rolle in gewisser Weise aber auch etwas »Befreiendes« ausgelöst habe. Derartige Rollenspiele erhöhen das »Verständnis« für die »gefühlte Situation« des Kommunikationspartners und machen den »Opfern« deutlich, dass in der Regel nicht sie gemeint sind, sondern der »Täter« im inneren Dialog einen Teil seiner eigenen Persönlichkeit damit strafen will.[135]

Die bislang angestellten Überlegungen zur Sozialisation, Konditionierung und Programmierung zeigen, dass Menschen lebenslang wie »Süchtige« die Atmosphäre des »Elternhauses« in privaten und beruflichen Beziehungen wiederherzustellen versuchen, weil sie innerlich empfinden, dass dieses »normal« bzw. »richtig« für sie sei. Vielfach verlieren sich diese Menschen in einem Beziehungs(teufels)kreislauf, der es ihnen unmöglich macht, gesunde Strukturen aufzubauen. Gelingt es den Menschen nicht, die »altbewährte« Rollenverteilung aufrechtzuerhalten, werden sie oftmals innerlich unzufrieden, auch wenn kein objektiver äußerer Anlass dazu vorliegt.[136]

Darüber hinaus beeinflusst die frühe Programmierung unsere Wahrnehmungsfähigkeit: Ein Mensch, der beispielsweise in seinem Elternhaus das Gefühl vermittelt bekommen hat: »Du bist schlecht, alle Menschen sind schlecht«, wird sein Leben lang Informationen durch diesen Wahrnehmungskanal aufnehmen. Tatsächlich findet er diese Einstellung überall unterstützt, da er ja tatsächlich immer wieder auf solche Nachrichten treffen wird. Gegenteilige Nachrichten wird dieser Mensch kaum wahrnehmen. Er hört zwar oberflächlich von »guten« Menschen, jedoch wird diese Information nicht aktiv verarbeitet; er wird sie sofort verdrängen. Wir Menschen denken vielfach, wir hätten die Welt verstanden. In Wirklichkeit haben wir sie aber nicht verstanden, da wir nur bestimmte Aspekte der Welt sehen können: In der Regel sind dieses die Aspekte, für die in unserer Kindheit Wahrnehmungskanäle eröffnet wurden. Sollen weitere Wahrnehmungskanäle in einer späteren Lebensphase erschlossen werden, so setzt dieses erstens die Fähigkeit zur Selbstreflektion und zweitens den unbedingten Willen, Veränderungen herbeiführen zu wollen, voraus.[137]

Menschen mit niedrigem Selbstwertgefühl (Ich bin »nicht o.k.«) glauben im Grunde ihrer Seele, dass sie es nicht wert sind, geliebt zu werden. Gegebenenfalls halten sie sich selbst für Hochstapler, die nur wegen ihres Status oder wegen ihres Aussehens akzeptiert werden. Auch immer wiederkehrende Beweise der Anerkennung, Zuwendung und Liebe durch andere Menschen können daran nur wenig ändern, weil sogleich wieder Zweifel aufkommen. Menschen mit niedrigem Selbstwertgefühl beschäftigen sich permanent mit ihren Schwächen und Unzulänglichkeiten, während sie ihre eigenen Vorzüge, welche durch andere wahrgenommen werden, in den Hintergrund ihres Bewusstseins

---

[135] Vgl. Scheller, (1998), Seite 13f.
[136] Vgl. von Rosenstiel, (1992), Seite 232f.
[137] Vgl. Dorsch, (1998), Seite 940f; NGFG, http://www.ngfg.com/texte/aw008.htm, 01.09.2002.

drängen. Paradoxerweise gilt: Je mehr Entscheidungen jemand aufgrund seines eigenen Bildes getroffen hat, desto schwieriger wird es für ihn sein, dieses zu revidieren.[138]

Das kann zu Ablehnung der eigenen Person, zu Mäkeligkeit oder Selbsthass führen. Entsprechend fühlen sich diese Menschen dann depressiv, resignativ, apathisch oder sie verhalten sich masochistisch. Gedanken wie »Mich mag sowieso keiner«, »Alles mache ich falsch« usw. finden sich häufig in ihrem Denken. Dies kann schnell zu einer selbsterfüllenden Prophezeiung werden, denn Menschen mit einer derartigen Ausstrahlung sind tatsächlich schwer zu lieben. Das daraus resultierende Gefühl, wertlos oder unzulänglich zu sein, ist sehr schmerzlich und kann zu Selbsthass und Selbstzerstörung bis hin zum Suizid führen.

Eine Alternative hierzu ist die Kompensation. Weil Selbstmissachtung so unerträglich erscheint, schreit dieses Gefühl förmlich danach. Deswegen wird häufig der Weg eingeschlagen, sich selbst und anderen unbedingt beweisen zu müssen, doch etwas wert zu sein. Normale, legitime Bedürfnisse nach Achtung, Akzeptanz, Anerkennung, Respekt und Liebe erscheinen, sofern sie nicht erfüllt werden, in pervertierter Form von Machtbesessenheit, Rücksichtslosigkeit oder Unterwerfungsdrang. Ein probates Mittel zur Selbstaufwertung ist die Abwertung anderer, z. B. durch die bereits vorgestellten Varianten des Verhaltensspiels »Meins ist besser als deins«.[139]

Die im Folgenden beschriebenen 10 Charaktertypen wurden von MONIKA REICHELT als typisch für unseren Kulturkreis beschrieben. Sie seien »normal« im Sinne von »häufig«, weniger im Sinne von »vernünftig« oder »funktional«. Es ist kaum anzunehmen, dass es Menschen gibt, bei denen alle Eigenschaften genau in dieser Konstellation zutreffen So sollen die vorgestellten Charaktereigenschaften mit ihrer Typenzuordnung im Rahmen des Konzeptes der programmierten Teilpersönlichkeiten auch eher als Diskussionsbeitrag verstanden werden:[140]

■ **Der Depressive**: »Keiner mag mich«
- Depressive Charaktere lassen sich oft von anderen herunterdrücken, ohne sich zu wehren oder wütend zu werden. Dabei tun sie sich aber selbst das an, was sie sich anderen gegenüber verbieten. Die Aggression wendet sich gegen die eigene Person und wird zur Selbstquälerei.
- Der Depressive empfindet die Welt als Jammertal. Er nimmt selektiv nur Niederdrückendes wahr, und oft sucht er geradezu eine deprimierende Umgebung, da er sich dort in seiner depressiven Stimmung bestätigt fühlt.
- Hat der Depressive Misserfolg, gibt er sich selbst die Schuld. Hat er dagegen Erfolg, so ist das nicht sein Verdienst oder einfach »selbstverständlich«.

---

138   Vgl. Birkenbihl, (2000) Seite 174.
139   Vgl. Birkenbihl, (2000), Seite 53; Dorsch, (1998), Seite 514; Fröhlich, (1994) Seite 238; NGFG, http://www.ngfg.com/texte/aw008.htm, 01.09.2002.
140   Vgl. NGFG, http://www.ngfg.com/texte/bg001.htm, 01.09.2002.

- Der Depressive hat folgende Einstellung: »Ich bin nicht o.k. - du bist o.k.« Er projiziert positive Seiten, die er bei sich selbst nicht einmal im Ansatz würdigt, in diese »Übermenschen«. Oder er befindet sich in der Position der Verzweiflung. Dann wertet er sich und die ihn umgebenden Menschen ab.
- Der Depressive leidet unter ständigen Insuffizienzgefühlen. Das ist weit mehr als ein Minderwertigkeitskomplex, der sich nur auf wenige Gebiete bezieht. Es ist vielmehr ein grundsätzliches Lebensgefühl, das ihn fast immer begleitet.
- Er glaubt, dass er einmal verlassen, keine anderen Freunde finden wird. Deshalb kann er auch niemanden verlassen. Als Folge davon sucht er ängstlich Nähe. Die positive Fähigkeit zur Nähe mit anderen Menschen wird beim Depressiven aber durch Anklammern an die jeweilige Bezugsperson (Partner, Freunde, Kinder usw.) relativiert. Das kann dazu führen, dass die Umwelt sich bedrängt fühlt und Abstand hält.
- Der Depressive lässt sich gerne verwöhnen, aber er verwöhnt auch oft andere, da er vermutet, sie wollten dasselbe wie er. Dabei phantasiert er sich vielleicht sogar eine unersetzliche Stellung und große Dankbarkeit vor.
- Manche Depressive kompensieren ihre Traurigkeit durch laute Lustigkeit, andere durch erhöhte Leistungsbereitschaft. In diesem Zusammenhang können sie dann perfektionistische Züge an den Tag legen. Häufig idealisieren sie ihre Passivität jedoch. Bequemlichkeit wird als Ruhe, Selbstaufgabe als Altruismus (Selbstlosigkeit) idealisiert.
- Die Stärken des Depressiven liegen in seinem Durchschauen von oberflächlichen Verhaltensweisen. Auch hat er Zugang zu vielen ernsthaften Lebensqualitäten. Er geht nicht leichtfertig mit seiner Umgebung um.
- Symptomatisch für den Depressiven sind auch gelegentliche Wutausbrüche. Da er seine normale Wut nicht ausleben kann, staut sich in ihm langsam eine »mörderische Wut« auf. Diese ist dann wiederum Ausgangspunkt von Schuldgefühlen.
- Der Depressive kann nicht wirklich etwas für sich fordern oder nehmen. Er hat Angst vor seiner Stärke, vor der Reaktion der anderen und vor Misserfolgen. Bei der Vorstellung, etwas zu erlangen, kreist sein Denken um das Versagen. Oft formuliert er für sich selbst so hohe Ansprüche, dass er scheitern muss. Sich kleinere Aufgaben zu stellen, empfindet er als unter seiner Würde.

◾ Der Apathische und Resignative: »Es hat alles sowieso keinen Sinn«
- Charakteristisch für den Verlust des Selbstwertgefühls bis hin zur Apathie und Resignation ist das Gefühl des Verlustes jeglicher Kontrolle und Einflussmöglichkeiten über das eigene Leben. Ob jemand auf die häufige Erfahrung der Nicht-Kontrollierbarkeit der eigenen Lebenssituation mit dem Verlust des Selbstwertgefühls reagiert und zu dem Schluss kommt, am besten aufgeben zu sollen, hängt auch davon ab, wie er seine Erfahrungen interpretiert. Werden Situationen, in denen wir zurückgewiesen oder nicht gewollt werden, ausschließlich auf die eigene Person bezogen, so kann es zu der Einstellung kommen, dass Leben müsse eben »erlitten« werden und könne nicht aktiv gelebt werden.

- Der Resignative ist unfähig, mit traumatischen Erfahrungen umzugehen. Wo bei anderen nach einem Schock und einer Zeit der Bestürzung und Verarbeitung wieder Kampfgeist und Lebensmut Platz ergreifen würden, nimmt die Resignation bei Menschen mit niedrigem Selbstwertgefühl allen Raum ein. Da die Empfindungen, die solche Situationen begleiten, so außerordentlich schmerzhaft sind, töten die Betreffenden ihre Gefühle entweder ganz ab, oder sie können nicht mehr in andere Gefühlslagen wie z. B. Trauer, Wut oder Freude überwechseln. Ein dumpfer Zustand, der leicht zur Depression wird, soll dann abschirmen und schützen.

- Je eher dieser Typ sich selbst für die Nichtkontrolle oder den Kontrollverlust verantwortlich macht, je mehr er sich dabei auf globale Persönlichkeitsmerkmale bezieht und je stabiler und unbeeinflussbarer diese Merkmale seiner Meinung nach sind, desto eher wird es zum Verlust des Selbstwertgefühls und in der Folge zur Selbstentmutigung und Selbstablehnung kommen.

■ **Der Masochist**: »Etwas Besseres habe ich nicht verdient«
- Der Masochist nimmt das Leben allzu schwer und plagt sich selbst mit ständigen Schuldgefühlen. Er spielt damit den Gegenpart zum Psychopathen, der alles leicht nimmt und auch dann keine Schuldgefühle entwickelt, wenn er »schuldig« geworden ist.
- Der Masochist ist sich selbst gegenüber skrupellos.
- Masochisten können in vieler Hinsicht selbstbewusst sein. Ihre Tendenzen zur Unterwerfung und zum Leiden treten oft nur in ganz bestimmten Konstellationen auf, z. B. im moralischen Kontext oder in sexueller Hinsicht.
- Auch die Bereitschaft einiger Menschen, sich am Arbeitsplatz bis zur Selbstaufgabe aufzuopfern, ist als Masochismus anzusehen. Denn der Masochist ist der Typ des Lastenträgers. Seine Devise lautet: »Einer trage des anderen Last«; aber die anderen tragen dafür selten die seine.
- Im Kontakt mit dem Masochisten spüren andere vielfach Mitleid, ggf. auch Aggressivität gegen seine allzu starke Unterwürfigkeit. Die Stimme ist oft weinerlich und klagend. Andere Menschen spüren seine Sehnsucht nach Nähe und Trost, möchten ihn vielleicht sogar in den Arm nehmen, aber die Angst, auf der Gefühlsebene »manipuliert« zu werden und sich aus seiner Umklammerung nicht mehr lösen zu können, hält viele (unbewusst) davor zurück.
- Häufig erhalten Masochisten aus ihrem Umfeld Botschaften, wie z. B. »Nun wehre dich doch mal«, »Nun freu dich doch mal«, oder »Nun nimm doch alles nicht so schwer«; jedoch kommen diese nur selten beim Empfänger an, insbesondere dann nicht, wenn der Empfänger emotional auf seine Rolle programmiert wurde.
- Die Stärken des Masochisten sind seine Hilfsbereitschaft und sein Mitgefühl. Auch in der Gesellschaft spielt er eine wichtige Rolle, da er mit seinem Verhalten dem Leben etwas die Härte nimmt. Er ist fähig, große Belastungen auszuhalten und geht oft liebevolle Beziehungen voller Wärme, Nähe und Treue ein. Jedoch zieht er seine Grenzen zu anderen Menschen nicht an dem Punkt, an dem er dringend für sich selber sorgen müsste. Denn er bestimmt seinen Wert überwiegend

durch seine Aktivitäten für andere. In seiner Werteskala stehen der Gebende »oben« und der Bittende »unten«. Deshalb fühlt der Masochist schnell eine »Bringschuld«, wenn ihm Aufmerksamkeit oder Hilfe entgegengebracht werden.

- Wenn der Masochist Forderungen stellt, dann die, dass andere Menschen genauso selbstlos handeln sollen wie er.

- Da der Masochist mit sich selbst auf Kriegsfuß steht, gönnt er sich auch selten etwas Gutes und erlaubt sich wenig Freude. Er ist selbst sein strengster Kritiker, unnachgiebigster »Vorwürfemacher« und ausdauerndster Spielverderber. So schafft er sich über das schicksalsbedingte Leiden hinaus häufig ein sehr viel schwereres Leben, als nötig wäre.

- Begehrenswert wird der Masochist in erster Linie dadurch, dass er sich hervorragend als seelischer Mülleimer missbrauchen lässt. Außerdem lässt er sich leicht ausnutzen. Von Zeit zu Zeit bekommt der Masochist außerdem zu spüren, dass er für sein Engagement sehr viel weniger erhält als die Menschen, die sich selbst besser abgrenzen und auch für sich selbst sorgen. So lebt der Masochist emotional mehr von der Anerkennung, die er sich selbst für seinen Altruismus (Selbstlosigkeit) gibt, und zehrt von seinen Vorstellungen über die Anerkennung seiner Mitmenschen für sein Handeln. Real fällt diese Anerkennung jedoch in der Regel eher mager aus.

- Mit dem Typ des Psychopathen ergänzt sich der Masochist auf »ideale« Weise. Hier passen zwei Neurosen »gut« zusammen.

- Masochisten haben auch Vorteile von ihrem Verhalten: Sie bekommen selten offenen Ärger zu spüren. Einst gute, brave Kinder genannt, werden sie im Erwachsenenalter als fleißig, korrekt und ordentlich gelobt.

- Masochisten können schlecht »Nein« sagen oder sich direkt verweigern. Lieber entziehen sie sich beispielsweise durch Zuspätkommen oder Vergesslichkeit. Eine andere Art des unbemerkten Nein-Sagens ist es, sich möglichst ungeschickt bei einer Arbeit anzustellen, in der Hoffnung, der andere werde sie dann lieber gleich selber verrichten. Diese indirekte Art der Verweigerung erlaubt es ihnen gleichzeitig, sich auch weiterhin als gutwillig und hilfsbereit zu sehen.

- Viele entwickeln ein regelrechtes »Helfersyndrom«. Sie können dann mit ihrer Hilfsbereitschaft nicht Maß halten.

Der Selbst-Bewusste: »Fehler gehören dazu«

- Umgangssprachlich bezeichnet »Selbstbewusstsein« den »Stolz auf die eigene Person bis hin zur Selbstüberschätzung und Arroganz«. Wörtlich bedeutet es aber, ein »Bewusstsein von sich selbst zu haben«, also von möglichst vielen Facetten seiner Persönlichkeit. Wirklich selbstbewusste Menschen im Sinne eines hohen Selbstwertgefühls sind sich deshalb nicht nur ihrer Kraft, sondern auch ihrer zeitweiligen Schwäche bewusst.

- Menschen mit einem guten Selbstwertgefühl kennen ihre positiven Kräfte nicht nur, sondern erkennen sie auch an und fördern sie (Ich bin »o.k.«). Hauptsächlich darin unterscheiden sie sich von Menschen mit niedrigem Selbstwertgefühl.

- Ein hohes Selbstwertgefühl wird von einer Selbstliebe gespeist, die im inneren Dialog entsteht. Dies wird positiver Narzissmus genannt. Missachtet und quält ein Mensch sich ständig selbst, so wird das Ergebnis des inneren Dialogs nicht positive Zuwendung sein, sondern zu einer Mobilisierung von Aggressionen gegen uns selbst führen.
- Selbstwertgefühle können aus so unterschiedlichen Quellen gespeist werden wie z. B. Besitz, Fähigkeiten, Anerkennung und Liebe anderer Menschen oder aus unserer körperlichen wie seelischen Identität.
- Menschen, die ihr Selbstwertgefühl auch aus ihrem »Sein« beziehen (Schön, dass es mich gibt!), können die Bedeutung ihres Könnens und ihres Besitzes hinsichtlich des Selbstwertgefühls besser einschätzen. In Zeiten der Krise bleibt ihnen noch die Ebene des Seins. Sie können daher auch weniger zwanghaft mit Macht, Stärke, Bewunderung und Besitz umgehen. Das Selbstwertgefühl kann aber nur dann Kraft aus dem eigenen Sein beziehen, wenn der Mensch sein Fühlen und Denken nicht ständig streng bewertet (z. B. traurig mit schwach gleichsetzt, oder wütend mit undiszipliniert). Menschen mit einem hohen Selbstwertgefühl können in der Bewertung trennen zwischen ihren Gefühlen und ihrem Handeln sowie zwischen ihren Handlungen und sich selbst als Gesamtperson. Im Gegensatz dazu folgern Menschen mit niedrigem Selbstwertgefühl aus begangenen Fehlern: Ich bin unzulänglich.
- Wirklich selbstbewusste Menschen sind in der Wahrnehmung anderer Menschen keineswegs überwiegend erfolgreich, sehen keineswegs immer blendend aus oder machen immer alles richtig.
- Menschen mit einem hohen Selbstwertgefühl haben durchaus ein Bewusstsein für die eigene Verantwortlichkeit. Jedoch übernehmen sie nur für den Teil Verantwortung, für den sie wirklich verantwortlich sind.
- Letztendlich leben diese Menschen im Vertrauen auf die eigenen, wenn auch begrenzten Fähigkeiten und im Vertrauen auf die Hilfe und Unterstützung anderer. Sie wissen, dass es, um nicht einsam und isoliert zu leben, mehr auf die eigene Fähigkeit zu lieben ankommt als darauf, immer und von »allen« geliebt zu werden.

■ **Der Narzisst**: »Ich bin wunderbar«
- Der Narzisst verwendet in seiner eigenen Beurteilung nur wenige Zwischentöne. Er ist entweder wunderbar oder wertlos, entweder gut oder schlecht. Aus Angst vor den eigenen strengen Bewertungen verzerrt er sein Selbstbild zu seinen »Gunsten«. So schützt sich der Narzisst vor abrupten Einbrüchen seines Selbstwertgefühls, denn es ist ihm kaum möglich, sich in Erfolg und Versagen zu akzeptieren.
- Narzissten sind häufig mit überdurchschnittlichen Fähigkeiten ausgestattet. Mit ihren Erfolgen entwickelt sich ein narzisstisches Selbstwertgefühl, das sich auf ganz unterschiedliche Qualitäten beziehen kann, wie z. B. gutes Aussehen, Intelligenz, Durchsetzungsvermögen, Charme oder eine untadelige Moral. Ebenso können Gegenstände (Kleidung, Haus, Auto usw.) oder auch andere Menschen (»mei-

ne Frau«) narzisstisch besetzt sein. Meist ist es ein Komplex mehrerer Eigenschaften und Fähigkeiten, die den Narzissten in seinen eigenen Augen zu einer wertvollen und anderen überlegenen Person machen.

- Der Narzisst ist ein gläubiger Individualist. Er fühlt sich völlig unabhängig von anderen und auch alleine oft omnipotent.
- Charakteristischerweise geht die eigene Erhöhung immer mit einer Herabsetzung anderer einher. Deutlicher als an den eigenen Größenphantasien erkennt man deshalb den Narzissten an der Verachtung, die er anderen Menschen gegenüber empfindet.
- Da sie ein idealisiertes Bild von sich haben, lieben Narzissten sich nicht wirklich, sondern sind in sich selbst verliebt.
- Bei Narzissten muss der Blick der Mitmenschen vor allem Bewunderung spiegeln. Um diese Bewunderung zu erlangen manipuliert er seine Mitmenschen über sein Image.
- Äußerlich imponiert der Narzisst durch scheinbares Selbstbewusstsein und eine zumeist angenehme körperliche Ausstrahlung.
- Der Narzisst meidet Menschen und Situationen, die sein Selbstbild in Frage stellen können. Dies kann so weit gehen, dass er sich völlig zurückzieht (narzisstische Isolation). Besonders meidet er allerdings Angst und Trauer. Statt Trauer über einen Verlust empfindet er eher Wut. Generell meidet er »weiche« Gefühle, die ihn als verletzlichen Menschen zu erkennen geben könnten. Scheinbare Gefühlskälte ist deshalb ein weiteres Charakteristikum einer narzisstischen Struktur. Er hat oft ein diffuses Gefühl der Leere und großer Distanz zu anderen Menschen.
- Menschen mit dominantem narzisstischem Wesenszug sind wenig selbstkritisch und wirken manchmal eitel oder künstlich.
- Die Beziehung zu narzisstischen Persönlichkeiten kann aber auch reizvoll sein. Oft sind sie sehr interessant, lebhaft, kreativ und witzig. Viele menschliche Höchstleistungen wären ohne die narzisstische Selbstüberschätzung ihrer Produzenten nie entstanden.
- Die Mitmenschen des Narzissten sind in erster Linie dazu da, seine Bedürfnisse zu befriedigen. Beziehungen zu anderen Menschen werden häufig danach ausgesucht, dass die anderen in die Beziehung einbringen, was ihm selbst fehlt. Sie sollen ihm die Anerkennung geben, die er sich selbst in der Tiefe seines Herzens nicht geben kann. Da sein größtes Bedürfnis die Bestätigung ist, kann der Narzisst mit echter Liebe, wie sie ihm oft entgegengebracht wird, nichts anfangen.
- Sich selbst und dem Narzissten tut man letztendlich keinen Gefallen, wenn man ihn in seinem aufgeblähten Selbstbild bestärkt. Denn auf diese Weise werden auch die Verachtung und das Gönnerhafte genährt, welches Narzissten anderen Menschen entgegenbringen.
- Aufgrund seines überhöhten Selbstbildes ist der Narzisst sehr leicht zu kränken. Die narzisstische Kränkung hat aber einen ganz anderen Charakter als eine echte Kränkung, resultiert sie doch aus eben jenem überhöhten Selbstbild.
- Für Narzissten ist es auch eine Kränkung, die eigene Begrenztheit zu erkennen, z. B. angesichts des Todes oder einer Krankheit sowie persönlicher Niederlagen.

Allein die Tatsache einer von vier Milliarden (inzwischen sogar mehr) Menschen zu sein, kann ihn unendlich beleidigen.

■ **Der zwanghaft Große**: »Ich werde es ihnen schon zeigen«
- Wenn wir Kränkungen und Verletzungen nicht anders ertragen können, trösten wir uns mit Phantasien über Zuneigung und Beifall anderer Menschen. In der einfachen Form finden wir Selbsterhöhung als Größenphantasie, die der Phantasierende als solche aber noch erkennt. Einige Menschen aber halten an diesen Phantasien fest, weil sie ihrer in besonderer Weise bedürfen; häufig, weil sie in ihrem Leben tiefe und lang andauernde Kränkungen erfahren haben.
- Der Drang, in besonderer Weise bewundert zu werden, ist eine Verzerrung des normalen Bedürfnisses nach Achtung und Anerkennung durch andere Menschen.
- Der Wille, bedeutend zu werden, kann Menschen jedoch in verschiedene Richtungen lenken. Zu welcher Seite (schädlich oder nützlich) hin sich letztlich das Streben entwickelt, hängt vom Charakter des Betreffenden, vom Maß seiner Menschenliebe oder seines Menschenhasses ab sowie von den gesellschaftlichen Verhältnissen, je nachdem, ob sie nützliches oder schädliches Verhalten fördern. Darüber hinaus gibt es noch eine dritte Kategorie von Ruhmsüchtigen; Menschen, die durch sinnentleerte Aktivitäten bekannt werden wollen. Das Guiness-Buch der Rekorde ist voll von solchen Taten.
- Nach der Ansicht von ALFRED ADLER, dem Begründer der Individualpsychologie, hat die Dynamik der seelischen Entwicklung hin zu überdurchschnittlichen Leistungen oft ihren Ursprung in einer realen organischen Schwäche. Tatsächlich findet man unter herausragenden Persönlichkeiten überdurchschnittlich viele mit einem körperlichen Handicap. Auch schwierige soziale Verhältnisse können den gleichen Effekt haben.
- Menschen möchten von ihren Bezugspersonen, die sie selbst lieben und achten, ebenfalls beachtet und geliebt werden. Wird dieses enttäuscht, so kann es zu einer Verschiebung kommen. Sie bemühen sich dann beispielsweise, von der ganzen Welt geliebt zu werden, denn es ist manchmal leichter, »eine Beziehung zu zehntausend Menschen herzustellen als zu einem einzigen«.
- Viele »Große« haben ein ziemlich genaues Bild von ihren Qualitäten. Sie verachten sich oft für ihr viel unvollkommeneres Selbst, das ihrer öffentlich repräsentierten Erscheinung kaum entspricht. Durch die Neigung ihrer Mitmenschen, sie zu idealisieren, geraten sie unter einen hohen Erwartungsdruck.
- Viele Menschen dieses Typus können mit der ihnen entgegengebrachten Anerkennung und Bewunderung nicht recht froh werden. Zum einen bleibt die Sehnsucht bestehen, um ihrer selbst willen geliebt zu werden. Außerdem wissen sie um die Oberflächlichkeit der Zuwendung aufgrund von Idealisierung und Autoritätsgläubigkeit und verachten oft ihre Bewunderer als »dumme Masse«, obwohl sie sich nach deren Anerkennung doch einst so sehnten. So bekommt der Erfolg eine paradoxe Dimension.

- Die Verbindung von Genie und Irrsinn scheint übrigens nicht nur ein Klischee, sondern auch empirisch belegbar zu sein. Aus der Gesamtbevölkerung werden etwa 1% psychotisch; unter als Genie anerkannten Menschen soll die Rate jedoch 16,7% betragen. Bereits der römische Philosoph LUCIUS SENECA, der 4 vor bis 65 nach Christus lebte, schrieb: „Es hat keinen großen Geist ohne eine Beimischung von Wahnsinn gegeben."[141]

- ■ **Der Psychopath** (wörtlich: der »seelisch« Leidende): »Ich darf alles«
  - Die psychopathische Charakterstruktur ist durch Rücksichtslosigkeit und Gefühlskälte gekennzeichnet, genauer gesagt, durch eine Tabuisierung bestimmter Gefühle, die das Selbstwertgefühl des Psychopathen gefährden würden. Wut, Hass und Aggression mag er wohl zulassen, aber alles, was für ihn Schwäche oder Verletzlichkeit bedeutet, meidet er. Dazu zählen Trauer, Angst, Liebe, Zärtlichkeit sowie die Empfindung eigener Verletzlichkeit und Schutzbedürftigkeit.
  - Psychopathen setzen hauptsächlich auf Faktoren, die Menschen eher voneinander trennen, z. B. Macht besitzen, überlegen sein und konkurrieren können.
  - In vielerlei Hinsicht ist er das genaue Gegenteil des Masochisten. So hat er selbst dann keine Schuldgefühle, wenn er schuldig geworden ist.
  - Die Verletzung anderer geschieht »im Namen des Guten«, ganz gleich, ob der Psychopath nun selbst daran glaubt oder dies nur zum eigenen Schutz als Rationalisierung vorbringt. Oft fühlt er sich tatsächlich im Recht, »im Namen der Sache«, und deswegen zu allem legitimiert.
  - Der Psychopath denkt dualistisch, in Kategorien des Kampfes: oben - unten, Sieg - Niederlage, gewinnen - verlieren. Tatsächlich fördert die gesellschaftliche Struktur der Verteilung und Verknappung wichtiger Dinge diese Haltung. Der Psychopath aber erklärt den Kampf zum sinnvollen Lebensprinzip. Er intrigiert auch dann noch, wenn er durch Kooperation in seinem Handeln erfolgreicher wäre.
  - Menschen die sich schwach und kraftlos zeigen, werden von Psychopathen als unfähig oder labil verachtet.
  - Von unserer Gesellschaftsstruktur begünstigt, wirkt psychopathisches Verhalten normaler als mitfühlendes Handeln. Dies bestärkt den Psychopathen in seinem Grundsatz, Mitgefühl zahle sich nicht aus.
  - Findet sich ein Psychopath einmal selbst unfreiwillig in einer »schwachen« Situation, schwankt er zwischen Selbstverachtung und Rationalisierung (»Ich hatte halt einen schlechten Tag«).
  - Psychopathen sind in den Kategorien unseres gesellschaftlichen Wertesystems oft Erfolgsmenschen, aber nicht jeder, der Erfolg hat, ist ein Psychopath.
  - Mit Psychopathen über die Berechtigung ihres Verhaltens zu diskutieren (auf der Ebene des »Erwachsenen-Ichs«), ist ziemlich aussichtslos. Da er einen moralischen Defekt hat, ist er nie um Argumente verlegen. Der Psychopath ist in seinen Augen nicht nur berechtigt, sich skrupellos zu verhalten; er ist sogar noch stolz

---

[141]   Seneca, (2002), Seite 97.

darauf. Seine Devise könnte lauten: »Wenn ich auch wandle im Tal des Todes, so fürchte ich mich doch nicht vor dem Übel, denn das widerwärtigste Geschöpf in diesem Tal bin ich«.

- In sexuellen Beziehungen ist ihm vor allem die Eroberung wichtig. Besonders reizvoll erscheint der/die Unnahbare. Die Folge sind häufige Trennungen, sei es, dass der Psychopath nach der Eroberung nicht weiß, was er mit dem eroberten Menschen eigentlich anfangen soll, sei es, dass dem Partner das rücksichtslose Verhalten des Psychopathen endlich zuviel wird.

- Psychopathen ergänzen sich scheinbar »gut« mit Masochisten, denn sie brauchen Partner, die sich unterwerfen und sie nicht in Frage stellen. Mit dem Masochisten kann er eine »gute« Ehe führen, weil die Neurosen (krankhafte aber heilbare Verhaltensstörungen) zusammenpassen.

- Der Psychopath ist seiner emotionalen Vielfalt beraubt.

- Die Vorstellung, um Hilfe bitten zu müssen oder auf Hilfe angewiesen zu sein, ist ihm ein Gräuel. Derartige Bedürfnisse werden daher nicht offen geäußert, sondern über Manipulation und Tricks befriedigt. Ein Psychopath, der sich einsam fühlt und deswegen jemanden besucht, würde wohl forsch sagen: »Ich wollte bei euch mal nach dem Rechten sehen«.

- Eine psychopathische Variante der eigenen Aufwertung auf Kosten anderer findet sich in rassistischen Strukturen. Eine Aufwertung ergibt sich beispielsweise dann, wenn man sich selbst zum Teil einer überlegenen Klasse erklärt (... der »schlaue« Professor ... und die »dummen« Studenten ...).

- Über die Ursachen derartigen Verhaltens besteht Uneinigkeit. Materialisten und Marxisten sagen, der Wunsch nach Bereicherung speise die Überlegenheitsideologie. Einige Richtungen der Psychologie sagen, erst das demütigende Gefühl der Unterlegenheit löse den Zwang zur Überlegenheit aus und damit entsprechende Rücksichtslosigkeit und den Wunsch nach Bereicherung auf Kosten anderer.

- Personen, die sich durchgängig und immer psychopathisch verhalten, sind eher selten. Die meisten Menschen haben nur einige psychopathische Züge, die jeweils in ganz bestimmten Konstellationen auftreten. Psychopathisches Verhalten kann auch phasenweise auftreten. Nach einer schweren Kränkung kann es zu der Einstellung kommen: »Jetzt bin ich Täter, die Zeit des Opferseins ist vorüber«. Um sich erfolgreich psychopathisch verhalten zu können, muss die Person vor allem das Prinzip der Täuschung der Mitmenschen beherrschen. Man unterscheidet zwei Typen von Psychopathen, den dominanten und den manipulativen: Der dominante Typ befindet sich in dem Glauben, körperliche Stärke gebe ihm eine gewisse Sicherheit, respektiert und anerkannt zu werden. Der manipulative Typ hingegen distanziert sich von diesem Gehabe und nennt es primitiv. Er »verführt« stattdessen und erreicht auf diese Weise in der Regel mehr als der dominante Typ.

■ **Der Perfektionist**: »Jeder Fehler ist eine Bedrohung«
  - Der Perfektionist muss jeden Tag sein Selbstwertgefühl durch die Erfüllung seiner selbst gesetzten Ansprüche aufrechterhalten.
  - Im Vergleich leisten Perfektionisten eher weniger als andere. Für die 20%, die eine Leistung perfekt machen, benötigt er genau soviel Energie und Zeit wie für die restlichen 80%, die einer guten statt einer ausgezeichneten Leistung entsprechen würden.
  - Perfektionisten neigen dazu, kettenreaktionsartig zu denken: »Wenn ich diese Aufgabe nicht lösen kann, werde ich auch alle weiteren Aufgaben nicht lösen können. Dann werde ich berufsunfähig sein und ohne Beruf lebensunfähig, und das bedeutet den gesellschaftlichen und emotionalen Tod.« ... »Was soll bloß aus mir werden?« fragt er sich bereits bei leichten Fehlern, und es folgen reine Katastrophenphantasien.
  - Für Perfektionisten besteht der größte Teil des Lebens aus »richtig machen«, »besser machen« und schließlich »vollkommen werden«.
  - Sie leiden unter dem »Sollte-Syndrom«: »Ich sollte das können«, »Ich sollte nicht so rumlaufen« usw. Aufgrund dieser selbstgewählten Ansprüche unterdrückt der Perfektionist den Wunsch, selbst so frei wie möglich zu leben, und die Bereitschaft, andere frei leben zu lassen.
  - Menschen, die perfekt sein wollen, sind oft schwer zu ertragen. Sie verbreiten eine Aura der Lustlosigkeit und der Strenge, jedenfalls wenn sie streng mit sich selbst und anderen sind. Sind sie »nur« streng mit sich selbst, aber nachsichtig mit anderen, umgibt sie eher eine Aura der Arroganz.
  - Der Perfektionist hat eine verzerrte Vorstellung von Normalität. Außerdem will er gar nicht normal sein, sondern besser. Da seine Maßstäbe nicht der Normalität entsprechen, sind seine Anforderungen an sich selbst unrealistisch und folglich auch das Maß seiner Selbstvorwürfe unangemessen. Dieses Denken kann leicht zur Depression oder Arbeitsstörung führen.
  - Vollkommenheitsdenken ist oft auch dafür verantwortlich, dass jemand mit einer Arbeit gar nicht erst beginnen kann. Die Herstellung von etwas Mittelmäßigem oder Ungenügendem ist derart bedrohlich für sein Selbstwertgefühl, dass er diesem Risiko so lange wie möglich ausweicht. Vollkommenheitsdenken kann aber auch dazu führen, dass jemand eine Arbeit nicht beenden kann, da er unter der Vorstellung leidet, sie sei noch nicht gut genug.
  - Perfektionisten sind in ihrer Kreativität erheblich behindert, weil sie nicht ausreichend zwischen Wesentlichem und Unwesentlichem unterscheiden können.

■ **Der Süchtige**: »Nur nichts merken«
  - Süchtige geben sich oft eine Fassade des »Abgeklärtseins«: hart im Nehmen und ohne Illusionen. Tatsächlich bedeutet diese Härte jedoch einen Verlust an Wärme und Verständnis im Umgang mit sich selbst.
  - Unter dem Einfluss von Drogen, zum Beispiel im Alkoholrausch, scheinen Süchtige mit ihrem Selbstwertgefühl im Einklang zu sein. Sie glauben mit Hilfe von

Drogen eine andere Persönlichkeit entfalten zu können. Wer sich auf diese »Hilfsmittel« einlässt, kann damit sein Selbstwertgefühl scheinbar steuern.

- Süchtige berichten über diffuse unangenehme Gefühle der Verlassenheit und Einsamkeit, Abneigung, Hass auf sich und andere oder auch Sehnsucht. Drogen helfen ihnen, diese Gefühle zu beseitigen oder wenigstens abzuschwächen.

- Die Angst, mit den Ansprüchen anderer und mit den eigenen Ansprüchen nicht fertig zu werden, löst sich bereitwillig in der Droge auf, um am anderen Tag unverändert zur Stelle zu sein, allerdings um einen weiteren Selbstvorwurf verstärkt, den Drogen wieder einmal nicht widerstanden zu haben.

- Je größer das Selbstwertgefühl unter Drogen, desto kleiner ist es am Tag danach. Denn das drogengestützte Selbstwertgefühl bezieht sich ja auf etwas Irreales und ist von daher wertlos.

- Ein unangemessen hartes »Eltern-Ich« (Gewissen) und die destruktive Kraft eines idealisierten Selbstbilds als anzustrebender Zustand bilden suchtfördernde Grundstrukturen. Dementsprechend wird Sucht teilweise als Verzweiflung am strafenden »Eltern-Ich« und als berechtigte Auflehnung dagegen interpretiert. Ein unrealistisches nicht zu erreichendes Ich-Ideal erdrückt ein »gesundes« Selbstwertgefühl. Dies führt automatisch zu Gefühlen der Unzulänglichkeit (Insuffizienzgefühlen).

- Ein zu schwaches Gewissen und eine allzu nachlässige Ausbildung der sozialen Normen sind ebenfalls problematisch. Der kleine, schwache, rudimentäre (unvollständige) Rest des »Eltern-Ichs« wird dann zusätzlich noch in Drogen aufgelöst.

- Die Grundstruktur der Sucht ist also eine Art innerer Zwang, etwas zu nehmen. Drogenabhängige folgen diesem Verlangen, um nicht in einen Zustand zu geraten, den sie nicht ertragen können oder wollen.

- Es ist erwiesen, dass der Gegenstand der Sucht nicht unbedingt eine chemische Droge sein muss. Arbeitssucht, die Sucht nach ständigen neuen sexuellen Abenteuern, Sucht nach Macht und Bedeutung, Fernsehsucht, Sucht nach Geldausgeben und das Suchen nach immer neuen »Kicks« (Adrenalinjunkies) haben denselben Charakter, wenn die Betreffenden nicht aufhören können mit diesem Verhalten, ohne sich leer, schlecht oder wertlos zu fühlen.

- Es scheint, dass beim Süchtigen die in unserer Gesellschaft leider notwendige Fähigkeit der Gefühlsregulation nicht ausreichend ist. So gesehen ist die Droge für ihn ein künstlicher Abwehrmechanismus, eine Kompensationshandlung. Wo andere ein perfektes Verdrängungssystem aufgebaut haben, ist der Süchtige oft besonders verletzlich und sensibel geblieben.

Der Verweigerer: »Ich will um meiner selbst willen geliebt werden«
- Eigentlich ist der Verweigerer eine starke Persönlichkeit, nimmt er doch in seinem Leben Angriffe und Ächtung durch seine Umwelt in Kauf, um seine Identität zu wahren. Er ist sehr konfliktfähig und in der Lage, sein Leben gegen den Strich, unabhängig von Mode, Regeln oder Normen zu leben. Er bezieht sein Selbstwertgefühl gerade daraus, dass er die Stärke hat, Ablehnung zu riskieren. Das kann so

weit gehen, dass er Ablehnung um der Ablehnung willen absichtlich provoziert oder auch nur, um sich zu beweisen, dass er eine unabhängige, souveräne Person ist.

- In seinem Leben lautet die Alternative häufig: »Entweder passe ich mich an und gebe mich total auf, oder ich lebe so, wie ich es will, trotz aller Schwierigkeiten«. Um nicht in den Sog des Willens anderer Menschen zu geraten, die ihn zu jemandem machen wollen, der er nicht sein will oder kann, verdrängt er manchmal notgedrungen seine Wünsche nach Anerkennung, Liebe und Zärtlichkeit.

- Der positive Aspekt dieses Verhaltens ist, dass er die Kraft hat, sich destruktiven Forderungen seiner Eltern und Autoritätspersonen zu entziehen. Jedoch schadet er sich häufig gleichzeitig durch den Aufbau einer rein »negativen Identität«, die geleitet wird von dem Stolz, nicht so zu sein, wie es sein gedachtes »Eltern-Ich« vorschreibt. Auf diese Weise hindert er sich unter Umständen an der Erkenntnis seiner wirklichen Wünsche und entfernt sich paradoxerweise manchmal sehr weit von seinem Selbst, welches ihm doch so wichtig erscheint. Der Verweigerer ist dann oft wie eine Marionette, die von einem Contraskript seines »Eltern-Ichs« in Bewegung gehalten wird.

- Je mehr der Verweigerer die Werte und Normen seiner Eltern und Umwelt ablehnt, desto stärker passt er sich oft den Normen seiner subkulturellen Bezugsgruppe an, die er zudem gleichzeitig idealisiert.

- Der Verweigerer sucht verzweifelt, was er in seiner Kindheit nicht erhielt, was einem Kind aber zusteht: Er möchte »um seiner selbst willen geliebt werden«, ohne ständig etwas leisten zu müssen. Für Erwachsene ist diese Vorstellung jedoch eine Idealisierung der Liebesfähigkeit anderer Menschen, die nicht seine Eltern sind. Menschen lieben sich jedoch aufgrund konkreter Qualitäten und Aspekte ihrer Beziehung. Insofern hat der Verweigerer eine verklärte Vorstellung von Liebe.

- Verweigerer betreiben häufig das Spiel »Stolz und strahlend«. Es wird mit Vorliebe zwischen dreizehn und fünfundzwanzig gespielt, es ist jedoch möglich, früher damit zu beginnen und/oder das ganze Leben dabeizubleiben, zumindest in bestimmten Bereichen. Dieses Spiel dient als Vergeltungsschlag aus unterlegener Position gegen jahrelange Manipulationen der Autoritätspersonen. In seiner harten Variante kann dieses Spiel aber durchaus im Leichenschauhaus enden; nämlich dann, wenn sich »Drogen sind geil« und »Allein durch Afrika trampen ist cool» als tödlicher Irrtum herausstellte, der nur begangen wurde, weil die Autoritätspersonen jahrelang predigten, Drogen und Trampen seien gefährlich.

- Auf diese Weise werden Kinder unter anderem zu denjenigen, vor denen ihre Eltern sie immer gewarnt haben. Das wäre nicht weiter problematisch, wenn die Eltern auch vor angenehmen Dingen, wie z. B. Sexualität, gewarnt hätten. An einem bestimmten Punkt muss sich der Verweigerer allerdings fragen, ob er tatsächlich derjenige werden wollte, vor dem ihn seine Eltern immer gewarnt hatten, oder ob er es nur aus »Trotz« geworden ist, um seine Autonomie unter Beweis zu stellen.

- Der Verweigerer wird schnell vom Gefühl der Selbstaufgabe beherrscht, wenn er den Anforderungen einer anderen Person einmal nachgibt.

- Die negative Art der Verweigerung ist deshalb so problematisch, weil sie tatsächliche Wünsche und Bedürfnisse überlagert, leugnet und verdeckt, weil Hass, Rachebedürfnis und Verachtung ihr Antrieb ist und über »Ersatzgefühle« (werden in der Transaktionalen Analyse auch »rackets« genannt) versucht wird, Wohlbefinden herzustellen, was jedoch kaum möglich erscheint.
- Lebenslange Totalverweigerer sind selten, einfach, weil diese Lebensweise sehr anstrengend ist. Manche Menschen sind aber ihr Leben lang in bestimmten Situationen durch die Erinnerung an gewisse Zwänge, unter denen sie besonders gelitten haben, blockiert.

Zu dem »Konzept der programmierten Teilpersönlichkeiten« können auch die so genannten »Antreiber« (kritische »Eltern-Ich«-Regeln) gezählt werden, welche gelernte Verhaltensweisen immer wieder aufs Neue einschärfen:[142]

■ **»Beeil dich«**
Diese Menschen halten Dinge, die man in Ruhe erledigen kann, für weder besonders wichtig noch ernsthaft. Sie brauchen Hetze, um an ihre Daseinsberechtigung glauben zu können, und so genügt es ihnen, alles im letzten Augenblick in Angriff zu nehmen.

■ **»Sei perfekt«**
Solche Personen werden nie fertig, sie müssen immer noch letzte Feinheiten glätten und überprüfen. Sie verbringen ihre Zeit damit, dass sie ordnen, verfeinern, immer noch einmal gegenchecken, bis alles hundertprozentig stimmt. Es fällt ihnen schwer, Entscheidungen zu treffen, denn sie sorgen sich, ihnen könne noch eine wesentliche Information fehlen. Ihr Drang nach Vollkommenheit bremst sie und hindert sie daran, Freizeit zu genießen und Abstand zu gewinnen.

■ **»Sei gefällig«**
Dieser Typ neigt dazu, »ja« zu sagen wenn er »nein« meint. Er lässt sich in eine ganze Reihe von Aufgaben hineindrängen, die ihm nicht im Geringsten zusagen. Er möchte keine unangenehmen Ankündigungen machen und lässt daher schwierige Situationen in der Schwebe, wodurch sie sich in der Regel verschlimmern. Es fehlt ihm der Mut, seine Absichten und Ziele deutlich offen zu legen. Statt sein eigenes Leben zu gestalten, wird er von anderen »gelebt«.

■ **»Versuch es noch mal«**
Diese Menschen sind überzeugt, alles müsse schwierig und mühsam sein. Etwas, was nicht in diese Kategorie fällt, interessiert sie nicht weiter. Ihnen ist die Anstrengung wichtiger als das Ergebnis, d. h. das eigentliche Ziel zu erreichen ist sekundär. Ihnen liegt viel daran, dass die anderen wissen: sie haben nichts und niemanden geschont ... vor allem nicht sich selbst.

---

[142] Vgl. Berthold, http://www.markus-berthold.de/kommunikation/wasistwas/ta/thdreieck.htm, 15.09.2002; Birker, (1998), Seite 66 bis 68; Rüttinger, (1999), Seite 35 bis 36; Schlegel, (1995), Seite 205 bis 210.

■ **»Sei stark«**

Sie brauchen niemanden außer sich selbst. Sie glauben, alles selbst machen zu müssen und können nicht delegieren. Sie zeigen keine Schwächen und beklagen sich nie. Sie übernehmen alle Aufgaben und es fällt ihnen schwer einzugestehen, dass sie sich getäuscht haben. Lieber gehen sie in stummer Haltung auf der Kommandobrücke mit ihrem Schiff unter, bevor sie jemand anderen um Unterstützung bitten.

Die Form, in der wir **Selbstbestätigung** erfahren, wird in der Kindheit konditioniert, programmiert und unbewusst ein Leben lang gesucht. Diese Erfahrungen, welche das Kind macht und immer wieder suchen wird, lassen unberücksichtigt, ob ein objektiver Zusammenhang zwischen der Reaktion der frühen Autoritätspersonen und dem eigenen Verhalten besteht. Wie im Abschnitt 2.3.1 auf Seite 29 ausführlich dargestellt, gilt im ersten Lebensabschnitt diese unbewusste Verinnerlichung der Reaktion der Eltern auf das Selbstempfinden des Kindes uneingeschränkt, da noch keinerlei intellektuelles Verständnis vorhanden ist, welches ihm ermöglichen könnte zu erkennen, dass es noch andere Ursachen für das Verhalten der Eltern geben könnte, als die eigene Person. Die emotional prägenden Einflüsse bleiben tief in unsere Gehirnwindungen eingemeißelt und sind Zeugen unserer einstigen, kindlichen, emotionalen Situation.[143]

Mit der gleichen Dynamik wie Menschen während eines Gesprächs verschiedene »Ich-Zustände« durchlaufen, kommt es zu einem **Wechsel der Rollen** und der damit in Verbindung stehenden (programmierten) Teilpersönlichkeiten. So kann es sein, dass die zu Hause unterdrückte Ehefrau dieses in ihrem beruflichen Kontext durch Machtspiele kompensiert, dass der »schlagende« Ehemann gerne älteren, hilflos erscheinenden Damen über die Straße hilft, dass der im Management als kooperativ geltende Abteilungsleiter zu cholerischen Auftritten gegenüber seinen unterstellten Mitarbeitern neigt und so weiter.

Zwar sind wir als Menschen (Subjekte) nicht in der Lage, objektive Wahrheiten zu erkennen, jedoch können wir uns Gedanken darüber machen, durch welche Einflüsse Menschen geprägt werden und wie sich ihre »programmierten« Teilpersönlichkeiten und **bevorzugten Kommunikations- und Interaktionsmuster** in bestehende Organisationen einfügen. Um dieses zu verdeutlichen, habe ich einige Fallbeispiele von Menschen unterschiedlicher und zum Teil auch ähnlicher Prägung entworfen:

2.7.2   Erstes fiktives Beispiel: Buchhalter Herbert B.

Buchhalter Herbert B. hat eine nach seiner Einschätzung »normale« Kindheit durchlaufen. Diese war geprägt durch einen relativ hohen Anteil negativer Zuwendung mit Bot-

---

[143]   Vgl. Kubie, (2000), Seite 60; NGFG, http://www.ngfg.com/texte/aw008.htm, 01.09.2002; Vester, (1982), Seite 33 bis 35.

schaften wie z. B. »Warum machst du immer (!) alles falsch ...«. Ohrfeigen gehörten in
dem Referenzsystem der Eltern zu den legitimen Erziehungsmethoden. Auch die Lehrer
wurden später durch die Mutter ermutigt, hiervon Gebrauch zu machen. Auf seine ihm
zugedachte »Opfer-Rolle« reagierte Herbert B. oft mit einem angepassten »Kind-Ich«,
selten kam es zum Ausbruch seines rebellischen »Kind-Ichs«, das dann mit Trotz, Frustration und manchmal auch Aggression antwortete. ... Auch im Kindergarten und in der
Schule wurde die Weltanschauung von Herbert B. immer wieder auf das Neue bestätigt:
die Autoritätspersonen (Lehrer) in der Rolle der Verfolger, er selbst in der Rolle des Opfers. Inzwischen hat sich diese Erwartungshaltung bei ihm fest eingeprägt, was auch sein
Berufsleben wie einen roten Faden durchzieht. Immer wieder trifft er auf Vorgesetzte,
die in seiner Wahrnehmung zum Machtmissbrauch neigen und ihn, das »arme« Opfer,
unfair behandeln. Es erscheint paradox, aber Herbert B. sucht (unbewusst) geradezu
nach Unternehmen und Menschen, die ihm sein vertrautes Kommunikations- und Interaktionsmuster ermöglichen (Stichwort: Schicksalsneurose).

Selbst wenn der Vorgesetzte aus der Sicht einer neutralen dritten Person dieses »Kriteri-
um« nicht erfüllen sollte, so »findet« Herbert B. immer wieder Anlässe, die ihn (subjektiv) in seiner Empfindung bestätigen (self-fulfilling prophecy). Jede *vermeintliche* De-
mütigung, Bevormundung und Kränkung wird von ihm als emotionale »Rabattmarke«
gebucht. Und so wie einst der Kaufmann, der Rabattmarken ausgab, nicht vorhersehen
konnte, wann der Kunde seine vollen Hefte einlöste, so unberechenbar bringt auch Herbert B. seine emotionalen Rabattmarkenhefte ins Spiel. Meist dann, wenn es seinem
Vorgesetzten gar nicht gelegen kommt, z. B. auf Betriebsversammlungen. Bei diesen
Gelegenheiten lässt sich Herbert B. (Opfer) seine »auswegslose« Situation von Kollegen
(Retter) abteilungsübergreifend bestätigen. Diese temporäre Einnahme der Verfolger-
Rolle führt zu einer kurzfristigen Entladung der angestauten Frustrationen, doch eine
nachhaltige Zufriedenheit erfährt Herbert B. hierdurch nicht. Da er über keine Mecha-
nismen verfügt, seine Frustrationen und Aggressionen auf das berufliche Umfeld zu be-
schränken, bestimmt ein gewaltiges Aggressionspotential auch das Leben im familiären
Bereich. Er ist ein »liebender« Vater, dem seine gelegentlichen Entgleisungen unendlich
Leid tun, der seinen Kindern und seiner Frau immer wieder verspricht, das dieses nicht
wieder vorkommen möge.

Als ein Kollege die aus seiner Sicht gestörte Kommunikation thematisieren möchte, reichen die »inneren« Kraftreserven des Herbert B. für ein solches Gespräch nicht aus.
Statt sich »einzulassen« und in einer gemeinsamen Aussprache den »Eigen- und Fremd-
anteil« am Gelingen bzw. Nicht-Gelingen der Interaktionen zu bestimmen, antwortet er
barsch: »Lassen Sie mich mit dem »Psychoquatsch« in Ruhe!«. Dieses ist von Herbert
B. im Grunde genommen nicht »böse« gemeint, sondern eine »unbewusste« Reaktion
mit dem Ziel, sich selbst zu schützen und für ihn nicht kontrollierbare Stressreaktionen
(siehe Seite 238) zu vermeiden. Es kommt zu einer Tabuisierung bestimmter Gefühle,
die seinen ohnehin unbeständig erscheinenden inneren Gleichgewichtszustand gefährden
könnten. Frustration, Traurigkeit, Wut, Hass und Aggression kann sein verletztes
Selbstwertgefühl zulassen, aber alles, was für ihn Schwäche oder Verletzlichkeit bedeutet, wird vermieden. Bereits in der Kindheit wurde sein »Bezugsrahmen« durch widrige

Umstände und langandauernde Stresssituationen in einer Art und Weise erschüttert bzw. geprägt, dass er sich innerlich ohnmächtig fühlt, die »gewohnte« Denk- und Erlebniswelt auch nur temporär zu verlassen.

Herbert B. hat das x-te Mal einen Stellenwechsel vollzogen und arbeitet seit einem Jahr in einem Unternehmen, in dem es relativ turbulent zugeht. Sein Abteilungsleiter Ralf H., der im Mittelpunkt eines durch den Kollegen Lothar T. immer wieder neu initiierten Mobbingprozesses steht, verlässt kurzfristig die Firma. Das Management möchte die Aufgabe des Abteilungsleiters gerne dem Buchhalter Herbert B. übertragen. Dieser fühlt sich geschmeichelt durch den Gedanken, die verantwortungsvolle Tätigkeit übernehmen zu dürfen. Überlagert wird diese Freude durch die Angst, ihm könne es ähnlich ergehen wie seinem ehemaligen Abteilungsleiter. Er stellt dem Management (unbewusst) Bedingungen, die objektiv gesehen kaum zu erfüllen sind. Auf der Vorstandsebene wird er unter vorgehaltener Hand inzwischen »Mr. Ultimatum« genannt. Nach »zähen« Verhandlungen werden die Vertragsparteien sich einig. Unmittelbar vor der Vertragsunterzeichnung kommt es zu einem vom Kollegen Lothar T. (der sich beim Management für die Stelle beworben hat) provozierten »kleineren« Eklat, der vom Buchhalter Herbert B. (unbewusst) als Anlass genommen wird, von seinem Angebot zur Übernahme der Leitungsverantwortung zurückzutreten.

Daraufhin bittet das Management den Kollegen Christian S., der dem Unternehmen erst seit drei Monaten angehört, die Teamleitung wahrzunehmen. Christian S., der versucht sein Leben und seine Kommunikation nach dem Prinzip des »Ich bin o.k. - du bist o.k.« zu gestalten und somit an Win-Win-Situationen glaubt, hält Rücksprache mit Herbert B., der ihm versichert, er habe »keine« Probleme mit dieser Lösung. Diese »kognitive« Bekundung der Kooperationsbereitschaft widerspricht jedoch seinem »vertrauten« Kommunikations- und Interaktionsmuster, denn »unbewusst« wartet Herbert B. bereits darauf, dass auch der »Neue« sein »wahres Ich« zeigen wird.

Was denken Sie, wird Buchhalter Herbert B. einen »geeigneten« Anlass finden? Sehen Sie Möglichkeiten, die »programmierte« Entwicklung in andere Bahnen zu lenken? Überlegen Sie selbst!

Anmerkung des Autors:
Das Unterbewusstsein kennt keine Negation: Wenn Menschen davon sprechen, sie hätten »kein« **Problem** mit einer Lösung, dann ist dieses vielfach ein Hinweis darauf, dass sie (möglicherweise unbewusst) doch ein Problem damit haben; ansonsten müsste das Unterbewusstsein den Sachverhalt positiv ausdrücken, z. B. durch die Äußerung: »Das ist eine zufriedenstellende/gute/ausgezeichnete Lösung«. Wenn das »beste« Lob einer Führungskraft sich in Äußerungen wie z. B. »*nicht richtig* **schlecht**«, »*gar nicht* **übel**«, »da kann man *nicht* **meckern**« erstreckt, ist dieses zumindest ein Indiz dafür, dass es dieser Mensch nie gelernt hat, positives Feedback zu geben und die Vermutung liegt nahe, dass er dieses auch selbst nicht erfahren durfte oder - aus welchen Gründen auch immer - nicht wahrnehmen konnte.

2.7.3   Zweites fiktives Beispiel: Prof. Helene T.

Prof. Helene T. hat eine nach ihrer Einschätzung »normale« Kindheit durchlaufen. Diese war geprägt durch einen relativ hohen Anteil negativer Zuwendung mit Botschaften wie »Du kannst o.k. sein, wenn ...«. Aggression und zum Teil auch körperliche Gewaltanwendung sind Prof. Helene T. aus ihrer Erziehung vertraut. Sie lernte, dass sie die »Opfer-Rolle« dadurch vermeiden kann, indem sie die von den Autoritätspersonen gesetzte Norm wie »Du kannst o.k. sein, wenn ...« erfüllt. Insofern verfügt sie über ein ausgeprägt strenges »Eltern-Ich« in Verbindung mit einem angepassten »Kind-Ich« zur Vermeidung bzw. Minimierung des negativen Feedbacks. Nur selten erhielt sie für die Erfüllung der Norm Lob, auch dann nicht, wenn sie gute und sehr gute Leistungen erbrachte. Diese waren in dem Weltbild ihrer Eltern eine Selbstverständlichkeit. Um die wenige Zuwendung »aufnehmen« zu können, entwickelt Helene T. eine hohe Sensibilität gegenüber ihrer Umwelt mit ausgeprägten emphatischen Fähigkeiten (siehe Seite 63). Die seltene Zuwendung der Eltern musste sie sich mit mehreren Geschwistern teilen. Die körperliche Unterlegenheit gegenüber den älteren Geschwistern kompensierte sie durch verbale »Geschicklichkeit«, worauf vor allem die älteren Brüder als Ausdruck ihrer »Sprachlosigkeit« häufig mit Ohrfeigen reagierten.

Auf Leistung durch negative Sanktionen »programmiert« und »konditioniert«, definiert sie für sich selbst und später auch für ihre Studenten sehr hohe Anforderungen. Das ihr vorenthaltene Lob musste und muss Prof. Helene T. sich in der Regel selbst geben. Dieses geschieht, indem sie sich morgens nach dem Aufstehen zehnmal auf die Schulter klopft und zu sich selbst sagt »Du bist gut!«. Erst dann kann ihr Tag beginnen. In Diskussionsrunden geäußerte Glaubenssätze verstärkt sie für sich selbst und andere durch kurze rhetorische Pausen mit einer sich anschließenden verbalen Ergänzung: »Das ist so!« oder »Das ist eine Tatsache!« oder »Das entspricht dem akademischen Standard!«. Da sie selbst fast nur negative Kritik erfuhr, hatte sie auch nie die Gelegenheit zu erfahren, wie sie anderen Menschen positives Feedback geben kann. Menschen, die versuchen eine positive Stimmung zu verbreiten, sind ihr nicht geheuer; zumal in ihrer Wahrnehmung die (traurige) Umwelt auch wenig Anlass dazu bietet. Sagt ein Kollege etwas Positives, so schiebt Prof. Helene T. gleich zwei negative Dinge hinterher, um so ihr »inneres Gleichgewicht« wieder herzustellen.

Helene T. glaubt, alles kontrollieren zu müssen und zu können. Die Vorstellung, um Hilfe bitten zu müssen oder auf Hilfe angewiesen zu sein, ist ihr ein Gräuel. Derartige Bedürfnisse werden daher von ihr nicht offen geäußert, sondern über Manipulation und Tricks befriedigt. Kurzfristige Erfolgserlebnisse zieht sie aus verschiedenen Varianten des Verhaltensspiels »Meins ist besser als deins«. Sie lernte beizeiten, dass sie insbesondere für das Verhaltensspiel »Intrigantenstadel« eine natürliche Begabung besitzt. Dabei denkt sie dualistisch, in Kategorien des Kampfes: oben - unten, Sieg - Niederlage, gewinnen - verlieren. Sie erklärt den Kampf zum sinnvollen Lebensprinzip und ist nicht bereit, die Sach- von der Beziehungsebene zu trennen. Sie kämpft selbst dann, wenn sie durch Kooperation ihr Ziel leichter erreichen könnte.

Die frühen »Erfolge« ermuntern sie, dieses »Spiel« zu perfektionieren. Sie lernt, wie sie durch das Zusammenschmieden von Koalitionen »Gleichgesinnter« mit hoher Effizienz das römische Strategieprinzip »Divide et impera« (Teilen und Herrschen) in ihrem beruflichen Alltag »nutzbringend« einsetzen kann. Frei nach den von MACHIAVELLI beschriebenen Mechanismen »effizienter« Herrschaftsausübung »schmeichelt« sie der einen Teilgruppe, wogegen sie alle anderen durch das gesamte Repertoire der in der Kindheit erlernten Verhaltensspiele zu »zerschlagen« sucht (siehe auch die Ausführungen zu MACHIAVELLI auf Seite 163). Unbewusst »spielt« Helene T. mit den ins Auge gefassten Opfern bis an die Grenze der »Eskalation«. Durch »Selbstsuggestion« fühlt sie sich tatsächlich häufig im Recht und deswegen zu allem legitimiert.

Nachdem eine Kollegin dem permanenten Druck der negativen »Spiele« nicht länger standhält und am Ende eines langen »Mobbingprozesses« die Hochschule verlässt, macht Helene T. den Mitgliedern ihrer »Schmeichelgruppe« glaubhaft, dass die Kollegin nur deshalb gekündigt habe, um sich einer interessanteren Aufgabe widmen zu können. Auf einen vom Präsidenten an alle (!) Mitarbeiter formulierten Wunsch, künftig einen kollegialen, mindestens jedoch respektvollen und konstruktiven Umgang zu pflegen, reagiert sie entrüstet, schließlich sei dieses eine Selbstverständlichkeit und würde von ihr und den ihr nahe stehenden Kollegen »unzweifelhaft« schon immer so praktiziert. Sie fordert die Hochschulleitung auf, sie in ihrer als ordnungsgemäß empfundenen »Amtsausübung« bedingungslos zu unterstützen und Schutz vor ungerechtfertigt erscheinenden Vorwürfen zu bieten (Stichwort: »Ex-Kommunikation«, weitere Ausführungen auf Seite 165 und 169). Obwohl sie seelisch und körperlich unter den ständigen, unproduktiven Machtdemonstrationen und -kämpfen »leidet«, ist sie in diesem für sie selbst und andere negativen Regelkreis durch alte ihr vertraute Programme und Verhaltensmuster »gefangen«.

Prof. Dr. Helene T. hält die heutige Studentengeneration für faul und unselbständig und ist der Überzeugung, dass zu ihrer Zeit alles besser war. Ihre Vermutung findet sie regelmäßig durch ihre Klausurergebnisse bestätigt, die selten besser als »befriedigend« ausfallen (self-fulfilling prophecy). Ein deutlich höheres Niveau und breiteres Notenspektrum der Kollegen führt sie auf ein »offensichtlich« zu niedriges Anspruchsniveau zurück.

In ihrem kognitiven (bewussten) Weltbild ist »Gewalt« kein legitimes Mittel der Herrschaftsausübung. Prof. Helene T. ist fest verankert in dem Legitimitätsglauben herrschender Ordnungsmittel, die sie gut kennt und in deren Grenzen sie sich frei bewegt. Sie glaubt, dass ihr steiniger Weg zur Reifung der eigenen Persönlichkeit erforderlich war und hat die Überzeugung entwickelt, dieses sei auch für ihre Studenten der »Königsweg«. Klausuren stellt sie in dem Randbereich ihrer von Studenten als gut empfundenen Vorlesung, so dass sich das Durchschnittsergebnis auf einem sehr niedrigen Niveau »einpendelt«. Dieses hat zur Folge, dass die Mehrheit der Studierenden die Prüfungen allenfalls im zweiten oder dritten Anlauf bestehen. Die für mündliche Prüfungen vorgesehene Zeit wird von ihr nicht nur »ausgeschöpft«, sondern um ein Vielfaches überschritten. Sie »leidet« zusammen mit den Studierenden, die es nicht schaffen, ihre »einfachen« Fragen zu beantworten. Durch eine Mischung aus »Empathie« und

»Suggestion« gelingt es ihr immer wieder, dieses »Gefühl« auf die Prüflinge zu übertragen. Viele haben nach dem Durchfallen ein geradezu »schlechtes« Gewissen, weil sie
der »armen« Professorin durch ihre »Unfähigkeit« Derartiges antaten. Helene T. wird
durch ihr »Eltern-Ich« in der Überzeugung bestätigt, dass die Anwendung ihrer (subjektiven) akademischen Ansprüche nicht nur legitim sondern in hohem Maße gerecht sei.

Ihr Unterbewusstsein lässt den Gedanken nicht zu, dass die von den Studenten in hohem
Maße als unfair empfundene »Bewertungspraxis« nur der Spiegel ihres inneren Referenzsystems sein könnte, ein Tribut an das strenge »Eltern-Ich« im Sinne eines Gehor-
sambeweises gegenüber der inneren Autorität wie in den von MILGRAM durchgeführten
Experimenten (siehe Seite 124). Sie (bzw. Ihr »Eltern-Ich«) hält »ihren« Weg für den
einzig richtigen und glaubt sich zur »Rettung« der Hochschule »berufen«. Da die »Freiheit der Forschung und Lehre« grundgesetzlich verbrieft ist, empfindet Prof. Helene T.
es als geradezu »empörend«, wenn Dritte, wie zum Beispiel der Präsident, die Gründe
für das schlechte Abschneiden eines Jahrgangs erfragen wollen. Bei solchen Anlässen
begibt sie sich gerne in die »Opfer-Rolle« und lässt sich von ihrer »Schmeichelgruppe«
helfen oder wie es der Sozialpsychologe KARPMAN ausdrücken würde: »retten« (siehe
Seite 157).

Wird Prof. Helene T. mit ihrem beschrittenen bzw. programmierten Weg »erfolgreich«
sein? Wird sie sich in ihrer Persönlichkeit weiterentwickeln (können)? Was könnte ihr
Anlass zu einem Richtungswechsel geben? Überlegen Sie selbst!

2.7.4   Drittes fiktives Beispiel: Vertriebsassistentin Silke K.

Vertriebsassistentin Silke K. hat eine nach ihrer Einschätzung »normale« Kindheit
durchlaufen. Diese war ambivalent geprägt: auf der einen Seite bedingungslose (wenn
auch seltene) Zuwendung durch den Vater, auf der anderen Seite ein relativ hoher Anteil
mütterlicher »Eltern-Ich-Botschaften« mit Aussagen wie »Du kannst o.k. sein, wenn ...«.
Grundsätzlich lehnten die Eltern körperliche Gewalt als Erziehungsmethode vollständig
ab. Sofern Silke K. jedoch in der mütterlichen Wahrnehmung nicht »richtig« funktio-
nierte, verbrachte sie schon mal den halben Vormittag in der Mülltonne. Kam Silke K.
von der Schule nach Hause und freute sich über eine »Zwei« in der Mathematikklausur,
so erhielt sie statt eines lobenden Wortes die Frage gestellt, »Und ... wie viele waren
besser?«. Als Alternative zu dieser Frage verwendete die Mutter manchmal folgende
Kommentierung: »Ich habe von Dir auch nichts anderes erwartet!«.

Insbesondere die Mutter war stets damit beschäftigt, sich selber im Beruf und im Ten-
nisverein zu verwirklichen, ständig auf der Suche nach Liebe, Zuwendung und Anerkennung und übersah dabei, eben diese Gefühle an Silke K. weiterzugeben. Fälschlicherweise glaubte Silke K. durch immer bessere Leistungen die ihr fehlende Zuwendung
erhalten zu können, was schon früh zu einer inneren Prägung mit der Botschaft: »Sei
perfekt« führte. Seitdem versucht sie jeden Tag auf das Neue, ihr Selbstwertgefühl

durch die Erfüllung der durch ihr eigenes »Eltern-Ich« gesetzten Ansprüche aufrechtzuerhalten.

Rational hätte Silke K. sich sagen können: »Aha, meine Eltern vernachlässigen mich, sie müssen selbst eine schwierige Kindheit durchlebt haben. Die Welt an sich ist liebevoll, nur habe ich eben Pech gehabt, an solche Eltern geraten zu sein. Meine Eltern sind nur Opfer, also nehme ich es nicht persönlich, sie lieben mich trotzdem!«. Da sie, wie auch jedes andere Kind, in der »prägenden« Phase ihres Lebens jedoch nicht über die intellektuellen Fähigkeiten verfügte, eine rationale Abwägung vornehmen zu können, saß sie manchmal melancholisch in ihrem Zimmer, umgeben von Gedanken wie diesen: »Die Welt liebt mich nicht, ich bin nicht akzeptiert, mein Leben ist sinnlos, ich bin verstoßen, gehasst, nichts wert, ... ich soll nicht leben«.

Bereits als Kind entwickelte Silke K. (unbewusst) Ausstiegsstrategien aus Verhaltensspielen. Abends stellten ihre Eltern die Frage, was sie denn an diesem Tage so erlebt habe (»Eltern-Ich«). Nachdem sie »stolz« und voller »Freude« (»Kind-Ich«) über ihre Abenteuer und Erfahrungen berichtet hatte, machten die Eltern sich regelmäßig in einer ironisch-verletzenden Weise über die (kindlich-bedeutungslosen) Geschehnisse lustig (kritisches »Eltern-Ich«). Dieses führte schließlich dazu, dass Silke K. (verletztes »Kind-Ich«) allen möglichen Menschen von ihren Erlebnissen erzählte, nur nicht mehr den Eltern, welche dieses wiederum als persönliche Kränkung (verletztes »Kind-Ich«) empfanden.

Im Betrieb gilt Silke K. als eine der »besten« Mitarbeiterinnen. Durch ihr nichtautoritäres Verhalten (tiefes kritisches »Eltern-Ich«) und ihre Tendenz, sich bei Streitgesprächen unterzuordnen (hohes angepasstes »Kind-Ich«) kann sich Silke K. aus vielen Konfliktsituationen heraushalten, was viele Kollegen als »Über der Sache stehen« interpretieren, einige jedoch als »zu wenig bestimmt« stört. Ihr innerer Antreiber »Sei liebenswürdig« führt im Ergebnis häufig dazu, dass Silke K. ihre (legitimen) Interessen im Kollegenkreis nicht durchsetzen kann. In ihrer Wahrnehmung »funktionieren« andere Menschen sehr viel besser als sie selbst, was sie im tiefsten Inneren verärgert (Grundhaltung: »Ich bin nicht o.k. - du bist o.k.«), auch wenn sie dieses in ihrem beruflichen Kontext niemals zum Ausdruck bringen würde.

Häufig »opfert« sie ihre Wochenenden, um die Kundenpräsentationen perfekt vorzubereiten. Bevor sie nicht alles zu 99,9% erledigt und mindestens zweimal kontrolliert hat, kann sie sich keine Muße gönnen. Häufig verbringt sie schlaflose Nächte, da ihr schlechtes Gewissen (kritisches »Eltern-Ich«) sie angesichts der »vielen« unerledigten Dinge unter Druck setzt. Da sie für ihren Zeitaufwand irgendwie auch Dankbarkeit von wem auch immer erwartet, kränkt sie eine negative Kritik umso mehr.

In einem Kommunikationsseminar wird sie mit den Grundlagen der »Transaktionalen Analyse« vertraut gemacht. Silke K. erkennt die Vorteile, ihr Leben selbst aktiv bestimmen zu können und beschließt, konkrete Veränderungen herbeizuführen: 1. Sich selbst und andere als wertvolle Mitglieder dieser Gesellschaft zu akzeptieren; 2. Zu versuchen, anderen Menschen in jeder Gesprächssituation mit Respekt gegenüberzutreten und insbesondere auf jegliche Form von Verhaltensspielen zu verzichten; 3. Den starken inneren Antreiber »Sei perfekt« schrittweise abzubauen; 4. Den Antreiber »Sei liebenswürdig« ein Stück zurückzunehmen.

Trotz gelegentlicher Rückschläge, bei denen sie in alte Gefühls- und Verhaltensmuster zurückfällt, hält Silke K. an ihrem selbst definierten Weg fest. Für die dazu erforderliche Reflektion nimmt sie regelmäßig an Supervisionen teil oder vertraut sich einem früheren Kollegen an, der eine Art Mentorfunktion übernommen hat. In der praktischen Umsetzung des dritten Punktes war sie anfangs verblüfft, dass keiner ihrer Kollegen und Vorgesetzten zu bemerken schien, dass die Perfektion ihrer Unterlagen nicht mehr bei 99,9% sondern nur noch bei 80% lagen. Ein relativ »großer« Brocken war für Silke K. der Abbau des Antreibers »Sei liebenswürdig«, dem sie ja auch einige Sympathien zu verdanken hatte. In verschiedenen Konfliktsituationen, in denen sie nicht gerade ihren Job oder ihre private Beziehung gefährdete, sammelte sie Erfahrungen in der Durchsetzung ihrer eigenen Ansprüche.

Wird Silke K. den gewählten Weg »erfolgreich« fortsetzen können? Auf welche Schwierigkeiten könnte sie in ihrem beruflichen und privaten Kontext stoßen? Überlegen Sie selbst!

2.7.5 Resümee zu den programmierten »Erlebens- und Verhaltensmustern«

> „Die »**Täter**« von heute **sind**
> die »**Opfer**« von gestern."[144]

Menschen wiederholen und leben das, was ihnen durch ihre Umwelt vorgelebt wurde, denn dieses sind Erlebnisse, Prägungen und Beobachtungen, die sie selbst erfahren haben. Möchte jemand daher die eigene Persönlichkeit verändern bzw. weiterentwickeln, dann muss er zwangsläufig wieder zu den Ursprüngen der ersten und **elementaren Prägungen** zurückkehren.[145]

Leider werden durch das unbewusste Vorbildverhalten der frühen Autoritätspersonen und unzureichende Erziehungsstrategien auch nachteilige Strukturen an die nächste Generation übermittelt. Es entsteht ein **(Teufels-)Kreislauf**, in dem nicht nur negative Verhaltensweisen, sondern auch Störungen des Sozialverhaltens und der Psyche nahezu ungefiltert weitergegeben werden. Es erscheint mehr als unwahrscheinlich, dass sich auch nur eine dieser psychischen »Grundeinstellungen« von allein im Laufe der Zeit abschleift, dafür aber um so wahrscheinlicher, dass sich in unserer heutigen deformierten Gesellschaft die Störungen potenzieren. Da an dieser Stelle keine Bestandsaufnahme der

---

[144] NGFG, http://www.ngfg.com/texte/aw008.htm, 01.09.2002; Legewie & Ehlers, (2000), Seite 207 bis 209.

[145] Vgl. NGFG, http://www.ngfg.com/texte/aw008.htm, 01.09.2002.

psychischen Situation unserer Gesellschaft vorgenommen werden soll, sei nur auf die stetig steigenden Zahlen von psychisch behandlungsbedürftigen Erwachsenen und Kindern, den allgemeinen Verfall der sozialen Verantwortungsfähigkeit, der Wertesysteme sowie die steigenden Brutalitäts- und Kriminalitätsraten hingewiesen.[146]

Das Konzept der programmierten Teilpersönlichkeiten, insbesondere die oben beschriebenen fiktiven Beispiele, sollen Sie ermutigen, **sich selbst in Frage zu stellen**. Bei der Einschätzung anderer Personen ist höchste Vorsicht geboten, da wir als »Menschen« zu zahlreichen Wahrnehmungs- und Beurteilungsfehlern neigen (siehe Seite 101). Soziale Wahrnehmung ist im Wesentlichen durch Hypothesen bzw. Erwartungshaltungen und nicht durch objektivierbare Fakten gesteuert.[147]

Das eine oder andere charakteristische Element aus den dargestellten Beispielen kam Ihnen sicherlich vertraut vor. Nichts erscheint schädlicher für die Entwicklung der eigenen Persönlichkeit, als die Nichtbeachtung und Verleugnung unserer eigenen prägenden Vergangenheit. Versuchen Sie einmal, Ihren eigenen bisherigen Lebensweg zu beschreiben. Lassen Sie sich durch Verwandte, Freunde, Bekannte oder Feinde ein so genanntes Fremdbild erstellen und vergleichen Sie es mit Ihrem Selbstbild. Anschließend entwerfen Sie Ihren gewünschten »Soll-Zustand«. Stellen Sie sich vor, wie verschiedene, Ihnen wichtige Menschen auf Ihrem 90. Geburtstag die Laudatio sprechen. Lassen Sie sich bei dem **Entwurf Ihres künftigen Lebens- und Menschenbildes** von dieser Vorstellung leiten (siehe auch Life-Leadership auf Seite 227).

Wenn Sie jemanden »kennen lernen« wollen, im eigentlichen Sinne des Wortes, versuchen Sie sich ein Bild über die »mögliche« Lebensgeschichte zu machen. Dabei ist nicht entscheidend, ob Ihr Bild dieser Lebensgeschichte tatsächlich stimmt, sondern ob die erkennbaren programmierten Verhaltensweisen sich in die vorhandenen Interaktionsstrukturen Ihres beruflichen oder privaten Umfeldes einpassen werden. Ist dieses nicht der Fall, so sollte zumindest ein ausreichendes Entwicklungspotential erkennbar sein, welches gekennzeichnet ist, durch die Bereitschaft und die Fähigkeit des Gesprächspartners, an einer Weiterentwicklung der eigenen Persönlichkeit arbeiten zu wollen.

Bereits bei der Einstellung neuer Mitarbeiter sollten Sie den Bewerber auf Herz und Nieren überprüfen, ob und wie er sich in die bestehende Organisation einfügen kann und will. Selbst in einem »zwanglosen« Gespräch können Sie bei entsprechender Sensibilisierung sehr schnell herausfinden, über welche grundsätzlichen »Programme« ihr Gesprächspartner gesteuert wird, welche Werte sein Handeln bestimmen, inwieweit der Mitarbeiter zur **Selbstreflektion** bereit bzw. in der Lage ist und vieles andere mehr.

In Seminaren wenden viele Firmeninhaber an dieser Stelle ein, dass sie nicht über die Zeit oder die finanziellen Ressourcen für ein derartiges Auswahlverfahren verfügen. Dieser Einwand lässt sich aus meiner Erfahrung durch zwei Argumente entkräftigen: Erstens sind die Kosten bei einer Fehlbesetzung in der Regel um ein Vielfaches höher,

---

146   Vgl. NGFG, http://www.ngfg.com/texte/aw008.htm, 01.09.2002; Sureda u. a., (2000), Seite 172 bis 176.

147   Vgl. Dorsch, (1998), Seite 940f.

als die »**Präventivkosten**« eines »effektiven« Auswahlverfahrens. Zweitens machen die meisten Personalverantwortlichen die Erfahrung, dass sie nach einer gewissen Übungsphase in der Anwendung der »Transaktionalen Analyse« die Gespräche in der gleichen Zeit durchführen können, wie ihre bis dahin durchgeführten Bewerbergespräche. Eine Zeit lang führte ich für eine renommierte Personalberatung Bewerberinterviews durch, bei denen in 60 Minuten ein standardisierter Fragebogen auszufüllen war. Am Ende des Gesprächs hatte ich dann eine Menge Informationen gesammelt über die Gehaltsvorstellungen, Fremdsprachenkenntnisse, Wechselmotivation und vieles andere mehr. Über die Person »selbst« hätte ich dem Auftraggeber jedoch nur relativ wenig erzählen können, da das starre Korsett des standardisierten Fragebogens ein »wirkliches« Gespräch in der Regel nicht aufkommen ließ. Wenn Sie jemanden kennen lernen wollen, dann fragen Sie lieber nach den »vermeintlich« unwichtigen Dingen des Lebens und setzen Sie Ihre »emphatischen« Antennen ein, um durch Mimik, Gestik usw. den Menschen hinter der »Bewerber-Maske« näher zu beleuchten.

Als ich das erste Mal auf einer Fachtagung zu dem Thema »Möglichkeiten & Grenzen der Einflussnahme auf Mitarbeiter« referierte, bin ich von meinem damals »zufällig« anwesenden Chef gefragt worden, ob ich der Überzeugung sei, dass jeder Mitarbeiter durch eine »positive« Einwirkung vor einer Kündigung bewahrt werden könne. Damals antwortete ich instinktiv, dass ich mir Situationen vorstellen könne, bei denen es erforderlich sei, sich von einem Arbeitnehmer zu trennen. Heute bin ich mir sicher: Arbeitet in einer Firma ein »ungünstig« programmierter Arbeitnehmer, der

- erstens durch permanente Verhaltensspiele negativen Einfluss auf das Ergebnis, das Betriebsklima usw. nimmt,

- zweitens unfähig oder nicht willens ist, sich selbst in Frage zu stellen und damit

- drittens zu keinem Veränderungs- oder Anpassungsprozess bereit ist,

dann bleibt dem Arbeitgeber nur die Wahl, erhebliche Reibungsverluste und in extremen Fällen die »Insolvenz« seines Unternehmens in Kauf zu nehmen ... oder ... sich von dem »Querulanten« und »Miesmacher« durch **Kündigung oder Auflösungsvertrag** zu trennen. Theoretisch wäre es denkbar, dem Druck des »Mieslings« nachgeben zu wollen und das Unternehmen den »verkündeten« Vorstellungen des »Mieslings« anzupassen. Hierbei ist jedoch zu beachten, dass Sie sich auf einen endlosen Prozess einlassen: Dem »Extrem-Miesling« geht es nicht um eine andere, vermeintlich bessere Lösung, sondern um seinen **individuellen Spielgewinn**. Gleichgültig wie weit Sie ihm entgegenkommen, Sie werden das Ziel »Schaffung eines vernünftigen Betriebsklimas« auf diese Weise kaum erreichen können.

In einigen Fällen kann es helfen, die betreffenden Personen in die **Führungsverantwortung** einzubinden. Grundsätzlich gilt: Sie können andere Menschen nicht verändern, Sie können sie allenfalls zu einer Veränderung »ermutigen« oder »einladen«. Wenn Ihnen dieses (aus welchen Gründen auch immer) nicht gelingen sollte, so müssen Sie eine Entscheidung treffen. So bedauerlich dieses hinsichtlich des einzelnen Individuums erscheinen mag, aus der Gesamtverantwortung heraus gegenüber den Gesellschaftern, den Kunden und der übrigen Belegschaft ist es meines Erachtens in Extremfällen der einzig

»erfolgversprechende« Weg. Während meiner Zeit im Vorstand einer Holding-Gesellschaft musste ich miterleben, wie durch zu langes Zögern die inneren Strukturen in zwei der vierzehn Tochterunternehmen soweit zerstört wurden, dass die Insolvenz nur noch durch die vorzeitige Auflösung der Firmen abgewendet werden konnte.

KLAUS LUMMA hat eine »**Checkliste**« erstellt, welche helfen soll, den »**Miesling**« in**nerhalb der *eigenen* Persönlichkeitsstruktur** zu identifizieren. »Unser« Miesling ...

- untergräbt Autorität,
- zerstört das Betriebsklima,
- tötet Spontaneität,
- sucht heute die, die erpressbar sind,
- bewirkt Unzufriedenheit,
- sucht Verbündete zum Klüngeln,
- sät Misstrauen,
- handelt verdeckt,
- intrigiert,
- lädt zum »Karpman-Dreieck« ein,
- stellt alles in Frage,
- hat eine Profilneurose und ein hohes Geltungsbedürfnis,
- vertauscht Sach- und Beziehungsebene oder ist nicht bereit diese zu trennen,
- hält sich nicht an Abgrenzungen und Absprachen,
- nimmt Spaß und Energie,
- fordert Autorität heraus,
- zwingt zur Auseinandersetzung,
- regt zur Strukturüberdenkung an,
- fordert Dynamik heraus und nimmt uns die Langeweile.[148]

LUMMA betont, dass diese Checkliste nicht als Einladung zu einem »Verfolger-Spiel« im Karpman-Dreieck missverstanden werden soll. Sie diene vielmehr als **Gesprächsgrundlage**, z. B. für die Kommunikation unter Kollegen. Sie diene als Ermutigung zur Erprobung bislang nicht genutzter Kommunikationskanäle gegenüber Personen, die wir permanent oder zeitweise als »Mieslinge« erleben. „Wir müssen uns der Fairness halber vor Augen führen, dass manchmal jene Phänomene im anderen Menschen bekämpft werden, die wir an uns selbst nicht mögen."[149]

> „Zum Höchsten ist gelangt, wer da weiß, worüber er sich
> freut, wer sein Glück nicht fremder Macht unterwirft."[150]

---

[148]   Vgl. Lumma, (2000), Seite 127.
[149]   Lumma, (2000), Seite 127.
[150]   Seneca, (2002), Seite 97.

2.8 Einfluss der Körpersprache

> „Niemand kann lange eine Maske zur Schau tragen.
> Das künstlich Angenommene wird leicht von der
> eigenen Natur durchbrochen."[151]

Körpersprache umfasst Körperbewegungen, Gesten, Mienen, Tonfall, Haltungen und Handlungen sowie die Position im Raum (zueinander). Als Teil der nonverbalen Kommunikation gewährleistet die Körpersprache vor allem Informationen auf der Beziehungsebene. Sie ist in zweierlei Hinsicht bedeutsam: Zum einen kann versucht werden, die eigene und die Körpersprache des Kommunikationspartners zu **interpretieren**. Zum anderen ist es grundsätzlich möglich, seine eigene (natürliche) Körpersprache zu **beeinflussen**, was in einer Kommunikationssituation wiederum Auswirkungen in Form einer Rückkopplung durch den Interaktionspartner zur Folge haben wird. Während einer Interaktion sendet unser Körper und der des Gesprächspartners unbewusste Signale aus, welche vielfach mehr »Informationen« und »**Wahrheiten**« **transportieren**, als die Worte selbst. Die Körpersprache »lügt« nicht, weil niemand in der Lage ist, alle Ausdrucksfelder des Körpers perfekt zu beherrschen. Unbewusst trauen wir diesen Körpersignalen häufig mehr, als den Inhalten des gesprochenen Wortes. Deshalb erscheint es wichtig, die Informationen der Körpersprache zu erkennen und zu nutzen. Wer sich mit Körpersprache beschäftigt, wird künftig viel Interessantes und Überraschendes beobachten. Die Kenntnis dieses Fachgebiets zählt zu den Schlüsselfertigkeiten bei Verhandlungen jeglicher Art.[152]

Das mögliche Beobachtungs- und Anwendungsgebiet ist vielseitig:

■ Signale im Gespräch mit der gebotenen Vorsicht deuten,

■ unbewusste Signale bewusst machen und steuern,

■ Selbsterkenntnis verbessern,

■ Menschenkenntnis durch das Sammeln von Erfahrungen verbessern,

■ Persönlichkeitsentwicklung durch Rückkopplung von Körpersprache,

■ ungünstige Signale beim Kommunizieren vermeiden,

■ Körpersprache richtig einsetzen und vieles andere mehr.

Es folgen einige Gedanken, unter anderem dazu, ... was in unserem Gesprächspartner vorgehen könnte, wenn er »Ja« sagt und gleichzeitig den Kopf schüttelt, ... woran wir erkennen, dass jemand möglicherweise die Unwahrheit sagt, ... an welchen Signalen deutlich wird, dass der Mitarbeiter/Chef/Kunde nicht mehr nachgeben will und ... wel-

---

[151] Seneca, (2002), Seite 31.
[152] Vgl. Rückle, (1994), Seite 8 bis 10.

che Bedeutung Distanz- und Revierverhalten innerhalb der betrieblichen Kommunikation hat.[153]

Wenn Sie verstärkt etwas über Körpersprache erfahren möchten, dann sollten Sie sich zunächst auf die Beobachtung einzelner Signalquellen konzentrieren. **Die Körpersprache setzt sich aus vielen Einzelsignalen und -elementen zu einem Gesamtbild zusammen.** Körperhaltung und -bewegung, Arm- und Beinhaltung, Ausdruck der Augen, Mundwinkel oder Hände verraten unsere Gedanken, unser Seelenleben sowie unsere Ängste und Begierden. Auch Eigenschaften wie Körperbau, Körperfülle, Haare, Hände, Fingernägel, (Art und Zustand der) Kleidung, Stimme, Stimmlage, Frisur und Details des Gesichts sind Informationsquellen. Die Nutzung der Körpersprache verlangt die Kenntnis und das Erfassen vieler Details von Gestik und Mimik, wobei Sie den Gesamteindruck nicht aus den Augen verlieren sollten. Wer sich der Körpersprache widmet, hat die Möglichkeit viel zu lernen über Persönlichkeit und Kommunikation, über Verhalten, Aggressivität, Instinktverhalten oder Affektivität.[154]

Entscheidungen und Verhalten werden nur zu einem kleinen Teil kognitiv, d. h. bewusst gesteuert. Die im Unterbewusstsein abgelegten »alten« Programme (»Eltern-Ich«) treiben uns an, weniger der Verstand oder die Vernunft (»Erwachsenen-Ich«). Es sind die vielen Kleinigkeiten, die wir nicht benennen können aber intuitiv wahrnehmen und unserem Gefühl zuschreiben. Häufig handelt es sich um Signale, die wir bereits in frühester Kindheit zu deuten lernten. Die »übermittelte« Körpersprache der frühen Autoritätspersonen ist maßgeblich an unserem **bevorzugten Interpretationsmuster** beteiligt.

Körpersprache ist eine individuelle Angelegenheit; Menschen verhalten sich verschieden. Sie können nicht wissen, woran der andere tatsächlich denkt und was ihn momentan auf der Gefühlsebene bewegt. Deshalb ist eine sichere Deutung seiner unbewusst gesendeten Signale selten möglich. Es gibt Unterschiede zwischen Mann und Frau, Erwachsenen und Kindern, kulturelle Besonderheiten und Abweichungen, die sich aus dem Status und der Rolle einer Person erklären. Beispielsweise sitzen amerikanische Männer vielfach mit übereinandergelegten Beinen, wobei der Knöchel des einen Beins quer über dem Knie des anderen liegt. Die bevorzugte Sitzhaltung europäischer Männer mit geschlossenen Oberschenkeln empfinden Amerikaner als unmännlich. Insbesondere die Kleidung als ein Hauptelement der äußeren Erscheinung kann nur im Rahmen der **kulturellen Gegebenheiten** erschlossen werden.[155]

Mimik und Gestik sind Elemente der nonverbalen Kommunikation, die sich schnell verändern. Während eines Gesprächs wird in der Regel das Gesicht am genauesten beobachtet. Der Gesichtsausdruck lässt auf Emotionen schließen, wobei einige unabhängig von der kulturellen Prägung sind. Beispielsweise sind Erröten, Erbleichen, Weinen und

---

[153]   Vgl. Klumpp, http://www.methode.de/pm/um/pmum3.htm, 15.10.2001.

[154]   Vgl. Berryman, (1991), Seite 14 bis 22; Klumpp, http://www.methode.de/pm/um/pm um3.htm, 15.10.2001; Mastel, http://www.mastel.ch/projekt-ada1/, 01.08.2001.

[155]   Vgl. CEST, http://www.social-psychology.com/myphp/print.php?sid=15, 02.09.2002; Schaub & Zenke, (1999), Seite 208.

die Pupillenerweiterung angeborene Aspekte des Gesichtsausdrucks und somit kultur-
unabhängig.[156]

Die zeitliche Abstimmung des Sprechens wird mit einer Vielzahl von Aspekten beschrieben wie z. B. Länge, Häufigkeit und Gesamtzahl von Äußerungen, Pausen, Zahl
der Unterbrechungen. Bestimmt haben auch Sie schon einmal erlebt, dass jemand zwar
»JA« gesagt hat, alle Anwesenden aber gespürt haben, dass die Person »NEIN« meinte.
Dieses wird in der Regel über den emotionalen Tonfall der Äußerung erreicht. Der emotionale Tonfall kann beschrieben werden über die Elemente Klangfarbe, Tonhöhe und
Lautstärke, aber auch durch Dehnen, Verschlucken, Ein- und Ausatmen. In den meisten
Ländern gibt es verschiedene Dialekte, in denen sich unter anderem die regionale und
soziale (Beispiel: England) Zugehörigkeit widerspiegelt. Ob ein Mensch bei einer bestimmten Gelegenheit Dialekt spricht oder nicht, ist zudem ein Teil der Selbstdarstellung.[157]

Die mit der Sprache verbundene Stimmlage, Modulation, Rhythmus und Akzentuierung
unterliegen natürlichen Einschränkungen. Beispielsweise kann ein russisches »NJET«
schon sprachlich nicht so »bedrohlich« klingen wie das »NO« einer MARGARET THAT-
CHER. Es gibt religiös geprägte Handlungsweisen und große Unterschiede in den sozialen Milieus. Nur ein scharfer Blick auf die Gesamtsituation wird Fehldeutungen verhindern. **Verlassen Sie sich nicht auf Patentrezepte.**[158]

Durch das aufmerksame Beobachten des Gesprächspartners können Sie zudem Erkennt-
nisse über Ihre eigene Person gewinnen. Wenn z. B. in einem Verkaufsgespräch der
Kunde die Hände faltet und mit ausgestreckten Zeigefingern ähnlich einer Pistole auf
Sie zielt, dann sollten Sie etwas zur Entspannung der Situation beitragen. Beispielsweise
könnten Sie Ihre Aussagen relativieren, die Argumente des Kunden aufnehmen und ihm
»Brücken« bauen und erleben schließlich im positiven Fall, wie Ihr Gesprächspartner
die Hände wieder auseinander nimmt. Nach dem Gespräch können Sie reflektieren, was
den Kunden zu dieser Gestik veranlasst haben könnte und ob Sie das auslösende Element künftig vermeiden können bzw. wollen. Das **Beobachten der Körpersprache**
wird somit zu einem **Teil des Selbsterkenntnisprozesses** und bietet Ihnen die Chance,
eigenes Verhalten zu erkennen und ggf. zu verändern.[159]

Körpersprache lässt sich auf vielfältige Weise aktiv einsetzen. Offen und ehrlich zu wirken, besser noch zu sein, ist nicht nur bei dem Verkauf von Gebrauchtwagen vorteilhaft.
Wenn Sie beispielsweise mit geöffneten Händen (Handfläche nach oben) auf einen
Kunden zugehen und sagen: »Der Dienst am Kunden geht uns über alles!«, so wird diese Geste ihre Wirkung nur selten verfehlen. Dieses gilt natürlich auch umgekehrt: »Wer
nicht lächeln kann, sollte kein Geschäft eröffnen«.[160]

---

[156]   Vgl. Berryman, (1991), Seite 12f und 17f.

[157]   Vgl. Steiger & Lippmann, (1999a), Seite 275f.

[158]   Vgl. Klumpp, http://www.knowhow-kompakt.com/am/zmana/amzm005.htm, 15.10.2001.

[159]   Vgl. Steiger & Lippmann, (1999a), Seite 275f.

[160]   Vgl. Klumpp, http://www.methode.de/pm/um/pmum3.htm, 15.10.2001.

Sofern Sie Ihre eigene Körpersprache beeinflussen wollen, achten Sie darauf, dass diese authentisch wirkt. Aufgesetztes Lächeln oder widersprüchliche Signale erkennt der Gesprächspartner sofort. Wer nur mit dem Mund lächelt und nicht auch mit den Augen, wird bereits von kleinen Kindern mit Argwohn betrachtet. Wer Offenheit demonstriert und dabei bewusst lügt, erzeugt in sich einen Widerspruch, der sich in gegensätzlichen Signalen niederschlagen wird. Wenn ein Gesprächspartner auf die Frage nach seinem Befinden antwortet, es gehe ihm gut, mit Mimik, Gestik und Tonfall jedoch zum Ausdruck bringt, dass er sich jämmerlich fühlt, so wird dieses eine **inkongruente Nachricht** genannt. Sie ist deshalb inkongruent, weil die verbalen und nonverbalen Nachrichtenanteile nicht zueinander passen. Wenn jemand versucht zu lügen, kommt es neben der Unausgewogenheit der Signale zu einer Verhärtung des Ausdrucks, schließlich ist der Sender in dieser Situation bemüht, seine Körpersprache (kognitiv) zu kontrollieren. Der harmonische, flüssige Rhythmus des natürlichen Ausdrucks geht verloren, der gesamte Bewegungs- und Sprechablauf wirkt taktmäßig, abgehackt und manchmal marionettenartig. Im Gegensatz hierzu sind bei **kongruenten Nachrichten** die einzelnen Nachrichtenanteile komplementär, sie verhalten sich also stimmig zueinander.[161]

In der Regel werden inkongruente Nachrichten den Empfänger verwirren: Stellen Sie sich vor, ein Verkaufsleiter versichert seinem Mitarbeiter, er habe großes Interesse, etwas über den neuen Kunden zu erfahren, schaut während des Berichts jedoch gelangweilt aus dem Fenster. Welchem Teil der Nachricht wird der Mitarbeiter voraussichtlich Glauben schenken? Auch wenn inkongruente Nachrichten für den Empfänger in der Regel eher verwirrend sind, offenbaren sie mitunter gleichzeitig etwas über den Sender. Zum Beispiel könnte die Situation auch für ihn ambivalent, d. h. doppelwertig und in sich widersprüchlich, sein: Auf der einen Seite interessiert sich der Verkaufsleiter vielleicht sehr für den neuen Kunden, andererseits aber weiß er, dass der Mitarbeiter in seinen Ausführungen oft sehr langatmig ist, und er befürchtet, mit uninteressanten, nicht endenden Einzelheiten konfrontiert zu werden. Inkongruente Nachrichten können demnach auch ausdrücken, dass sich der Sender nicht festlegen will oder kann. Denkbar wäre auch, dass ein Gesprächspartner, der verbal äußert, er benötige keine Hilfe, dabei jedoch über den nonverbalen Bereich sehr hilfsbedürftig wirkt, sich vielleicht nicht eingestehen kann, dass er auf Hilfe angewiesen ist.[162]

> „Es ist ... plausibel, dass die einzige zulässige
> Körpersprache die **natürliche Körpersprache** ist.
> Alles andere wirkt unnatürlich und verfremdet die
> Ausstrahlung der Persönlichkeit.“[163]

---

[161] Vgl. Berryman, (1991), Seite 28; Rückle, (1994), Seite 29; Steiger & Lippmann, (1999a), Seite 276f.

[162] Vgl. Mastel, http://www.mastel.ch/projekt-ada1/, 01.08.2001; Steiger & Lippmann, (1999a), Seite 276f.

[163] Holzheu, (2000), Seite 44.

Die bereits von Watzlawick (siehe Seite 57) bekannten Kommunikationsebenen der Inhalts- und Beziehungsebene sind gerade im Zusammenhang mit der Körpersprache leicht nachvollziehbar:

■ Inhalts- bzw. Sachebene: Der Inhalt einer Information wird primär durch das gesprochene Wort (verbal) vermittelt;

■ Beziehungsebene: Das subjektive Erlebnis dieser Gesprächssituation und die Gefühle und Einstellungen, die man mit dieser Information verbindet, werden selten durch Worte artikuliert, aber sie sind in unserem Körperverhalten durch bestimmte Signale erkennbar (nonverbal);

■ Signale der Inhalts- bzw. Sachebene liefern Informationen, während Signale der Beziehungsebene Informationen über die Botschaft selbst liefern;

■ Signale der Inhalts- bzw. Sachebene können um so besser verstanden werden, je positiver die Beziehung der Gesprächspartner verläuft;

■ Signale der Inhalts- und Beziehungsebene sind entweder kongruent oder inkongruent.

Unsere fünfte Kommunikationsregel lautete »Ein verändertes Verhalten ist auch immer das Ergebnis einer veränderten Gefühlslage.« Dieses gilt gleichermaßen für die Körpersprache. Wenn Sie einen Mitarbeiter durch ein Lächeln **in seinem Inneren berühren** wollen, dann wird Ihnen dieses nur gelingen, wenn Sie dieses Lächeln innerlich **selbst fühlen**. Wenn es Ihnen, aus welchen Gründen auch immer, nicht gut geht, Sie wütend oder traurig sind und ihrem Gesprächspartner trotzdem mit einem Lächeln begegnen wollen, dann setzen Sie, wie auf Seite 60 beschrieben, einen »Separator« und/oder »Anker«. Verändern Sie Ihre Gefühlslage, und Ihre Körpersprache wird widerspruchsfrei auf den Kommunikationspartner wirken. „Wenn Sie die richtige Einstellung und die richtige innere Verfassung haben, senden Sie automatisch entsprechende Körpersignale aus."[164]

Zudem werden Sie durch einen positiven Rückkopplungseffekt belohnt. Dafür gibt es körperliche, psychologische und soziale Ursachen. Wenn wir Menschen (ehrlich) anlächeln, lächeln diese (ehrlich) zurück. Wir senden und empfangen ein positives Signal. Die Rückkopplung der Körpersprache mündet im Idealfall in einen **positiven Beziehungskreislauf (Flow)** und nimmt Einfluss auf unser Verhalten. Derartige Rückkopplungsprozesse funktionieren nicht nur zwischen zwei oder mehr Kommunikationspartnern, sondern auch auf uns selbst angewandt. Wer sich beispielsweise abtrainiert, auf kritische Kunden-/Mitarbeiterfragen mit weit aufgerissenen Augen zu reagieren, gewöhnt sich nicht nur ein »Signal« der Unsicherheit ab, sondern ein Stück Unsicherheit gleich mit.

Die Körperhaltung bzw. -sprache ist folglich auch immer ein **Ausdruck von Gefühlen und persönlichen Befindlichkeiten**. Sie liefert Interpretationshilfen dafür, wie sicher, souverän und überlegen sich jemand fühlt. So spiegelt sich Fröhlichkeit in einer aufrechten und offenen Haltung oder Resignation in einer leicht gebeugten, in sich gekehrten,

---

164   Holzheu, (2000), Seite 44.

also optisch eher geschlossenen Haltung, wider. Auch Zustände der Konzentration, Neugierde, Irritation oder auch nur Nachdenklichkeit lassen sich bei anwesenden Menschen in der Regel erahnen.

Die **räumliche Nähe** zwischen zwei Interaktionspartnern ist eine weitere Variable der nonverbalen Kommunikation. Wann immer zwei Menschen sich begegnen, müssen Sie entscheiden, wie nah (physisch) sie einander kommen wollen. Intimität kann durch mehrere Variablen beeinflusst werden: Eine davon ist die räumliche Nähe; andere sind Augenkontakt, Lächeln oder persönliche Gesprächsthemen. Wird eine dieser Variablen manipuliert, so werden eine oder mehrere andere gleichzeitig mitverändert. Diese abstrakt formulierten Zusammenhänge werden deutlich, wenn Sie sich die Situation in einem Fahrstuhl vor Augen führen: In einem vollen Fahrstuhl stehen die Menschen sehr dicht zusammen. Um das Ausmaß der Intimität nicht noch zu erhöhen, nehmen die meisten Fahrgäste in der Regel keinen Blickkontakt auf, sondern stehen alle zur Tür gewendet.[165]

Die »Grammatik« der Körpersprache ist nicht nur situations- sondern auch kulturabhängig. Während in den westlichen Kulturen das Unterschreiten eines persönlichen Abstandes von weniger als 60 cm häufig als »Eindringen« in die Intimsphäre empfunden wird, d. h. der Transaktionspartner könnte sich »bedroht« fühlen, fällt das Distanzbedürfnis der Südamerikaner in der Regel deutlich geringer aus.[166]

Der Oberbegriff »**räumliches Verhalten**« beinhaltet neben der Bewegung innerhalb einer räumlichen Anordnung das persönliche Orientierungs- und das Territorialverhalten. Bewegungen im Raum sind in erster Linie Interaktionssignale. Sie gehen auf jemanden zu, weil Sie sich mit ihm unterhalten oder sich neben ihn setzen wollen. Sie stehen auf oder gehen weg und beenden so eine Interaktion. Sie schaffen also mit dem persönlichen räumlichen Verhalten Rahmenbedingungen für verschiedene Formen der Kommunikation. Hierbei die richtigen Akzente zu setzen, zählt zum Repertoire der sozialen Fertigkeiten. Obwohl es beispielsweise üblich ist, beim intensiven Nachdenken oder einer möglichst kreativen Problemlösung in einem Raum auf und ab zu eilen, macht genau dieses Verhalten im Zuge einer unmittelbaren Interaktion den Gesprächspartner eher nervös, weil dieser nur schwer einschätzen kann, was sich dahinter verbergen könnte. Die Raumeinrichtung und –verteilung innerhalb eines Gebäudes haben verschiedene territoriale Bedeutungen. So darf z. B. ein Angestellter sich nicht ohne weiteres hinter den Schreibtisch des Geschäftsführers setzen, während das Umgekehrte oft durchaus denkbar ist. Bürogebäude sind oft weniger nach praktischen Gesichtspunkten konstruiert, sondern nach Statusbedürfnissen: je »höher« jemand beispielsweise mit dem Aufzug fahren darf, umso »wichtiger« ist seine Person.[167]

Die **Blickrichtung** deutet auf das Ziel der Aufmerksamkeit. Die Momente des Augenkontakts, d. h. beide Gesprächspartner schauen sich direkt in die Augen, sind in den

---

[165]   Vgl. Rückle, (1994), Seite 68 bis 70; Steiger & Lippmann, (1999a), Seite 274.
[166]   Vgl. Cohen, (1997), Seite 134.
[167]   Vgl. Payer, http://www.payer.de/kommkulturen/kultur043.htm, 06.11.2000.

meisten Gesprächen weniger häufig als die Momente, in denen nur einer der beiden den Anderen anschaut. Die Augen werden auch als »Fenster zur Seele« bezeichnet und gelten im Allgemeinen als besonders ausdrucksvoll, da sich in ihnen bestimmte Gefühle wie z. B. Freude, Zorn und Erstaunen widerspiegeln. In der Regel wird es als höflich empfunden, wenn der Empfänger einer Botschaft dem Sender in die Augen schaut. Wenn dieses jedoch der Sender tun sollte, wird dieses unter Umständen als Bedrohung oder Arroganz erlebt. Es könnte von dem Anderen auf der Gefühlsebene dahingehend interpretiert werden, das ihm etwas aufgezwungen werden soll. Dieses Verhalten kann beispielsweise auch bei Hunden beobachtet werden: **Der dominante Partner hält dem Blick des Anderen stand**, d. h. wenn Sie einem Hund in die Augen schauen und dieser seinen Blick nicht abwendet, dann fühlt sich der Hund in der ranghöheren Position. Wie auch im zwischenmenschlichen Bereich sollten Sie dann mit der gebotenen Vorsicht ihre weiteren Handlungen planen.[168]

Die Interaktion zwischen zwei Menschen beginnt in der Regel mit einem Augenkontakt, der prüft, ob der andere überhaupt zu einem Gespräch bereit ist. Die erste Phase ist dadurch gekennzeichnet, dass die Person sich und dem Anderen die Option offenhält, den Kontakt weiterzuführen bzw. eine Unterhaltung zu beginnen. Beispielsweise könnte die Person fragen, ob sie gerade stört. Während dieser ersten Momentaufnahme lässt sich der Kontakt noch ohne Verärgerung abbrechen, während dies zu einem späteren Zeitpunkt nur noch mit glaubhaften Erklärungen möglich sein wird. Viele Menschen sehen deswegen zunächst noch einmal beiseite, wenn sie ein Gespräch beginnen; damit unterstreichen sie die Chance zur Kontaktverweigerung. Augenkontakte im Sinne von Kontrollblicken sind ein wichtiger Aspekt in der erfolgreichen Gesprächsführung.[169]

Der Augenkontakt stellt zusammen mit dem Kopfnicken eine wichtige nonverbale Feedbackquelle für die Gesprächspartner dar. Beispielsweise finde ich es stets irritierend, wenn Menschen, während sie einem noch die Hand zur Begrüßung schütteln, bereits den Blickkontakt zu dem Nächsten suchen. Mehrere Interpretationen hierfür sind denkbar: Zeitmangel, Unsicherheit, Arroganz, Geringschätzung und so weiter.

In vielen Abhandlungen wird der Versuch unternommen, einzelne Gesten oder Körperhaltungen bestimmten Motivlagen zuzuordnen. Eine solche Übersicht, die zum Teil auf den Untersuchungen des Psychologen MAURICE KROUT beruhen, finden wir bei JULIA BERRYMAN:[170]

---

[168]   Vgl. Berryman, (1991), Seite 17; Rückle, (1994), Seite 94; Steiger & Lippmann, (1999a), Seite 275.

[169]   Vgl. Mastel, http://www.mastel.ch/projekt-ada1/, 01.08.2001.

[170]   Vgl. Berryman, (1991), Seite 17.

Geste oder Körperhaltung	mögliche Motivation
Faust ballen / weites Ausholen von Armen und Händen / geweiteter Brustkorb / Hand im Nacken / mit dem Zeigefinger auf eine Person zeigen, während sich die Hand auf und ab bewegt	Aggression
Hand an Nase	Angst / Unsicherheit
Fuß anspannen und dehnen	Defensive/Aggression
Schulten nach vorn geschoben / Kinn zurückgezogen / Kauende Sitzhaltung, Knie und Kinn nähern sich / Unbeweglichkeit / Hin- und herwiegen von Kopf oder Körper	Flucht
Hastige Bewegungen von Händen und Füßen / Kratzen / Frisur ordnen / Nägelkauen / im Gesicht zupfen	Nervosität / Unentschlossenheit / Selbstvorwürfe
Stuhllehne reiben (beim Sitzen)	Rastlosigkeit Aufgewühltsein
Finger an Lippen / Hand bedeckt Augen	Scham
Reiben, Streicheln	Selbstbestätigung

Verbale und nonverbale Aspekte des Sprechens sind immer innerhalb des Gesamteindrucks zu deuten.[171] Das Verschränken der Arme kann die Ablehnung des Gesprächsthemas oder die ablehnende Haltung gegenüber dem Gesprächspartner signalisieren. Die Verschränkung der Arme kann aber auch bedeuten, dass der Gesprächspartner friert oder sich eine »geistige Aus-Zeit« nimmt und die Arme (unbewusst) vor einer sehr gefährdeten Körperregion (Bauch) platziert. Die Körperhaltung muss demnach nichts mit dem Gesprächspartner oder –thema zu tun haben. Dessen ungeachtet ist es für den Sender wichtig, die Körperhaltung zu registrieren. Denn gleichgültig aus welchem Grund der Gesprächspartner diese Körperhaltung einnimmt, es wird schwer sein, ihn zu erreichen, solange er sich nicht »öffnet«. Die bisherigen Ausführungen sollten verdeutlichen, wie vielfältig die nonverbalen Aspekte des Sprechens sind. **Das Beispiel zeigt, wie zweifelhaft es erscheint, einzelne Elemente herausgreifen und allgemeinverbindlich interpretieren zu wollen.** Was jedoch sinnvoll erscheint, ist, kritische Signale, die (auf der Gefühlsebene) von Ihrem Gesprächspartner leicht ablehnend interpretiert werden könnten, zu vermeiden. Da wir in kritischen Gesprächssituationen dazu neigen, »bevorzugte« Gefühls- und Körperhaltungen einzunehmen, sollten Sie in den »nicht-kritischen« Situationen beizeiten damit beginnen, diese unerwünschten Verhaltensweisen abzutrainieren, beispielsweise mit dem im ersten Kapitel beschriebenen Instrument der Konditionierung.

Zusammenfassend können wir feststellen, dass hinsichtlich des Themas Körpersprache **Vorsicht** geboten erscheint. Erstens besteht die Gefahr, dass (erwartete) Signale ausblei-

---

[171]   Vgl. Klumpp, http://www.methode.de/pm/um/pmum3.htm, 15.10.2001; Mastel, http://www. mastel.ch/projekt-ada1/, 01.08.2001; Sureda u. a., (2000) Seite 184 bis 186.

ben oder falsch gedeutet werden. Zweitens wird es von den meisten Gesprächspartnern als sehr unangenehm empfunden, wenn sie merken, dass sie beobachtet werden. Noch unerträglicher muss dem Gesprächspartner der Gedanke erscheinen, Sie könnten versuchen, ihn über eine aufgesetzte Körpersprache aktiv beeinflussen oder sogar manipulieren zu wollen. Zulässig ist dagegen meines Erachtens, wenn Sie probieren, über die Veränderung der eigenen Körpersprache bzw. -haltung ihre eigene Gefühlslage zu verändern ggf. auch mit dem Ziel, die Kommunikationssituation **positiv zu beeinflussen**.

> „Glauben Sie nie an die Körpersprache, denn die Natur des Menschen ist voller Arglist und Selbsttäuschung."[172]

2.9   Emotionale Intelligenz

Emotionale Intelligenz drückt die Fähigkeit aus, **Gefühle und Denken zu integrieren**. Wissenschaftliche Untersuchungen zeigen, dass gerade bei der Lösung komplexer Probleme mit hoher Unbestimmtheit, die nicht vollständig analysiert werden können, emotionale Intelligenz eine Schlüsselqualifikation darstellt.[173]

„Emotionen, die uns signalisieren, ob bestimmte Alternativen vielversprechend oder möglicherweise gefährlich sind, vermitteln uns eine grobe Orientierung, die es uns erlaubt, unseren analytischen Verstand gezielter einzusetzen."[174]

Deshalb erscheint es bedeutsam, die eigenen Gefühle differenziert wahrnehmen und ausdrücken zu können mit dem Ziel, die Emotionen zu nutzen, um Denk- und Entscheidungsprozesse effektiv zu unterstützen. Wer über ausreichend Wissen und Übung in der Identifizierung eigener emotionaler Situationen und Prozesse verfügt, ist in der Lage, seine eigenen Emotionen zu regulieren und zu steuern. Auf der einen Seite können Emotionen klares Denken verhindern, wenn der Betroffene blind vor Wut oder paralysiert vor Angst ist; auf der anderen Seite ist vernünftiges Denken ohne Emotionen offensichtlich gar nicht möglich: So hat der Neurologe ANTONIO DAMASIO den Nachweis erbracht, dass Patienten mit Schädigungen von Hirnregionen, in den ausschließlich Gefühle verarbeitet werden, außerstande waren, zweckmäßige Entscheidungen zu treffen. Die Fähigkeit in komplexen Situationen eine gefühlsmäßige Vorauswahl treffen zu können, unterstützen den Entscheidungsprozess und erhöhen die Chance, in akzeptablen Zeiträumen zufriedenstellend Ergebnisse zu erzielen.[175]

---

[172]   Molcho, (1998), Seite 251.

[173]   Vgl. Goleman, (2001), Seite 12; Lantermann, Otto & Döring-Seipel, (2001), Seite 14f.

[174]   Lantermann, Otto & Döring-Seipel, (2001), Seite 15.

[175]   Vgl. Lantermann, Otto & Döring-Seipel, (2001), Seite 14f.

Nach Auffassung der so genannten »Kasseler Forschungsgruppe« handelt es sich bei der »emotionalen Intelligenz« um ein Persönlichkeitsmerkmal, welches maßgeblich durch den individuellen Sozialisationsprozess geformt wird.[176] Folglich müsste es möglich sein, diese Fähigkeit auch noch im Erwachsenenalter weiterzuentwickeln und zu verbessern.

Eine höhere Stufe der emotionalen Intelligenz können wir in Form der so genannten »**Empathie**« beobachten. Hierbei geht es nicht nur darum, die eigenen Emotionen zu identifizieren, sondern die Gedanken und Gefühle des Transaktionspartners zu erkennen. „Sie umschreibt die Fähigkeit, die Erfahrungen eines anderen Menschen zu verstehen und angemessen darauf zu reagieren. ... Deshalb setzt Empathie sorgfältiges Zuhören und genaue Beobachtung voraus. ... Erst wenn wir lesen können, was ein anderer Mensch denkt und fühlt, was er vorhat, welche Motive oder Komplexe ihn antreiben, wie er wirklich zu uns steht, können wir auf ihn eingehen. ... Wir können ihm helfen - oder uns vor seinen Absichten und Plänen schützen.“[177]

Dieses angeborene und in der Kindheit weiterentwickelte Einfühlungsvermögen in die Gedanken- und Gefühlswelt eines Transaktionspartners ist nach Auffassung des Empathieforschers WILLIAM ICKES die vermutlich zweitgrößte Leistung, zu der ein menschliches Gehirn fähig ist, wobei die größte das Bewusstsein selbst sei. Diese überlebenswichtige Fähigkeit ist sowohl in unserem »emotionalen Gehirn«, dem lymbischen System, als auch in unserer »Denkkappe«, dem Neokortex, programmiert.[178]

Bereits Neugeborene zeigen emotionale Reaktionen, indem sie beispielsweise selbst beginnen zu weinen, wenn sie dies bei anderen Kindern wahrnehmen oder etwa ein Lächeln erwidern. Offensichtlich können Kinder schon sehr früh einfache Gefühle bei anderen erkennen und »spiegeln«. Im Laufe ihrer Entwicklung lernen sie mit »komplexen« Situationen umzugehen, die charakterisiert werden durch Gefühle wie zum Beispiel Eifersucht, Stolz oder Schuld. Dieses »Spiegeln« von Gefühlen ist für die Entwicklung der Persönlichkeit eines Kindes von entscheidender Bedeutung:

„Wenn wir lachen und niemand lacht mit uns, wenn wir weinen und niemand tröstet uns, werden unsere Gefühle nicht »bestätigt«. Allmählich erhalten wir dann ein verzerrtes Bild von unserem Innenleben, von unserem Selbst. Reagieren Eltern und andere Menschen jedoch empathisch, dann fühlen wir uns akzeptiert und halten unsere Emotionen (und ihren Ausdruck) für angemessen und legitim. Schließlich verinnerlichen wir die empathische Zuwendung so, dass wir von den »Spiegeln« unabhängig werden und uns irgendwann selbst trösten, loben oder aufmuntern können.“[179]

---

[176]   Vgl. Lantermann, Otto & Döring-Seipel, (2001), Seite 15; Schaller, (2001), Seite 45.

[177]   Ernst, (2001), Seite 21; vgl. auch Goleman, (2001), Seite 65.

[178]   Vgl. Bröckermann, (2000), Seite 43; Ernst, (2001), Seite 21.

[179]   Ernst, (2001), Seite 22f.

Empathie ist demzufolge eine Schlüsselqualifikation, die einem den Umgang mit sich Selbst, aber auch mit anderen Menschen erleichtert. Empathische Fähigkeiten helfen uns beispielsweise dabei, einzuschätzen, ob und in welchem Umfang unser Gesprächspartner die Unwahrheit sagt. In solchen Situationen zeigt sich die Wahrheit häufig in nonverbaler Form, zum Beispiel durch einen Wechsel in Haltung, Gestik oder Gesichtsausdruck. Das menschliche Gesicht ist sehr ausdrucksstark und bringt selbst feinste Gefühlsnuancen zum Ausdruck. Diese Signale haben in verschiedenen Situationen unterschiedliche Bedeutung. Intensiver Blickkontakt kann beispielsweise in einem hierarchischen Umfeld, wie am Arbeitsplatz, Überlegenheit oder Feindseligkeit signalisieren. Wegsehen oder eine ausweichende Geste vermitteln dagegen Schwäche. In einer »romantischen« Situation indessen würde der Transaktionspartner möglicherweise diesen intensiven Blickkontakt als Vorspiel für Intimitäten interpretieren.[180]

Über das »Spiegeln« der Körperhaltung können wir uns in den momentanen Gefühlszustand des Transaktionspartners hineinfühlen. Wir können uns seine Körpersprache sozusagen »anziehen« und über eine schrittweise Modifikation der dann eingenommenen Haltung sowohl unseren eigenen, als auch den Gemütszustand des anderen systematisch verändern.[181]

Es gibt eine Reihe von Methoden, mit denen versucht werden kann dieses zu systematisieren. Hierzu zählen beispielsweise »**Pacing**«, »**Rapport**« und »**Leading**«. Beim »Pacing« (Spiegeln) verhält sich jemand auf der verbalen und/oder nonverbalen Ebene (wozu beispielsweise auch die Kleidung zählt) genauso, wie der Gesprächspartner. Dieses kann sowohl bewusst als auch unbewusst geschehen. Beispielsweise zeigt sich in Gesprächen immer wieder, dass, wenn einer der Gesprächspartner den anderen im Reden unterbricht, dieses Verhalten in der Folge auch vom Gegenüber gezeigt wird. Achten Sie einmal bei Dritten darauf, wie oft sich die Körperhaltung und –sprache im Verlauf einer Interaktion (automatisch) angleichen. Je stärker der emotionale Gleichlauf ausfällt, desto besser ist die Vertrauensbasis und der Kommunikationsflow. Wenn es die Gesprächspartner geschafft haben, sich emotional aufeinander einzustellen, dann haben sie den so genannten »Rapport« hergestellt. In dieser Situation kann jetzt einer der Gesprächspartner bewusst oder unbewusst dazu übergehen, den anderen zu »führen« (Leading). Beispiel: Wenn Ihre Kollegin weint, weil ihre Katze gestorben ist, dann werden Sie bei ihr kaum eine Verbesserung in der Gefühlslage herstellen können, indem Sie sie anlachen. Wenn Sie sich jedoch zunächst auf das Gefühl »Traurigkeit« einlassen, sie trösten und anschließend durch positive Botschaften aufmuntern, wird sie Ihnen wahrscheinlich dankbar sein.[182]

Es ist ähnlich schwierig, einen hohen Berg zu besteigen oder empathische Fähigkeiten weiterzuentwickeln. Die beiden Sozialpsychologen SARA HODGES & DANIEL WEGNER

---

180   Vgl. Cohen, (1997), Seite 134.
181   Vgl. Birker, (1998), Seite 85.
182   Vgl. Birker, (1998), Seite 100 bis 102; IBBW, http://www.ibbw.de/grafik/4_fernkurse/4_5_dla/4_5_3_probe.html, 01.10.2002; Kersting, IBS, http://www.fh-niederrhein.de/fb06/ibs/supervision.htm, 14.09.1999.

schreiben in diesem Zusammenhang, dass Menschen »Haltegriffe« und »Wegmarkie-
rungen« benötigen, um den Gipfel erreichen zu können.[183]

2.10 Erfahrungen mit dem Kommunikationsmodell der Transaktionalen Analyse

> „Ich träume, dass die Menschen die Philosophie des
> »Höher, Schneller, Weiter« ... durchschauen. ...
> Ungehemmter Vorwärtsdrang reißt Gräben nicht nur
> zwischen den Generationen; er teilt unser Land in noch
> mehr »weit oben« und »weit unten«."[184]

Die betriebliche Kommunikation ist eine der zentralen Führungsfunktionen. Sie sollte
gleichermaßen personen- (Beziehungsebene) und sachorientiert (Inhalts- bzw. Sachebene) sein, um den Anforderungen der Mitarbeiter und der Kunden gerecht werden zu
können. Sie bestimmt in hohem Maße das Betriebsklima, die Motivation und die Leistungsfähigkeit des Personals. Neben der fachlichen ist insbesondere die soziale Kompetenz eine Schlüsselqualifikation erfolgreicher und zeitgemäßer Mitarbeiterführung. Führungskräfte müssen fähig und bereit sein, Mitarbeiter anzusprechen, ihnen zuzuhören
und sie als gleichberechtigte Partner wahrnehmen und akzeptieren zu wollen.[185] ERIC
BERNES Modell der »**Transaktionalen Analyse**« ist in diesem Zusammenhang **ein
nützliches Instrument der konstruktiven Gesprächsführung**, was durch die Seminarteilnehmer in Langzeitbefragung immer wieder bestätigt wird.

Wichtig ist, sich immer wieder vor Augen zu führen, dass es sich bei der Transaktionalen Analyse um eine Theorie und damit um einen Erklärungsversuch handelt. Wie jedes
»Modell« kann auch die »Transaktionale Analyse« auf »Vereinfachungen« nicht verzichten. Wer die Welt verstehen und an ihrem aktiven Geschehen teilhaben möchte,
muss sie ordnen und strukturieren. Er benötigt Schemata, Skripts und Kategorien, damit
er die chaotisch anmutende Flut von Eindrücken verarbeiten und sortieren, damit er
denken und handeln kann. Ohne solche **Mechanismen automatisierter Informationsverarbeitung** können wir nicht existieren. Die Erkenntnis (Wissen & Theorie) steht dabei in einer wechselnden Abhängigkeit zu der Erfahrung (Wahrnehmung & Beobachtung).[186]

---

[183]   Vgl. Ernst, (2001), Seite 24.
[184]   Engholm, (2001), Seite 14.
[185]   Vgl. Birker, (1998), Seite 3.
[186]   Vgl. Breuer, (1996), Seite 23.

Auch wenn die Transaktionale Analyse auf einer Reihe von »Glaubens- bzw. Erfahrungssätzen« aufbaut, wie im übrigen jedes »**wissenschaftliche**« **Denkgebäude**, ist positiv zu vermerken, dass es sich um keine Ideologie handelt. Die gesamte Terminologie fordert beharrlich zum »Hinterfragen« und zur kritischen Auseinandersetzung auf. Die Gefahr einer Ideologisierung von Modellen besteht jedoch immer dann, wenn der Rückweg zur Reflektion verschlossen wird, weil die etablierten und einmal für richtig befundenen Schemata nicht mehr in Frage gestellt werden beziehungsweise nicht mehr in Frage gestellt werden dürfen.[187]

JUT MEININGER schreibt über die »Transaktionale Analyse«: „Wer diese Techniken beherrscht, scheint oft über magische Kräfte zu verfügen."[188] Im Gegensatz zu vielen anderen manipulativen Managementverfahren zielen die Techniken der Transaktionalen Analyse darauf ab, eine **Veränderung der eigenen Persönlichkeit** herbeizuführen, in der Erwartung, über den Rückkopplungseffekt ggf. auch Veränderungen in der Kommunikationsstruktur des Umfelds zu erreichen. Dieses fördert tendenziell soziale Kompetenzen. Der größte Verdienst dieses Kommunikationsmodells liegt meines Erachtens in der veränderten Perspektive, die eine Person einnehmen kann. Selbst wenn jemand mitten im Geschehen stehen sollten, so kann er ein Stück weit die Beobachterperspektive einnehmen und seine Kommunikation und die Ergebnisse prüfen und steuern. Das Modell ermöglicht es, aus sich selbst herauszuwachsen, sich aus seinem Widerstand zu lösen oder sich zu entscheiden, so zu bleiben. Denn Nicht-Veränderung bzw. Widerstand birgt auch immer einen Sinn in sich.[189]

Menschen werden sich immer wieder mit Interaktionssituationen auseinandersetzen müssen, die zunächst unerklärlich erscheinen, im positiven wie auch im negativen Sinne. Die Ursache hierfür kann ein **Wahrnehmungs- oder Beurteilungsfehler** sein. Wissenschaftliche Untersuchungen zeigen, dass unsere Menschenkenntnis, auf die wir allzu gerne vertrauen, vielfach auf solchen Fehlern beruht. Häufig auftretende und sich überlagernde »Effekte« sind dabei:[190]

- **»Halo-Effekt«**
  Von einem zentralen Persönlichkeitsmerkmal wie z. B. »freundlich« wird (ggf. fälschlicherweise) auf weitere Eigenschaften wie glücklich, intelligent, kontaktfreudig und warmherzig geschlossen. Der Begriff »Halo« stammt aus dem Altgriechischen und bezeichnet den »Hof«, der sich um eine Lichtquelle bildet. Alles andere tritt dann sozusagen in den Hintergrund.

- **»Rollen-Effekt«**
  Eine zum Beispiel an der Berufskleidung erkannte Rolle wird mit »typischen« Merk-

---

187   Vgl. Neuberger, (1990), Seite 12f; Stefan Schulz-Hardt, (1996), Seite 223f.
188   Meininger, (1974), Seite 15.
189   Vgl. Kalnins & Röschmann, (2000), Seite 9.
190   Vgl. Böck, (2002), Seite 143 bis 145; Bröckermann, (2000), Seite 98; Hardman, http://www. hardman.at/psychophilo/content/psycho/sozialpsychologie.html, 29.10.2002; Mastel, http://www.mastel.ch/projekt-ada1/, 01.08.2001; Seiwert, (2002a), Seite 230; Preissler / Koop & Neuberger (1992), Seite 112.

malen verknüpft, z. B. »Anzug & Schlips« ⇔ Management ⇔ hölzerne und welt-fremde Bürokraten aus dem »Krawattenbunker«.

■ **»Pygmalion-Effekt«** auch genannt Rosenthal-Effekt oder self-fulfilling prophecy
Entsprechend der Erwartung verändert sich die Wirklichkeit. Fehleinschätzungen unseres Gegenübers können in einem Rückkopplungsprozess dazu führen, dass sich die Person unserem Bild entsprechend negativ oder positiv verändert. Beispielsweise könnte ein negativer erster Eindruck leicht feindselige Signale bei uns auslösen, wel-che beim Anderen wiederum Unsicherheit bewirken. Kompensiert der Andere seine Unsicherheit durch Arroganz, so könnte dieses unsere Fehleinschätzung noch weiter verstärken (siehe hierzu auch Seite 128). Sympathie und Antipathie wirken aus dem Unbewussten und beeinflussen unser Urteil; sie lassen sich nie vollständig ausblen-den.

■ **»Logik-Effekt«**
Dieser kann durch eine Fehleinschätzung entstehen, wenn jemand von bestimmten Eigenschaften auf andere schließt. Dieses passiert, wenn der Ausbilder beispielswei-se davon ausgeht, dass ein Auszubildender, der die theoretischen Zusammenhänge verstanden hat, auch in der praktischen Arbeit gut zurechtkommt. Weiteres Beispiel: Jemand, der sich als Buchhalter bewährt hat, muss noch lange keine gute Führungs-kraft sein. Hinter dieser Überlegung steht das so genannte »Peter-Prinzip«: Jeder Mitarbeiter klettert die Erfolgsleiter so weit hinauf, bis er »seine« persönliche Stufe der Unfähigkeit bzw. Inkompetenz erreicht hat.

■ **»Andorra-Effekt«**
In positiv verlaufenden Kommunikationssituationen ist in der Regel eine Anglei-chung der Körpersprache zu beobachten (Pacing). Kommt es zudem aufgrund der gegenseitigen Beeinflussung zu einer unbewussten Anpassung der Vorstellungen der Gesprächspartner, so wird dieses nach einem Schauspiel von MAX FRISCH auch »Andorra-Phänomen« genannt.

■ **»Kontrast-Effekt«**
Urteile werden nicht in absoluten Dimensionen getroffen, sondern stets im Vergleich zu anderen Personen. Eine »gute« Arbeitsleistung wird unterschiedlich wahrgenom-men, abhängig davon, ob sich der Leistungserbringer in einem »sehr guten« oder »befriedigenden« Leistungsumfeld bewegt. Zudem kann der Kontrast-Effekt auftre-ten, wenn Führungskräfte ihren eigenen Kenntnisstand und ihre Leistungsfähigkeit als Maßstab für die Beurteilung der Mitarbeiterleistung anwenden.

■ **»Zirkuläre Kausalität«**
Hierbei kommt es zu einer Verkehrung von Ursache und Wirkung aufgrund gegen-seitiger Schuldzuweisungen, wobei das eigene Verhalten als Reaktion auf das Ver-halten des Interaktionspartners interpretiert wird. Hierzu finden Sie auf Seite 58 ein Beispiel.

RÜTTINGER und KRUPPA schreiben über die Bedeutung der Transaktionalen Analyse: „In den USA spielt die TA heute kaum mehr eine Rolle. Dazu beigetragen haben »Gu-rus«, die die TA zur eigenen Selbstdarstellung mißbrauchten, aber auch »TA-Cowboys«, die, ohne diese Methode der humanistischen Psychologie verstanden zu haben, damit versuchten, einen »schnellen Dollar« zu machen. Nach dem Motto »Back to the basics« dominieren heute in den USA weitgehend Seminare, die, einer behavioristischen Tradition folgend, sehr direkt auf das Training arbeitsplatzrelevanter Verhaltensweisen ausgerichtet sind. In Deutschland verlief die Entwicklung anders. Hier gehört die TA mittlerweile zu den **etablierten psychologischen Methoden**. Selbst in Unternehmen, die ob ihrer traditionsorientierten Kultur eher davor zurückschrecken, in betrieblichen Seminaren »ins Persönliche« zu gehen, findet man heute Ansätze in Richtung TA. Zurückzuführen ist dieser gute Ruf der TA wohl auch darauf, daß mit der TA qualifizierte und verantwortungsbewußte Trainer arbeiten."[191]

Im Laufe der letzten Jahre hatten viele meiner Seminarteilnehmer und Studenten die Gelegenheit, die Transaktionale Analyse innerhalb der betrieblichen Kommunikation auf ihre Praxistauglichkeit zu überprüfen. Es entsprach schon meiner Intention und Zielsetzung als Autor und Trainer, Organisationsmitglieder für die meines Erachtens zweifellos vorhandenen Mechanismen menschlicher Kommunikation zu sensibilisieren und eine kritische Auseinandersetzung mit den vorgestellten Denkmodellen zu bewirken. Im Rahmen der Selbstreflektion und aus Neugierde habe ich deshalb ein halbes Jahr nach dem jeweils einführenden Training regelmäßige Befragungen der Seminarteilnehmer und Studenten durchgeführt (siehe Fragebogen auf Seite 246). Mein besonderes Interesse galt dabei der Erkenntnis, ob diese Menschen ähnlich positive Erfahrungen machten wie ich selbst.

Die Auswertung der Rückläufer zeigt, dass alle Teilnehmer ihr Verhalten nach der Auseinandersetzung mit dem Interaktionsmodell verändert haben. 93% der Befragten gaben an, »aufmerksamer« zu sein, **85% sind nach eigener Einschätzung sachlicher in der Diskussion geworden** und 78% bringen mehr Verständnis für den Gesprächspartner auf, d. h. sie können sich besser in die »Motivation« des Anderen hineindenken und reagieren weniger emotional. Bei der Auswertung der Antworten zur fünften Frage zeigte sich, dass sich alle Teilnehmer in dem von HARRIS beschriebenen Entwicklungsmodell wiederfanden bzw. Übereinstimmungen mit den sich daraus ergebenden Lebensskripten entdeckten. Bei der Frage nach den auf Seite 59 vorgestellten Kommunikationsstrategien wurde als besonders hilfreich das Setzen von »Separatoren« (Nummer 3) genannt, gefolgt von dem »**Respekt gegenüber anderen Gesprächspartnern**« (Nummer 1) und das »Vermeiden von Verhaltensspielen« (Nummer 2). Die letzte Aussage wird zudem gestützt durch die Antworten zur zweiten Frage, bei der 76% angaben, bewusst auf Verhaltensspiele zu verzichten. Insbesondere bei der neunten Kommunikationsstrategie, bei der es um das »Verschenken« angemessener Zuwendung geht, tun sich die meisten Seminarteilnehmer nach eigener Einschätzung schwer. Dieses spiegelt sich ebenfalls in den Antworten zur sechsten Frage wider, bei der sehr viele den Wunsch nach weiteren praktischen Übungen äußerten.

---

[191]   Rüttinger & Kruppa, (2001), Seite 7.

Offensichtlich hat die im Rahmen verschiedener Trainingseinheiten stattgefundene Auseinandersetzung mit dem vorgestellten Interaktionsmodell auf Basis der Transaktionalen Analyse einen bedeutsamen Beitrag geleistet, der sich mit den Worten MATTHIAS HARTIGS wie folgt ausdrücken ließe: „Die wichtigste Fähigkeit, die durch ein Kommunikationstraining vermittelt werden kann, ist nicht das Erlernen bestimmter Redeweisen oder Argumentationsmittel, sondern die rasche **Analyse der Verhaltensweisen** des Gesprächspartners."[192] Dieses dient nicht nur der Identifizierung von Gemeinsamkeiten, Brüchen, Widersprüchen usw. im Interaktionsablauf, sondern ist auch Grundlage für die Selbstreflektion. Zwar kann die Transaktionale Analyse nicht »bewiesen« werden, dieses hat sie mit allen anderen Erklärungsmodellen gemein, doch bietet sie als Kommunikations- und Interaktionsmodell nach Einschätzung vieler Menschen, die ich hiermit im Laufe der letzten Jahre vertraut machte, praxisrelevante Hilfestellungen.

Häufig werde ich von Studenten und Seminarteilnehmern gefragt, wie ich die Möglichkeiten und **Grenzen der Beeinflussbarkeit komplexer (Interaktions-)systeme** einschätze. Diese Frage beantworte ich gerne mit einem Gleichnis von NORBERT WIENER: Wenn Sie jemals versucht haben, einem anderen Menschen das Rad fahren zu »erklären«, dann wissen Sie, dass dieses kaum möglich ist. Zwar können Sie zeigen, wie die Lenkstange gehalten werden muss, wie der Sattel einzustellen ist, wo die Füße zu platzieren sind usw., jedoch den entscheidenden Vorgang, nämlich das gleichzeitige und abgestimmte Balancieren, Treten, Lenken und so weiter, lässt sich kaum vermitteln ... es muss irgendwie gelernt werden. Es sind viele im Detail komplizierte Einzelaktivitäten zu beherrschen. So wird beispielsweise durch permanente kleine Änderungen am Lenker, die um einen bestimmten Wert oszillieren, die Fahrtrichtung beibehalten. Auch eine Richtungsänderung ist keineswegs eine einfache Angelegenheit. Der neue Kurs muss durch Richtungsänderungen des Fahrrades samt Fahrer verwirklicht werden; auch hierbei handelt es sich um einen oszillativen Prozess. Anders ausgedrückt: Die Stabilität eines Systems (Fahrrad und Fahrer) und die Kontinuität im Verlauf seines Wandels (neue Fahrtrichtung) werden durch permanente kleine Änderungen hergestellt.[193]

In diesem Sinne ist sowohl die Einflussnahme auf komplexe Interaktionssysteme als auch die **Weiterentwicklung der eigenen Persönlichkeitsstrukturen** ein kontinuierlicher Entwicklungsprozess, bei dem der Dozent, Trainer und Coach beratend zur Seite stehen kann. Darüber hinaus können mögliche Auswirkungen und Zusammenhänge in dem Gesamtsystem aufgezeigt werden. Die konkrete Umsetzung in das eigene Lebenskonzept ist jedoch eine Lernerfahrung, die jeder Seminarteilnehmer für sich selbst verwirklichen muss.

> „**Bewusst** kommunizieren - heißt besser
> kommunizieren."[194]

---

[192] Hartig, (1997), Seite 31.

[193] Vgl. Wiener, (1992), Seite 123.

[194] Hamann, http://www.transaktionsanalyse.net, 11.12.2001; vgl. auch Hennig & Pelz, (1997), Seite 52 bis 58.

3. Ausgewählte Aspekte der Personalführung

3.1 Motivation

Die Humanwissenschaften haben eine Reihe von Konzepten entwickelt, die einen Zugang zum Verständnis individuellen Handelns erlauben, dazu zählen insbesondere die motivationstheoretischen Ansätze. Dabei wird unterstellt, dass menschliches Verhalten grundsätzlich durch ein Motiv (Anlass oder Grund einer Handlung) seine spezifische Ausrichtung erfährt. Das **Motiv** kann auch als eine Art innerer Spannungszustand verstanden werden, der im Individuum zielgerichtetes Handeln auslöst. Häufig werden auch die Begriffe Bedürfnis, Trieb, Drang oder Streben synonym verwendet. Motive können bewusst oder unbewusst sein. Motivationstheorien stellen den Versuch dar, Entstehung, Ausrichtung, Stärke und Dauer einer bestimmten Verhaltensweise im Zusammenhang mit den verhaltensrelevanten Beweggründen zu bestimmen. **Motivation** liegt vor, wenn in konkreten Situationen aus einem Bündel von verschiedenen Motiven zielgerichtetes Handeln entsteht. Die Motivationstheorien lassen sich im Wesentlichen in die zwei Gruppen »formale Prozesstheorien« und »inhaltliche Theorien« differenzieren.

Die **Prozesstheorien** versuchen in formaler Hinsicht die Entstehung, Ausrichtung und Energieladung von Verhaltensweisen zu erklären. Sie führen zu diesem Zweck Variablenklassen mit einem relativ hohen Allgemeinheitsgrad (Belohnung, Anreiz, Trieb etc.) ein und versuchen aufzuzeigen, wie durch das Zusammenwirken dieser Variablen Motivation entsteht. Im Gegensatz hierzu setzen sich **inhaltliche Theorien** mit konkreten Motiven auseinander, wie z. B. Bedürfnis nach Sicherheit, Anerkennung sowie gerechter Entlohnung. Inhaltliche Theorien wollen zeigen, welche tieferliegenden Beweggründe Menschen zu einem Verhalten veranlassen und stellen den Bezug zu ihren organisatorischen Aktivitäten her.[195]

Als zentraler Motivgedanke steht im Mittelpunkt der Transaktionalen Analyse die Idee der sozialen Anerkennung, welche übermittelt werden kann durch Respekt und Wertschätzung, Lob, Aufmerksamkeit, Verzicht auf Verhaltensspiele und Mikropolitik, sowie vieles andere mehr. Einige der bedeutsam erscheinenden Motivationstheorien sollen im Folgenden dargestellt werden, um dem Leser die Möglichkeit zu eröffnen, Gemeinsamkeiten, Unterschiede und Widersprüche zu diesen Denkansätzen und innerhalb dieser zu identifizieren. Alle vorgestellten Theorien leisten dabei einen ganz individuellen Beitrag zur Erklärung von Ursachen und Wirkungen der Motivation.

> „Lust - das ist es, was in allem gesucht wird."[196]

---

[195] Vgl. Steinmann & Schreyögg, (1991), Seite 409f.
[196] Seneca, (2002), Seite 97.

3.1.1   Maslowsche Bedürfnispyramide

Wie alle Bedürfnistheorien basiert auch die Maslowsche Bedürfnispyramide auf der Annahme, dass ein unbefriedigtes Bedürfnis Spannungen erzeugt. Zum Abbau dieser Spannungen wird ein Ziel angestrebt, welches das entsprechende Bedürfnis befriedigt, sowie Maßnahmen zu dessen Erreichung einleitet. Damit wird unterstellt, dass alle Handlungen durch unbefriedigte Bedürfnisse motiviert sind.

Nach ABRAHAM H. MASLOW gibt es fünf grundlegende und aufeinander aufbauende Kategorien von Bedürfnissen:[197]

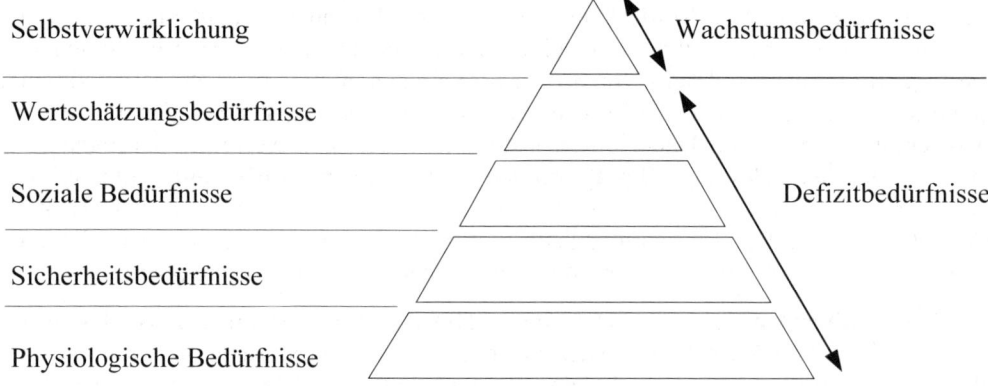

Abbildung 14:   **MASLOWSCHE Bedürfnispyramide**
                  Quelle: In Anlehnung an Steinmann & Schreyögg, (1991), Seite 421.

Der von MASLOW entwickelte Ansatz beruht auf zwei Thesen: dem Defizitprinzip und dem Progressionsprinzip.

Das **Defizitprinzip** besagt, dass Menschen danach streben, ihre unbefriedigten Bedürfnisse zu befriedigen. MASLOW zufolge nimmt immer dann das *nächsthöhere* Bedürfnis die treibende Rolle im Handeln des Menschen ein, wenn ein Bedürfnis erfüllt ist. Ist ein Bedürfnis dauerhaft befriedigt, so nimmt seine Wirkung als Motivationsfaktor ab. Wenn ein Individuum ein Bedürfnis dauerhaft befriedigt hat, ist dieses nicht mehr länger handlungsmotivierend.

Das **Progressionsprinzip** besagt, dass menschliches Verhalten grundsätzlich durch das hierarchisch niedrigste, unbefriedigte Bedürfnis motiviert bzw. ausgelöst wird. Der Mensch versucht demnach zunächst, seine physiologischen Bedürfnisse (z. B. Sauer-

---

[197]   Vgl. Drumm, (1995), Seite 374f; Maslow, (1970), Seite 35 bis 46; Steiger & Lippmann,
         (1999), Seite 135; Steinmann & Schreyögg, (1991), Seite 420 bis 423.

stoff, Nahrung, Kleidung) zu befriedigen. Erst wenn diese zufrieden gestellt sind, wird sich das Individuum im Motivationsprozess an der nächst höheren Bedürfnisebene, den Sicherheitsbedürfnissen (z. B. Schutz vor Unfall, Invalidität, Krankheit und anderen Gefahren) orientieren. Die sozialen Bedürfnisse umfassen das Streben nach Gemeinschaft, Zusammengehörigkeit und so weiter. Wertschöpfungsbedürfnisse spiegeln den Wunsch nach Anerkennung und (Be-)Achtung wider. Dieser Prozess setzt sich fort bis zur höchsten Bedürfnisstufe der Selbstverwirklichung, wobei für dieses Bedürfnis in Abkehr von der Sättigungsthese postuliert wird, dass es nie abschließend befriedigt werden kann. Letzteres stellt also einen besonderen Bedürfnistypus dar, welchen MASLOW im Gegensatz zu den Defizitbedürfnissen als Wachstumsbedürfnis bezeichnet.[198]

Dieses einfache Modell könnte ein Erklärungsansatz dafür sein, weshalb allein die Möglichkeit zur Befriedigung grundlegender Bedürfnisse nach Nahrung, Kleidung usw. kaum geeignet erscheint, jemanden zur Aufnahme einer Arbeit zu motivieren, solange der gleiche Effekt durch soziale Sicherungssysteme erreicht werden kann. Erst wenn die Arbeit die Befriedigung zusätzlicher Bedürfnisse in Aussicht stellt, besteht ein echter Anreiz (z. B. Karriere, Selbstachtung durch gesellschaftlich anerkannte Tätigkeit, ausreichend finanzielle Mittel für den Umzug in eine bessere Wohngegend und den Erwerb von Statussymbolen wie Markenkleidung oder ein großes Auto). Hier zeigt sich jedoch auch, dass diese Bedürfniskategorien nicht pauschal angewendet werden können, d. h. die Präferenzen (Vorzugswürdigkeiten) hinsichtlich einzelner Bedürfnisse können individuell stark variieren.

Die **Kritik** der MASLOWSCHEN Theorie kann sowohl an Grundlagen als auch den »mechanischen« Strukturen anknüpfen. Bedürfnisse können nicht streng isoliert und intersubjektiv hinsichtlich ihrer Stärke skaliert werden, lediglich ein nominaler Vergleich ist denkbar. Eine weitere Schwierigkeit ist, dass die **Kategorien nicht überschneidungsfrei** sind und Bedürfnisse mehreren Kategorien zurechenbar sein können. Problematisch erscheint zudem die in der Theorie enthaltene Annahme des stufenweisen Vorgehens in der Bedürfniserfüllung. Nichts spricht dagegen, dass gleichzeitig Bedürfnisse aus mehr als einer einzigen Bedürfniskategorie das menschliche Handeln bestimmen. Darüber hinaus macht Maslow keinerlei Aussagen über Geltung und Wirkung von Werten. Es ist kaum überraschend, dass NEUBERGER und VON ROSENSTIEL nach einer Reihe von Versuchen zur Stützung oder Falsifikation der Theorie MASLOWS zu dem Ergebnis kommen, dass diese weder völlig widerlegt noch empirisch gestützt werden kann. In diesen Untersuchungen ist die Existenz einer Hierarchie und die stufenweise Bedürfnisbefriedigung allenfalls grundsätzlich bestätigt worden. Die MASLOWSCHE Bedürfnispyramide ist aber weder operational noch instrumentell. Derartige Einwände haben die Rezeption und popularisierte Verbreitung von MASLOWS Theorie, vor allem in der Managementberatung, jedoch kaum behindert.[199]

---

198 Vgl. Steinmann & Schreyögg, (1991), Seite 420 bis 422.

199 Vgl. Chruden & Sherman, (1984), Seite 262; Drumm, (1995), Seite 375; Hoyos, (1981), Seite 88f; Neuberger, (1974), Seite 110f; Schreyögg, (1996), Seite 217 bis 222; Steinmann & Schreyögg, (1991), Seite 422f; von Rosenstiel, (1975), Seite 143 bis 154.

DAVID KRECH unternimmt den Versuch, die relative Bedeutung verschiedener Bedürfnisse in Abhängigkeit der zunehmenden Reifung des Individuums darzustellen:

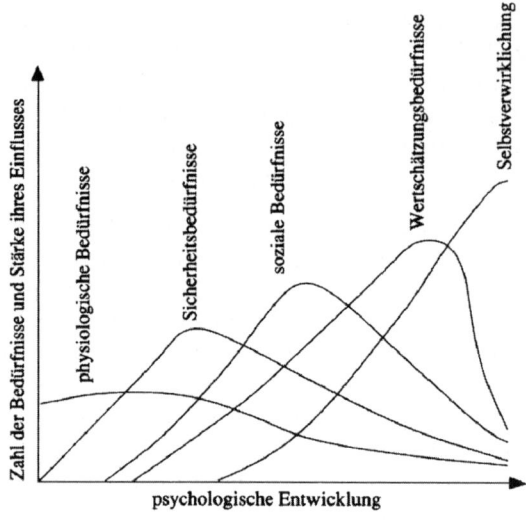

Abbildung 15:
Die relative Bedeutung verschiedener Bedürfnisse in Abhängigkeit der zunehmenden Reifung des Individuums
Quelle: Krech u. a, (1985), Seite 47.

3.1.2   ERG-Theorie nach Alderfer

Die ERG-Theorie basiert auf subjektiven Wahrnehmungen von Wünschen und Zufriedenheit. Auf dieser Basis identifizierte CLAYTON P. ALDERFER insgesamt drei Bedürfnis-Kategorien:[200]

■ **E**xistence needs (existenzielle Bedürfnisse) Bedürfnis nach Material- und Energieaustausch; beispielsweise Hunger, Durst, auch Arbeitsentgelt, grundlegende Arbeitsbedingungen

■ **R**elatedness needs (Beziehungs- /Kontaktbedürfnisse) gegenseitige Interaktionen mit Mitmenschen; z. B. Verständnis, Bestätigung, Akzeptanz, Einfluss

■ **G**rowth needs (Entwicklungsbedürfnisse) kreative und produktive Entwicklung, Selbstverwirklichung

Im Unterschied zu MASLOW nimmt ALDERFER ferner an, dass eine dauerhafte Nichtbefriedigung eines höherrangigen Bedürfnisses ein Zurückgehen und eine Fixierung auf das niederrangige zur Folge hat. Dieses wird auch das Frustrations-Regressionsprinzip

---

[200]   Vgl. Alderfer, (1972), Seite 6 bis 12; Drumm, (1995), Seite 376f; Schreyögg, (1996), Seite 220; Steinmann & Schreyögg, (1991), Seite 422.

genannt. Durch die Zusammenfassung der Kategorien wird das **simultane Wirken verschiedener Bedürfnisse** besser erfasst. Zudem bietet ALDERFER einen Erklärungsansatz für das Phänomen der »Demotivation«. Die grundsätzliche Kritik des MASLOWSCHEN Modells, dass gleichzeitig Bedürfnisse aus zwei oder mehr Hierarchieebenen das menschliche Handeln bestimmen können, gilt auch für ALDERFER. Darüber hinaus macht er ebenfalls keinerlei Aussagen über Geltung und Wirkung von Werten.[201]

3.1.3   Herzbergs Zwei-Faktoren-Modell

Das neben MASLOW in der Management-Literatur wohl am häufigsten genannte Motivationsmodell wurde von HERZBERG und Mitarbeitern entwickelt. Ausgangspunkt waren ausgedehnte Interviews mit amerikanischen Arbeitern und Angestellten. In diesen sollten Ereignisse aus dem eigenen Arbeitsleben geschildert werden, welche als besonders befriedigend und als besonders unbefriedigend empfunden worden waren. Eine Inhaltsanalyse der ca. 4.000 Interviews führte zu dem Ergebnis, dass eine Klassenbildung der Faktoren nach »Zufriedenheit« und »Unzufriedenheit« möglich erscheint, die er Motivatoren und Hygiene- bzw. Reinheitsfaktoren nennt:[202]

- **Motivatoren**: lösen Zufriedenheit aus und motivieren. Faktoren im Zusammenhang mit erfolgreicher persönlicher Entwicklung: Anerkennung, Erfolge, Verantwortung, Arbeitsinhalte.

- **Hygienefaktoren**: lösen keine Zufriedenheit aus; ihre Nichterfüllung würde jedoch zu Unzufriedenheit führen. Faktoren im Zusammenhang mit der direkten Gestaltung der Arbeit: faire Entlohnung, Überwachung und Kontrolle, Verwaltungsprozesse.

HERZBERGS Theorie hat einen erstaunlichen Widerhall sowohl in der Praxis als auch in der theoretischen Diskussion gefunden. Sie hatte wesentlichen Einfluss auf die Entwicklung des Trends zu »Job-Enrichment«, nach dem die Arbeit so gestaltet werden soll, dass ein Höchstmaß intrinsischer (innerer Anreiz) Arbeitszufriedenheit erreicht werden kann. Dabei soll der Arbeitnehmer über eine Erweiterung des Freiheits- und Gestaltungsspielraums mehr **Möglichkeiten zur Selbstverwirklichung** haben. Die Arbeit für viele Menschen interessanter gemacht zu haben, gehört zu den wichtigen Verdiensten HERZBERGS. Die kritische Auseinandersetzung mit HERZBERGS Befunden in zahlreichen wissenschaftlichen Arbeiten führte zu kontroversen Ergebnissen: Offensichtlich sind die Ergebnisse ein »Artefakt« der Methode, denn methodengleiche Untersuchungen stützen HERZBERGS Ergebnisse, methodenfremde dagegen nicht. HERZBERG regte die Diskussion seiner Ergebnisse immer wieder selbst an, immunisiert seine Theorie jedoch ein

---

[201]   Vgl. Drumm, (1995), Seite 376f.

[202]   Vgl. Drumm, (1995), Seite 377 bis 379; Herzberg/Mausner/Synderman & Bloch, (1967), Seite 58 bis 79; Kreis, (1993), Seite 364 bis 366; Steiger & Lippmann, (1999), Seite 135 bis 137; Steinmann & Schreyögg, (1991), Seite 425 bis 429.

Stück weit dadurch, dass er Ergebnisse methodengleicher Tests als Bestätigung, Ergebnisse methodenfremder Tests dagegen als Nichtwiderlegung einstufte.[203]

Faktoren, die zu extremer
Unzufriedenheit führten
(gewonnen aus 1.844 Arbeitsepisoden)

Faktoren, die zu extremer
Zufriedenheit führten
(gewonnen aus 1.753 Arbeitsepisoden)

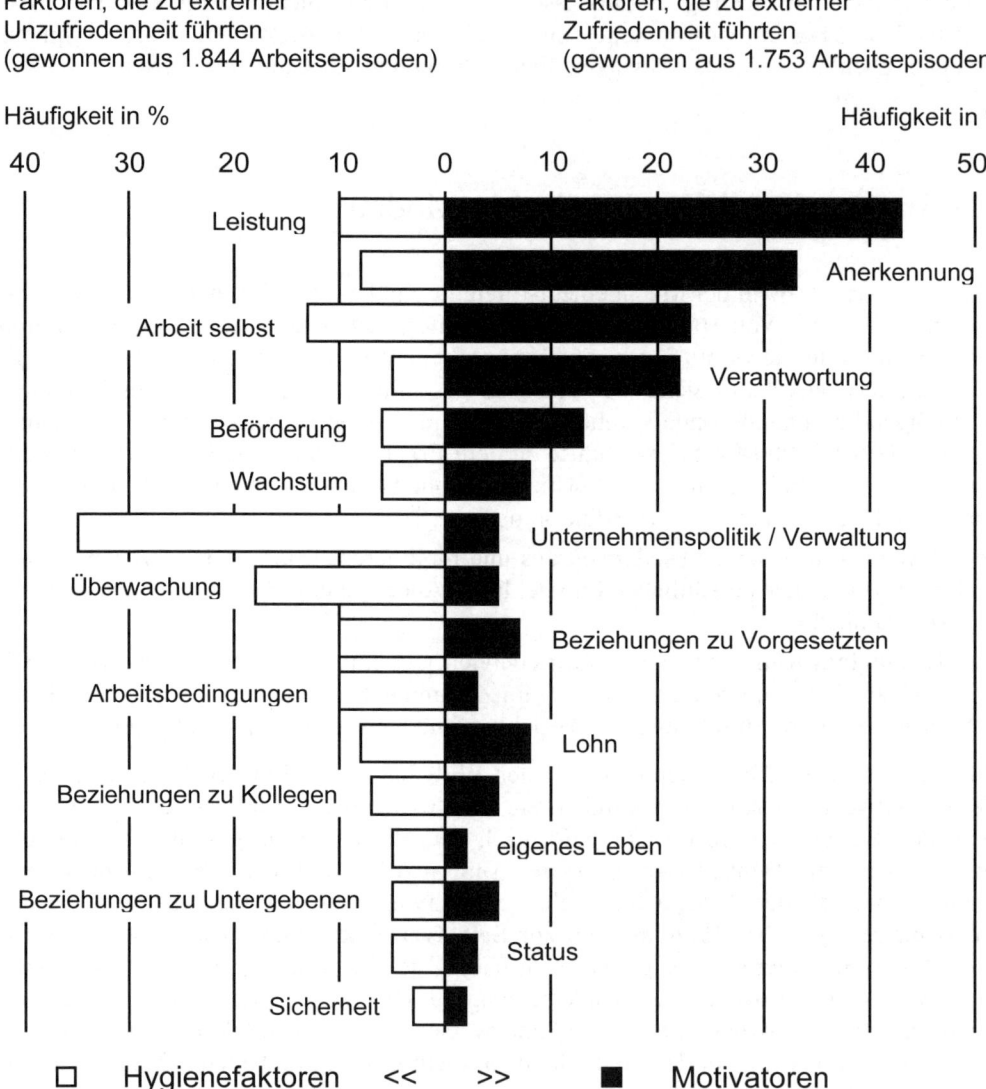

Abbildung 16:   **Motivatoren und Hygienefaktoren**
Quelle: In Anlehnung an Staehle, (1989), Seite 206.

---

[203]   Vgl. Bröckermann, (2000), Seite 134 und 257; Drumm, (1995), Seite 378; Herzberg, (1966), Seite 92 bis 167; Neuberger, (1974), Seite 126 bis 132; von Rosenstiel, (1975), Seite 425 bis 440.

Darüber hinaus ist positiv anzumerken, dass HERZBERGS Modell gute Erklärungen für den Umstand liefert, dass finanzielle Anreize allein nur bedingt zur Motivation und Arbeitszufriedenheit beitragen. **Gehalt ist ein Hygienefaktor** und führt zur Unzufriedenheit, wenn der Arbeitnehmer seinen »angemessenen« Lebensstandard nicht mehr erfüllen kann. Liegt die Bezahlung demnach nicht auf dem vom Mitarbeiter als »adäquat« angesehenen Niveau, kann sehr schnell Unzufriedenheit und Demotivation eintreten. Motivieren können allenfalls Prämien, bei denen der Arbeitnehmer den direkten Zusammenhang zwischen seiner Leistung und dem »verdienten« Entgelt herstellen kann.

3.1.4   Die Theorien X und Y von McGregor

DOUGLAS MCGREGOR geht davon aus, dass die Fähigkeit eines Vorgesetzten, seine Mitarbeiter zu motivieren, entscheidend von dessen **Menschenbild** über diese Mitarbeiter geprägt wird. Bei dieser »Auffassung über die Natur des Menschen« können MCGREGOR zufolge zwei Extrempositionen identifiziert werden, welche er als »Theorie X« (pessimistisches Menschenbild) und als »Theorie Y« (optimistisches Menschenbild) bezeichnet.[204]

Für »**Theorie X**« werden folgende Annahmen getroffen:

1)   „Der Durchschnittsmensch hat eine **angeborene Abneigung** gegen Arbeit und versucht, ihr aus dem Weg zu gehen, wo er kann.

2)   Weil der Mensch durch Arbeitsunlust gekennzeichnet ist, **muß** er meist **gezwungen, gelenkt, geführt** und mit Strafe bedroht **werden**, um ihn mit Nachdruck dazu zu bewegen, das vom Unternehmen gesetzte Soll zu erreichen.

3)   Der Durchschnittsmensch zieht es vor, an die Hand genommen zu werden, möchte sich vor Verantwortung drücken, **besitzt** verhältnismäßig **wenig Ehrgeiz** und ist vor allem auf Sicherheit aus.“[205]

Das Menschenbild der »Theorie X« entspricht MCGREGOR zufolge den traditionellen (klassischen) Organisationstheorien. Danach wird der Mensch als faul, passiv und verantwortungsscheu angesehen. Das Entgelt spielt als Motivationsfaktor eine entscheidende Rolle. Diese Vorstellung, welche vielfach in eine self-fulfilling prophecy mündet, vermutet er im Bewusstsein vieler Führungskräfte. Aus dieser Einstellung ergibt sich als ein zentrales Prinzip die **autoritäre Führung** der Mitarbeiter, welche u. a. die (ständige) Kontrolle des Arbeitsprozesses (statt der Arbeitsergebnisse) beinhaltet. McGregor geht bei den Anwendern der »Theorie X« davon aus, dass sie nicht in der Lage seien, ihre

---

204   Vgl. Schreyögg, (1996), Seite 222 bis 227; Kreis, (1993), Seite 366f.
205   McGregor, (1973), Seite 47f.

Mitarbeiter zu motivieren, denn die eingesetzten Prinzipien würden fehlerhafte Annahmen über die Bedürfnisstruktur der Mitarbeiter unterstellen.[206]

Unter der Bezeichnung »**Theorie Y**« formuliert MCGREGOR ein optimistisches und seiner Meinung nach realistischeres Menschenbild, welches von der Annahme geleitet wird, dass Menschen intrinsisch, d. h. von innen heraus motiviert sind und der einzelne nach möglichst großer Selbstverwirklichung strebt.

Für »Theorie Y« werden folgende Annahmen getroffen:

1)   „Die Verausgabung durch körperliche und geistige Anstrengungen beim Arbeiten kann als ebenso natürlich gelten wie Spiel und Ruhe. Dem Durchschnittsmenschen ist Arbeitsscheu nicht angeboren. Je nach den beeinflußbaren Bedingungen kann **Arbeit zur Quelle der Befriedigung** (und dann freiwillig geleistet) oder als Strafe (und dann, wenn möglich, links liegengelassen) hingenommen werden.

2)   Von anderen überwacht und mit Strafe bedroht werden ist nicht das einzige Mittel, jemanden zu bewegen, sich für die Ziele des Unternehmens einzusetzen. Zugunsten von Zielen, denen er sich verpflichtet fühlt, wird sich der Mensch der **Selbstdisziplin** und **Selbstkontrolle** unterwerfen.

3)   Wie sehr er sich Zielen verpflichtet fühlt, ist eine Funktion der Belohnungen, die mit dem Erreichen verbunden sind. Die bedeutendste solcher Belohnungen, die Möglichkeit, Bedürfnisse der Persönlichkeit und ihrer **Entfaltung** zu befriedigen, kann nachgerade aus Bemühungen um die Ziele des Unternehmens herrühren.

4)   Der Durchschnittsmensch lernt unter geeigneten Bedingungen, **Verantwortung** nicht nur zu **übernehmen**, sondern sogar zu suchen. Flucht vor Verantwortung, Mangel an Ehrgeiz und Drang nach Sicherheit sind im allgemeinen Folgen schlechter Erfahrungen und nicht angeborene menschliche Eigenschaften.

5)   Die Anlage zu einem verhältnismäßig hohen Grad von Vorstellungskraft, Urteilsvermögen und Erfindungsgabe für die Lösung organisatorischer Probleme ist in der Bevölkerung weit verbreitet und nicht nur hier und da anzutreffen.

6)   Unter den Bedingungen des modernen industriellen Lebens ist das Vermögen an Verstandskräften, über das der Durchschnittsmensch verfügt, nur zum Teil genutzt."[207]

Diese Theorie basiert auf der Bedürfnishierarchie von MASLOW, d. h. mit Befriedigung eines Bedürfnisses entsteht der Wunsch nach Befriedigung eines höheren Bedürfnisses; ist ein Bedürfnis befriedigt, verliert es seine motivierende Wirkung, was jedoch nicht gilt für das Streben nach Selbstverwirklichung.

Eine zentrale Aufgabe des Managements ist es, die individuellen Ziele der Mitarbeiter mit den Zielen der Unternehmung soweit wie möglich in Einklang zu bringen. „Wäh-

---

[206]   Vgl. Hopfenbeck, (1992), Seite 225.
[207]   McGregor, (1973), Seite 61f.

rend die »Theorie X« dem Management eine bequeme Erklärung für mangelhaftes Verhalten bzw. Leistung gab (obwohl ja gerade die Ursache in der Organisation und den Steuerungsmethoden liegt), verlagert sich das Problem nun bei der »Theorie Y« auf das **Management**. Statt wie bei »Theorie X« mit Autorität, Kontrolle und finanziellen Anreizen zu motivieren, sind jetzt andere Mittel der Führung anzuwenden. Ist das Leistungsniveau der Mitarbeiter niedriger als erwartet, sind die Gründe dafür bei dieser Theorie z. B. bei den Managementmethoden zu suchen -und damit letzten Endes beim Führungsstil des Vorgesetzten."[208]

Auf Grundlage der sechs Thesen zum Menschenbild der »Theorie Y« können folgende **Führungs- und Organisationsprinzipien** herbeigeführt werden:

- „Das zentrale Prinzip, das sich aus »Theorie Y« ableiten lässt, heißt **Integration**: Die Schaffung solcher Bedingungen, unter denen die Mitglieder der Organisation ihre eigenen Anstrengungen so ausrichten, dass sie ihre eigenen Ziele im Rahmen der Gesamtleistung des Unternehmens erreichen können.

- Das Unternehmen wird in dem Rahmen leistungsfähiger, in dem die persönlichen Wünsche und **Ziele seiner Mitarbeiter** mit **berücksichtigt** werden.

- Wir sind herausgefordert, Neuerungen einzuführen, neue **Möglichkeiten der Zusammenarbeit** zu **entdecken** und den menschlichen Einsatz anzuleiten."[209]

3.1.5   Das VIE-Modell von Vroom

Die Instrumentaltheorie von VICTOR H. VROOM wird vielfach als Grundmodell der so genannten Prozesstheorien bezeichnet. Das Modell beruht auf dem Weg-Ziel-Ansatz, bei dem VROOM davon ausgeht, „ ... dass die Leistungsmotivation der Beschäftigten davon abhängt, inwieweit sie eine hohe Arbeitsleistung oder eine gute Arbeitsqualität als »**Mittel**« zur Erreichung ihrer persönlichen Ziele ansehen."[210]

VROOM differenziert zwischen Handlungen und Handlungsergebnissen. Die Handlungsergebnisse dienen zur Erreichung der persönlichen Ziele, wobei sich die Motivation durch Multiplikation der »Valenz des Handlungsergebnisses« mit der »Erwartung« ergibt. Die Kernelemente der Prozesstheorie umfassen:

- **Valenz**
  Die Valenz beschreibt die Wertigkeit, d. h. wie groß der subjektiv empfundene Anreiz ist, der von einem Ergebnis ausgeht. Dabei unterscheidet Vroom die Valenz erster (Mittel, z. B. Lohn) und zweiter Ebene (anzustrebendes Endziel, z. B. sich in einem Restaurant vom Kellner verwöhnen zu lassen).

---

[208]   Hopfenbeck, (1992), Seite 226.
[209]   Scanlan, (1973), Seite 15f.
[210]   Bröckermann, (2001), Seite 297; vgl. Vroom, (1964), Seite 256 bis 276.

■ **Instrumentalität**
Die Instrumentalität spiegelt wider, inwieweit das Individuum das Handlungsergebnis (z. B. die Akquisition eines neuen Kunden) als Mittel geeignet erachtet, das anzustrebende Endziel erreichen zu können.

■ **Erwartung**
Bei der Erwartung handelt es sich um die subjektive Einschätzung des Individuums, mit welcher Wahrscheinlichkeit ein bestimmtes Verhalten zu dem gewünschten Ergebnis führt.

Dem Modell zufolge errechnet sich die **Valenz** eines Mittels nach der Formel:[211]

$$V_j = f \sum_{k=1}^{n} (V_k * I_{jk})$$

V_j = Valenz eines Mittels j / V_k = die Valenz eines Zieles k
I_{jk} = Instrumentalität des Mittels j für das Ziel k
n = Anzahl der Endziele, die in Betracht gezogen werden.

Die **Intensität** des Verlangens errechnet sich dabei:

$$K_j = f \sum_{j=1}^{n} (E_{ij} * V_j)$$

K_j = die Kraft, die auf das Individuum wirkt, die Handlung i auszuführen
E_{ij} = die Stärke der Erwartung (Wahrscheinlichkeit), dass die Handlung i zum Ereignis j führt. Sie kann zwischen 0 (völlig unmöglich) und 1 (völlig sicher) schwanken.
V_j = die Valenz des Ergebnisses j / n = die Anzahl der Ergebnisse

Die durchzuführenden Berechnungen sind eher komplex, da immer wieder unterschiedliche Ziele und unterschiedliche Handlungsergebnisse zu betrachten sind. Eine weitere Schwierigkeit liegt in der Messung der zu bestimmenden Größen.[212]

Das Modell weist darauf hin, dass Individuen „bei der Arbeit durch verschiedene Gedankenprozesse geleitet werden:

(1) Wird die Bemühung nun wirklich zu einer hohen Arbeitsleistung führen (Erwartung)?

(2) Wird eine hohe Arbeitsleistung (»Ergebnis der ersten Ebene«) zu Beförderung oder Lohnerhöhung führen (Instrumentalität)?

(3) Wie wichtig sind eigentlich die Endergebnisse (»Ergebnisse der zweiten Ebene«) - Beförderung/Lohnerhöhung - für mich (Valenz)?"[213]

---

[211]   Vgl. Neuberger, (1974), Seite 89.
[212]   Vgl. Bröckermann, (2001), Seite 297f.
[213]   Weinert, (1981), Seite 275f.

3.1.6   Das Modell von Porter & Lawler

LYMAN W. PORTER und EDWARD LAWLER haben 1968 eine Motivationstheorie vorgestellt, die den Erwartungswert-Gedanken des VROOMSCHEN Gedankengebäudes auf-
greift und weiterentwickelt. Die Grundidee dieser Theorie lässt sich so nachzeichnen,
dass bestimmte Belohnungen anhand der durch sie ausgelösten Befriedigung zu bewerten sind. Die Belohnung wird für Leistung gewährt, die das Ergebnis von Anstrengung
und der Wirkung situativer Variablen (wie z. B. Fähigkeiten, Rollenverständnis) sind.
Der Anreiz zur Anstrengung hängt demzufolge vom **subjektiven Wert der Belohnung**
und der **Wahrscheinlichkeit ihres Eintritts** (Instrumentalität) ab. Das Modell von POR-
TER und LAWLER ist daher seinerseits ebenfalls als VIE-Theorie zu werten, auch wenn
dies in einschlägigen Übersichten vielfach nicht geschieht.[214]

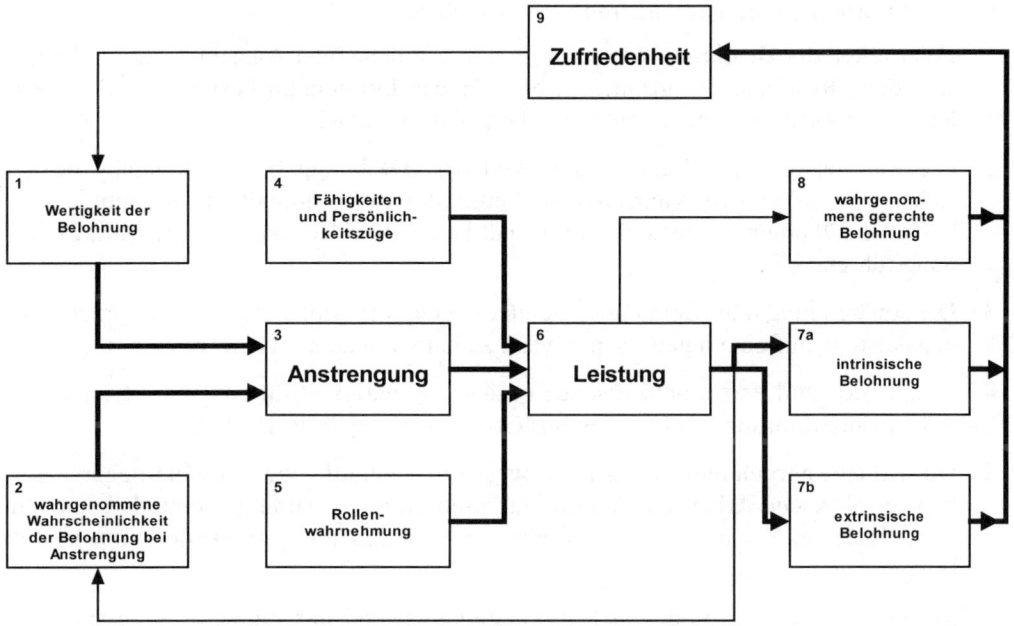

Abbildung 17:   **Motivationsmodell von PORTER/LAWLER**
Quelle: In Anlehnung an Hopfenbeck, (1992), Seite 232.

Dem Modell zufolge wird die individuelle Motivation am Arbeitsplatz bestimmt durch:

■ E ⇨ P, die subjektive Wahrscheinlichkeit, d. h. aus der Erwartung, durch erhöhte
   Anstrengungen ein Ziel erreichen zu können, und

---

[214]   Vgl. Drumm, (1995), Seite 386; Porter & Lawler, (1968), Seite 16 bis 31.

■ P ⇨ O, die Wahrscheinlichkeit, dass unter Berücksichtigung der Valenzen die gute Arbeitsleistung auch zu den gewünschten persönlichen Zielen führen wird.

PORTER & LAWLER postulieren, dass diese beiden Wahrscheinlichkeiten multiplikativ verknüpft sind:

$$\sum \{(E - P) * \sum [(P - O) * V])\} \Rightarrow \text{Motivation}$$

E = Bemühung / P = Niveau der Arbeitsleistung / O = Resultat / V = Valenz

Die multiplikative Beziehung besagt zudem, dass, sobald einer der beiden Werte 0 wird, auch die vom Individuum eingeschätzte Wahrscheinlichkeitsbeziehung zwischen Bemühung und Endergebnis auf 0 zurückgehen wird. Wenn ein Organisationsmitglied beispielsweise glaubt, dass es nicht fähig sei, eine bestimmte Leistung zu erbringen (P), dann wird es ebenso wenig dazu neigen, sich anzustrengen (E).[215]

Das **Zirkulationsmodell** arbeitet mit neun Variablen:

1. „Wertigkeit der Belohnung beschreibt hier die Valenz oder Anziehungskraft, die verschiedene Resultate der getanen Arbeit für das Individuum besitzen; z. B. Bezahlung, interessantere Arbeit, erhöhte Arbeitsplatzsicherheit.

2. Die wahrgenommene Wahrscheinlichkeit der Belohnung bei Anstrengung bezieht sich auf die subjektive Wahrscheinlichkeit, mit der das Individuum annimmt, daß erhöhte Bemühungen seinerseits zum Erhalt bestimmter Resultate der Be- und Entlohnung führen.

3. Die Anstrengung oder Bemühung wendet ein Organisationsmitglied auf, um eine Arbeitsleistung auf einem gewissen Niveau zu halten und zu erbringen.

4. Fähigkeiten und Persönlichkeitszüge besitzen Wichtigkeit für das Modell, da sie der Arbeitsdurchführung des Individuums Grenzen setzen, z. B. Intelligenz.

5. Die Rollenwahrnehmungen basieren wesentlich darauf, wie ein Mitarbeiter Erfolg bzw. erfolgreiche Arbeitsausführung interpretiert. Es ist damit gemeint, daß eine Person wissen muß, wie sie in der konkreten Situation ihre Fähigkeiten zum Einsatz bringen kann.

6. Mit der Leistung verbinden sich die Fähigkeiten und der Problemlösungssatz multiplikativ.

7. Die Belohnung ist danach differenziert, ob eine intrinsische (innerer Anreiz) oder eine extrinsische (äußerer Anreiz) Motivation vorliegt.

7a. Eine vorwiegend intrinsisch motivierte Person ist an der Leistungserbringung aus eigenem inneren Antrieb interessiert; einer Belohnung durch Dritte mißt sie keinen besonderen Wert bei. »Idealismus zu bezahlen ist also das sicherste Mittel, ihn umzubringen« ... ,

---

[215]   Vgl. Hopfenbeck, (1992), Seite 233; Weinert, (1981), Seite 277.

7b. Eine vorwiegend extrinsisch motivierte Person erfährt die Belohnung aus der Einschätzung der Leistung durch Dritte, z. B. Belohnung in Form von Geld, Aufstieg,
sozialer Anerkennung usw..

8. Die vom Individuum wahrgenommene, als gerecht empfundene Belohnung bezieht
sich auf die Höhe und die Menge der Belohnung, die beim Individuum aufgrund seiner Arbeitsausführung als angemessen und fair von der Organisation erwartet wird.

9. Der Grad der Zufriedenheit ist das Ergebnis zwischen der tatsächlich erhaltenen Belohnung 7) und der vom einzelnen als angemessen empfundenen, gerechten Belohnung 8). Je größer die Differenz zwischen diesen beiden Werten ist, desto höher wird
der Grad der Zufriedenheit oder der Unzufriedenheit sein. Z. B., wenn die tatsächlich
erhaltene Belohnung 7) größer oder gleich der als angemessen empfundenen Belohnung 8) ist, ergibt sich Zufriedenheit."[216]

„Als **Kritik** der komplexen Motivationstheorie von PORTER und LAWLER ist positiv zu
sagen, daß sie eine gute formale Erklärung für den Prozeß der Leistungsmotivation gibt.
Die Motivationssituation wird explizit berücksichtigt. Insbesondere macht die Theorie
verständlich, daß und warum Erwartungen Motivation bewirken und Verhalten steuern.
Im Gegensatz zu VROOMS rein statischer **Theorie ist** sie **dynamisch**, weil sie Lernprozesse explizit mit einbezieht."[217] Auf der anderen Seite ist **Verbesserungsbedarf** erkennbar: „Die Instrumentalitätstheorien benötigen noch zusätzliche Untersuchungen
über Ursache- und Inhaltskomponenten, denn sie vermitteln keine klare Auskunft über
die Art und Natur der möglichen »Belohnungen«, die für das Individuum wirksam sind.
Auch PORTER und LAWLERS Unterscheidung zwischen intrinsischen und extrinsischen
Belohnungen löst dieses Problem an seiner Wurzel nicht. Es wird nichts darüber ausge-
sagt, was Quelle oder Ursprung dieser Belohnungen ist, die sich beispielsweise das Individuum selbst gibt. Die Theorien informieren weder darüber, wie sich Belohnungen
entwickeln, noch über die Wirkung inter-individueller Unterschiede in spezifischen
Charakteristika oder über die Fähigkeit einer Belohnung, Arbeitsverhalten zu beeinflussen."[218]

3.1.7   Theorie der »Ver-Führung«

Oft unterliegt die Führungskraft der Annahme, Mitarbeiter könnten nur durch externe
Reize motiviert werden (extrinsische Motivation) und blenden dabei weitgehend aus,
dass jeder Mensch über intrinsische Motivatoren wie Neugierde, Schaffensdrang usw.
verfügt. In seinem Buch »Mythos Motivation« spricht REINHARD K. SPRENGER in die-

---

216   Hopfenbeck, (1992), Seite 233; vgl. auch Herber, (1985), Seite 13; von Rosenstiel, (1975)
       Seite 398; Weinert, (1981), Seite 277.
217   Drumm, (1995), Seite 386.
218   Weinert, (1981), Seite 279.

sem Zusammenhang von »Ver-Führung« statt von Führung oder Führungstechniken. THOMAS STEIGER und ERIC LIPPMANN führen weiter aus: „Die Basis der Ver-Führungstechniken bildet das **Mißtrauen**: Mitarbeitern und Mitarbeiterinnen wird (oft unbewusst) unterstellt, daß sie sich nur voll einsetzen, wenn sie ständig motiviert werden (nebenbei: Führungskräfte sind selbstverständlich stets motiviert und brauchen keine zusätzlichen »Motivationsspritzen« wie die Mitarbeiter. Das führt zu einem zusätzlichen Gefälle und zementiert ein Eltern-Kind-Verhältnis). Längerfristig führt diese Haltung aufgrund des Menschenbildes »economic man« zur **Demotivation** derer, die man eigentlich motivieren wollte. Provokativ formuliert SPRENGER: »Alles Motivieren ist Demotivieren.« Etwas vorsichtiger könnte man sagen, daß das Unterfangen, Menschen extrinsisch motivieren zu wollen, mancherlei Gefahren in sich birgt und Gefahr läuft, in Demotivation zu enden. Was ist nun die Alternative? Der Mensch ist motiviert. Geht man von dieser Grundannahme aus, wechselt abrupt die Perspektive: Vorgesetzte fragen sich nicht, wie sie ihre Mitarbeiter motivieren könnten, sondern: »Was kann ich tun oder soll ich nicht mehr tun, um die **Motivation zu bewahren**, um Demotivation zu verhindern?« Was behindert die Leistungsfreude (beziehungsbedingt und/ oder arbeitsstrukturbedingt)?"[219]

Die Parabel über den jungen Adler von JAMES AGGREYS soll diesbezüglich zum Nachdenken anregen:[220]

> Einst fand ein Mann einen jungen Adler. Er nahm ihn mit nach Hause auf seinen Hühnerhof, wo der Adler bald lernte, Hühnerfutter zu fressen und sich wie ein Huhn zu verhalten.

> Eines Tages kam ein Zoologe des Weges und fragte den Besitzer, warum er einen Adler, den König aller Vögel, zu einem Leben auf dem Hühnerhof zwinge. Da meinte der Eigentümer: »Da ich ihm Hühnerfutter gegeben habe und ihn gelehrt habe, ein Huhn zu sein, hat er nie das Fliegen gelernt. Er verhält sich genau wie ein Huhn, also ist er kein Adler mehr.« »Trotzdem«, meinte der Zoologe, »hat er das Herz eines Adlers und kann das Fliegen sicher lernen.«

> Die beiden Männer kamen überein, diese Sache näher zu ergründen. Behutsam nahm der Zoologe den Adler in die Arme und sagte: »Du gehörst den Lüften, nicht der Erde. Breite deine Flügel aus und fliege.« Doch der Adler war verwirrt; er wusste nicht, wer er war, und als er sah, wie die Hühner Körner pickten, sprang er hinab, um wieder zu ihnen zu gehören.

> Unverzagt nahm der Zoologe den Adler am nächsten Tag mit auf das Dach des Hauses und drängte ihn wieder: »Du bist ein Adler. Breite deine Flügel aus und fliege.« Doch der Adler fürchtete sich vor seinem unbekannten Selbst und sprang wieder hinunter zu dem Hühnerfutter. Am dritten Tag machte sich der Zoologe früh auf und nahm den Adler aus dem Hühnerhof mit auf einen hohen Berg. Dort

---

219   Steiger & Lippmann, (1999), Seite 139.
220   Vgl. Aggrey, (2001), Seite 11f.

hielt er den König der Vögel hoch in die Luft und ermunterte ihn wieder zu flie-
gen. Der Adler schaute sich um, sah zurück zum Hühnerhof und hinauf zum
Himmel. Noch immer flog er nicht. Da hielt ihn der Zoologe direkt gegen die
Sonne, und da geschah es, dass der Adler zu zittern begann und langsam seine
Flügel ausbreitete. Endlich schwang er sich mit einem triumphierenden Schrei
gen Himmel.

Es mag sein, dass der Adler vielleicht noch ein wenig Heimweh hat, wenn er an
die Hühner denkt; doch soweit irgend jemand weiß, ist er nie zurückgekehrt und
hat das Leben eines Huhnes wieder aufgenommen. Er war ein Adler, obwohl er
wie ein Huhn gehalten und gezähmt worden war.

3.2   »Führen« und »geführt« werden

Durch Führung sollen Mitarbeiter dahingehend **gelenkt** werden, dass sie sich auf ein bestimmtes Ziel zu bewegen. Idealtypischer Weise sollte sich der »Führende« dabei an den
Zielen der Organisation orientieren. In der betrieblichen Praxis jedoch kann häufig (un-
ausgesprochen) beobachtet werden, dass die persönlichen Interessen des Individuums
(»Senders«) im Vordergrund stehen.

»Führung« ist im Sinne dieser Definition nicht nur dem »Vorgesetzten« vorbehalten. Jeder Sender, der auf Grundlage einer »Transaktion« eine Änderung oder Kanalisierung
des Verhaltens des Empfängers hervorruft, »**führt**« in diesem Augenblick die andere
Person. Führung ist demzufolge ein sich wechselseitig steuernder Interaktionsprozess
und muss in dem jeweiligen Gruppen- beziehungsweise Organisationskontext gesehen
werden.[221]

In den meisten Betrieben wird die Führungsaufgabe institutionalisiert (in eine feste und
starre Form gebracht) sowie bestimmten Stellen in der **Unternehmenshierarchie** zuge-
ordnet, den so genannten **Instanzen**.

Meist bleibt es den Inhabern dieser Führungsstellen überlassen, die »Art und Weise« zu
bestimmen, wie sie diese Führungsaufgabe wahrnehmen wollen. Dabei werden im Wesentlichen drei **Stile** unterschieden:

- der »**autoritäre**« und

- der »**kooperative**« Führungsstil sowie

- der »**Laissez-faire-Stil**«.[222]

---

[221]   Vgl. Wiendieck & Wiswede, (1990), Seite 23.
[222]   Vgl. Bröckermann, (1998), Seite 278f; Korndörfer, (1995), Seite 231 bis 233; Kerstin &
       Maess & Maess, (1999), Seite 339f; Preissler / Koop & Neuberger, (1992), Seite 138 bis
       142; Tannenbaum & Schmidt, (1997), Seite 77 bis 87.

Diese drei »Varianten« sollen im Folgenden kurz charakterisiert und abschließend aus dem Blickwinkel der »Transaktionalen Analyse« betrachtet werden.

3.2.1   Autoritärer Führungsstil

Charakteristisch für den autoritären Führungsstil sind folgende Merkmale:

- Das Miteinander der Organisationsmitglieder wird durch ein klares, eindeutig fixiertes **Über- und Unterordnungsverhältnis** bestimmt.

- Dem »Untergebenen« wird indirekt unterstellt, dass er nur durch **äußere Anreize** motiviert (die so genannte extrinsische Motivation) beziehungsweise angetrieben werden kann. Das bedeutet, innere Motive (die so genannte intrinsische Motivation), wie zum Beispiel Freude an der fertig gestellten Aufgabe, Neugierde und persönlicher Ehrgeiz werden den Mitarbeitern »faktisch« abgesprochen.

- Die »Untergebenen« bedürfen sehr **konkreter und detaillierter Anweisungen**. Handlungsspielraum führt aus Sicht des »Vorgesetzten« zu Unsicherheit und stellt folglich eine vermeidbare Fehlerquelle dar.

- Der »Vorgesetzte« delegiert nur **Ausführungsaufgaben** sowie die hiermit verbundene Ausführungsverantwortung. Planungs-, Entscheidungs- und Kontrollaufgaben bleiben dem »Vorgesetzten« vorbehalten.

- Der »Vorgesetzte« trifft in der Regel **autonome Entscheidungen**, da Absprachen und Beratungen mit dem »Untergebenen« als Führungsschwäche ausgelegt werden könnten.

- Eine **Kontrolle** der Arbeitsergebnisse **durch den** »**Vorgesetzten**« wird in der Regel einer Eigenkontrolle durch den »Untergebenen« vorgezogen.

- Der »Untergebene« wird nur über das unmittelbar für die Ausführung Erforderliche informiert.

3.2.2   Kooperativer Führungsstil

Für den kooperativen Führungsstil sind vor allem folgende Merkmale bestimmend:

- Der »Führende« versteht sich als **gleichberechtigtes Mitglied** seiner Gruppe und nimmt in erster Linie Koordinierungsaufgaben wahr.

- Er unterstellt seinen »Mitarbeitern« die gleiche **Eigeninitiative und Arbeitsmotivation**, welche er für sich selbst beansprucht (intrinsische Motivation).

- Die Mitarbeiter erhalten Aufgaben mit konkreten **Zielvorgaben**; die Art und Weise der Zielerreichung bestimmen sie weitgehend selbst!

- Innerhalb der getroffenen Zielvorgaben nehmen die Mitarbeiter **Planungs-, Entscheidungs- und Kontrollaufgaben** weitgehend selbständig wahr.

- Der »Führende« bindet die »Mitarbeiter« in seine eigenen »Entscheidungsprozesse« ein. Er macht aus »Betroffenen« »**Beteiligte**«, indem er sie frühzeitig informiert, die Fachkompetenz der Mitarbeiter einfließen lässt und - so oft wie möglich - Stimmrechte zugesteht.

- Es erfolgt eine **gemeinsame Kontrolle** der Arbeitsergebnisse.

- Die Mitarbeiter werden **gut** und umfassend **informiert**, damit sie ihre Aufgabe stets im betrieblichen Gesamtzusammenhang einordnen können.

3.2.3   Laissez-faire-Stil

Bei diesem »Führungsstil« soll die Führung als »Gewähren lassen« der Mitarbeiter verstanden werden. Da ich den Begriff »Führung« eingangs als die gezielte Einflussnahme, beziehungsweise die Kanalisierung des Verhaltens definiert habe, handelt es sich meines Erachtens bei dem »Laissez-faire-Stil« um **keinen Führungsstil im engeren Sinne**. Initiative und Verantwortung hinsichtlich Planung, Durchführung und Kontrolle obliegen in der Regel allein den Mitarbeitern. Ein direktes Beziehungsverhältnis zwischen dem »Vorgesetzten« und dem »Untergebenen« ist häufig nicht identifizierbar.

3.2.4   Kritische Würdigung der »Führungsstile« aus dem Blickwinkel der »Transaktionalen Analyse«

Auch wenn in der Praxis die Führungsstile in der zuvor »idealtypischen« Art und Weise kaum praktiziert werden, so ist im konkreten Einzelfall stets die Tendenz einer Person zugunsten des einen oder des anderen Führungsstils erkennbar. Es stellt sich die Frage, weshalb einige Menschen ihre Mitarbeiter eher autoritär, andere hingegen kooperativ »führen«.

Beim autoritären Führungsstil erfolgt die komplementäre (nicht gekreuzte) Kommunikation in der Regel zwischen dem »Eltern-Ich« des Vorgesetzten und dem »Kind-Ich« des Untergebenen. Welches **Menschenbild** haben diese Vorgesetzten von ihren Mitarbeitern? Bedürfen Menschen in der Regel der autoritären Führung? Vermögen es etwa nur wenige aus sich heraus ihren Weg zu gehen?

Wer seine **Mitarbeiter** grundsätzlich für **faul, unselbständig** und **inkompetent** hält, wird sich vermutlich in seinem Verhalten darauf einstellen. Häufig werden diese Mitarbeiter **wie unmündige Kinder** angesprochen. Die Vorgesetzten unterstellen, dass die »Untergebenen« die starke Hand und den Schutz des Überlegenen suchen. Diese häufig bereits in der Kindheit konditionierte Sichtweise ist ideologisch; sie wird zu einer Art biologischem Erbe, bei dem sich der Schwache dem Starken zu fügen hat.[223]

KARL MARX bringt für diese Sichtweise ein Zitat von O' CONNER, der als Verteidiger der Sklaverei 1859 auf einer Versammlung in New York Folgendes gesagt haben soll:

> „»Now, gentlemen«, sagte er unter großem Applaus, »die Natur selbst hat den Neger zu dieser Knecht-schaftslage bestimmt. Er hat die Stärke und ist kräftig zur Arbeit; aber die Natur, die ihm diese Stärke gab, verweigerte ihm sowohl den Verstand zum Regieren wie den Willen zur Arbeit« (Beifall) »Beide sind ihm verweigert! Und dieselbe Natur, die ihm den Willen zur Arbeit vorenthielt, gab ihm einen Herren, diesen Willen zu erzwingen und in dem Klima, wofür er ge-schaffen, zu einem nützlichen Diener zu machen, sowohl für sich selbst, wie für den Herren, der ihn regiert ...«."[224]

In diesem Zusammenhang stellt sich die Frage, ob ein »autoritärer Führer« über »**Auto-rität**« verfügt. In der Regel sprechen wir von einer »Autorität« bei einer Person, der wir besondere Kompetenzen zusprechen. Die Autorität kann sich beispielsweise aus der Fachkenntnis des Mitarbeiters ergeben. Bei einer »**Führungspersönlichkeit**« wird dar-über hinaus stets auch die »persönliche« beziehungsweise die »soziale« Kompetenz im Umgang mit Menschen erwartet. »**Kompetenz**« ist dabei nicht etwas, was eine Person aufgrund der ihr zugedachten Stelle erhält, sondern »Kompetenz« **wird** einer Person von ihren Kollegen oder anderen »Transaktionspartnern«, wie zum Beispiel einem Kunden, **zugesprochen**; sie muss sie sich sozusagen »verdienen«. Autoritäre Menschen erheben dagegen die »**Autorität**« **zum Selbstzweck der Machtausübung** über andere Personen. Sie unterwerfen sich selbst und andere den »veralteten« Programmen ihres »Eltern-Ichs«, ohne Rücksicht auf die Wünsche (»Kind-Ich«) und Belange (»Erwachsenen-Ich«) der Betroffenen. In diesem Sinne können Machtspiele auch als Variante des Verhaltens-spiels »Meins ist besser als deins« gesehen werden.

Oberflächlich betrachtet könnte man leicht glauben, dass »autoritäre Personen« von sich selbst das Bild haben, sie seien »o.k.« und alle anderen seien »nicht-o.k.« und bedürften daher der Anleitung durch die »Autorität«. Meines Erachtens trifft dies jedoch nicht zu. Ich glaube, dass autoritäre Menschen von sehr vielen »nicht-o.k.-Gefühlen« geplagt werden und ihr Handeln durch »Angst« bestimmt wird. Autoritäre Vorgesetzte verste-cken ihr wahres »Ich« hinter einer Maske und spulen »alt-bewährte« Programme des »Eltern-Ichs« ab. Vom »Eltern-Ich« beherrschte Menschen sind als kleine Kinder für Anpassung, Gefügigkeit und bedingungslosen Gehorsam belohnt worden. Möglicher-weise erscheint es ihnen auch noch als Erwachsenen die »beste« Strategie zu sein, sich

---

[223] Vgl. Neuberger, (1990), Seite 8.
[224] Marx, (1983), Seite 399.

ihrem »Eltern-Ich« unter Ausklammerung anderer Impulse zu unterwerfen. **Im Grunde haben solche Menschen nie gelernt, selbständig zu denken!** Autoritätspersonen, die ihre eigenen Kinder menschenunwürdig »dressieren« und »konditionieren«, »klonen« sich selbst. Sie produzieren »Automaten«, die darauf programmiert sind, genau das zu tun, was ihnen gesagt wird. Sie verfügen über keine »Instrumente«, die »Autoritätsperson« in Frage zu stellen und gehorchen ihrem »Führer« bedingungslos (bis in den Tod).[225]

Das »Eltern-Ich« eines Vorgesetzten, das nach außen auf das »Kind-Ich« des Mitarbeiters einwirkt, schlägt nach innen auf sich selbst ein. Da derartige Vorgesetzte es nicht gelernt haben, ihr »Erwachsenen-Ich« in einem vernünftigen Umfang zu benutzen, fällt es ihnen schwer, Mitarbeiter kooperativ zu führen. Ein **kooperativer Führungsstil** erfordert ein ausgeprägtes »Erwachsenen-Ich«, das Mitarbeiter durch die **richtigen Fragen** anspornt, Eigeninitiative zu entwickeln und Verantwortung zu übernehmen, Wahrscheinlichkeiten abzuschätzen und die Dinge immer wieder **selbst** in Frage zu stellen.

Menschen, die »glauben« »autoritär« führen zu müssen, sind meines Erachtens in ihrer persönlichen Entwicklung noch nicht so weit, eine derart verantwortungsvolle Aufgabe wahrnehmen zu können. Meines Erachtens müssen diese Menschen zunächst mit sich selbst ins »Reine« kommen und sich selbst akzeptieren, bevor sie als »**kooperative Führungspersönlichkeit**« an Format gewinnen können. Das weit verbreitete Argument, es gäbe Menschen, die so »unselbständig« seien, dass sie der autoritären Führung bedürfen, erscheint meines Erachtens ebenfalls unakzeptabel. Bei diesem Personenkreis handelt es sich offenkundig um Menschen, die »gelernt« haben, dass es für sie das »Beste« sei, auf ihre Umwelt mit dem »angepassten Kind-Ich« zu reagieren. Durch einen autoritären Führungsstil werden diese Menschen dauerhaft »klein« gehalten und in ihrer unglücklichen Situation bestätigt. Auch diesen Menschen sollten von »**kooperativen Führungspersönlichkeiten**« Freiräume eingerichtet werden, damit sie ihr »Erwachsenen-Ich« und die damit verbundenen Persönlichkeitsmerkmale Schritt für Schritt entwickeln können.

Jeder Mitarbeiter, der einen autoritären Kommunikationsstil bevorzugt, sollte vor dem Hintergrund folgender zwei Argumente überprüfen, ob eine Änderung seines Führungsverhaltens dringend geboten erscheint:

1. **»Autoritäre« Führer missbrauchen ihre Stellung**, indem sie ihren Mitarbeitern durch den gewählten Führungsstil immer wieder das Gefühl vermitteln, sie seien unselbständig und inkompetent. Hierdurch verstärken und verfestigen sie die »nicht-o.k.-Anschauung« der Mitarbeiter. Diese Mitarbeiter können folglich in ihrem beruflichen Dasein kaum Zufriedenheit erfahren, geschweige denn »glücklich« werden.

2. Da autoritäre Vorgesetzte ihr »Erwachsenen-Ich« sowie ihr »Kind-Ich« weitgehend ausblenden, **blockieren** sie **ihre eigene persönliche Entwicklung**. Sie bestätigen sich sozusagen selbst immer wieder, dass sie »nicht-o.k.« sind. Von ihren »Unter-

---

[225]   Vgl. Harris & Harris (2000), Seite 242 bis 245.

gebenen« werden sie kaum »Anerkennung« erfahren, da diese mit der Bewältigung ihrer eigenen »nicht-o.k.-Situation« in der Regel bereits voll »ausgelastet« sind. Selbst wenn der »Untergebene« gelegentlich »Lob« oder »Anerkennung« signalisiert, so ist dies für den Vorgesetzten oftmals »wertlos«, da es von einer Person kommt, die er selbst für inkompetent und faul hält.

Wer an seinem Arbeitsplatz »Zufriedenheit« erfahren möchte, wird dieses meines Erachtens nur dadurch verwirklichen können, dass er mit seinen Kollegen **kooperativ zusammenarbeitet!**

Die einem Mitarbeiter zugesprochene persönliche Autorität wird dabei nicht durch die freundliche Haltung der Führungsperson beeinträchtigt.

3.3   »Autorität und Gehorsam - das Milgram-Experiment«

Der folgende Kurzbericht erschien in der NGFG-Vereinszeitung »Damokles« in der Ausgabe 1/94:[226]

STANLEY MILGRAM zeigt, wie schwierig die Frage der Gewaltbereitschaft ist und wie sehr sie uns alle berührt. Denn scheinbar sind alle Menschen bereit zu Gehorsam und Gewalt. Zu diesem Zweck führte MILGRAM eines der bekanntesten, aber auch sowohl aus ethischen als auch aus versuchstechnischen Gründen umstrittensten Experimente der Sozialpsychologie durch, das so genannte Milgram-Experiment. Die Frage, die der Sozialpsychologe MILGRAM in den 60-er Jahren beantworten wollte, bezog sich auf die Bereitschaft ganz normaler Menschen, sich einer Autorität zu beugen und offensichtlich »unmenschliche« Anordnungen zu befolgen. Die Motivation für diese Experimentalreihe lieferten die Ereignisse des Zweiten Weltkriegs. Es stellte sich die Frage, weshalb unter dem NS-Regime so viele Menschen bereit waren, sich in den Dienst der Tötungsmaschinerie zu stellen. MILGRAM wollte untersuchen, ob die Ursache in einem grundsätzlichen Charakterfehler dieser (deutschen) Menschen zu suchen sei, oder ob es Situationen und Umstände gibt, unter denen möglicherweise jeder in der Lage wäre, andere Menschen zu quälen und zu töten.

An MILGRAMS Experiment an der Yale Universität nahmen im Jahr 1963 vierzig amerikanische Männer (!) unterschiedlichen Alters, Berufs und Bildungsstandes teil, wobei die Experimentalbedingung folgendermaßen aussah:

Den Versuchspersonen wurde erklärt, es handele sich um ein sehr bedeutendes Lernexperiment, dessen Ziel es sei, herauszufinden, wie Bestrafung das Gedächtnis beeinflusse.

---

[226]   Vgl. Dorsch, (1998), Seite 312 und 540; NGFG, http://www.grenzwissenschaft. de/texte/br003.htm, 01.10.1999.

Man wolle Erfahrungen sammeln, wie durch die »richtige« Balance von Belohnung und **Bestrafung** das Lernen und die Gedächtnisleistung verbessert werden können. Die jeweilige Versuchsperson wurde angewiesen, in der Rolle des »Lehrers« einer anderen Person Elektroschocks zu verabreichen, sobald diese »Fehler« mache. Die andere Person war ein Vertrauter des Versuchsleiters, was der »Lehrer« jedoch nicht wusste. Die **Elektroschocks** sollten in einer vorgeschriebenen Weise regelmäßig erhöht werden. Es gab 30 Schalter von 15 bis 450 Volt, die markiert waren mit Hinweisen wie 15 Volt = leichter Schock, 75 Volt = schmerzhaft bis 450 Volt = Lebensgefahr. Vor Beginn des Versuchs wurden die Versuchspersonen von einem anwesenden Versuchsleiter, der als legitimierte Autoritätsfigur auftrat, nochmals massiv darauf hingewiesen, wie wichtig die strikte Einhaltung der Regeln sei.

Der angebliche Schüler äußerte vor Beginn des Versuchs beiläufig, er habe ein leichtes Herzleiden, wolle aber dennoch am Versuch teilnehmen. Dieser Schüler, d. h. das Opfer, begann bei 75 Volt zu stöhnen, woraufhin viele Versuchspersonen den Versuchsleiter vorsichtig baten, das Experiment zu unterbrechen, was dieser jedoch mit barscher Kritik und Appellen an die Männlichkeit seiner Versuchspersonen ablehnte. Bei 180 Volt bat dann der »Schüler« eindringlich, das Experiment abzubrechen, da er die Schmerzen nicht mehr ertrage. Bei 300 Volt brüllte er um Hilfe, danach schwieg er.

Sämtliche Versuchspersonen empfanden die Situation als äußerst unangenehm; sie protestierten, baten den »Schüler« dringend, doch zu reagieren und richtig zu antworten, um keine Schocks mehr verabreichen zu müssen. Nur 14, d. h. ein Drittel der Versuchspersonen, weigerten sich definitiv, das Experiment zu Ende durchzuführen, jedoch erst zwischen 200 und 400 Volt. Keine Versuchsperson verweigerte den Gehorsam vor 200 Volt und 26 Versuchspersonen, d. h. fast **zwei Drittel der Teilnehmer, verabreichten Schocks** von 450 Volt, ein Bereich der markiert war **mit der Bemerkung: Lebensgefahr!**

Prognosen, die 40 Psychiater vorab über den Ausgang dieses Experiments abgaben, erwiesen sich als großer Irrtum. Sie waren der Meinung, dass die Mehrheit nicht weiter als bis 150 Volt gehen würde und weniger als 4 % bei 300 Volt noch gehorchen würden. Nur etwa 0,1 % sollten wirklich bis 450 Volt gehen. Diese Experten überschätzten offensichtlich das Vermögen des Einzelnen sich gegen »innere« (»Eltern-Ich«) oder »äußere« (»Eltern, Vorgesetzte usw.«) Autorität durchzusetzen.

Spätere Variationen der Versuchsanordnung zeigten, dass sich der Effekt des Gehorsams noch verstärkt, wenn

■ die körperliche Distanz zum Opfer größer wird,

■ der so genannte »Lehrer« unter direkter Aufsicht der Autorität steht und

■ eine Versuchsperson als Mittelsperson handelt, die einer anderen hilft, die tatsächlichen Schocks zu verabreichen.

Nach den Versuchen waren die Versuchspersonen ausnahmslos sehr erregt und einige geradezu gebrochene Menschen. Sie waren sich also offensichtlich bewusst, was sie getan hatten und verweigerten dennoch nicht den Gehorsam.

Hinsichtlich der Generalisierbarkeit der Ergebnisse sind folgende **Kritikpunkte** zu berücksichtigen:

- MILGRAM hat das Experiment nur mit Männern durchgeführt, was die Frage, ob Frauen genauso oder ähnlich handeln würden, offen lässt.
- Die Versuchspersonen wurden bezahlt, was eine gewisse Vorauswahl der Versuchspersonen bedeutet.
- Die Versuchspersonen der 60er Jahren sind allgemein wesentlich strenger und autoritärer erzogen worden als die nachfolgenden Generationen
- Die Yale Universität genoss damals ein großes und seriöses Ansehen, was nicht ausschließt, dass die Versuchsteilnehmer sich anderen Autoritäten eher widersetzen würden.

Dennoch sind die Ergebnisse - wenn auch im Detail nicht ganz hieb- und stichfest - von ihrer Grundaussage her nicht zu leugnen. Prinzipiell ist also (fast?) jeder Mensch unter gewissen Umständen zu Taten bereit, die er sich vorher überhaupt nicht vorstellen kann. Umfragen nach dem Motto »Wieweit würden Sie in einer Milgram-Situation gehen?« ergeben dagegen völlig konträre Werte. **Kaum jemand glaubt von sich selbst, sich in einer solchen Situation der (inneren) Autorität zu beugen.**

Die Versuchspersonen handelten ihrer Selbsteinschätzung nach nicht einfach »grausam« oder »brutal«. Sie empfanden keineswegs sadistische Lust, sondern erlebten Hemmungen, kamen dem »Auftrag« nur mit Beklemmungen nach und waren froh, als alles vorbei war. Das Beängstigende an dem Experiment war, dass sich nur ganz wenige der Versuchspersonen dem Auftrag zu entziehen suchten oder offen ihre Zustimmung verweigerten. Das Ergebnis dieser Untersuchung zeigt also dem Einzelnen ganz deutlich, dass es nahezu unmöglich ist, sich selbst wirklich zu kennen. Somit scheint niemand sicher voraussagen zu können, wie er sich in Extremsituationen verhalten würde; auch dann nicht, wenn der subjektive Eindruck, es sei so, sehr stark ist.[227]

Die Autoritätsperson, welche uns legitimiert, »Macht« über andere Menschen auszuüben, muss meines Erachtens nicht »wirklich« existieren. Es reicht, wenn sie in unserem Wertesystem bzw. in unserem **»Eltern-Ich«** verankert ist. Erst kürzlich hörte ich einen Angehörigen der ehemaligen Waffen-SS in einem Interview sagen: »Das waren doch »nur« Juden und Bolschewiken ... da mussten wir nicht lange nachdenken ... das war uns klar ... die mussten umgebracht werden!«. Ich bin persönlich davon überzeugt, dass dieses Menschenbild in dem Wertesystem der meisten Deutschen und Österreicher tief verankert war und von »fehlgeleiteten« Personen wie ADOLF HITLER und JOSEPH GOEBBELS kanalisiert und zur Kompensation ihrer eigenen Minderwertigkeitsgefühle benutzt wurde. Es ist jedoch meines Erachtens gar nicht erforderlich, auf solche extremen Beispiele zurückzugreifen: Achten Sie einmal darauf, in wie vielen Situationen des beruflichen und privaten Alltags Menschen ihre »Macht« durch aktives oder auch passives Verhalten missbrauchen. Interessant ist dann die Frage, welche »Autoritätsperson« des

---

[227]   Vgl. Cohen, (1997), Seite 64; Legewie & Ehlers, (2000), Seite 10f.

»Eltern-Ichs« ihnen hierzu die Erlaubnis gibt und was das eigentliche Ziel dieser Transaktion sein könnte.

In einem Gedankenaustausch zu dem Thema »**Macht als Kompensation uneingestandener Ohnmacht**« stellte HEINRICH HAGEHÜLSMANN unter anderem folgende Thesen zur Diskussion:[228]

■ Unter Macht verstehe ich die Fähigkeit, die Handlungen anderer, seien es Individuen oder Gruppen, zu beeinflussen; dementsprechend definiere ich Ohnmacht als »mangelnde Fähigkeit« die Handlungen anderer ... zu beeinflussen.

■ Viele Menschen in unserer Gesellschaft leiden an einem **tiefgreifenden Mangel der existentiellen Gewissheiten**, wertvoll, liebenswürdig und wichtig zu sein, sich zugehörig zu fühlen und sinnstiftend in der Welt tätig werden zu dürfen.

■ Viele Menschen versuchen, den erlebten Mangel an »unbedingter« Zuwendung wie z. B. »Schön, dass es Dich gibt ...« durch möglichst umfangreiche und vielfältige »bedingte» Zuwendung wie beispielsweise »Schön, dass du das kannst und machst ...« zu ersetzen.

■ Da die innere Leere bleibt, erleben die betroffenen Personen eine tiefe Ohnmacht. Gerade diese Ohnmacht bzw. ihre Vermeidung schreien nach **Macht als Kompensation**.

■ Jede Machtform kann als Kompensation der unterschiedlichen Ängste dienen.

■ **Tiefgreifende Ängste** bilden einen wirksamen Nährboden für Machtverhalten als kompensierte Ohnmacht.

■ Dabei kann der Einsatz von Macht von oben nach unten, also vom Vorgesetzten gegenüber dem oder den Mitarbeitern, oder auch von unten nach oben, vom Mitarbeiter in Bezug zur Führungskraft, aber auch auf gleicher Ebene, zwischen KollegInnen stattfinden.

■ Macht kann aus jeder Position des Karpman-Dreiecks (siehe Seite 157) initiiert werden.

■ **Passive Verhaltensweisen** als bevorzugte äußere **Stabilisatoren von Ohnmacht** sind sozusagen Manifestationen innerer Prozesse von Abwertung und Grandiosität oder von Denkstörungen. Sie alle dienen dem Zwecke, Ohnmacht zu vermeiden und wenigstens im gewohnten Umfang Herr oder Frau der Lage bleiben zu können.

■ Passive Verhaltensweisen zwingen den anderen, etwas zu tun, was er gar nicht will; sie erreichen jedoch nicht wirklich, was sie anstreben, nämlich die tatsächliche Beachtung der Nöte, Ängste und Ohnmachtsgefühle der passiven Personen.

■ Gerade darin zeigt sich die letzte **Konsequenz** jener Machtstrategien, die aus der eigenen Ohnmacht geboren werden, **dass die betroffenen Personen leer ausgehen**, allenfalls im Hass mit denen vereint, denen sie die Macht (im Sinne von Verantwortung) aufgezwungen haben.

---

[228] Der Gedankenaustausch erfolgte unter Leitung von Heinrich Hagehülsmann am 01.11.2001 in den Räumlichkeiten der Privaten Fachhochschule für Wirtschaft und Technik.

3.4   Der »Rosenthal-Effekt«

In einer systematischen Untersuchung analysierte der amerikanische Psychologe RO-
BERT ROSENTHAL, wie groß der Einfluss des Versuchsleiters eines Experiments auf das
Verhalten der Versuchspersonen oder –tiere ist. Um den so genannten »Rosenthal-
Effekt« zu erläutern, schildere ich an dieser Stelle zwei von ihm durchgeführte Ver-
suchsreihen:[229]

1.   In dem ersten Experiment erhielten zwölf Psychologiestudenten jeweils fünf Albi-
     no-Ratten, denen sie beibringen sollten, in einem einfachen Labyrinth den richtigen
     Weg zur Futterstelle zu finden. ROSENTHAL übertrug die Verantwortung für die
     angeblich »besonders intelligenten« Ratten der einen Hälfte der Studenten, die an-
     deren bekamen die vermeintlich »dummen« Exemplare zugeordnet. ROSENTHAL
     verschwieg selbstverständlich, dass er die Ratten streng nach dem Zufallsprinzip an
     die Versuchsleiter verteilt hatte. Erwartungsgemäß schafften nach fünf Tagen mit
     je zehn Trainingsläufen die »klugen« Ratten durchschnittlich doppelt so viele rich-
     tige »Durchläufe« wie ihre vermeintlich »dummen« Kollegen. Die anschließende
     Befragung der Studenten ergab, dass die Versuchsleiter mit den (angeblich) »klu-
     gen« Ratten ihre Kandidaten wesentlich positiver und dementsprechend liebevoller
     behandelten, als ihre Kommilitonen.

2.   In der zweiten Versuchsreihe untersuchte ROSENTHAL alle Kinder der insgesamt 18
     Klassen eines Schuljahres. Ungeachtet der Testergebnisse wählte ROSENTHAL,
     wiederum streng nach dem Zufallsprinzip, 20% der Schüler aus, die angeblich
     »hochbegabt« seien und teilte diese Namen dem Lehrerkollegium mit. Während in
     den höheren Klassen nur ein geringer Effekt zu beobachten war, zeigten sich in den
     unteren Jahrgängen dramatische Verschiebungen: Ein Schulleistungstest ergab,
     dass die vermeintlich »Hochbegabten« einen großen Vorsprung gegenüber ihren
     Mitschülern hatten. An diesem Beispiel lässt sich sehr gut ein Sonderfall des
     »Rosenthal-Effekts« erkennen, nämlich die »sich selbst erfüllende Prophezeiung
     (self-fulfilling prophecy)«.

Der »Rosenthal-Effekt« ist meines Erachtens nicht nur bei psychologischen Experimenten zu beobachten, sondern auf die betriebliche Praxis übertragbar. Genau wie beim Experiment wirkt sich auch am Arbeitsplatz die **Erwartungshaltung der Vorgesetzten**
und/oder der Kollegen maßgeblich auf das Arbeitsergebnis und die Zufriedenheit des
Mitarbeiters bzw. der Mitarbeiterin aus. Alarmierende Formulierungen sind beispielsweise:

                          »Das kann der doch gar nicht!« oder

                          »Damit überfordern Sie Herrn Meyer!«

---

[229]   Vgl. Cohen, (1997), Seite 64; Legewie & Ehlers, (2000), Seite 10f.

Wer immer wieder (oder gegebenenfalls auch nur einmalig) mit solchen »k.o.-Formulierungen« konfrontiert wird, hat es schwer, das für die Aufgabe erforderliche Selbstwertgefühl zu entwickeln. Meines Erachtens ist es aus Sicht einer effektiven Personalführung Erfolg versprechend, die vorhandenen Potentiale auszuloten und gezielt zu fördern. In der Folge wird sich bei dem Mitarbeiter eine größere Gesamtzufriedenheit einstellen. Die erhöhte Motivation leistet wiederum einen positiven Beitrag zum Unternehmenserfolg. Der »Rosenthal-Effekt« wird in der Fachliteratur auch »self-fulfilling prophecy« oder »Pygmalion-Effekt« genannt.[230]

3.5 Gruppendynamik

3.5.1 Zentrale Begriffe

Der Begriff Gruppendynamik. geht zurück auf KURT LEWIN und wurde zunächst verwendet, um Prozesse und Rollendifferenzierungen in Gruppen zu beschreiben. Um gruppendynamische Effekte besser verstehen zu können, folgt hier die Abgrenzung einiger zentraler Begrifflichkeiten:[231]

■ **Die Menge**
... ist nicht organisiert; es handelt sich um eine große Anzahl von Individuen, die weder emotional noch intellektuell verbunden sind; sie sind lediglich zur gleichen Zeit am gleichen Ort.

■ **Die Masse**
... ist eine aktivierte Menge mit typischen Merkmalen wie z. B.
  - Individuen sind durch Anonymität emotional enthemmt,
  - Intellekt tritt in den Hintergrund,
  - »Gleichschaltung«: konform ist anständig, anders sein ist unanständig,
  - Individuen sind leicht zu beeinflussen (hoch suggestibel),
  - Geringer Organisationsgrad: es gilt das Prinzip des Exponenten (Führerprinzip).

■ **Die Gruppe**
... ist ein organisiertes soziales Gebilde mit interagierenden Individuen. Aus Sicht der Interaktionsfähigkeit liegt die »ideale« Gruppengröße bei der »magischen« Zahl sieben plus oder minus zwei. Dieses »gefühlte« Optimum lässt sich unter anderem statistisch begründen: Wenn jedes Mitglied der Gruppe mit allen anderen kommunizieren möchte, so errechnet sich die Interaktionshäufigkeit nach der Formel: $(n^2 * n) / 2$.

---

[230] Vgl. Hardman, http://www.hardman.at/psychophilo/content/psycho/sozialpsychologie.html, 29.10.2002.
[231] Vgl. Bröckermann, (2000), Seite 296 bis 299; Dorsch, (1998), Seite 341. Hardman, http://www.hardman.at/psychophilo/content/psycho/sozialpsychologie.html, 29.10.2002; Legewie & Ehlers, (2000), Seite 309; Sader, (1998), Seite 37 bis 39.

Dieses bedeutet, dass wir bei fünf Gruppenmitgliedern zehn Interaktionen haben; bei sieben Personen sind es einundzwanzig und bei neun steigt die Zahl auf sechsunddreißig. Gruppen mit mehr als fünf Mitgliedern tendieren bereits zur Instabilität und zur Aufspaltung in Untergruppen.

- Primärgruppe
  ... ist gekennzeichnet durch direkte und häufige Kontakte (face to face) und ist in der Regel relativ klein (Beispiele: Familie, enger Freundeskreis, Clique).
- Sekundärgruppe
  ... ist gekennzeichnet durch weniger Kontakte, mehr Mitglieder und mittelbare Beziehungen (Beispiele: Beruf, Verein, Verband, Staat).

■ **Soziometrie**
... ist eine Methode zur systematischen Erfassung von Gruppenstrukturen bzw. Gruppenprozessen. Im Gegensatz zum »Organigramm«, welches die formalen Strukturen eines Unternehmens widerspiegelt, werden die informellen Strukturen einer Gruppe in einem so genannten »Soziogramm« dargestellt.

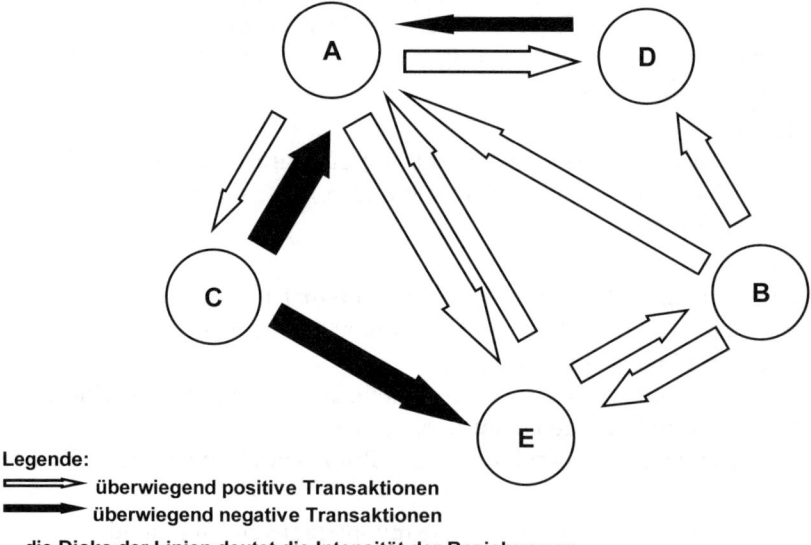

Legende:
⟹ überwiegend positive Transaktionen
▬▶ überwiegend negative Transaktionen
... die Dicke der Linien deutet die Intensität der Beziehung an.

Abbildung 18:   **Beispiel für ein Soziogramm**
                   Quelle: Eigene Anfertigung.

Durch Beobachten und Aufzeichnen der Zuwendungen und Abneigungen der einzelnen Gruppenmitglieder (A, B, C, ...) untereinander lassen sich die Struktur sowie die gruppendynamischen Prozesse relativ einfach darstellen. Das Soziogramm bietet eine gute Analysegrundlage für weitere Überlegungen, z. B. in einer Konfliktsituation.

3.5.2   Prozesse in Gruppen

Gruppen üben »**Macht**« **über den Einzelnen** aus. In der Gegenwart anderer neigen die meisten Menschen dazu, die Werthaltungen, Einstellungen und Verhaltensweisen anderer Gruppenmitglieder zu übernehmen. Sie gehen sozusagen »konform«. Diese Anpassung erfolgt aus zwei Gründen:

■ Erstens hat dieses etwas mit der »Glaubwürdigkeit« von Informationen zu tun. Menschen denken vielfach, dass Meinungen oder Verhaltensweisen anderer womöglich richtiger sind, als ihre eigenen. Dieses entspricht in dem Modell der Transaktionalen Analyse der Grundhaltung »Ich bin nicht o.k. - du bist o.k.«.

■ Zweitens vermeiden Menschen Abweichungen vom Gruppenkonsens, gleich ob sie die Gruppenmeinungen oder das Gruppenverhalten für richtig halten oder nicht. Es ist schließlich leichter mit dem Strom zu schwimmen, als dagegen. Dieser normative Einfluss tritt dann besonders deutlich hervor, wenn Menschen daran liegt bzw. darauf angewiesen sind, von anderen Gruppenmitgliedern anerkannt zu werden, und wenn sie (unbewusst) spüren bzw. annehmen, dass diese Anerkennung davon abhängig ist, dass sie sich der Mehrheitsmeinung anschließen.[232]

Die **Konformität** ist in der Regel dann am größten, wenn ein Mensch glaubt, er sei der einzige, der von der Richtschnur der Gruppenmeinung abweicht. Dazu ein Beispiel:

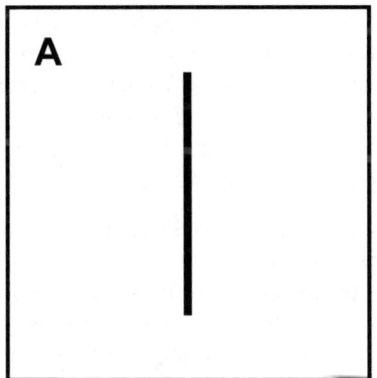 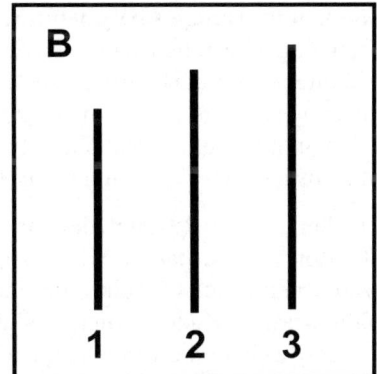

Abbildung 19:   **Versuch von SOLOMON ASCH**
                 Quelle: In Anlehnung an Bourne & Ekstrand, (1992), Seite 425.

Der Versuch von SOLOMON ASCH zur Konformität von Gruppenmitgliedern zeigt, wie stark der **Majoritätsdruck** wirkt, obwohl (oder gerade weil) er als sehr unangenehm

---

[232]   Vgl. Bourne & Ekstrand, (1992), Seite 424.

empfunden wird: Studentengruppen mit sieben bis neun Mitgliedern sollten angeben, welche der drei Vergleichslinien mit der in Schaubild A gezeigten Bezugslinie übereinstimmte. Die Linien waren deutlich unterschiedlich lang, so dass unter »normalen« Umständen nahezu 99% der Versuchspersonen die Aufgabe richtig lösten. In dieser besonderen Versuchssituation waren mit Ausnahme eines Gruppenmitglieds alle anderen vorher angewiesen worden, falsche Angaben bei 12 von 18 Versuchen zu machen. Unter dem Druck der Gruppe akzeptierten die Studenten der Minderheit durchschnittlich in 37% der Versuche falsche Urteile der Mehrheit. Von den 123 Versuchspersonen in der Minderheitenposition gaben **30% fast immer nach, auch bei Abweichungen bis zu 30 cm** (!), während 25% unabhängig im Urteil blieben. Die höchste Fehlerquote war zu beobachten, wenn die Versuchspersonen allein gegen die Mehrheit ihr Urteil abgeben mussten. Sobald ein gleichgesinnter Partner dabei war, ließen sie sich nicht so schnell von ihrer Meinung abbringen. Nach dem Experiment wurden die Versuchspersonen interviewt. Dabei wurde deutlich, dass viele von denen, die sich der Meinung der Mehrheit widersetzten, ein großes Vertrauen in ihre eigene Urteilsfähigkeit besaßen. Von den Versuchspersonen, die sich der Mehrheitsmeinung anschlossen, hatten einige sofort den Eindruck, ihre Wahrnehmung müsse beeinträchtigt sein, vielleicht aufgrund irgendeiner eigenen Unzulänglichkeit. Dabei unterschätzten alle beeinflussten Versuchspersonen die Häufigkeit ihrer konformen Reaktionen.[233]

Aus den Untersuchungen von ASCH lassen sich wichtige Schlüsse ziehen. Zum Beispiel kann der **Druck einer Gruppe**, sich einen Standpunkt oder ein Verhalten zu eigen zu machen, dazu führen, dass eine Gruppennorm entsteht und beibehalten wird, die in **Wirklichkeit nur wenige Gruppenmitglieder** für erstrebenswert halten, der sich aber keiner offen entgegenstellen will, weil er annimmt, dass andere seinen Widerstand missbilligen könnten. Vielfach wird dieses im Rahmen der mikropolitischen Taktiken und Strategien eingesetzt, um Ergebnisse zu manipulieren, wobei die »Spielmacher« sich gerne auf »demokratische« Prinzipien berufen, was teilweise zur »**Tabuisierung**« bzw. »**Ex-Kommunikation**« der Problematik führen kann (siehe auch Seite 165 und 169).[234]

Ein häufig berichtetes Resultat der Gruppendynamik scheint nicht recht ins Bild der Gruppenkonformität zu passen: Ein Gruppenurteil zeigt meist eine extremere Tendenz als der Durchschnitt der Einzelurteile, welche vor Beteiligung an der Gruppenentscheidung gefällt wurden. Zudem spiegelt sich diese Verschiebung zu den Extremen in den Urteilen wider, welche die Einzelnen nach der Gruppenentscheidung wiedergaben. Dieses Phänomen, die **Extremisierung** von Einstellungen durch Gruppeninteraktion oder der **Gruppenpolarisierungseffekt**, wurden in einer Reihe von Situationen nachgewiesen, in denen es um das Fällen von Urteilen ging. Besonders interessant sind dabei Entscheidungssituationen, die mit Risiken behaftet sind. Sofern die Gruppenmitglieder bereits zu einer risikofreudigen Entscheidung neigen, wird die Gruppendiskussion die Risikobereitschaft noch weiter erhöhen. Neigen die einzelnen dagegen zur Vorsicht, so

---

[233]   Vgl. Hardman, http://www.hardman.at/psychophilo/content/psycho/ sozialpsychologie.html, 29.10.2002.

[234]   Vgl. Bourne & Ekstrand, (1992), Seite 424.

wird die Gruppendiskussion zu einer Absenkung der Risikobereitschaft führen. In der Fachliteratur werden verschiedene Erklärungen für diese Beobachtung diskutiert:

- „Eine geht davon aus, daß Menschen, die extreme Positionen bevorzugen, oft auch die Anführer einer Gruppe sind, sich stärker an ihr beteiligen, eine größere Rolle in ihr spielen und bei einer gemeinsamen Entscheidung andere Mitglieder eher überzeugen können. Haben diese Radikalen also größeren Einfluß auf die Gruppe, so folgt daraus, daß nach der Diskussion der Frage die Gruppe als Ganzes eine extremere Position einnehmen wird. Doch für diese Erklärung des Polarisierungseffektes gibt es wenige schlüssige empirische Belege. Es ist denkbar und sogar wahrscheinlich, daß die Gruppenmitglieder unterschiedlich leicht von einer Position zu überzeugen sind und dies zur Polarisierung der Gruppenmeinung beiträgt. Doch Sozialpsychologen gestehen zu, daß dies nicht der Haupt-, geschweige denn der einzige Grund für die Polarisierung von Einstellungen durch Gruppeninteraktion sein kann.

- Eine zweite Erklärung scheint dem Phänomen besser gerecht zu werden: **Extreme Standpunkte** zu einer Frage verschaffen ein **höheres Prestige** als »gewöhnliche« Standpunkte. Wird eine Entscheidung in einer Gruppensituation diskutiert, so gewinnt diese gesellschaftliche Norm an Gewicht für uns. Wir hegen nämlich die Überzeugung, daß man einen klaren Standpunkt in einer Sache haben sollte, und bilden uns insgeheim ein, daß wir selbst ein bißchen über dem »Durchschnitt« liegen, da wir eher als andere bereit seien, klar Stellung zu beziehen. Doch wenn wir dann beim Vergleich mit anderen Gruppenmitgliedern merken, daß unsere Ansichten nur »Durchschnitt« sind, versuchen wir unser Selbstbild zu wahren, indem wir unseren Standpunkt in die eine oder andere Richtung radikalisieren.

- E. BURNSTEIN und A. VINOKUR haben eine dritte Erklärung für die Extremisierung von Einstellungen durch Gruppeninteraktion vorgeschlagen. Sie sehen die Gruppendiskussion als Situation, in der es **vorrangig um das Überzeugen der anderen** geht. Argumente werden vorgetragen, die sie vom Wert eines bestimmten Standpunktes überzeugen sollen. Gibt es mehr Argumente für eine riskante als für eine vorsichtige Entscheidung, so wechseln die Gruppenmitglieder zu risikofreudigeren Standpunkten über. Umgekehrt wächst ihr Sicherheitsbedürfnis, wenn die Argumente zugunsten der Vorsicht überwiegen, BURNSTEIN und VINOKUR legen Daten vor, die tatsächlich darauf hinweisen, daß das Verhältnis von risikofreudigen zu sicherheitsorientierten Argumenten eng mit dem sich in der Gruppe vollziehenden Einstellungswechsel verknüpft ist.

Diese drei Erklärungen der Einstellungsextremisierung schließen einander nicht aus; alle beschriebenen Mechanismen tragen vermutlich gemeinsam, wenn auch nicht zu gleichen Teilen, zu dem Phänomen bei.“ [235]

Gruppendynamische Effekte treten besonders häufig dann auf, wenn die Mitglieder eine »**Bedrohung**« von »**außen**« verspüren, z. B. durch den Verlust von Privilegien und Macht im Zusammenhang mit Umstrukturierungsmaßnahmen (Stichwort Change Mana-

---

[235]   Bourne & Ekstrand, (1992), Seite 426.

gement). Wird die entstehende »subjektive« Frustration nicht rechtzeitig kanalisiert, so kommt es häufig zu einer unkontrollierten Entladung der Aggression, die vielfach in Mobbinghandlungen gegenüber einzelnen Mitgliedern der Gruppe oder der übergeordneten Organisation führen (siehe auch das Kapitel zu den gruppendynamischen Ursachen von Mobbing auf Seite 200).

3.6   »Lob« als Führungsmittel

In seinem Buch »Spiele der Erwachsenen« schreibt ERIC BERNE zum Thema »**Reiz-Hunger**«: „Man kann also eine biologische Kettenreaktion postulieren, die von emotionaler und sensorischer Deprivation über Apathie zu degenerativen Veränderungen und schließlich zum Tode führt. In diesem Sinne steht der Reiz-Hunger im gleichen Bezug zum Überleben des menschlichen Organismus wie der Hunger nach Nahrung.“[236] Eine wesentliche Ursache steigender Gewalt in unserer Gesellschaft wird in dem Umstand vermutet, dass es in unseren heutigen Gesellschaftsstrukturen schwieriger für den Einzelnen geworden ist, Anerkennung zu erhalten. Diese Menschen, die sich als Verlierer fühlen, kompensieren häufig die fehlende Anerkennung mit »Sieg« durch Gewalt.[237]

Zuwendung ist für das menschliche Leben gleichermaßen **unentbehrlich** wie zum Beispiel Essen, Trinken und Obdach. Dennoch wird diese Aufgabe sowohl im Führungsalltag als auch in der Fachliteratur stark vernachlässigt. So schreiben KURT FEMPEL (ehem. Personalvorstand Porsche AG) und ERNST ZANDER (Hrsg. der Zeitschrift »Betriebsverfassung und Recht«) in ihrem Buch »Praxis der Personalführung« neun Seiten zum Thema »Kontrolle, Konfliktlösung und Sanktionskultur«, jedoch nur einen Satz zu dem Stichwort »Lob«: „Loben Sie daher auch einen Mitarbeiter, wenn er eine Aufgabe gut gemacht hat.“[238] Diese »bedingte« positive Zuwendung schränken die Autoren bezeichnenderweise in dem folgenden Satz gleich wieder ein: „Hoffentlich gehören Sie nicht zu den Führungskräften, die einen Mitarbeiter auch dann loben, wenn dieser seine Aufgabe weniger gut oder gar schlecht gemacht hat.“[239] Hier spiegelt sich eine bei Führungskräften weit verbreitete Grundhaltung wider: »Sei sparsam mit dem Führungselement »Lob«, sonst verliert es seine Wirkung«.

Eine hierzu extrem gegensätzliche Position vertritt ARTHUR L. WILLIAMS. Er gründete die »A. L. Williams-Lebensversicherung«, welche in einem Zeitraum von zehn Jahren zur weltweit größten Lebensversicherung avancierte. In seinem Buch »Prinzip Gewinnen« schreibt er zwölf Seiten zum Thema »Lob«. Er führt aus: „**Echtes Lob ist eine der stärksten Formen der Motivation**. ... Ich glaube, zur guten Behandlung von Menschen

---

236   Berne, (1999) Seite 13.
237   Vgl. von Cube, (1993) Seite 157 bis 161.
238   Fempel & Zander, (2001), Seite 59.
239   Fempel & Zander, (2001), Seite 59.

gehört auch, daß sie sich bei der Arbeit wohl fühlen. Am besten erreicht man das, indem man die positiven Dinge belohnt, statt sich bei den von ihnen begangenen Fehlern aufzuhalten. ... Jeder hört gerne ein Lob für eine gut durchgeführte Arbeit. Fangen Sie an, jemanden für erfolgreiches Verhalten zu loben, möchte er die gleiche Anerkennung noch einmal hören. Er bemüht sich, jene Handlungen zu wiederholen, die ihm zu solch einem schönen Gefühl der Leistung verhalfen. ... Man braucht kein Universitätsdiplom, um etwas von der menschlichen Natur zu wissen und zu lernen, wie man den Menschen Selbstvertrauen gibt. ... Die Menschen werden so, wie man es von ihnen erwartet. ... Wollen Sie jemanden für etwas loben, das er richtig gemacht hat, ist es großartig, wenn Sie es ihm sagen, aber noch großartiger ist es, wenn Sie es ihm in der Gegenwart anderer sagen. Für die Menschen, die Sie loben, ist es noch viel angenehmer, und für die Zuhörer bedeutet es Motivation, alles zu tun, um ebenfalls gelobt zu werden. ... Geben Sie den Menschen eine Erinnerung an Ihre Anerkennung, etwas, was sie mit nach Hause nehmen können. Nicht auf die Kosten oder die Größe der Belohnung kommt es an, sondern auf die Anerkennung. ... **Wer Menschen zu leiten versteht, teilt seinen Erfolg stets mit seinen Mitarbeitern.** ... Ein wahres Lob muß einfach spontan sei. Man kann sich nicht vornehmen: »Ja, ich will sie einmal in der Woche loben.« Man muß einen echten Grund finden, um sie loben zu können. Haben Sie keine Angst vor Übertreibungen. Man kann seine Angestellten nie zuviel loben. Halten Sie ein gutes Wort für die Menschen bereit, jedesmal, wenn Sie ihnen begegnen, und lassen Sie sie wissen, wenn Ihnen etwas auffällt, was sie gut gemacht haben. ... Ich weiß, daß es eine Herausforderung sein kann. Manchmal muß man schon sehr genau hinsehen, um etwas Lobenswertes zu finden. Aber Sie werden es herausfinden, denn jeder hat gute Eigenschaften. ... Lob muß ernstgemeint sein und aus dem Herzen kommen. Wenn Sie die Menschen wirklich mögen und Ihnen etwas an ihnen liegt, bauen Sie keine geheuchelte Beziehung auf. ... Ein Vorgesetzter begeht oft den grundsätzlichen Fehler, die Menschen ändern zu wollen. ... Wer Negatives sucht, entwickelt eine kritische, stets tadelnde Einstellung. Solange man nicht die Fähigkeit entwickelt hat, das Positive zu sehen, kann man auch keine produktive Beziehung aufbauen. ... Man kann sich das Positive nicht nur gelegentlich herausgreifen, sondern man muß es konsequent jeden Tag und immer wieder suchen, bis es eine feste Angewohnheit geworden ist.“[240]

Zur »anderen« Seite des Lobs schreibt WILLIAMS: „Kritisieren Sie niemanden, wenn er etwas nicht gut gemacht hat. ... Man wird nie eine Mannschaft aufbauen, noch wird man je gewinnen, wenn man Menschen kritisiert. Sie können ihnen neunundneunzig positive Dinge und eine negative Sache sagen, und sie erinnern sich stets nur an die negative. ... Wenn ich davon spreche, nie jemanden zu kritisieren, höre ich immer wieder den Einwand: »Aber Art, wenn Sie nicht kritisieren, wie zeigen Sie den Menschen, daß sie etwas falsch gemacht haben? Manchmal muß man etwas tun!« Richtig. Manchmal handelt jemand tatsächlich in einer Weise, die der Mannschaft oder dem Geschäft abträglich ist. Man muß ihm zu verstehen geben, daß man seine Handlungen nicht billigt. Oder man muß ihm zu verstehen geben, daß seine Leistung nicht den Erwartungen entspricht. Aber das kann man auch, ohne zu kritisieren. Damit meine ich »die andere Seite des Lobs«.

---

240   Williams, (2000), Seite 151 bis 159.

So, wie die Menschen fast alles unternehmen, um von Ihnen gelobt zu werden, fällt es ihnen auf, wenn sie kein Lob erhalten. Wenn jemand in Ihrem Team nachläßt oder schlechte Arbeit leistet, loben sie jemand anders, statt die betreffende Person zu kritisieren. Mit dem Lob ist es wie mit der Liebe: Man kann nie genug davon bekommen, und wenn jemand sie zurückzieht, ist das nur schwer zu verkraften. ... Das Zurückhalten von Lob ist zehnmal wirksamer als Kritik."[241]

Im Rahmen der Transaktionalen Analyse werden folgende Ausprägungen der Zuwendung unterschieden:[242]

1. **Unbedingte** (bedingungslose) **positive Zuwendung**, welche sich in Aussagen widerspiegelt wie zum Beispiel:
    »Schön, dass Sie aus dem Urlaub zurück sind.« oder
    »Ich freue mich, dass Sie zu uns gehören.« oder
    »Schön, dass es Sie gibt.«.

2. **Bedingte** (verhaltensbezogene) **positive Zuwendung**, welche sich in Aussagen widerspiegelt wie zum Beispiel:
    »Ausgezeichnet, wie Sie die Aufgabe gelöst haben.« oder
    »Danke für Ihre Unterstützung in dieser Angelegenheit.« oder
    »Wenn Sie sich weiterhin so anstrengen, dann werden Sie mühelos Ihren Bonus erreichen«.

3. **Bedingte** (verhaltensbezogene) **negative Zuwendung**, welche sich in Aussagen widerspiegelt wie zum Beispiel:
    »Der Kunde ist sehr unzufrieden, was haben Sie da wieder gemacht?« oder
    »Ich bin sehr enttäuscht, dass Sie mich in dieser Angelegenheit nicht unterstützt haben.« oder
    »Nicht schlecht, wenn es Ihnen dieses Mal gelänge, den Auftrag zu erhalten.« oder
    »Noch so ein Fehler und der nächste Erste wird Ihr letzter sein.«.

4. **Unbedingte** (bedingungslose) **negative Zuwendung**, welche sich in Aussagen widerspiegelt wie zum Beispiel:
    »Meyer, gehen Sie mir aus den Augen.« oder
    »Sie sind wirklich das Allerletzte.« oder
    »Ich mag Sie nicht.« oder
    »Bedauerlich, dass es Sie gibt.«.

Die bedingungslose **positive Zuwendung** mit der Grundposition »Ich habe euch alle gern« ist **in unserem Kulturkreis wenig verbreitet**. Gefühle und Emotionen zu zeigen, wird den Menschen bereits in jungen Jahren systematisch abtrainiert. Selbst wenn Sie als Führungskraft dieses Gefühl empfinden und gerne ausleben würden, so käme es den

---

241   Williams, (2000), Seite 160f.
242   Vgl. Schlegel, (1993), Seite 405 bis 408.

meisten Mitarbeitern aufgrund der fehlenden (positiven) Lebenserfahrung »ungewohnt« oder gar »fremdartig« vor. Die meisten Ihrer Mitarbeiter wären wahrscheinlich emotional »überfordert«. Die bedingungslose Zuwendung kann daher meines Erachtens - zumindest in unserem Kulturkreis - allenfalls das Ergebnis eines allmählichen Entwicklungsprozesses sein. Holen Sie Ihre Mitarbeiter dort ab, wo diese sich zur Zeit emotional befinden und laden Sie sie ein, den Entwicklungsprozess gemeinsam mit Ihnen zu vollziehen.

Die »**bedingungslose positive Zuwendung**« ist eine Ausdrucksform der auf Seite 37 beschriebenen Lebensanschauung »Ich bin o.k. - du bist o.k.«. Fällt es Ihnen und/oder Ihren Mitarbeitern schwer, diese Grundposition zu verbalisieren, dann stehen Ihnen andere Kommunikationskanäle hierfür zur Verfügung: zum Beispiel Mimik, Gestik, Körperhaltung oder Taten (beispielsweise ein Blumenstrauß ohne konkreten Anlass). Führen Sie mit Ihren »Emotionen« und vertrauen Sie auf Ihre Intuition. Diese Sichtweise fördert einen partnerschaftlichen Prozess, der das menschliche Miteinander erleichtert, wodurch alle Beteiligten einen positiven Nutzen erfahren.[243]

Die »**bedingungslose negative Zuwendung**« ist meines Erachtens als Führungsinstrument völlig **ungeeignet**. Wie wollen Sie einen Mitarbeiter »führen«, d. h. eine Verhaltensänderung bewirken, wenn Sie ihm zu »verstehen« geben, dass Sie ihm seine »Existenzberechtigung« absprechen. Respektieren Sie andere Menschen mit ihren individuellen positiven und negativen Lebenserfahrungen und Sie respektieren sich selbst. Kein Mensch hat es »verdient«, dass Sie ihm die Lebensberechtigung absprechen. Vor diesem Hintergrund erscheint auch die »**bedingte negative Zuwendung**« als Führungsmittel **problematisch**: Eine Aussage wie zum Beispiel »Ich mag es nicht, wie Sie das gemacht haben« wird häufig von dem Empfänger unbewusst (gedanklich und emotional) in folgende Aussage umgedeutet: »Ich mag ... Sie nicht!«, was wiederum die Existenzberechtigung des Mitarbeiters in Frage stellt. Wie in den zuvor dargestellten Überlegungen von ARTHUR L. WILLIAMS erscheint es daher sinnvoller, die Kritik durch den Entzug der »bedingten positiven Zuwendung« zu verdeutlichen. Dieses gelingt Ihnen als Führungspersönlichkeit jedoch nur dann, wenn Sie das Führungsinstrument »Lob« regelmäßig einsetzen. Dem Mitarbeiter soll durch den Entzug positiver Zuwendung auf der einen Seite »bewusst« werden, dass etwas nicht stimmt, auf der anderen Seite können Sie auf diesem Wege die oben genannte Fehlinterpretation Ihrer Mitarbeiter vermeiden.

Hinsichtlich des Führungsmittels »Lob« gibt es keine Patentrezepte. Beobachten Sie mit allen Ihnen zur Verfügung stehenden Sinnen. Stellen Sie Ihr Lob, Ihre Anerkennung und Zuwendung auf die individuellen Bedürfnisse des einzelnen Mitarbeiters ab.[244]

Eine interessante und für die Identifizierung des eigenen Referenzsystems hilfreiche Metapher beschreibt CLAUDE STEINER in seinem Buch »Wie man Lebenspläne verändert«:

[243] Vgl. Schlegel, (1993), Seite 407.
[244] Vgl. Birkenbihl, (2000), Seite 58f.

„Das Märchen von den Kuscheltüchern

Es war einmal eine Familie mit dem Vater Tim, der Mutter Maggy, dem Sohn John und der Tochter Lucy; sie lebten vor langer Zeit und waren sehr glücklich. Warum waren sie so glücklich? Zu der Zeit, zu der sie lebten, war alles ganz anders: Zu jener Zeit bekam jedes Kind bei seiner Geburt ein kleines, weiches Kuscheltuch-Beutelchen. In dem Beutelchen war, wann immer man hineingriff, ein schönes, warmes Kuscheltuch. Alle Leute mochten diese Kuscheltücher sehr gerne. Wenn man ein Kuscheltuch hatte, dann fühlte man sich gleich ganz warm und kuschelig. Leute, die nicht jeden Tag ihr Kuscheltuch bekamen, wurden schnell krank, begannen wie ein alter Apfel einzutrocknen, und schließlich mußten sie sterben. Aber damals war es ganz einfach, warme Kuscheltücher zu bekommen. Wenn man eines brauchte, dann ging man zu einem anderen Menschen und sagte: »Ich möchte gerne ein warmes Kuscheltuch haben!« Der andere griff dann in sein Beutelchen und zog ein Tüchlein hervor, so groß wie eine Mädchenhand. Kaum erblickte das kleine Tuch das Tageslicht, begann es zu lächeln und verwandelte sich in ein großes, weiches und warmes Kuscheltuch. Der eine legte es dem anderen dann auf die Schulter, auf den Kopf oder in den Schoß, und schon schmiegte es sich an und verschmolz mit dem Körper: Das war ein ganz wunderbares Gefühl! So erbaten sich die Leute häufig ein Kuscheltuch voneinander, und jeder gab gerne - es gab sie ja in Hülle und Fülle. So lebten sie alle glücklich, und ihnen war wohl.

Eines Morgens stand eine böse Hexe mitten im Dorf! Sie war böse geworden, weil niemand ihre Salben, ihre Pillen und Mixturen kaufen wollte. Die böse Hexe aber war schlau und dachte sich einen niederträchtigen Plan aus. Als Maggy gerade mit ihrer Tochter auf der Wiese beim Haus spielte, schlich sich die Hexe zu Tim und flüsterte ihm ins Ohr: »Sieh nur, Tim, was Maggy macht! Sieh nur, sie gibt all die schönen Kuscheltücher der kleinen Lucy. Wenn sie so weitermacht, dann wird bald keines mehr für dich übrig bleiben, weil sie sie alle der kleinen Lucy gegeben hat!«

Tim war erstaunt. Er schaute die Hexe an und sprach: »Soll das heißen, daß das Kuscheltuch-Beutelchen eines Tages leer sein könnte? Ist denn nicht immer, wenn man hineinlangt, ein neues, warmes Kuscheltuch darin?«

Da sprach die Hexe: »Oh, nein, keineswegs! Wenn sie ausgehen, dann ist keines mehr da. Das letzte wird das letzte sein!« - sprach's, schwang sich auf ihren Besen und flog davon. Ihr Kichern und Triumphgeheul ließ noch lange Zeit die Luft erzittern.

Die Worte der Hexe begannen sich in Tims Herz einzufressen, und wann immer Maggy jemand anderem ein warmes Kuscheltuch gab, sah er es mit scheelem Blick. Er begann sich Sorgen zu machen, weil er die warmen Kuscheltücher seiner Frau so gerne mochte und nicht auf sie verzichten wollte. Er fand es nicht recht, daß Maggy alle ihre warmen Kuscheltücher den Kindern und sogar Fremden im Dorf gab. Immer wenn er das sah, begann er zu klagen, und weil Maggy ihn sehr liebte, wurde sie sparsamer mit ihren Kuscheltüchern und hob sie für ihn auf.

Als die Kinder das sahen, dachten sie bei sich: »Mit warmen Kuscheltüchern muß man sparsam sein! Man darf sie nicht bei jeder beliebigen Gelegenheit verschenken!« So wurden auch die Kinder sparsamer mit ihren Kuscheltüchern. Von nun an beobachteten sie ihre Eltern mißtrauisch; und wenn sie fanden, daß ihre Eltern zu viele Tüchlein an andere Leuten gaben, dann klagten und schimpften sie, und wenn sie selbst einmal großzügig waren, dann hatten sie gleich ein schlechtes Gewissen. Obwohl sie immer, wenn sie in das Beutelchen griffen, ein neues, schönes und warmes Kuscheltuch haben konnten, griffen sie immer seltener in das Beutelchen.

Sie wurden geiziger und geiziger. Nach kurzer Zeit begannen die Leute zu frieren und sich ungemütlich zu fühlen. Sie begannen zu frösteln und zu verschrumpeln, und einige von ihnen starben sogar, weil sie schon so lange kein warmes Kuscheltuch mehr bekommen hatten. So gingen immer mehr Menschen zum Haus der Hexe und kauften Salben und Pillen und kleine Fläschchen mit Elixier, obgleich sie schnell merkten, daß das Zeug wenig half.

Das Leben im Dorf wurde immer elender und beschwerlicher. Als die Hexe sah, daß immer mehr Menschen starben, erdachte sie einen neuen Plan; denn sie wollte ja nicht, daß die Leute alle sterben - wer hätte sonst noch ihre Salben und Pillen und Elixiere gekauft? Sie gab also allen Leuten noch ein zweites Beutelchen. Die waren den alten Beutelchen ganz ähnlich, nur - sie waren kalt, und wenn man hineingriff, so fand man darin kalte Nesselfetzen. Von diesen kalten Nesselfetzen wurde den Menschen nicht mehr warm und wohlig, sondern kühl; sie bekamen eine unangenehme Gänsehaut davon. Die kalten Nesselfetzen hinderten sie zwar am Schrumpeln und Sterben, aber ihnen wurde kalt und schauderhaft zumute. Sprach nun einer seinen Nachbarn an und bat um ein warmes Kuscheltuch, dann dachte der Nachbar bei sich, daß er keine hergeben mochte, und sprach: »Ein warmes Kuscheltuch kann ich dir nicht geben, aber möchtest du nicht einen meiner kalten Nesselfetzen?« So standen sie oft beieinander, dachten in ihrem Innersten an die warmen Kuscheltücher und gaben sich schließlich die kalten Nesselfetzen. So starben nur noch wenige Menschen, aber die meisten waren unglücklich, kalt und frostig geworden.

Seitdem die Hexe im Dorf aufgetaucht war und die warmen Kuscheltücher immer seltener geworden waren, wurde das Leben immer beschwerlicher und komplizierter. Die warmen Kuscheltücher, die es vormals so reichlich gab wie die Luft zum Atmen, wurden nun teuer gehandelt. Die Leute taten alles mögliche, um eines zu bekommen. Früher hatten sie einfach beieinandergestanden, zu dritt, zu viert, zu fünft, und keiner hatte darauf geachtet, wer wem ein Kuscheltuch gab. Aber nun begannen sie die Kuscheltücher einzuteilen. Es gab nicht mehr jeder jedem, sondern sie schlossen sich zu Paaren zusammen, die sich nur noch gegenseitig mit den Kuscheltüchern versorgten. Vergaß jemand diese neue Regel und gab ein echtes Kuscheltuch an jemand anderen, dann bekam er schnell ein schlechtes Gewissen, weil er ja wußte, daß »sein« Partner nun Mangel leiden mußte. All die Menschen, die keinen anderen für sich finden konnten, mußten ihre warmen Kuscheltücher für teuer Geld kaufen und dafür lange Stunden hart arbeiten.

Einige wenige Menschen im Dorf wurden als etwas »Besonderes« angesehen und berühmt; ihnen gab man viele Kuscheltücher, und sie mußten sie nicht zurückgeben. Diese Leute sammelten die Kuscheltücher und verkauften sie an weniger berühmte Menschen, die sie zum Überleben ja brauchten.

In der allgemeinen Not geschah es, daß einige Leute die kalten Nesseltücher färbten und ihnen das Aussehen von warmen Kuscheltüchern gaben. Die falschen Kuscheltücher kamen in Umlauf und brachten neue Not über die Menschen. So geschah es zum Beispiel, daß sich zwei Menschen begegneten und in liebevoller Absicht mit den - falschen - Kuscheltüchern beschenkten; danach fühlten sie sich dann ganz elend. Die Menschen wußten schließlich gar nicht mehr, woran sie waren: sie konnten die falschen von den echten Kuscheltüchern nicht unterscheiden und wurden unsicher.

Das einst so schöne Leben im Dorf war eine rechte Last geworden und alles nur, weil die böse Hexe sie glauben gemacht hatte, daß die schönen warmen Kuscheltücher eines Tages ausgehen könnten.

Vor nicht allzu langer Zeit erschien in dem Dorf eine junge Frau. Sie war im Sternzeichen des Wassermannes geboren und fiel allen auf, weil sie Blumen im Haar trug und oft sehr fröhlich über die Wiesen des Dorfes hüpfte. Sie kümmerte sich nicht um die böse Hexe und war mit ihren warmen Kuscheltüchern ganz freizügig. Sie gab sie jedem - ja, man mußte sie noch nicht einmal darum bitten. Die Bewohner des Dorfes nannten sie »die Blumenfrau« und verachteten sie, weil sie die Kinder dazu verleitete, mit den Kuscheltüchern verschwenderisch umzugehen. Die Kinder mochten die Blumenfrau sehr gerne. Sie fühlten sich wohl in ihrer Nähe und geizten nicht mehr mit ihren Tüchlein.

Die Erwachsenen des Dorfes taten sich zusammen und machten ein Gesetz, das die Kinder davor bewahren sollte, die warmen Kuscheltücher zu vergeuden. Das Gesetz verbot den unkontrollierten Verkehr mit Kuscheltüchern und bedrohte all die mit Strafe, die ohne eine besondere Erlaubnis Kuscheltücher hervorzogen. Aber viele Kinder hielten sich nicht daran; sie waren weiterhin freizügig und scherten sich nicht um das Gesetz. Weil es so viele Kinder gab, fast so viele wie Erwachsene, sah es so aus, als ob die Kinder ihre eigenen Gesetze machten.

Wie es nun weitergeht? Das ist schwer zu sagen. Werden die Eltern ihre unfolgsamen Kinder unter ihr Gesetz zwingen? Werden sie sich der Blumenfrau anschließen und zusammen mit ihren Kindern wieder so freizügig leben wie in alten Tagen?“[245]

---

[245]   Steiner, (1993) Seite 125 bis 128.

3.7 »Coaching« als Führungsmittel

3.7.1 Begriffbestimmung

Für den Begriff Coaching existieren in der Fachliteratur eine Vielzahl unterschiedlicher Definitionen. In Anlehnung an MEINHARDT & WEBER wird im Folgenden unter Coaching ein Beratungs- und Entwicklungsprozess verstanden, bei dem eine Führungskraft durch **zielgerichtetes Fragen bei dem Mitarbeiter eine innere Klärung** bewirkt. Ein dauerhaftes Entwicklungsziel ist dabei die Hilfe zur Selbsthilfe.[246] Eine Führungskraft oder ein externer Berater wird hier als Coach und ein Mitarbeiter oder eine Mitarbeitergruppe als Coachee bezeichnet.[247]

Coaching **zielt auf das Entwicklungspotential**. Genaues Augenmerk wird dabei auf den Einstellungs- und Verhaltensbereich gelegt, damit eine kontinuierliche Leistungsverbesserung möglich wird. Im betrieblichen Zusammenhang steht die Aufgabenbewältigung im Vordergrund. Das bedeutet, dass alle Maßnahmen im Coaching dazu dienen, den Mitarbeiter kompetent handeln und entscheiden zu lassen. Durch die Form der Erarbeitung soll der Coachee nicht nur die Lösung für einen konkreten Fall erlangen, sondern Prinzipien erkennen, die er selbständig auf vergleichbare Situationen anwenden kann. Der Coach ist nicht derjenige, der die Antworten vorgibt, sondern Antworten fördert. Ziel des Coaching ist es, dass der Coachee die Lösungen für seine Probleme selbst findet.[248] Damit das Coaching erfolgreich verlaufen kann, muss Vertrauen in die Kompetenz des Coachs vorhanden sein. »**Gegenseitiges Vertrauen**« und **Freiwilligkeit** sind wesentliche **Prinzipien** des Coachings. Freiwilligkeit bedeutet, dass die Initiative für alle Aktivitäten stets von dem zu coachenden Mitarbeiter ausgeht, der zudem jederzeit das Coaching unterbrechen oder beenden kann.[249] Zwischen den beteiligten Parteien werden klare Absprachen (Vertrag) geschlossen mit einem oder mehreren fest definierten Ziel(en). Aus Sicht der Transaktionalen Analyse kommt dem Coaching als Führungsinstrument eine besondere Bedeutung zu, da aufgrund der Freiwilligkeit die Gefahr relativ gering ist, dass sich die Kommunikationspartner in dem so genannten »Karpman-Dreieck« (siehe Seite 157) wiederfinden.

3.7.2 Anlässe für Coaching

Einer der häufigsten Anlässe für Coaching ist die (subjektiv) empfundene Überlastung des Mitarbeiters. Die in der Folge auftretende Minderung der Leistungsfähigkeit wird

---

[246] Vgl. Meinhardt & Weber, (2001), Seite 11f.
[247] Vgl. Hauser, (1991), Seite 212.
[248] Vgl. Wildenmann, (1996), Seite 136.
[249] Vgl. Meinhardt & Weber, (2001), Seite 11 bis 14.

vielfach begleitet von psychischen und körperlichen Beschwerden. Auch Schwierigkeiten in der Kommunikation mit Kollegen oder Kunden sind vielfach auslösendes Moment für das Coaching.[250] Es ist jedoch nicht nur in krisenhaften Situationen hilfreich. Ein weiterer möglicher Auslöser kann in dem Wunsch nach beruflichen Veränderungen liegen, sei es in der Karriereplanung oder in der Steigerung von Managementkompetenzen. Ein bestimmtes Karriereziel ist demnach erreicht, und eine weitere Entwicklung persönlicher und sozialer Perspektiven wird angestrebt.[251]

Coaching beschränkt sich nicht immer auf das einzelne Individuum sondern kann organisatorische Einheiten oder vollständige Organisationen umfassen. Hier nimmt Coaching in der Regel die Funktion einer ganzheitlichen Personalentwicklungsmaßnahme ein, bei der ein **Gruppen- oder Teamcoaching** erforderlich ist. Anlässe hierfür sind beispielsweise ökonomische Krisen, Krisen durch Umstrukturierungen oder Fusionen oder organisationsimmanente Krisen. Die strukturelle Veränderung kann zum einen aus der Organisation selbst hervorgehen, z. B. dem Wunsch nach flacheren Hierarchien. Zum anderen können aber auch Umweltveränderungen eine Korrektur der Strukturen nach sich ziehen. »Change Management« ist häufig mit Ängsten der Mitarbeiter verbunden, dass ihr erlangter Status verloren geht oder sich verändert. Organisationsimmanente Schwierigkeiten sowie Krisen bei Fusionen zweier Unternehmen sind oft mit einem Führungswechsel verbunden, der eine Auseinandersetzung mit den neuen Gegebenheiten erforderlich macht. Die Angst vor Veränderungen oder das Loslösen von traditionellen Normen bilden aus der kollektiven Sichtweise wesentliche Anlässe für Coaching.[252]

3.7.3   Der Coach

3.7.3.1   Allgemeine Vorbemerkungen

Eine Schwierigkeit stellt die Suche nach dem »richtigen« Coach dar. In diesem Zusammenhang ergibt sich die Frage, ob der Coach eine unternehmensexterne oder -interne Person sein soll. Das Prinzip der Freiwilligkeit impliziert, dass der Coach über einen jederzeit kündbaren Dienstvertrag an den Coachee gebunden wird. Dieses gilt bei einem Coaching zwischen Vorgesetztem und Mitarbeiter jedoch nur eingeschränkt. Der Mitarbeiter kann seinem Vorgesetzten nicht kündigen, wenn er schlecht »gecoacht« wird. Der Coach ist nicht vom Mitarbeiter abhängig, sondern eher umgekehrt. Dieses Argument spricht tendenziell für den Einsatz eines externen Coachs.[253]

Grundsätzlich gibt es für den Coach keine feste Berufsbezeichnung und daher auch keine vorgeschriebenen Qualifikationen, die er aufgrund einer Ausbildung erlangt haben

---

[250]   Vgl. Schreyögg, (1996), Seite 72 bis 87.

[251]   Vgl. Weßling / Barthe & Lubbers, (1999), Seite 37.

[252]   Vgl. Schreyögg, (1996), Seite 88 bis 91; Weßling / Barthe & Lubbers, (1999), Seite 37.

[253]   Vgl. Fischer, http://www.hrudifisch.de/html/coaching/COACHING.html#Anchor-4.1-23522, 15.11.2002.

sollte. Weil ein Coach aber wegen seiner verantwortungsvollen und komplexen Tätigkeit verschiedenste Eignungen besitzen sollte,[254] werden im Folgenden **personenspezifische** und **fachliche Anforderungen** näher erläutert.

Die folgende Abbildung veranschaulicht drei unterschiedliche Ansätze von Coaching:

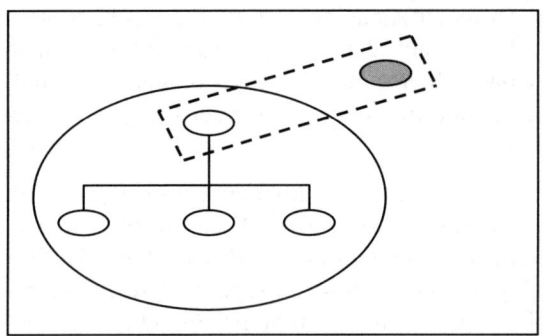

1. Coaching durch einen
   externen Berater

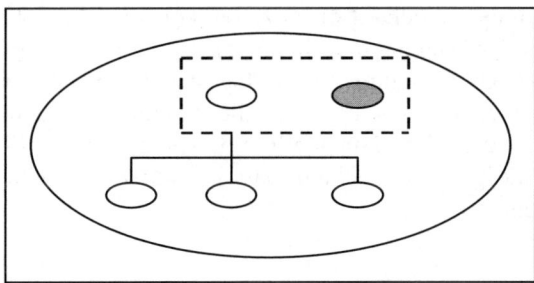

2. Coaching durch einen
   unternehmensinternen Berater

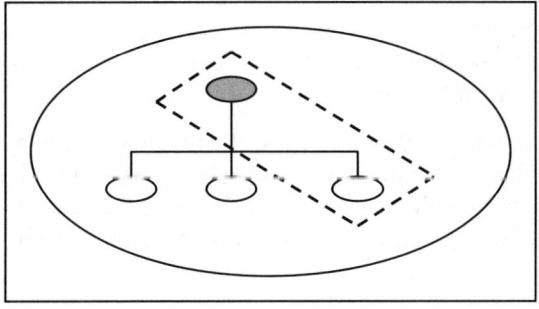

3. Coaching durch einen
   Vorgesetzten

Abbildung 20:   **Drei unterschiedliche Ansätze von Coaching**
                  Quelle: In Anlehnung an Hauser, (1991), Seite 215.

---

254   Vgl. Weßling / Barthe & Lubbers, (1999), Seite 40.

3.7.3.2 Personenspezifische Anforderungen

Die personenspezifischen Anforderungen bilden den Rahmen eines Coaching. Diese Eigenschaften des Coachs sollen dem Coachee den Einstieg in das Gespräch erleichtern und dazu beitragen, ein gewisses Gefühl von »Wohlbefinden« zu erzeugen. Da im Coaching-Gespräch vielfach sensible Themen aufgegriffen werden, muss der Coach in der Lage sein, schnell ein **Vertrauensverhältnis** aufzubauen. Aufgrund der sehr subjektiven Einschätzung solcher Eigenschaften lassen sich dennoch gewisse Anforderungen an den Coach stellen.[255] So sollte der Coach über fundierte psychologische Grundkenntnisse verfügen; er sollte erkennen, wann und in welcher Form der Coachee Unterstützung benötigt.[256]

Um das gewünschte Vertrauen aufbauen zu können, ist es für den Coach vorteilhaft, über eine **breite Lebens- und Berufserfahrung** zu verfügen. Diese ermöglicht dem Coach, auf verschiedene berufliche Situationen zu reagieren und den Dialog zwischen sich und der gecoachten Person erfolgreich gestalten zu können. Eine weitere erforderliche Anforderung, die an den Coach gestellt wird, ist eine positive persönliche Ausstrahlung. Diese Eigenschaft ist erforderlich, um beim Coachee ein Gefühl des Wohlbefindens auszulösen und ihn in seinen Stimmungsschwankungen zu begleiten. Trotz allem muss der Coach sich von diesen Schwankungen jederzeit distanzieren können, um nicht das Anliegen des Coaching-Gesprächs aus den Augen zu verlieren. Hier ist ein gewisses Maß an **Selbstreflektion** erforderlich. Da das Coaching im Dialog stattfindet, ist das **Verstehen** und Verarbeiten der Probleme ebenso wichtig, wie die Möglichkeit, dem Coachee **Anstöße** zu geben, eine Lösung zu finden. Hinsichtlich der personenspezifischen Anforderungen an den Coach ist häufig zu beobachten, dass entweder weibliche oder männliche Personen bevorzugt werden.[257]

3.7.3.3 Fachliche Qualifikationen

Der Bereich der fachlichen Qualifikationen ist nicht so subjektiv zu beurteilen wie beispielsweise die persönliche Ausstrahlung oder die rhetorischen Fähigkeiten des Coachs. Hier stehen klar definierbare Anforderungen an den Coach im Vordergrund. Nach SCHREYÖGG muss ein Coach **intellektuelle Flexibilität**, ein breites sozialwissenschaftliches Wissen sowie **passende Feldkompetenzen** besitzen.[258]

Unter intellektueller Flexibilität sind eine gute Auffassungsgabe, Sachkenntnis des zu bearbeitenden Themas und eine hohe Methodenkompetenz zu verstehen. Notwendig ist diese Eigenschaft, da die Themen im Coaching sehr vielfältig sein können. Unbefriedigend kann daher ein Coaching ablaufen, wenn der Coach bemerkt, dass er den Ge-

---

255   Vgl. Schreyögg, (1996), Seite 126.
256   Vgl. Roth / Brüning & Edler, (1995), Seite 211.
257   Vgl. Schreyögg, (1996), Seite 126 bis 129; Parak-Winkler , http://www.mds-network.com/ download/CoachingCurriculum.ppt+Coach+intellektuelle+Flexibilit%C3%A4t&hl=de&ie= UTF-8, 15.11.2002.
258   Vgl. Schreyögg, (1996), Seite 129.

sprächsinhalten der gecoachten Person nicht folgen und keine Hilfestellungen geben kann. Ebenso muss ein Coach über gesellschaftliche und betriebliche Zusammenhänge informiert sein, um mögliche Lösungen beurteilen zu können. Dieser weite Wissenshorizont wird durch das sozialwissenschaftliche Verständnis dargestellt. Letztlich sollte sich ein Coach immer die Frage stellen, ob er ausreichende Kenntnisse für ein Coaching besitzt. Die so genannten passenden Feldkompetenzen beschreiben diese Erfahrungen der einzelnen Arbeitsgebiete des Coachs. Ein guter Coach kennt aber seine Grenzen und weiß, dass er nicht jede Möglichkeit für ein Coaching nutzen kann.[259]

3.7.4 Varianten des Coachings

3.7.4.1 Einzelcoaching

Formal zeichnet sich das Einzelcoaching durch die alleinige Zusammenkunft zwischen Coach und Coachee aus. Bei dieser Interaktionsform mit zwei Beteiligten können sowohl persönliche als auch berufliche Themen bearbeitet werden. MEINHARDT und WEBER unterscheiden zwischen Fachcoaching und Beziehungscoaching:[260]

	Fachcoaching	Beziehungscoaching
Merkmale	- einfache bis komplizierte Sachverhalte - »objektive« Gegebenheiten - inhaltliche Alternativen	- komplexe bis sehr komplexe Sachverhalte - »subjektive« Einschätzung von Situationen - verhaltensbezogene Alternativen
Kompetenzen	- **Fachkompetenz** Das erforderliche Wissen und Können, um Fachaufgaben umfassend bewältigen zu können (z.B. theoretisches Wissen, Gründlichkeit, ...) - **Methodenkompetenz** Das Wissen und Anwenden von Methoden zur Aufgabenbewältigung (z.B. Arbeitsorganisation, Selbständigkeit, ...)	- **Sozialkompetenz** Die Fähigkeit, mit anderen zu kommunizieren und zu interagieren (z.B. Konfliktfähigkeit, Teamfähigkeit, ...) - **Individualkompetenz** Die Fähigkeit zur Selbstreflektion, das Erkennen von Stärken und Schwächen (z.B. Initiative, Motivation, ...)
Anwendungsbeispiele	Fachliche Entscheidungen treffen, neue Zusammenhänge herstellen, verschüttetes Wissen wieder aktivieren	Konflikte mit Mitarbeitern, Stress, Unsicherheit in wiederkehrenden Situationen, Motivationsprobleme

---

[259] Vgl. Schreyögg, (1996), Seite 129 bis 131.
[260] Vgl. Meinhardt & Weber, (2001), Seite 20.

Beim Fachcoaching geht es dabei um einfache bis komplizierte Sachverhalte und objektive Gegebenheiten. Des Weiteren entstehen Handlungsalternativen, das heißt, in welchen Situationen ist welche Entscheidung die richtige. Beim Beziehungscoaching hingegen steht der Mensch im Mittelpunkt. Sein Verhalten in der jeweiligen Situation wird betrachtet. Ein typischer Anlass ist beispielsweise das Verhandeln mit Kunden.[261]

Das Einzelcoaching weist jedoch nicht nur Vorteile auf. Als nachteilig ist hier die Vernachlässigung der Umwelt aus Sicht des Coachees zu sehen. Denn bei dieser Coaching-Form ist nur der Coach fähig, die Problemstellung in einen Gesamtzusammenhang zu bringen, da nur er die Informationen des Gecoachten besitzt.[262]

3.7.4.2 Gruppencoaching

Das Gruppencoaching ist eine weitere Variante des Coachings. Der Vorteil hier ist, dass die vorgebrachten Themen sofort eine große Bedeutung für alle Teilnehmer gewinnen, wenn zum Beispiel alle Gruppenmitglieder aus demselben Berufsfeld stammen und eine ähnliche Position innehaben. Der Grund ist darin zu sehen, dass die beruflich erlebten Situationen dann eine gewisse Ähnlichkeit aufweisen. Somit kann die Lösung eines konkreten Problems mit der ganzen Gruppe erarbeitet werden. Der **Lerneffekt** liegt folglich auch bei allen Teilnehmern und nicht wie beim Einzelcoaching nur bei einer Person. Zusätzlich erweitert sich durch die vielen eingebrachten Perspektiven aller Beteiligten der Horizont für die gesamte Gruppe.

Eine Problematik beim Gruppencoaching liegt aber in der Zusammenstellung der Gruppe. Welche Personen werden ausgewählt, wie groß sollte die Gruppe höchstens sein oder welche Themen können behandelt werden, sind typische Fragen, die für ein Gruppencoaching relevant sind.[263]

3.7.5 Äußerer Rahmen für Methodenanwendung

3.7.5.1 Rekonstruktion

Zur genauen Betrachtung der Ausgangslage dient die Phase der Rekonstruktion in einem Coaching-Gespräch. Der Coachee wird dazu eingeladen »seine Geschichte zu erzählen«.[264] Aus dieser Situation heraus ermittelt der Coach den momentanen Ist-Zustand des Coachees. Hier erfasst der Coach nicht nur die »Fakten«, sondern bekommt zusätzlich einen Einblick in die persönliche und berufliche Lage des Gecoachten. Des Weiteren erhält der Coach ein Gefühl für die Anteilnahme und gewinnt dadurch Vertrauen.

---

[261] Vgl. Meinhardt & Weber, (2001), Seite 18.

[262] Vgl. Rauen, (2001), Seite 55.

[263] Vgl. Schreyögg, (1996), Seite 208f; Teuber, http://www.loquenz.de/pdf/ue/coaching_fk.pdf, 03.11.2002.

[264] Vgl. Looss, (1997), Seite 103.

Die Geschwindigkeit des Vorgehens wird dabei vom Coachee bestimmt. Wenn er der Meinung ist, seinen Zustand vollständig beschrieben zu haben, kann der Coach damit beginnen, durch Hinterfragen Problemlösungen anzuregen.[265]

Die Phase der Rekonstruktion ist somit die Basis für den weiteren Verlauf im Coaching. SCHREYÖGG unterscheidet zwischen der szenarischen und der **multi-perspektivischen Rekonstruktion**.

Die szenarische Rekonstruktion erfüllt eine Doppelfunktion. Sie ist nicht nur für den Coachee, sondern auch für den Coach hilfreich. Der Gecoachte wird gebeten, sich nochmals in die Arbeitsszene zu versetzen und diese sprachlich sowie emotional aufzuarbeiten. Diese Methode führt dazu, dass das Erlebnis »lückenlos« zum Ausdruck gebracht wird. Auch werden die in der realen Situation unbewusst wahrgenommenen Eindrücke in der Rekonstruktion der vorher erlebten Szene nochmals hervorgerufen. Ein Coachee »sieht noch einmal die Szene mit ihren Elementen vor sich, er hört noch einmal was gesprochen wurde, er riecht vielleicht sogar noch einmal, was zu riechen war."[266]

Somit kann der Coach an dieser dargestellten Situation teilhaben. Dadurch versucht er, das Erlebte zu deuten und zu strukturieren, um möglichst bewusst zu intervenieren, zum Beispiel durch gezieltes Nachfragen.

Bei der multi-perspektivischen Rekonstruktion wird versucht, die erlebte Situation aus einer anderen Sichtweise darzustellen. Hier ist das Ziel, den Horizont des Coachees für neue Lösungsvorschläge zu erweitern, da das bekannte Blickfeld gegebenenfalls nicht mehr ausreichend ist. Gelingen kann dieses dann, wenn der Gecoachte seine ursprüngliche Ansicht zu dem Problem modifiziert oder in Frage stellt. Erst dann können veränderte Lösungsmöglichkeiten erarbeitet werden.[267]

3.7.5.2 Wirkungen im Coaching

Nach dem Abschluss der Rekonstruktion stellt sich im weiteren Verlauf die Frage, welche Wirkungen sich im Coaching ergeben können. Als spontane Wirkung werden die Veränderungen beschrieben, die sich von selbst ergeben können, ohne dass der Coach sie beabsichtigt. Der Grund dafür liegt in den »**Aha-Erlebnissen**«, welche die Coachee durch die detaillierte Wiedergabe erlangen. Für einen kurzen Zeitpunkt haben die Gecoachten somit eine Einsicht bekommen, die in Bezug auf die Problemstellung hilfreich ist. Gerade in krisenhaften Situationen besteht die Gefahr, dass sie in ihre alten Verhaltensmuster zurückfallen.

Andererseits werden gezielte Wirkungen unterschieden, bei denen Coachee und Coach Vereinbarungen für bestimmte Arbeitsbereiche treffen, bei denen Veränderungsarbeit

---

[265] Vgl. Roth / Brüning & Edler, (1995), Seite 208.

[266] Schreyögg, (1996), Seite 168.

[267] Vgl. Schreyögg, (1996), Seite 168 bis 171; Teuber, http://www.loquenz.de/pdf/ue/coaching_fk.pdf, 03.11.2002.

geleistet werden soll. Zentrale Voraussetzung dafür ist die Klärung der Ursprungssituation, damit der Coachee im Dialog neue Deutungs- und Handlungsmuster erkennt. Dieses neu erworbene Deuten und Handeln soll langfristig dazu führen, dass der Gecoachte vergleichbare Problemstellungen selbständig löst und nicht in alte Verhaltensmuster zurückfällt. Bei diesen gezielten Wirkungen werden **Zielvereinbarungen** zwischen Coach und Coachee getroffen. Zu berücksichtigen ist hier aber, auf welcher Bewusstseinsebene diese Vereinbarungen gemacht werden. Veränderungen können hier beispielsweise in rational greifbaren oder auch in psychischen Bereichen liegen. Somit müssen bei unterschiedlich betroffenen Ebenen jeweils eigene Zielvereinbarungen getroffen werden.[268] Umso näher der Bezug zum betriebswirtschaftlichen Sachverhalt gegeben ist, desto sinnvoller sind Zielvereinbarungen. Bei nicht-betriebswirtschaftlichen Situationen jedoch kann auch der Weg selbst ein Ziel des Coachings sein.[269]

3.7.5.3   Interaktionsstil im Coaching

Ein wesentliches Merkmal des Coachings ist die Interaktion. Im Coaching sind besonders folgende vier Komponenten bedeutsam:

- Wertschätzung,
- Symmetrie/Asymmetrie,
- Direktivität/Non-Direktivität und
- Authentizität/Zurückhaltung.

Die **Wertschätzung** beschreibt den Zustand der inneren Einstellung von Coach und Coachee untereinander. Ein erfolgreiches Coaching kann nur dann erfolgen, wenn sich beide Gesprächsparteien respektieren und ihr Gegenüber wertschätzen. Die Transaktionale Analyse von BERNE und HARRIS stellt diesen idealen Interaktionsstil mit »ich bin o.k. - du bist o.k.« dar (siehe Seite 37). Diese Grundeinstellung sorgt dafür, dass eine Übereinstimmung mit sich selbst und die Möglichkeit, anderen Menschen zu vertrauen, gegeben ist. Die Wertschätzung ermöglicht dadurch eine »Gewinner-Gewinner-Situation« im Coaching.[270]

Die Dimension der **Symmetrie/Asymmetrie** zeigt auf, inwieweit sich Coach und Gecoachter gleichberechtigt gegenüberstehen. Zu Anfang eines jeden Coaching stehen sich Coach und Coachee in der Regel symmetrisch gegenüber, da der Coachee durch die Rekonstruktion seine Problematik erklärt und der Coach aufmerksam zuhört. Im weiteren Verlauf können jedoch Asymmetrien entstehen, da bestimmte fachliche Besonderheiten durch den Gecoachten näher erläutert werden müssen. Das Ziel ist es, dass beim Endpunkt der Rekonstruktion die Symmetrie wiederhergestellt ist, damit die weitere **Entwicklung** des Coachings auf der gleichen Ebene stattfinden kann. Die Begriffe der **Direktivität** beziehungsweise **Non-Direktivität** zeigen die Einflussnahme des Coachs auf

---

[268]   Vgl. Schreyögg, (1996), Seite 172 bis 178.

[269]   Vgl. Looss, (1992), Seite 99.

[270]   Vgl. Hamann & Huber, (2001), Seite 93.

den Coachee auf. Der grundlegende Gedanke besteht darin, den Coachee nicht zu lenken, sondern ihn zu animieren, Potentiale zu entwickeln, sich selbst lenken zu lernen. In der vierten Dimension des Interaktionsstils geht es darum, inwieweit der Coach sich gegenüber dem Gecoachten offen äußert oder seine eigenen Meinungen und Gefühle zurückhält. Erforderlich ist es hier, ein gewisses Mittelmaß an **Zurückhaltung** oder Offenheit im Dialog zu entwickeln, da sonst wiederum Asymmetrien entstehen und den weiteren Verlauf des Coachings beeinträchtigen können.[271]

3.7.6   Ziele des Coachings

Unter den Zielen im Coaching versteht LOOSS grundlegend einen vorgedachten, gewünschten Endzustand. Dieser soll durch eindeutig abgrenzbare Größen, den Zielvorschriften, in einem bestimmten Zeitraum mit der gewünschten Ausprägung erreicht werden. Die Problematik beim Coaching liegt jedoch in der Festlegung dieser Zielformulierungen, da personenbedingte Arbeitsthemen behandelt werden und es somit häufig auch um so genannte »weiche« Faktoren geht. Bei diesen Faktoren, zum Beispiel Spannungsgefühle, Trauer oder Depression, die möglicherweise die physische oder psychische Situation des Coachees angreifen, dient das Coaching dem Abstellen der Symptome. Die Maßnahmen, die zur Abstellung ergriffen werden, spielen dabei aber eine untergeordnete Rolle. Hier ist der Weg das Ziel zur Problembewältigung.[272]

Ebenso wie bei den Anlässen für Coaching muss auch bei der Festlegung der Ziele differenziert werden. Zum einen besteht die Möglichkeit, Coaching als eine Form der **Personalentwicklung** anzusehen, mit dem Ziel, die beruflichen Qualifikationen des Einzelnen zu steigern. Speziell in diesem Zusammenhang sind Schlüsselqualifikationen wie Team-, Kooperations-, Konflikt- und Teamfähigkeit zu nennen. Sie haben gerade bei zunehmender Vernetzung von Abteilung und Unternehmen eine zentrale Bedeutung. Zum anderen sind aber auch Krisen Anlass für Coaching. Diese können zur erheblichen Einschränkung der Arbeitskraft führen. Ziel ist es hierbei, gemeinsam Lösungsansätze zu entwickeln.[273]

3.7.7   Das Coachinggespräch

Das Grundgerüst für Coaching bildet das Gespräch. Das bedeutet, dass **jede Coaching-Aktivität durch ein Gespräch begleitet wird**. Daher stellt sich in diesem Zusammenhang die Frage, welche Funktion Gespräche im Coaching erfüllen.

---

[271]   Vgl. Schreyögg, (1996), Seite 180 bis 184.
[272]   Vgl. Looss, (1997), Seite 96.
[273]   Vgl. Weßling / Barthe & Lubbers, (1999), Seite 44f.

Die erste und existenzielle Funktion besteht im Feststellen des aktuellen Anliegens, da dieses die Basis für den weiteren Verlauf darstellt. Das Thema für das Coaching wird benannt und verbal eingekreist.[274]

Nach diesem ersten Schritt gilt es nun herauszuarbeiten, in welchem Maß der Coachee von der zu behandelnden Thematik persönlich betroffen ist. Das Aufsuchen eines Coachs zeigt auf jeden Fall, dass er sich alleine nicht in der Lage sieht, das Problem zu lösen. Er erhofft sich von dem Dialog neue Perspektiven für seine Situation. Auch ist es hier von großer Bedeutung, welche Maßnahmen der Coachee zur Problembewältigung bereits ergriffen hat, da im weiteren Verlauf des Gespräches gemeinsam Zielvereinbarungen erarbeitet werden. Nachdem die Ist-Situation geklärt und der Weg bestimmt ist, den Coach und Coachee gemeinsam gehen wollen, besteht eine weitere wichtige Funktion des Gesprächs darin, adäquate Vorgehensweisen zu finden, welche die momentane Lage zielgerecht verändern können.[275]

Den Hauptbestandteil im Coaching bildet somit das Gespräch, in dem alle verbalen und non-verbalen Maßnahmen zur Kommunikation, wie beispielsweise Mimik, Gestik und Körpersprache, verankert sind. Die Sprache ist demnach das zentrale Instrument im Coachingprozess, durch das eine Problematik des Coachees gelöst wird. Da die Sprache aber ein sehr komplexes Medium ist, bedarf es einiger Vorkenntnisse, damit der Coach als professioneller Teilnehmer der Kommunikation mitwirken kann.[276] SCHULZ VON THUN beschreibt die menschliche Kommunikation als eine Übermittlung einer Nachricht vom Sender zum Empfänger, wobei die Nachricht mehrere Botschaften beinhalten kann. Dabei wird jedoch nicht festgelegt, wer Sender und wer Empfänger ist.[277]

Da Coach und Coachee im Gespräch Problemlösungen erarbeiten, sind beide Parteien jeweils Sender und Empfänger. Die folgenden Überlegungen basieren auf dem »Nachrichtenquadrat« (siehe Seite 56), welches SCHULZ VON THUN entwickelte: Neben dem sachlichen Inhalt enthält jede Botschaft immer einen Appell an den Empfänger. Hiermit ist beispielsweise die Aufforderung des Coachees (Sender) an den Coach (Empfänger) zur Unterstützung in einer bestimmten Situation gemeint. Weiterhin enthalten Botschaften immer Aussagen über sich selbst, das heißt, es werden Gefühlsäußerungen oder Wertungen getroffen. Dieses wird durch den Aspekt der Selbstoffenbarung beschrieben. Die Grundlage dafür stellt der **Beziehungsaspekt** dar, der die Frage umfasst, inwieweit der Sender in der Lage ist, sich dem Empfänger anzuvertrauen, um das Coachinggespräch führen zu können.[278]

Neben den verschiedenen Faktoren einer Nachricht ist aber auch zu berücksichtigen, dass es sich bei der Kommunikation um eine interaktive Angelegenheit handelt. Eine wesentliche Voraussetzung besteht darin, dass Sender und Empfänger von Nachrichten

---

274   Vgl. Schreyögg, (1996), Seite 218.

275   Vgl. Rauen, (2001), Seite 171; Schreyögg, (1996), Seite 218.

276   Vgl. Schreyögg, (1996), Seite 215.

277   Vgl. Schulz von Thun, (1995), Seite 30.

278   Vgl. Schreyögg, (1996), Seite 222.

als eine Einheit zu sehen sind. Sie fungieren beide gleichermaßen als Agierender und als Reagierender. Diese Wechselbeziehung ist im Coachinggespräch entscheidend, da einerseits das Verhalten des Coachees beobachtet werden kann, andererseits aber auch der Coach die Möglichkeit hat, das Gespräch positiv mitzugestalten.[279] Hierzu bedarf es einiger Handwerkszeuge:

- Feedback,
- aktives Zuhören und
- Fragen stellen.

Unter **Feedback** wird dabei die Rückmeldung an den Gesprächspartner zur Person und zum Verhalten bezeichnet. Dieses kann Lernchancen eröffnen und Missverständnisse zwischen Sender und Empfänger aus dem Weg räumen. So ist es hilfreich für den Empfänger, sich über die Bedeutung von Botschaften durch Rückmeldung zu vergewissern, ob er diese auch so verstanden hat, wie der Sender sie geäußert hat. Für den Verlauf einer Kommunikation ist es daher von großer Bedeutung, wie der Empfänger Botschaften des Senders interpretieren darf. Außerdem besteht die Möglichkeit, dass der Sender Korrekturen an seiner Aussage machen kann, die für das Verständnis entscheidend sind. Nach SCHREYÖGG erhält das Feedback zu Beginn eines Coachinggespräches eine wesentliche Funktion, da der Coach Anschluss an die Denk- und Handlungsstrukturen des Coachees finden muss. Wenn die Kommunikation eine flüssigere Form angenommen hat, wird das Feedback von sich aus reduziert, da auch die Verständnisprobleme im Laufe des Coachings abnehmen.[280]

Um aber die Möglichkeit zu haben, hilfreiches Feedback geben zu können, bedarf es des **aktiven Zuhörens**. Signalisiert wird dieses zum Beispiel durch Blickkontakt, Nicken oder Bestätigungen wie etwa »Ja« oder »Ja, ich verstehe«. Eine weitere Form des aktiven Zuhörens besteht in einer kurzen und knappen Präzisierung des Gesagten.

Daneben beschreiben MEINHARDT und WEBER ein typisches Element von Coachinggesprächen, welches durch das Prinzip »**fragen statt sagen**« ausgedrückt wird. Dieser Grundsatz besagt, dass diejenigen Lösungen, die durch das Antworten auf Fragen selbst gefunden werden, auch eine sehr hohe Wahrscheinlichkeit der Umsetzung haben. Zusätzlich tritt ein Lerneffekt ein, der es dem Coachee ermöglicht, Lösungen durch Überlegen und Erarbeiten zu bekommen. Die am besten geeignete Frageform ist in diesem Zusammenhang die der offenen Fragen, welche in der Regel mit einem Fragewort beginnen. Diese sind nicht mit einem Wort oder mit einer Zahl zu beantworten, sondern bringen das Gespräch, durch einen oder mehrere Sätze, voran.[281]

Die folgenden Abbildungen beschäftigen sich mit den Intentionen und Formulierungen offener Fragen.

---

[279] Vgl. Rauen, (2001), Seite 168; Schreyögg, (1996), Seite 224.

[280] Vgl. Schreyögg, (1996), Seite 230; Teuber, http://www.loquenz.de/pdf/ue/coaching_fk.pdf, 03.11.2002.

[281] Vgl. Meinhardt & Weber, (2001), Seite 30.

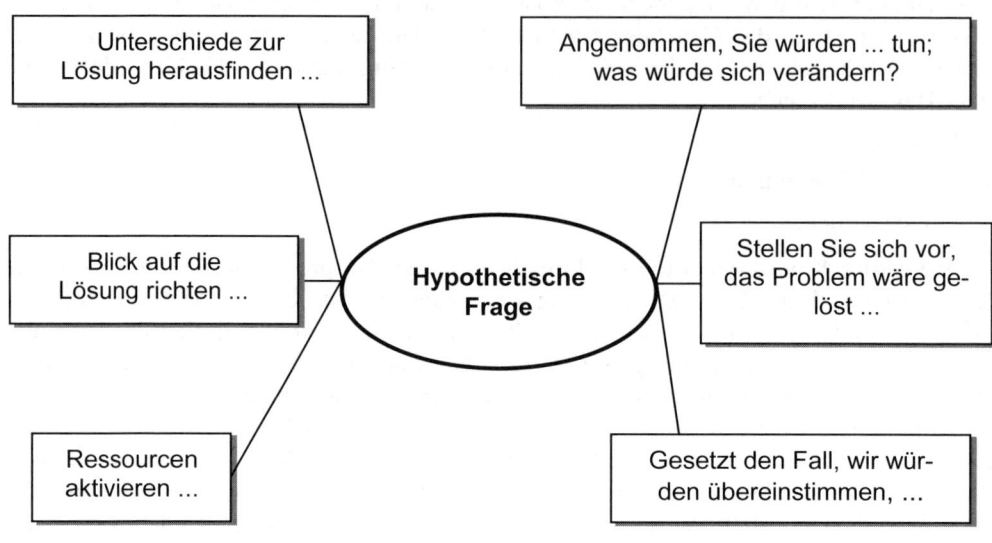

Abbildung 21:   **Intention und Formulierung hypothetischer Fragen**
                 Quelle: In Anlehnung an Wildenmann, (1996), Seite 178.

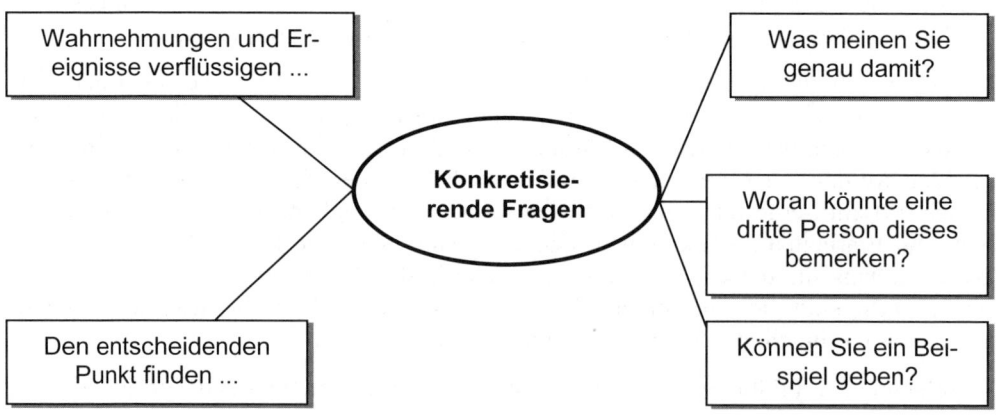

Abbildung 22:   **Intention und Formulierung konkretisierender Fragen**
                 Quelle: In Anlehnung an Wildenmann, (1996), Seite 178.

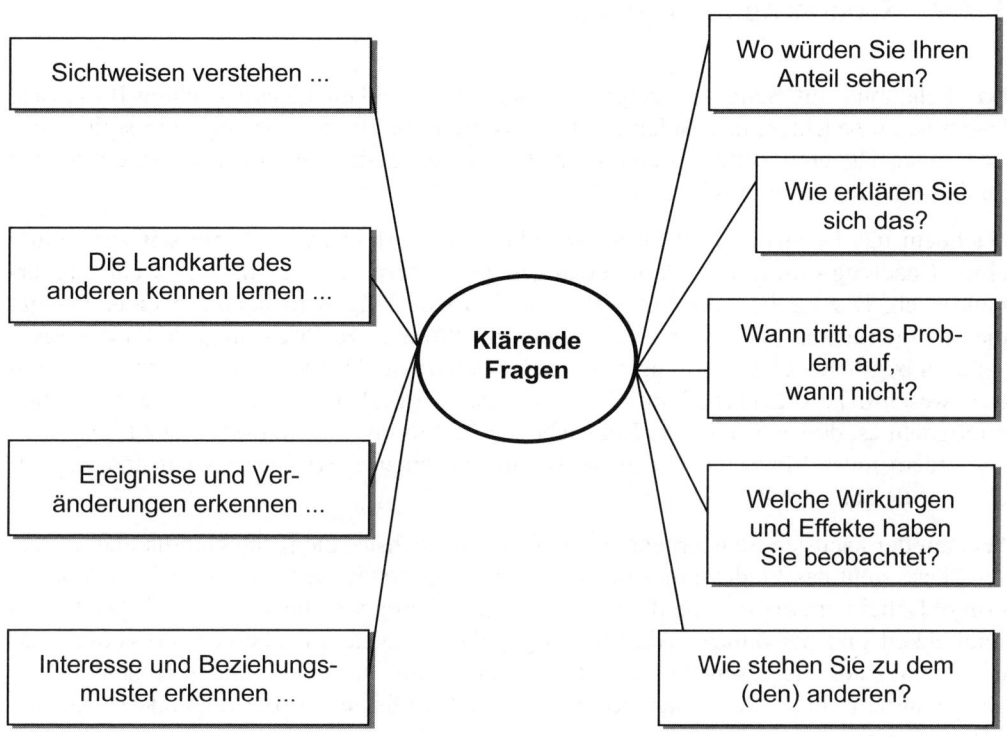

Abbildung 23:   **Intention und Formulierung klärender Fragen**
Quelle: In Anlehnung an Wildenmann, (1996), Seite 178.

3.7.8   Grenzen des Coachings

Der konzeptionelle Ablauf beinhaltet des Weiteren die Grenzen des Coachings. Da Coaching zwar auf die Veränderung von Verhaltensmustern abzielt und dadurch versucht, die momentane Situation zu ändern, darf es trotzdem nicht als Allheilmittel angesehen werden. Auch im Coaching sind die Grenzen klar definiert. Dazu gehören beispielsweise **psychische Störungen**, ausgeprägte Phobien oder Depressionen. Auch bei psychosomatischen Beschwerden oder Abhängigkeitserkrankungen, wie etwa Alkoholismus oder Medikamentensucht, muss der Coach wissen, wann die Grenzen seiner Kompetenz erreicht sind. In solchen Fällen sollte er dann dem Coachingnehmer die professionelle Psychotherapie empfehlen.[282]

---

[282]   Vgl. Weßling / Barthe & Lubbers, (1999), Seite 62.

3.7.9   Coaching als Prozess

Das Schaubild auf Seite 155 zeigt den möglichen Verlauf eines Coaching-Prozesses. Dabei ist zu beachten, dass solch ein Prozess nicht kurzfristig angelegt sein sollte, sondern einen längeren Zeitraum einnimmt. Es werden Zeiträume von circa einem Monat bis zu sechs Jahren unterschieden.[283]

Nachdem das Bedürfnis nach professioneller Hilfe offenbart wird, müssen zu Anfang eines Coaching-Prozesses Voraussetzungen geschaffen werden, die ein Coaching ermöglichen. Dazu gehört die Freiwilligkeit. Ein Coaching wird demnach einer Person, die sich momentan nicht in der Lage sieht ein Problem zu lösen, nicht aufgezwungen, sondern begründet eine Beratung aus eigenem Interesse. Des Weiteren ist die Diskretion eine wesentliche Eigenschaft im Coaching. Der vertrauliche Umgang mit den Inhalten ermöglicht es, dass sich eine um Rat suchende Person im Coaching-Prozess öffnen kann. Außerdem muss Vertrauen und gegenseitige Akzeptanz zwischen Coach und zu coachender Person vorhanden sein.[284]

Wie auf der nächsten Seite erkennbar ist, folgt als nächstes die Kontaktaufnahme. In dieser Phase steht das Finden eines geeigneten Coachs sowie das Erstgespräch im Vordergrund. Dabei wird geprüft, ob die oben genannten Voraussetzungen (Freiwilligkeit, Vertraulichkeit und persönliche Akzeptanz) gegeben sind. RAUEN beschreibt weiter, dass der Verlauf des Erstgespräches eine Schlüsselfunktion für den weiteren Coaching-Prozess einnimmt, da in den ersten Kontakten der Grundstein für die folgende Beziehung gelegt wird.[285]

Mögliche Gesprächsinhalte sind beispielsweise:

- Prüfung, ob die Erwartungen des Coachees und die Möglichkeiten des Coachs in Einklang gebracht werden können.
- Prüfung, ob Werte und Werteerhaltungen von Coachee und Coach miteinander vereinbar sind.
- Vereinbarungen über das weitere Vorgehen des Coaching-Prozesses.[286]

Im schematischen Ablauf des Coaching-Prozesses folgt dem Erstgespräch der Vertragsabschluss, bei dem formaler und **psychologischer Vertrag** unterschieden werden.

Das formale Übereinkommen der Parteien begründet einen Dienstvertrag; es wird kein bestimmtes Ergebnis sondern die Erbringung einer Beratungsleistung geschuldet. Inhaltlich bezieht er sich zum Beispiel auf die Örtlichkeiten der Treffen, die Anzahl und Dau-

---

[283]   Vgl. Rauen, (2001), Seite 163.

[284]   Vgl. Meinhardt & Weber, (2001), Seite 11 bis 13.

[285]   Vgl. Rauen, (2001), Seite 165f.

[286]   Vgl. MSC, http://www.mscoaching.com/methphil.htm, 10.11.2002; Rauen, (2001), Seite 164 bis 166.

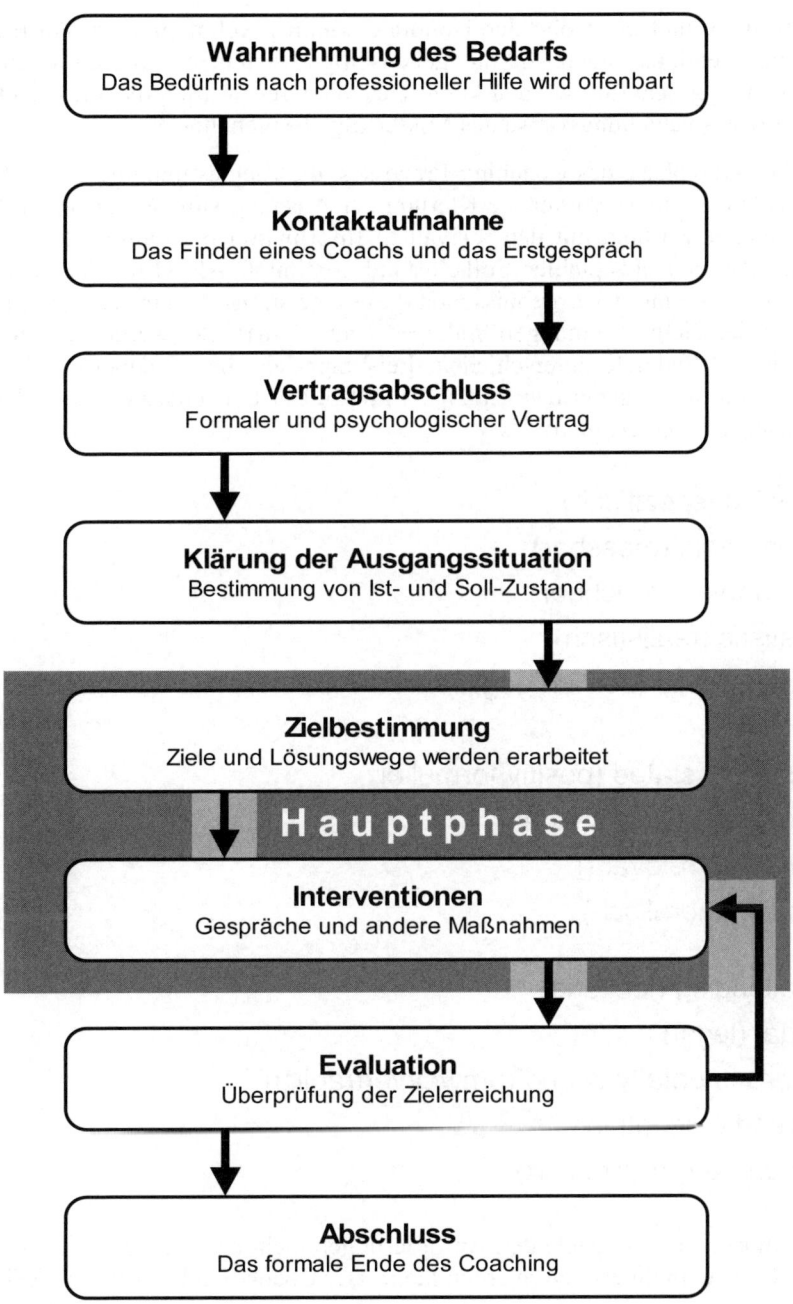

Abbildung 24:   **Der schematische Ablauf eines Coaching-Prozesses**
Quelle: In Anlehnung an Christopher Rauen, (2001), Seite 162.

er der Termine und die Höhe des Honorars. Beim psychologischen Vertrag hingegen geht es um Vereinbarungen, die das gegenseitige Vertrauen vertiefen, damit die Basis des Coachings geschaffen werden kann. Des Weiteren werden die Ziele und die Kriterien des Erfolgs beziehungsweise des Misserfolgs festgehalten.[287]

Um in die Hauptphase des Coaching-Prozesses, die Zielbestimmungen und Interventionen, zu gelangen, muss vorher die Klärung der Ausgangssituation erfolgen. Dabei wird der momentane Zustand mit den relevanten Informationen zusammengetragen und ein für beide Parteien akzeptabler Soll-Zustand bestimmt. Als Hilfsmittel dient hier die schriftliche Fixierung der Ergebnisse, da diese eine stetige Kontrolle ermöglicht und die Grundlage der Zielbestimmungen bildet.[288] Nach WHITMORE werden so genannte Leistungsziele und Endziele unterschieden. Leistungsziele dienen dabei der Kontrolle des Coachees und unterstützen das Endziel. Ein »gutes« Leistungsziel sollte demnach folgende Eigenschaften erfüllen:[289]

s   pecific (spezifisch)

m   easurable (messbar)

a   ttainable (erreichbar)

r   ealistic (realistisch)

t   ime phased (zeitlich gegliedert)

p   ositively stated (positiv formuliert)

u   nderstood (verstanden)

r   elevant (relevant)

e   thical (moralisch)

c   hallenging (lockend)

l   egal (legal)

e   nvironmentally sound (umweltverträglich)

a   greed (akzeptiert)

r   ecorded (protokolliert)

Wenn demnach gewisse Ziele den Anforderungen nicht entsprechen, besteht die Gefahr, dass das Endziel nicht erreicht werden kann. Der Coach hat daher die Aufgabe, dass die

---

[287]   Vgl. Hauser, (1991), Seite 219f.

[288]   Vgl. Rauen, (2001), Seite 171.

[289]   Vgl. Whitmore, (1996), Seite 64 bis 65.

Leistungsziele möglichst allen Eigenschaften entsprechen. Der Bereich der Interventionen soll dem Coachee neue Denk- und Handlungsstrukturen ermöglichen. Interventionen verfolgen dabei das Ziel, in festgefahren Situationen Bewegung in das Gespräch zu bringen.[290]

Die Phase der Evaluation bewertet die Interventionen und die erreichten Ergebnisse des Coaching-Prozesses. Anhand der Ziele, die aufgestellt wurden, lassen sich Erfolgskriterien ableiten, die eine Bewertung erleichtern. Erfüllen die Ziele die oben genannten Eigenschaften, dann ist die Messbarkeit relativ einfach. Wenn die erarbeiteten Ziele nicht erreicht werden können, gilt es, gemeinsam dafür Gründe zu analysieren und durch neue Interventionsmaßnahmen neue Ziele zu bestimmen.[291] Ist die Zielbestimmung oder die Anzahl der zu Beginn vereinbarten Sitzungen erreicht, wird der Coaching-Prozess abgeschlossen. Der **Coachee und** sein **Coach bewerten** in der Schlusssitzung **die Entwicklungen** hinsichtlich der zu Anfang gesetzten Erwartungen. Eine Schwierigkeit nach LOOSS besteht darin, dass dem Mitarbeiter der emotionale Absprung schwer fallen könne, da er sich inzwischen an die Verfügbarkeit des Coachs gewöhnt habe.[292]

3.8   Das Karpman-Dreieck

Zur effektiven **Analyse komplizierter Beziehungskonstellationen** und Beziehungssituationen hat der Transaktionsanalytiker STEVEN KARPMAN das Konzept der »**manipulativen Rollen**«, welches auch das »**Drama-Dreieck**« genannt wird, in die Transaktionsanalyse eingeführt. Die drei Schlüssel-»Teilpersönlichkeiten« »**Verfolger**«, »**Opfer**« und »**Retter**« besetzen die Eckpositionen des Soziogramms. Die Einnahme einer dieser Rollen soll den Gesprächspartner dazu verführen, die dazu komplementäre Rolle einzunehmen. Insofern handelt es sich um eine »manipulative« Rolle, d. h. der andere wird zu einem »Spiel« eingeladen mit einer ihm bereits zugedachten Rolle. Obgleich fast jeder Mensch in kritischen Situationen in Versuchung ist, eine bestimmte der drei Rollen einzunehmen, entwickelt dieses Spiel in der alltäglichen Praxis vielfach eine sehr hohe Dynamik mit sich ständig wechselnden Rollen.[293]

Die Dynamik des Geschehens soll an einem kleinen Beispiel verdeutlicht werden: Buchhalter Herbert B. (Opfer) fühlt sich durch den Geschäftsführer Ronald K. (Verfolger) in einem Zwischenzeugnis ungerecht bewertet. Er wendet sich Hilfe suchend an seinen Abteilungsleiter Ludwig T. mit der Aufforderung, doch mal ein klärendes Wort mit dem Chef zu reden und die aus seiner Sicht ungerechte Beurteilung zu korrigieren.

290   Vgl. Hauser, (1991), Seite 221; Whitmore, (1996), Seite 65f.
291   Vgl. Rauen, (2001), Seite 182.
292   Vgl. Looss, (1997), Seite 128.
293   Vgl. Hennig & Pelz, (1997), Seite 58; Lumma, (2000), Seite 97; Rüttinger, (1999), Seite 50 bis 54; Schlegel, (1993), Seite 219f; Schlegel, (1995), Seite 147 bis 150.

Ludwig T. (Retter) bringt den Unmut seines Mitarbeiters beim Chef zur Sprache, der jedoch keinen Änderungsbedarf erkennen kann. Als Überbringer der Nachricht bekommt Ludwig T. den Frust des Buchhalters zu spüren: Enttäuscht von der fehlgeschlagenen »Rettungsaktion« kündigt Herbert B. (Verfolger) an, ihm künftig jegliche Unterstützung zu versagen. Der Abteilungsleiter Ludwig T. (Opfer) ist sprachlos und fühlt sich zu Unrecht unter Druck gesetzt. Da er (Verfolger) sich nicht anders zu helfen weiß, beschränkt er die Handlungsvollmachten des Buchhalters Herbert B. (Opfer) auf ein Minimum.

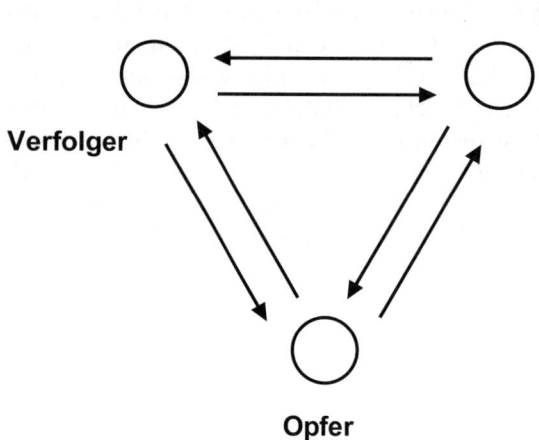

Retter

Verfolger

Opfer

Abbildung 25:
KARPMAN-Dreieck
Quelle: In Anlehnung an Birker, (1998), Seite 65.

Die **Verfolger-Rolle** (negativ-geladenes strenges »Eltern-Ich« mit einem unkontrolliert überkritischen Verhaltensrepertoire) zeichnet sich dadurch aus, dass aus ihr heraus die Mitmenschen in die Opfer-Rolle gebracht werden sollen. Sie werden in verletzender Weise kritisiert, bloßgestellt, abgewertet usw. In der Verfolger-Position gibt sich der Mensch selbst als das »Non plus Ultra«. Die Botschaft, welche aus dieser radikalen Verfolger-Position an andere Menschen gesandt wird, lautet: »Du kannst gar nichts, ich kann alles!« Das Wort Rolle signalisiert dabei, dass diese Position nur »gespielt« wird und nicht selten den Zweck verfolgt, über den vermeintlichen **Spielgewinn** (... ich bin schlauer als du ...) eine Kompensation des eigenen Minderwertigkeitsgefühls zu erreichen. Die zugrunde liegenden emotionalen Kernposition entspricht in diesem Fall die Lebensanschauung »Du bist o.k., ich bin nicht o.k.«.[294]

Begibt sich jemand in die **Retter-Rolle** (negativ geladenes fürsorgliches »Eltern-Ich« mit unkontrolliert überfürsorglichem Verhaltensrepertoire), so stellt dieser sich über das Opfer, sein Verhalten wird dann nicht durch Aggressivität, sondern durch gespieltes »Mitleid« geprägt. Wo der Verfolger leichte Beute für die Entladung seiner Aggression findet, »bombardiert« der Retter das »Opfer« mit gut gemeinten Rat»schlägen«. Wie der Verfolger agiert auch der Retter aus einer vermeintlich überlegenen Position heraus, jedoch mit einer anderen Botschaft: »Ohne meine Hilfe schaffst du es nicht ...«.[295]

---

[294] Vgl. Lumma, (2000), Seite 97; Rüttinger, (1999), Seite 53f; Schlegel, (1995), Seite 147.
[295] Vgl. Hennig & Pelz, (1997), Seite 59; Lumma, (2000), Seite 97f.

Wer eine **Opfer-Rolle** einnimmt, gibt sich beispielsweise abhängig, hilflos, kindlich, unwissend oder schüchtern. LEONARD SCHLEGEL zufolge ist die Einnahme der Opfer-Rolle deutlich an der Mimik und dem ganzen Auftreten abzulesen. Wer zu dieser Rolle neige, begegne nach seiner Erfahrung anderen häufig mit staunend aufgerissenen Augen. Es gäbe Menschen, die durch das Signalisieren ihres Unterlegenheitsgefühls andere Menschen sozusagen zur Retter- oder zur Verfolger-Position »einladen«.[296] Das »programmierte« Opfer wird so zum Spielball von Verfolger und/oder Retter. Auch das Opfer zieht einen unmittelbaren **Spielgewinn** aus den manipulativen Rollen: die Bestätigung, ungerecht behandelt zu werden und unter Umständen damit die Bestätigung seiner Lebensanschauung »Du bist o.k. (... Du darfst mich strafen), ich bin nicht o.k. (... ich habe es nicht anders verdient)«.

Die Transaktionsanalytikerin FANITA ENGLISH greift KARPMANS Überlegungen auf und nimmt eine weitere Differenzierung in zwei häufig zu beobachtende Opfer-Typen vor, die sie als »Gefühlsausbeuter« bezeichnet. Ihrer Auffassung nach neigen diese Menschen dazu, Emotionen, Stimmungen und Verhaltensmuster »auszuweiden« und »zu forcieren«:[297]

Opfer-Typ A ist der weinerliche »**soul-stripper**«, der sich in seinem Leid suhlt und sich in der Opferposition zu Hause fühlt. Er lässt sich gerne »zur Sau machen«, nutzt allerdings Unaufmerksamkeiten des anderen, um aus der Verfolgerposition heraus das Spiel »Schlag mich doch« kurzfristig zu unterbrechen. Es entspricht seiner Erwartungshaltung, in die »Opfer-Rolle« zurückgedrängt zu werden, wodurch sich der theoretisch endlos dauernde Kreislauf (seiner Weltanschauung) schließt.

Opfer-Typ B verhält sich nicht wie das »typische« Opfer. Er »operiert« lieber aus der Position des Verfolgers oder des Retters. Im Gegensatz zum Opfer-Typ A geht er nicht mit seinem Leid »hausieren«. Bei ihm handelt es sich um den vielfach zitierten »weichen Kern in rauer Schale«. Sein »Stolz«, das Ergebnis einer frühen Programmierung, verbietet ihm das Jammern. Entsprechende Kindheitserlebnisse und Überlebensentscheidungen verlangen ein frühes souveränes und eigenverantwortliches Verhalten. So gibt er sich dann scheinbar überlegen und vermittelt nach außen leicht den Eindruck der Weltanschauung »Ich bin o.k. - du bist nicht o.k.«. Er ist scheinbar zu stolz und tatsächlich zu schwach, um seine Minderwertigkeitsgefühle sich selbst und anderen einzugestehen. Er »kompensiert« diese vielmehr durch die Einnahme einer »**aggressiven**« **Verfolger-Position oder »tapferen« Retter-Position**, läuft aber ansonsten selbst Gefahr, von anderen ausgebeutet zu werden.

Die »bevorzugten« Positionen im Karpman-Dreieck sind lebensstil- und skriptgebunden, d. h., sie sind das Ergebnis situationsspezifischer Kindheitserlebnisse und frühkindlicher Überlebensentscheidungen. Psychologisch gesehen beziehen sie sich nicht wirklich auf das Hier und Jetzt. Gerade der (überraschende) Wechsel einer Person aus seiner primär bevorzugten Rolle in eine andere Position ist kennzeichnend für das »dramatische«

---

[296]   Vgl. Rüttinger, (1999), Seite 53; Schlegel, (1995), Seite 147.

[297]   Vgl. Lumma, (2000), Seite 98f.

Moment des Konzepts der manipulativen Rollen, weshalb dieses auch Drama-Dreieck genannt wird.[298] Hier folgt eine kleine Auswahl häufig zu beobachtender »Spiele« innerhalb des Karpman-Dreiecks:[299]

Typische **Verfolgerspiele**:

- Sehen Sie bloß, was Sie angerichtet haben!
- Wenn Sie nicht wären ...
- Jetzt habe ich Sie doch noch erwischt.
- Ich habe es Ihnen ja gleich gesagt.
- Meins ist besser, grösser, schöner als deins.

Typische **Opferspiele**:

- Das begreife ich nie.
- Ich bin völlig überlastet.
- Warum muss das immer mir passieren?
- Knall mir eine!
- Ich bin blöd.
- Sie haben schon recht, aber ...

Typische **Retterspiele**:

- Versuchen Sie es doch mal so.
- Lassen Sie mich das für Sie machen.
- Ich wollte Ihnen ja nur helfen.
- Ich will doch nur Ihr Bestes.

ROLF RÜTTINGER gibt im Band 10 der Arbeitshefte zur Führungspsychologie ein anschauliches Beispiel für ein psychologisches Spiel im betrieblichen Kontext des Drama-Dreiecks:[300] Köder des Vorgesetzten: *»Herr A, ich mache mir Sorgen um Sie. Ich glaube, Sie überarbeiten sich.«* (... verdeckte Botschaft: »Ich werde nicht zulassen, dass Sie mir gefährlich werden!«) ... Mitarbeiter beißt an: *»Ja, ich muss sehr viel arbeiten.«* (... verdeckte Botschaft: »Einer muss hier ja die Arbeit machen!«) ... Mitarbeiter: *»Ich weiß gar nicht, was Sie von mir wollen. Für die Arbeitseinteilung sind schließlich Sie zuständig!«* ... (verwirrter) Vorgesetzter: *»Ja schon, aber ich wollte Ihnen doch nur helfen.«* ...... Was ist hier passiert? ... Es lief ein psychologisches Spiel, das aus der Sicht des Vorgesetzten (ggf. unbewusst) zum Ziel hatte, den Mitarbeiter in eine nicht »o.k.«-Gefühlssituation zu bringen. Dabei schlüpfte der Vorgesetzte in die Rolle des Retters (»Ohne mich schaffst du es nicht!«), der es mit dem Mitarbeiter nur »gut« meint. Der

---

[298]   Vgl. Hennig & Pelz, (1997), Seite 63f; Schlegel, (1995), Seite 148.

[299]   Vgl. Berthold, http://www.markus-berthold.de/kommunikation/ wasistwas/ta/thdreieck.htm, 15.09.2002.

[300]   Vgl. Rüttinger, (1999), Seite 50.

Mitarbeiter seinerseits nimmt das Spiel an; er geht vorerst in die komplementäre Opfer-Rolle. Vorgesetzter und Mitarbeiter führen zunächst eine für Außenstehende »vernünftig« klingende Unterhaltung. Dann nimmt der Mitarbeiter plötzlich einen Rollenwechsel vor; er macht seinem Chef einen unüberhörbaren Vorwurf und nimmt damit die Verfolgerposition ein. Er versucht, seinen Gesprächspartner ebenfalls in die Opfer-Rolle zu zwingen, was ihm auch gelingt. Das Gespräch endet nahezu »ergebnislos«; einziger Nutzeffekt: die Gesprächspartner haben sich gegenseitig eine Bestätigung dafür gegeben, dass der andere »nicht o.k.« sei. ... ein psychologisches Fiasko.

Es gibt Menschen, die ständig versuchen andere zu dem von KARPMAN beschriebenen Verhaltensspiel einzuladen. Lässt sich der Angesprochene nicht in die ihm zugedachte Rolle hineinmanövrieren, verlieren sie entweder das Interesse an der Beziehung oder versuchen es manchmal mit einer anderen der drei Rollen. Hilfreich ist es, sich der **Intention des anderen bewusst zu werden** und aus der autonomen Lebenseinstellung »Ich bin o.k. - du bist o.k.« sich nicht in eine der Rollen zwingen zu lassen.

Hier folgen einige Vorschläge von KIRSTEN, um sich und andere aus dem Karpman-Dreieck zu lösen:[301]

- Achten Sie mehr auf Ihre **eigenen Gefühle**: So erkennen Sie rechtzeitig, wenn Sie an einem Spiel beteiligt sind.
- Helfen Sie dem Anderen, das Spiel zu erkennen: Sprechen Sie mit ihm darüber, wie Sie und er sich verhalten.
- Werten Sie den Anderen nicht ab.
- Helfen Sie dem Anderen, in das »**Erwachsenen-Ich**« zu gehen: Stellen Sie ihm Fragen.
- Antworten Sie mit »paradoxer Intervention«: Geben Sie eine unerwartete Antwort (z. B. aus dem natürlichen Kindheits-Ich). Antworten Sie auf die Aussage »Ich bin blöd« mit der Antwort: »Ja, stimmt«.
- Ersetzen Sie negative durch konstruktive Kritik.
- Zeigen Sie dem Anderen, dass Sie ihn als gleichberechtigt und gleichgestellt anerkennen.
- Aktivieren Sie Ihr natürliches »Kind-Ich«.
- Handeln Sie, statt zu diskutieren.
- Treffen Sie Entscheidungen, statt zu klagen.
- Hören Sie auf, den Retter zu »spielen« (das heißt, denen zu helfen, die gar keine Hilfe nötig haben).
- Hören Sie auf, den Verfolger zu spielen (das heißt, Kritik zu üben oder anzuklagen, wo es besser wäre, sich über die Lösung des Problems Gedanken zu machen).

---

[301] Vgl. Berthold, http://www.markus-berthold.de/kommunikation/wasistwas/ta/thdreieck.htm, 15.09.2002.

■ Hören Sie auf, Opfer zu spielen (das heißt, sich hilflos oder abhängig zu fühlen und zu verhalten, wenn Sie im Grunde genommen mit beiden Beinen auf der Erde stehen könnten).

■ Verlassen Sie in extremen Fällen die Szene!

Fazit der Überlegungen zum Karpman-Dreieck: Das Opfer wertet sich selbst ab und kokettiert möglicherweise noch mit seiner vermeintlichen Unfähigkeit. Der Verfolger wertet sich selbst auf und wertet andere ab, indem er sie erniedrigt. Der Retter wertet ebenfalls die anderen ab, indem er sie »insgeheim« für unfähig erklärt, Konflikte ohne seine Mitwirkung selbständig lösen zu können. Zu beachten ist, dass es soziale und politische Situationen mit »**echten**« Verfolgern, Rettern und Opfern gibt, d. h. bestimmte berufliche Funktionen wie z. B. Polizist, Anwalt, Samariter usw. sollten nicht in Beziehung zu diesem von KARPMAN beschriebenen Verhaltensspiel gebracht werden.

3.9   Mikropolitik

Mikropolitik ist das Arsenal jener alltäglichen kleinen (Mikro)-Techniken, mit denen **Macht** aufgebaut und eingesetzt wird, um den eigenen Handlungsspielraum zu erweitern, Unsicherheit zu bewältigen, bedeutsame betriebliche Ressourcen verfügbar zu machen und sich fremder Kontrolle zu entziehen. Dort wo sie zugelassen wird, resultiert die soziale Ordnung einer Organisation aus dem »**freien Spiel der Kräfte**«.[302] „Mikropolitik ist keine Beobachtungs-, sondern eine Deutungskategorie. Auf der Ebene beobachtbaren Verhaltens lassen sich kaum Abgrenzungsmerkmale zu »normalem« Verhalten finden.“[303]

Der mikropolitische Ansatz ist dem handlungstheoretischen Paradigma verpflichtet: Personen(gruppen) versuchen, in ihren Handlungen ihre Interessen und Absichten zu verwirklichen. OSWALD NEUBERGER geht von den folgenden Bedingungen und Möglichkeiten aus:[304]

■ (Mikro-)Politisches Handeln ist möglich und erforderlich: die Handelnden sind zum Teil voneinander abhängig oder aneinander interessiert, d. h. sie haben Interessen, zu deren Befriedigung sie den jeweils anderen gebrauchen können;

■ die Handelnden **konkurrieren** miteinander um Verfügungsrechte;

■ es gilt die Akteurperspektive und Handlungsorientierung: die Strategien der Akteure bestimmen das Geschehen;

---

302   Vgl. Empter, (1988), Seite 28; Frost, (1987), Seite 518; Küpper & Felsch, (2000), Seite 152; Türk, (1989), Seite 120 bis 125.

303   Neuberger, (2002), Seite 687.

304   Vgl. Elisk, (1998), Seite 28; Neuberger, (1990), Seite 265f, Neuberger, (2002), Seite 696.

■ Situationen und Ziele sind **mehrdeutig**, inkonsistent, intransparent und instabil;

■ es gibt **Entscheidungsalternativen**;

■ Sozialität: es steht die Bewältigung der sozialen (nicht der sachlichen)Welt im Mittelpunkt des Geschehens;

■ **Koalitionen stehen im Mittelpunkt**: die Akteure haben Einfluss aufgrund sozialer Netze und Strukturen;

■ Dialektik von Gegnerschaft und Abhängigkeit: die anderen Organisationsmitglieder werden etikettiert als Gegner, Freunde oder noch nicht gebundene;

■ Zeit spielt eine bedeutende Rolle: das »**Timing**« ist oft ausschlaggebender als die inhaltliche Qualität;

■ Gemischte Motivationen: der »Gegner« ist nicht in allen Fragen »Gegner«, in bestimmten Interessenlagen kann er auch der »Freund« sein;

■ »**Legitime**« **Ordnung** als Basis: nicht jeder kämpft gegen jeden, sondern jeder vertritt seine Interessen auf dem Hintergrund einer gültigen Ordnung oder Struktur, wobei die »Lücken« und »Spielräume« ausgenutzt werden: Normen und Werte sind die stärksten Koalitionspartner.

Mikropolitik hat nicht nur negative Elemente; sie dynamisiert und irritiert zugleich. Faire Mikropolitik sorgt für einen **Interessenausgleich** der beteiligten Akteure. Ihre negative Wirkung bedarf der Kontrolle durch das Management. Mikropolitik birgt wie auch jede andere Führungstechnik (z. B. »Bürokratische Herrschaft«, technische oder charismatische Führung) den Keim der Selbstzerstörung in sich, insbesondere dann, wenn sie extrem oder ausschließlich innerhalb einer Organisation gelebt wird. Verschiedene Techniken halten sich gegenseitig in Schach.

Bereits NICCOLO MACHIAVELLI untersuchte systematisch die »politischen« Mechanismen einer »**effizienten**« **Macht- und Herrschaftsausübung**, die zum Teil seit Jahrtausenden im Einsatz sind. MACHIAVELLI war italienischer Philosoph und Staatsrechtler, der 1469 bis 1527 in Florenz lebte. Sein »Verdienst« bestand darin, dass er aufschrieb und propagierte, was Fürsten, Politiker und Diplomaten bis dahin nur in ihrem Handeln verraten hatten. MACHIAVELLI, der als Begründer der »Staatsräson gilt, verfolgte stets nur ein »hehres« Ziel: die Schaffung und Erhaltung der inneren Einheit des Staates und der Macht des Herrschers. Selbsterhaltung und Machtsteigerung sei das einzige Prinzip politischen Handelns. Seine Aussage »**Der Zweck heiligt die Mittel**« war genau auf dieses Ziel ausgerichtet. Rasches und rücksichtsloses Handeln sei besser als vorsichtiges Abwägen. Einen Streit könne man entweder durch ein rechtliches Verfahren oder durch Gewalt austragen; da der Rechtsweg nicht immer die gewünschte Lösung bringe, müsse man zuweilen Gewalt anwenden. MACHIAVELLI vertrat die Ansicht, dass alle Menschen schlecht und die meisten darüber hinaus auch noch dumm seien.[305] Eine noch heute sehr

---

305 Vgl. Möller, http://www.philolex.de/philolex.htm. 15.09.2002; Oswald, (1995), Seite 379; University of Tennessee, http://www.utm.edu/research/iep/m/machiave. htm, 10.06.2002.

weit verbreitete mikropolitische Taktik umschrieb er folgendermaßen: „Menschen müssen entweder geschmeichelt oder zerschlagen werden. Denn für ein kleines Unrecht werden sie sich rächen können. Aus dem Grab heraus rächt sich niemand."[306]

Basierend auf den Beschreibungen von NICCOLO MACHIAVELLI, MAX WEBER (deutscher Soziologe, der von 1864 bis 1920 lebte) und anderen gibt NEUBERGER in seinem Buch »Führen und geführt werden« eine noch heute aktuelle Übersicht mikropolitischer Taktiken:[307]

■ **Informationskontrolle:**
- Informationsfilterung, Informationszurückhaltung, Informationsüberflutung (z. B. weitschweifig, ausführlich, ermüdend informieren);
- Informationsverzerrung, -verfälschung, -fälschung; geschönte, gezielte Situationsbeschreibung;
- Lügen bzw. Falschmeldungen verbreiten (und dann widerrufen oder dementieren: »etwas bleibt immer hängen«), Glaubwürdigkeit in Zweifel ziehen/bestreiten;
- Vernichtung von Unterlagen, Falschablagen, Daten »verschwinden« lassen;
- Halbwahrheiten verbreiten, Wahrheiten dosiert aussprechen (nicht »die ganze Wahrheit«);
- »Versuchsballons« steigen lassen; Ausreden, Ausflüchte, Entschuldigungen;
- geschickte Informationspräsentation (z. B. hinsichtlich: Reihenfolge, Einbettung, Medien, Kanälen, Sendern ...)
- Verbindungs- und Kommunikationsmöglichkeiten kappen, erschweren, behindern; sich oder jemand abschotten;
- Einflussnahme auf die Gestaltung von Beschlüssen, Berichten oder Protokollen; vorbereitete Formulierungen scheinbar spontan vorschlagen;
- Fachjargon, Spezialausdrücke, Fremdsprachen einsetzen (um einzuschüchtern, zu bluffen, sich unangreifbar zu machen);
- durch irrelevante Informationen andere ablenken, täuschen, irreführen oder in Sicherheit wiegen;
- Nebenkriegsschauplätze eröffnen und damit Zeit und Energie binden, Verwirrung stiften (»Nebelwerfer«), Doppelzüngigkeit;
- Gerüchte (Tratsch & Klatsch) verbreiten, sich am »office smoothing« beteiligen, Anspielungen oder Andeutungen machen (von denen man sich aber jederzeit wieder distanzieren kann (»falsch verstanden«, »aus dem Zusammenhang gerissen«);
- Informationssysteme so gestalten/einrichten/kontrollieren, dass privilegierte Nutzung möglich ist;
- Zugang zu Informationsspeichern kontrollieren oder erschleichen;
- in strategischen Positionen Informanten (Spitzel) platzieren;
- Kontaktpflege, um sich Informationsquellen zu erschließen oder zu erhalten;
- Insider-Informationen Dritten zuspielen und von diesen verbreiten lassen;

---

[306] Möller, http://www.philolex.de/philolex.htm. 15.09.2002.
[307] Vgl. Neuberger, (1990), Seite 269 bis 270.

- verpfeifen (whistleblowing), Informationen lancieren, Tipps geben, etwas »durchsickern« lassen;
- Vertraulichkeits- oder Geheimhaltungsabsprachen verletzen;
- Dossiers anlegen und mit ihnen drohen;
- Anschwärzen, diffamieren, hinhängen, Mängel »an die große Glocke hängen«;
- »schmutzige Wäsche waschen« (z. B. Informationen über erotische Beziehungen, Alkoholismus, Unkorrektheiten usw. anderen zuspielen);
- intrigieren;
- vor Dritten schlecht aussehen lassen, Image demontieren;
- einem anderen helfen, sein Gesicht zu wahren, um dafür später Gegenleistungen erwarten oder fordern zu können;
- Expertenstatus beanspruchen und »inkompetenten Laien« keine Diskussion, Beiträge oder Einwände zugestehen;
- Spezialwissen ansammeln, eigene Ausbildung, Erfahrung, Spezialfähigkeiten betonen und sich so gegen Kritik immunisieren;
- bestellte Schiedsrichter, Gutachter oder Experten in Streitfällen als »neutrale Dritte« heranziehen;
- Monopole erwerben, sich unentbehrlich machen;
- personenbezogenes Sonderwissen einsetzen (z. B. über »Leichen im Keller«);
- Schmerzgrenzen oder Sollbruchstellen kennen und dieses Wissen in Verhandlungen oder Konfrontationen nutzen.

◼ Kontrolle von Verfahren, Regeln und Normen:
- Einfluss nehmen auf die Formulierung von Kontroll- bzw. Bewertungsmaßstäben oder -richtlinien;
- mehrere, unscharfe, widersprüchliche Kriterien/Richtlinien etablieren; passende/ günstige Maßstäbe/Richtlinien auswählen;
- den Alternativen-Raum definieren: bestimmte Alternativen überhaupt nicht zur Diskussion oder Entscheidung zulassen (»abwürgen«; Personen oder Inhalte »exkommunizieren«);
- scheinbar geringfügige Zusätze zu formalen Regeln anregen oder durchsetzen;
- Regeln im eigenen Sinn »dehnen«, einseitig auslegen;
- mit Geschäftsordnungs-»Tricks« ablenken, ermüden, blockieren;
- sich berufen auf gekonnt ausgewählte bzw. interpretierte legitime Rechte, Verfahren, Amtsautorität;
- Präzedenzfälle, Gewohnheitsrechte, Besitzstände, Traditionen geltend machen;
- Entscheidungsprozeduren festlegen/kontrollieren.

◼ Beziehungspflege:
- Verdeckte Koalitionsbildung bzw. -absprachen, Netzwerkbildung, Hausmacht aufbauen, Geheimzirkel pflegen, »mauscheln«, Seilschaften und Promotionsbündnisse; Gemeinsamkeiten betonen (Herkunft, Ziele, Ausbildung, Geschlecht ...);
- »Divide et impera«: Teilen und Herrschen, stifte Unzufriedenheit zwischen denen, die du beherrschen willst (legendäres sprichwörtlich gewordenes Prinzip der alt-

römischen Außenpolitik), gegnerische Front zersplittern, Zwietracht säen, Kontrahenten gegeneinander ausspielen: »lachender Dritter« sein;

- Nepotismus, Günstlingswirtschaft, die richtigen Leute kooptieren, Leute eigenen Vertrauens in bestimmte Positionen bringen, Schaltstellen mit loyalen Personen besetzen; Beziehungen spielen lassen, Positionen in externen Organisationen nutzen (»geliehene Autorität«), auf »mächtige Verbündete« hinweisen;
- Lobbyismus: langfristige Beziehungspflege, im Vorfeld von Entscheidungen intervenieren, Korruption;
- dem Gegner aus dem Weg gehen, ihn umgehen, hinter seinem Rücken handeln, an ihm vorbei informieren/handeln;
- unbequeme Leute isolieren, abschieben, »kaltstellen«, ausbooten, schlecht aussehen lassen;
- jemanden ignorieren, schneiden, abblocken; jemandem die Gefolgschaft streitig machen;
- jemanden zum Sündenbock machen, eigene Fehler anderen »in die Schuhe schieben«, jemanden »zum Abschuss freigeben«;
- Verantwortung für Entscheidung auf Nichtanwesende abschieben;
- Ressourcen-Allokation steuern (andere systematisch, aber verdeckt bevorzugen oder benachteiligen);
- Entzug von Privilegien; Zuschachern von Pfründen; mit kleinen Geschenken Freundschaften erhalten; bestechen, korrumpieren;
- Loyalität belohnen;
- »Don-Corleone-Prinzip«: an frühere Gefälligkeiten erinnern und Gegenleistungen einfordern;
- den Kontakt zu wichtigen Mentoren/Sponsoren pflegen; Kontakte zu »abgestorbenen Ästen« (einflusslosen Personen) abbrechen, meiden;
- sich in den Schutz eines »Patrons« begeben, der dann für einen sorgen muss (Stichwort: Opfer-Rolle);
- vorgeben, im Auftrag oder im Sinn eines Höheren zu handeln, sich auf höhere Autorität berufen (Gott, Vorstand, Firmengrundsätze, Traditionen, akademische Standards ...).
- Beziehungspflege auch zu Hilfspersonal, z. B. Fahrer, Telefonist, Sekretär(in), Assistent(in) usw., um Zugang zu Insider-Informationen zu haben;
- Personenkult zelebrieren/mitmachen, schmeicheln, loben, schleimen, hofieren, »Rad fahren«, nach dem Munde reden; Komplimente machen;
- demonstrative Konformität; sich in Meinung und Erscheinung angleichen (mimicry/ pacing);
- privilegierte Beziehungen einrichten;
- Dienstweg umgehen (können), »Bypass-Operation«: freien/leichteren Zugang zu Mächtigeren gewinnen: das Ohr eines Einflussreichen haben (»Es ist wichtiger, wen du kennst, als was du kannst«);
- besondere Kontakte zu wichtigen Segmenten der Organisationsumwelt knüpfen/nutzen; »geliehene Autorität« einsetzen können, die aus Beziehungen zu oder Mitgliedschaft in externen Gruppen (Partei, Kirche, Verband etc.) stammt;

- zur Durchsetzung eigener Positionen darauf hinweisen, dass man vielseitig begehrt, umworben ist, Angebote der Konkurrenz hat, alternative Koalitionen eingehen könnte, sich unabhängig machen könnte.
- Drohen mit der Aufkündigung von Beziehungen (Abspringen, das Lager wechseln und wichtige Informationen und Beziehungen mitnehmen).

■ Selbstdarstellung:

- Andere öffentlich herausfordern, ins Bockshorn jagen, verunsichern, bluffen, die Stirn bieten, Streit suchen, um sich selbst als furchtlos, stark, kampfbereit darzustellen und so unzufriedene Gefolgschaft hinter sich zu sammeln;
- selbstbewusst, dominant, mit unbedingtem Führungsanspruch auftreten;
- befehlen, »anschnauzen«, explodieren, einschüchtern, tyrannisieren; .
- sich stur stellen, auflaufen lassen, sich konstant weigern, Meuterei, offene Gehorsamsverweigerung; »Zähne zeigen«; Rückgrat zeigen, dosierten Widerstand praktizieren (Wissen, wie weit man gehen kann);
- cool bleiben, »bei Treffern keine Wirkung zeigen«, poker face, andere im Unklaren lassen über Ressourcen und Schmerzgrenzen;
- »broken record«: Forderungen unbeirrt und unablässig wiederholen, auf die Nerven gehen, sich nicht abwimmeln lassen, am Ball bleiben, Beharrlichkeit, Stehaufmännchen, Ausdauer;
- Kompromissbereitschaft erkennen lassen, es nicht zum Äußersten (Abbruch, Feindseligkeit) kommen lassen, durch Pseudofreundlichkeit »einwickeln«;
- sich schwach und hilflos geben, das Helfersyndrom herausfordern, (flehentlich) bitten, Unterwerfungsgesten machen;
- Im Gespräch bleiben, sich ins Gespräch bringen, in aller Munde sein, bekannt sein;
- vorteilhafte Selbstdarstellung, impression management, gut über sich reden (lassen), eigene Handlungen günstig etikettieren; Erfolge aufs eigene Konto verbuchen;
- Imponiergehabe, Selbstinszenierung, Fassadentechniken; sich mit Statussymbolen umgeben, »Eindruck schinden«;
- Show abziehen, sich attraktiv machen, (erotische) Ausstrahlung oder Charme gezielt einsetzen; Vorbildwirkung einsetzen, Charisma nutzen;
- die eigene »Sichtbarkeit« erhöhen durch auffällige Aktionen.

■ Situationskontrolle, Sachzwang:

- Etwas Fragliches als unstrittiges Faktum hinstellen/behandeln;
- scheinbar unabsichtlich Fehler machen, blockieren, verzögern;
- »Schwejkismus«, Dienst nach Vorschrift, Sabotieren, sich dumm stellen, absichtlich Fehler machen, jemanden »hängen lassen«, einen anderen über Chancen und Gefahren nicht richtig oder rechtzeitig informieren;
- vollendete Tatsachen schaffen;
- Neuerungen in kleinen unmerklichen Schritten einführen;

- Absichten und/oder Auswirkungen verschleiern, verharmlosen; mit scheinbar geringfügigen Änderungen unmerklich den »Einstieg« in weitreichende Änderungen schaffen.

■ **Handlungsdruck erzeugen:**
  - Emotionalisieren, Begeisterung wecken, Kritik ausschalten;
  - gespielte Empörung oder Entrüstung (um Nachfragen abzublocken);
  - ad personam argumentieren, um von der Sache abzulenken (Motive unterstellen, Eigenheiten karikieren, lächerlich machen, abwerten, öffentlich beschämen ...);
  - verleumden (»etwas bleibt immer hängen«);
  - für geeignete Stimmung, richtiges Ambiente, Claque sorgen;
  - Anhänger (»die Straße«) mobilisieren;
  - (künstliche) Krisen erzeugen und/oder nutzen, um sich als »Retter in der Not« zu präsentieren und besondere Handlungsfreiheiten in Anspruch nehmen zu können;
  - Ansprüche wecken, den Mund wässrig machen, mit Verheißungen locken, um ein Handlungsmandat zu bekommen;
  - Einschüchtern, unter Druck setzen, drohen, erpressen;
  - formelle Verfahren in Aussicht stellen (Gerichtsweg, Beschwerde, Untersuchungsausschuss: den »Gang durch alle Instanzen«, die »Ausschöpfung des Rechtswegs« androhen; Sanktionen ankündigen oder androhen;
  - eigenen Rückzug (Kündigung) androhen, Beziehung aufkündigen, »im Regen stehen lassen«; anonyme Anklage;
  - Schikanieren, Politik der kleinen Nadelstiche, zermürben, im Kleinkrieg demoralisieren;
  - jemanden mit Kleinigkeiten unterfordern, sein Engagement an Nebensachen verschleißen, ihn auf ein Abstellgleis schieben, auflaufen lassen;
  - scheinbar fairen Tauschhandel anbieten, »Leistung gegen Gegenleistung«;
  - pokern; unrealistisch überhöhte Forderungen stellen und sich herunterhandeln lassen;
  - präparierte Mitbestimmung: sich vorbereitete Zugeständnisse abhandeln lassen,
  - Kuhhandel: »Speckpolster«, Vorräte, Puffer, Slack (als Verhandlungsmasse) anlegen, um in schlechten Zeiten Tauschgeschäfte anbieten zu können (etwa bei Sparaktionen nach dem Besuch von Unternehmensberatern);
  - Termine setzen, kontrollieren, verschieben, nicht einhalten - um dadurch andere unter Druck zu setzen oder von sich abhängig zu machen.

■ **Chancen nutzen, Timing:**
  - Gelegenheiten oder Zufälle nutzen bzw. den günstigsten Zeitpunkt abwarten können, um längst vorbereitete Pläne mit Überraschungsvorteil durchsetzen zu können; verfügbar, mobil, flexibel sein, »Mehrzweckwaffe« sein (»der Mann für alle Gelegenheiten«) und sich so für Feuerwehr- und Sonderaufgaben empfehlen bzw. einen Namen machen.

Die Mikropolitik verleugnet ihre Aktionen und ihre Existenz, kann daher nicht beobachtet, sondern muss erschlossen werden. In diesem Zusammenhang wird auch von dem »**Rumpelstilzchen-Effekt**« gesprochen: In dem Moment, wo das Rumpelstilzchen bzw.

die Mikropolitik beim Namen genannt werden, verlieren sie viel (oder alles) von ihrer Kraft. Zwar ist nicht die Heimlichkeit des Geschehens für die Wirksamkeit mikropolitischer Instrumente entscheidend, denn viele der Beteiligten wissen, was alles »läuft«, jedoch darf offiziell, öffentlich oder in einer dokumentierbaren Form nicht darüber geredet werden, um den angestrebten »Erfolg« nicht zu gefährden. Eine »**Ex-Kommunikation**« des Themas ist die Folge.[308] Deshalb wird in Zusammenhang mit der Mikropolitik vielfach auch der Begriff »Spiel« verwendet, der maßgeblich geprägt wird durch Elemente wie z. B. »Trick«, »**verdeckte Transaktion**«, »Täuschen«, »Bluffen«, »Verblüffung« und »Nutzeffekt« (siehe auch Seite 38).

Mikropolitik führt auf der einen Seite zum Aufbau alternativer Machtpotentiale, zur Infragestellung veralteter Organisationsregeln sowie zur Schaffung einer Atmosphäre der Wachsamkeit und Offenheit. Auf der anderen Seite birgt sie verschiedene Gefahren. Dabei handelt es sich z. B. um die **Verschwendung menschlicher Ressourcen** durch unproduktive Machtkämpfe, die Konzentration auf kurzfristige Machtziele statt langfristiger (effektiver) Unternehmensziele, die Verzögerung notwendiger Entscheidungen, den Aufbau einer Blockiermacht, welche die offizielle Organisationspolitik konterkariert, die Verschlechterung des sozialen Klimas innerhalb der Organisation sowie die einseitige Machtkonzentration der dominierenden Koalition.[309]

Gerade die mikropolitischen Varianten des aus der Transaktionalen Analyse bekannten Verhaltensspiels »Meins ist besser als deins« verdeutlicht die Grenzen des einzelnen Individuums auf das System Unternehmen »kontrolliert« Einfluss nehmen zu können. Über die **Schwierigkeiten der Steuer- und Kontrollierbarkeit sozialer Systeme** schreibt RUDOLF WIMMER Folgendes: „Um die Tragweite der gegenwärtigen Erschütterung erkennen zu können, muß man sich vor Augen halten, daß wir eine spätestens mit der Französischen Revolution einsetzende Geschichte hinter uns haben, in deren Verlauf die Idee

- der Machbarkeit der Welt,
- der Gestaltbarkeit sozialer Verhältnisse sowie
- der Kontrollierbarkeit unserer Handlungsfolgen

Triumphe feierte. Von SAINT SIMON über COMPTE und MARX bis zu KEYNES war bis vor kurzem die übereinstimmende Botschaft: der moderne Mensch bestimmt sein Schicksal selbst und gestaltet die Welt nach seinen Vorstellungen. Erst in den siebziger Jahren dieses Jahrhunderts brach dieser Glaube an Machbarkeit, Kontrolle und Korrektur auf breiter Front zusammen, weil zu viele Strategien, Projekte, Reformen und Planungen bitter scheiterten - und darüber hinaus oft sogar das Gegenteil dessen bewirkten, was ursprünglich Absicht war. Was sich ... herauskristallisierte, war die Erkenntnis einer Operationslogik sozialer Systeme, die DIETRICH DÖRNER in die prägnante Formel einer

---

[308]   Vgl. Neuberger, (2002), Seite 712.

[309]   Vgl. Bonne-Winkel, (1997), Seite 217 bis 225; Dorsch, (1998), Seite 513f; Elisk, (1998), Seite 28.

»Logik des Mißlingens«"[310] zusammenfasste. In der Politik können wir immer wieder beobachten, wie »pseudodemokratische« Strukturen notwendige und sinnvolle Anpassungsprozesse verhindern. Vielleicht ist gerade das der Grund, weshalb sich in wettbewerbsorientierten Märkten besonders Unternehmen und Organisationen erfolgreich behaupten, welche ihren Mitarbeitern weitreichende Rechte für die Formulierung von Wünschen und Vorstellungen einräumen, sich jedoch die Entscheidung in zentraler Funktion vorbehalten. Im Internet macht seit einiger Zeit eine Geschichte die Runde, die wie keine zweite geeignet ist, das **Dilemma vieler »pseudodemokratisch« geführter Firmen** und Hochschulen zu charakterisieren, in denen vielfach (Jung)-Akademiker ohne Lebens- und Berufserfahrung bestimmen, was zu tun und zu lassen ist:

> »Um herauszufinden, welche Managementstrategien besser seien, die der Japaner oder die der Deutschen, wird beschlossen, einen Ruderwettbewerb auf dem Rhein zu veranstalten. Beide Teams trainieren hart in ihren Achtern und schließlich kommt der große Tag der Entscheidung. Ergebnis: Der japanische Achter gewinnt mit einem Vorsprung von einem Kilometer.

> Das deutsche Top-Management ordnet eine sofortige Analyse des Desasters an. Aus profilierten Stabsleuten wird ein Projekt-Team gebildet, das unverzüglich an die Arbeit geht. Nach einem dreimonatigen »Research«, das mit kostenintensiven Reisen nach Japan verbunden ist, findet man die Erklärung: Die Japaner hatten, für die Deutschen völlig unerwartet, sieben Ruderer und einen Steuermann eingesetzt, die Deutschen dagegen einen Ruderer und sieben Steuermänner.

> Daraufhin beauftragt das Top-Management eine renommierte Unternehmensberatung. Sie soll die Führungsstrukturen des deutschen Verlierer-Teams schonungs- und lückenlos aufklären. Ergebnis der Studie: Beim deutschen Team wurde zuviel gesteuert und zu wenig gerudert. Das führte dazu, dass die Ausführung der Aufgabe mangelhaft war, obwohl es eine klare Zielvorgabe seitens des Top-Managements gegeben hatte. Die Unternehmensberatung entwickelt zusammen mit dem Management, den Ruderern und dem Betriebsrat einen für die Mehrheit der Beteiligten »akzeptablen« Kompromiss, welcher die Restrukturierung des deutschen Achters zur Folge hat: Vier Steuerleute rapportieren künftig an zwei Abteilungs-Steuerleute, die wiederum einem Steuerdirektor direkt unterstehen. Sie alle dirigieren den Ruderer, aber diesmal mit klar abgegrenzten Kompetenzen.

> Für den Ruderer selbst wird mit großem Verwaltungsaufwand ein fein ausgeklügeltes Leistungsbewertungssystem eingeführt, in dessen Rahmen sein Aufgabenbereich erweitert wird. Er bekommt mehr Verantwortung für seinen unmittelbaren Aufgabenbereich, das Rudern.

> So gerüstet, starten die Deutschen zur Revanche mit folgendem Ergebnis: Die Japaner erzielen diesmal einen Vorsprung von zwei Kilometern.

---

[310] Wimmer, (1992), Seite 20f.

Das Top-Management reagiert sofort: Der Ruderer wird wegen Unfähigkeit entlassen, kurz darauf auch die vier einfachen Steuerleute. Die beiden Abteilungs-Steuerleute werden in ein anderes Team strafversetzt. Der Steuerdirektor wird befördert, weil aus einem Bericht hervorging, dass er sein Bestes gegeben hatte. Das Boot wird verkauft und sämtliche Investitionen in ein Nachfolgeboot mit besonders großen Werbeflächen für Sponsoren werden gestoppt. Die Zahl der Stabsleute wird erhöht, die renommierte Unternehmensberatung erhält für ihre brillante Analyse eine förmliche Anerkennung und die eingesparten Investitionsmittel werden dem Top-Management als Leistungsprämie ausbezahlt.«[311]

„**Mikropolitik** kann als **eine Form organisationaler Krankheit** gesehen werden, die sowohl gegen wie für das System arbeitet. Einerseits kann Mikropolitik gesunde Prozesse unterminieren, sie infiltrieren, um sie zu zerstören. Aber andererseits kann sie auch auf die Stärkung des Systems hinarbeiten und wie Fieber den systemeigenen Schutz- und Anpassungsmechanismus aktivieren."[312] **Sie ist unvermeidlich und nützlich, aber auch parasitär und** gefährlich, weil sie zentrale Werte der Unternehmenskultur aushöhlen kann. Es ist demzufolge eine zentrale Führungsaufgabe, die Mikropolitik in geeigneter Form zu kanalisieren.

PERROW zufolge sei es ein wohlgepflegter Mythos, dass Organisationen rationale Instrumente für ein erklärtes Ziel seien. Das **Paradigma der Rationalität** mystifiziere die Wirklichkeit und verschleiere damit die wirklichen Funktionen der Organisationen. Diese bilden nach PERROWs Einschätzung die Plattform für das Austragen von **Machtkämpfen**, sie seien nur in ihren gesamtgesellschaftlichen regulativen Funktionen zu verstehen und zu erklären. Ziele entwickelten sich aus dem Kontext organisationalen Handelns heraus und dienten nicht vorrangig als Orientierungs- und Bewertungsleitlinie sondern zur nachträglichen Rechtfertigung des eigenen Handelns. Es gehe vielfach um den Aufbau einer **Legitimationsfassade**. Er spricht in diesem Zusammenhang auch von einer »**Rationalisierung**« im psychologischen Sinne. MARCH & OLSEN umschreiben diesen Zustand mit »organisierter Anarchie«, welche durch Unklarheit, Mehrdeutigkeit, und geringe Selbstreflektion gekennzeichnet sei. Empirische Studien belegen, dass kollektive Entscheidungsprozesse nicht mit einem formal-logischen Phasenschema rekonstruierbar sind, sondern eher mit der Kategorie eines situativen Opportunismus. Probleme, Lösungsvorschläge, Teilnehmer und Entscheidungsgelegenheiten treffen relativ unstrukturiert und in wechselnden Kombinationen zusammen. Entscheidungen werden häufig vertagt, Probleme mehr oder weniger bewusst übersehen, Lösungen für nicht existente Probleme erarbeitet. Die Forscher gebrauchen das Bild vom »**Mülleimer**«, um derartige Situationen als Sammelbecken einer Vielzahl wenig rationaler Entscheidungselemente zu versinnbildlichen. Dazu zählen situative Zufälle, soziostrukturell bedingte Machtausstattungen, divergierende Problemsichten und vieles andere mehr.[313]

---

[311] Vgl. Ehlers, aus Raum & Zeit 85/97, veröffentlicht: http://www.altbier-express.de, 01.10.2002.

[312] Mintzberg, (1983), Seite 140.

[313] Vgl. Türk, (1989), Seite 34f und 48f.·

„Sie müssen das Licht des anderen nicht
ausblasen, um das Ihre scheinen zu lassen."[314]

3.10 Konfliktmanagement

Im Umgang mit Konflikten erscheint es wichtig, sich der Komplexität der Thematik bewusst zu sein. Die Vielschichtigkeit der Beziehungen innerhalb einer Organisation darf
keineswegs dazu führen, dass Führungskräfte sich resignierend zurückziehen. Sie sind
vielmehr immer wieder aufgefordert, sich auf die Gegebenheiten einzustellen, die sich in
der jeweiligen Gruppe ergeben. Hierzu zählen in erster Linie Konflikte. **Konflikte sind
Spannungssituationen**, in denen zwei oder mehrere Parteien, die voneinander abhängig
sind, mit Nachdruck versuchen, scheinbar oder tatsächlich unvereinbare Handlungspläne
oder Verhaltenstendenzen zu verwirklichen.[315]

Konflikte sind ambivalent, d. h. sie haben sowohl positive als auch negative Aspekte
oder anders ausgedrückt, sie sind mit Chancen und Risiken verbunden:

■ **Risiko** ... Konflikte ...
  ▪ erzeugen »Prozess-Verluste«,
  ▪ fördern Widerstand,
  ▪ wecken Ängste, Ärger, Frust, Schmerz, Verletzungen, Stress, Unzufriedenheit,
  ▪ führen zu »dicker Luft«,
  ▪ begünstigen Schuldzuweisungen,
  ▪ hinterlassen Gewinner, Verlierer und so weiter.

■ **Chancen** ... Konflikte ...
  ▪ verweisen auf Probleme,
  ▪ verhindern Stagnation,
  ▪ sind die Wurzel für Veränderungen,
  ▪ regen Interesse und Neugierde an,
  ▪ verhelfen zu Lösungen,
  ▪ führen zur Selbsterkenntnis der Persönlichkeit,
  ▪ festigen Gruppen in ihrer Identität,
  ▪ wirken als »reinigendes Gewitter«,
  ▪ fördern die gemeinsame Diskussion und so weiter.[316]

Sofern es gelingt, die **Konflikte auf der Inhalts- bzw. Sachebene zu kanalisieren** und
damit von der Beziehungsebene zu trennen, können sie als Chance für die Weiterentwicklung des Unternehmens und der eigenen Persönlichkeit verstanden werden.

---

[314] Baruch, (1996), Seite 15.
[315] Vgl. Berkel, (1999), Seite 378 bis 394; Bröckermann, (2000), Seite 319; Dorsch, (1998),
       Seite 450; Rüttinger, (1980), Seite 22; Steiger & Lippmann, (1999), Seite 339f.
[316] Vgl. Kreis, (1993), Seite 359f; Steiger & Lippmann, (1999), Seite 339f.

3.10.1 Konfliktursachen

Wenn Menschen sich in Gruppen zusammenfinden, sind soziale Konflikte kaum vermeidbar. Hierfür gibt es zahlreiche Ursachen:

- Jeder Mensch wird durch **individuelle und höchstpersönliche Motive** angetrieben. Die damit in Verbindung stehenden Ziele können in bestimmten Bereichen deckungsgleich mit denen anderer Menschen sein, vielfach sind sie jedoch grundverschieden.

- Mitarbeiter bringen ihre Motive und Ziele in ihre beruflichen Aufgaben ein. **Knappe Ressourcen**, strittige Entscheidungen und andere Gegebenheiten lassen die zum Teil gegensätzlichen Motive und Ziele erkennen. Die Unterschiede münden häufig in Konflikte, die teilweise latent (verdeckt) ausgetragen werden.

- Konflikte werden auch durch die **hierarchische Gliederung**, Informationsvorsprünge und die Delegierung von Aufgaben, Befugnissen und Verantwortung ausgelöst.

- Auch eine unklare oder **fehlerhafte Verteilung von Aufgaben, Verantwortung und Befugnissen** kann zu Konflikten führen.

- Ein nicht ausgefülltes **Machtvakuum** kann Verteilungskämpfe zur Folge haben.

- Notwendige betriebliche **Veränderungs- und Anpassungsprozesse** verursachen Unsicherheiten hinsichtlich der eigenen Position, die ebenfalls in Konflikten münden können.[317]

Das Wesen eines Konflikts liegt in gegensätzlichen Verhaltenstendenzen. Diese Tendenzen können nicht nur zwischen Menschen, sondern auch innerhalb einer Person entstehen. Zahlreiche wissenschaftliche Untersuchungen belegen, dass Konflikte **in der Natur des Menschen** liegen, und dass ein Zusammenleben ganz ohne Konflikte nicht möglich erscheint. Die Analyse von Konflikten ist besonders dort erschwert, wo sie verdeckt ausgetragen werden. Ist die Zusammenarbeit gestört, dann ist es möglich, die äußeren Umstände oder das beobachtbare Verhalten als Indikatoren heranzuziehen.[318]

Häufig entstehen Konflikte aus der **unterschiedlichen Beurteilung der »Wirklichkeit«**. Während für den einen das Glas halb leer ist, ist es für den anderen halb voll. Dem einen ist bei einer Zimmertemperatur von 20° Celsius heiß oder warm, der andere friert. Der eine interpretiert die wirtschaftliche Situation seines Unternehmens als halben Weg zur Insolvenz, der andere sieht den wirtschaftlichen Aufschwung nach schmerzhaften strukturellen Anpassungen. **Wir sollten akzeptieren lernen, dass es keine »objektive« Wirklichkeit gibt**, sondern nur eine »subjektive« Interpretation unserer eigenen Wahrnehmung.[319]

---

[317] Vgl. Bröckermann, (2000), Seite 320.

[318] Vgl. Bröckermann, (2000), Seite 323; Gamber, (1995), Seite 31f ; Pfützner, (1994), Seite 124; von Rosenstiel, (1992), Seite 286.

[319] Vgl. Stone / Patton & Heen, (2000), Seite 64.

3.10.2 Mehrpersonenkonflikte

Die Konflikte, welche durch die Interaktionen zwischen Personen zutage treten, werden als »**soziale Konflikte**« oder **Mehrpersonenkonflikte** bezeichnet. Mehrpersonenkonflikte sind vielfach mit einer Machtprobe verbunden.

Dabei „kann es zu einer Eskalation kommen, die in folgenden Stufen verläuft ...

- ■ **Verhärtung**:
  Aus Meinungen entwickeln sich Standpunkte, die beharrlich verteidigt werden. Die Beteiligten kommunizieren nicht mehr unbefangen miteinander. Krampfhafte Kooperations- und Annäherungsversuche bleiben bei zunehmender gegenseitiger Verhärtung der Standpunkte wirkungslos.

- ■ **Polarisierung**:
  Die Verteidigung des eigenen Standpunktes wird zu einer Prestigeangelegenheit. Die Regeln einer fairen Auseinandersetzung werden mehr und mehr missachtet und Schwächen des anderen ausgenutzt.

- ■ **Konfrontation**:
  Die Bereitschaft zum Nachgeben und zum Kompromiss wird als Schwäche angesehen. Der Konfliktgegenstand verselbständigt sich und bekommt eine Eigendynamik.

- ■ **Feindschaft**:
  Aus Gegenspielern werden unversöhnliche Feinde. Eine Lösung aus eigener Kraft ist deshalb nicht mehr möglich.

- ■ **Erzfeindschaft**:
  Die zunehmende »Verteufelung« des Gegenspielers führt zu einem übersteigerten Selbstbildbedürfnis.

- ■ **Drohungen**:
  Man demonstriert die eigene Stärke. Ein Rückzug steht damit nicht mehr zur Diskussion, sondern nur noch eine Flucht nach vorne.

- ■ **Schlacht**:
  Die Konfliktparteien sehen sich als Erzfeinde an, die ohne jeden Skrupel manipuliert und vernichtet werden müssen.

- ■ **Vernichtung**:
  Die Parteien wollen einander ausschalten. Einzig die Gefahr der Vernichtung der eigenen Existenz bremst sie. Man ist zu großen Opfern bereit, wenn nur die Gegenpartei einen noch größeren Schaden erleidet.

- ■ **Kamikaze**:
  Man ist zwar selbst erledigt, aber der Triumph ist vollkommen. Der Feind ist ausgelöscht."[320]

---

[320]   Bröckermann, (2000), Seite 319; vgl. auch Gamber, (1995), Seite 7 bis 16.

Ein derart destruktiver Konfliktverlauf zielt auf die Vernichtung oder zumindest Entmachtung der anderen Person. Da die »physische« und »psychische« Vernichtung des Gegners gesellschaftlich als inakzeptabel geächtet wird, spielen gerade in Unternehmen diffizilere Formen eine wichtige Rolle; hierzu zählt das gesamte Repertoire der **mikropolitischen Taktiken**, welche im vorherigen Abschnitt auf Seite 162 ausführlich beschrieben wurden.

3.10.3 Lösungsansätze zur Vermeidung, Reduzierung und Kanalisierung von Konflikten

Sofern Sie der Empfehlung im Vorwort gefolgt sind, und dieses Buch von der ersten Seite an studiert haben, sind Ihnen aus der Lektüre bereits einige **Lösungsansätze** zur Vermeidung, Reduzierung und Kanalisierung von Konflikten bekannt:

- »Selbstreflektion« unter anderem durch »Feedback« und (z. B. Seite 63 und 86) oder »Coaching« (z. B. Seite 105),
- eine durch »Respekt« geprägte Kommunikation (z. B. Seite 37),
- Trennung der »Inhalts- bzw. Sachebene« von der »Beziehungsebene« (z. B. Seite 53, 58, 60, 93 und 100),
- Vermeidung von »Verhaltensspielen« (z. B. Seite 40, 56, 60 und 87),
- Anwendung »erfolgversprechender Kommunikationsstrategien« (z. B. Seite 59),
- Einbeziehung »verbaler« und »nonverbaler Signale« (z. B. Seite 5, 17 und 89 bis 93),
- Berücksichtigung eigener »Wahrnehmungs- und Beurteilungsfehler« (z. B. Seite 86und 101),
- »Pacing«, »Rapport« und »Leading« (z. B. Seite 99),
- »Rollenspiele« (z. B. Seite 63f),
- erhöhtes »Verständnis« für die subjektive Position des Interaktionspartners (z. B. Seite 19, 44, 64, 74 und 103) sowie
- frühzeitiges »Thematisieren« kommunikativer Störungen mit dem Ziel, das Sammeln emotionaler »Rabattmarken« zu vermeiden (z. B. Seite 79).

Weitere nützliche Instrumente, auf die im Folgenden näher eingegangen werden soll, sind:

- »Aktives Zuhören«,
- »Systemisches Denken« und »paradoxe Intervention«,
- »Johari-Fenster«,
- »Akzeptanz« anderer Meinungen und Interpretationen,
- »Konfliktgespräch« oder

■ »Moderation« bzw. »Mediation« in »verhärteten« Situationen,

■ »Du-«/»Sie-«Botschaften vermeiden - zugunsten der »Ich«-Position sowie

■ »Entdeckung« von Gemeinsamkeiten.

Die Transaktionale Analyse leistet einen wichtigen Beitrag im **Verstehen zwischen-menschlicher Interaktion** und hilft somit in der betrieblichen Praxis, Konflikte zu er-kennen und zu vermeiden. Ein wichtiger Ansatzpunkt zu einem konfliktreduzierten Um-gang mit anderen ist die gedankliche und emotionale Trennung der Sach- und Beziehungsebene. Die Grundvoraussetzung hierfür liegt in der Lebensanschauung des-jenigen, von dem die Transaktion ausgeht. Orientiert an den vier Lebensanschauungen der Transaktionalen Analyse kann jeder Mitarbeiter und insbesondere jede Führungs-kraft sich die **»Ich bin o.k. - du bist o.k.«-Anschauung** zu eigen machen. Der erste Teil »Ich bin o.k.« beinhaltet eine selbstbewusste Grundhaltung, der zweite Teil den Respekt gegenüber den Kollegen. Das **Selbstbewusstsein** ist zum einen nötig, um nicht in jeder Äußerung der Kollegen einen persönlichen Angriff zu vermuten und zum anderen, um sich nicht selber auf Kosten seiner Mitmenschen immer wieder seine Überlegenheit be-weisen zu müssen. Beides führt zwangsläufig zu überkreuzten Transaktionen und somit zum Konflikt. Ein weiterer Beitrag zu einem respektvollen Umgang auf der Beziehungs-ebene ist die Anwendung der auf Seite 100 geschilderten Kommunikationsstrategien.[321]

Im interkulturellen Vergleich zeigt INGRID ROSE-NEIGER auf, weshalb es gerade in unse-rem Kulturkreis häufig und unnötigerweise zu Konflikten kommt: „Warum reden wir miteinander? Um Informationen auszutauschen oder um die Beziehung zu pflegen? Na-türlich tun wir beides, aber Deutschland gehört zu den Ländern, in denen der **Sachbezug Vorrang** hat. In anderen Kulturbereichen wie Asien, Arabischen Ländern oder Südame-rika wird im Allgemeinen die **Beziehungs- oder Gruppenorientierung** wesentlich stär-ker gewertet als in Deutschland. Teilweise hat sie sogar absoluten Vorrang.“[322] Es „wird deutlich, dass der deutsche Manager vornehmlich die sachbezogenen Aspekte wie Schnelligkeit und Effektivität einer Verhandlung im Blickfeld hat. ... Für die Chinesen sind die Sachbezüge jedoch nebensächlich, die Störung zwischenmenschlicher Bezie-hungen unverzeihlich. Gute zwischenmenschliche Beziehungen, die durch »Gesicht wahren« und »Gesicht geben« geprägt sind, sind die Voraussetzung für das Lösen von sachbezogenen Problemen. Chinesen halten deutsche Geschäftspartner daher oft für un-höflich, unsensibel, unkultiviert, für Menschen ohne Anstand. Sie bringen einen in Ver-legenheit.“[323] ALEXANDER THOMAS ergänzt: „Auf ein solches Verhalten werden sie im günstigsten Fall mit Unverständnis, meist jedoch mit deutlicher Antipathie und Ableh-nung reagieren ... Für den Deutschen erfolgt aus der Sachorientierung die Gestaltung des interpersonalen Beziehungsgefüges, und **für den Chinesen erfolgt aus der Gestaltung**

---

[321] Vgl. Hamann, http://www.transaktionsanalyse.net, 11.12.2001.

[322] Rose-Neiger, http://www2.hdm-stuttgart.de/arbeitsamt/media/pdf/download/vortraege/
workshop_rose_neiger.pdf, 09.10.2000.

[323] Rose-Neiger, http://www2.hdm-stuttgart.de/arbeitsamt/media/pdf/download/vortraege/
workshop_rose_neiger.pdf, 09.10.2000.

des interpersonalen Beziehungsgefüges die Regelung der Sachaufgaben."[324] Offensichtlich haben andere Kulturkreise die von ERIC BERNE vorgeschlagene Lebensanschauung »Ich bin o.k. - du bist o.k.« (siehe auch Seite 37) viel stärker in ihr Werte- und
Normensystem integriert, als beispielsweise wir Deutschen. Während wir den »respektvollen« Umgang, gekennzeichnet durch die Akzeptanz der Stärken und Schwächen in
der eigenen Persönlichkeit wie auch in der anderer Menschen auf der kognitiven (bewussten) Ebene begreifen und »mühsam« umzusetzen erlernen müssen, wird in anderen
Kulturkreisen dieses bereits durch die Erziehung und Sozialisation konditioniert und
programmiert.

Wenn die Kommunikation zwischen den Mitarbeitern gestört ist, dann bietet ihm die
Idee der drei »Ich-Zustände« einen guten Ansatz, um entstehende oder bereits vorhandene Konflikte auf ihre Ursachen zu überprüfen und somit die Möglichkeit zu erhalten,
sie beheben zu können.

In der Gesprächsführung gibt es bestimmte **Stolpersteine**, die sich nicht aus dem Weg
räumen lassen, auch wenn wir noch so geschickt und kenntnisreich vorgehen.[325] Wir
werden immer wieder in Situationen geraten, in denen sich die Beantwortung der Frage,
»was geschehen ist«, schwieriger gestaltet, als wir zunächst angenommen haben. Jeder
Interaktionspartner verfügt über Informationen und Erfahrungen, von denen der andere
nichts weiß. Wir werden auch immer wieder emotional belastende Situationen erleben,
die wir als bedrohlich empfinden, weil wir glauben, dass wichtige Aspekte unserer Identität auf dem Spiel stehen. Was wir ändern können, ist die Art und Weise, wie wir mit
dieser Herausforderung umgehen wollen. In der Regel neigen wir zu der Annahme, alles
Nötige zu wissen, um die Situation zu verstehen und erklären zu können. Damit
»verzichten« wir darauf, zu erfahren, welche Informationen die andere Person uns
vielleicht voraushat. Anstatt uns zu bemühen, **konstruktiv mit unseren Gefühlen
umzugehen**, versuchen wir entweder, sie zu verbergen, oder wir machen unserem Ärger
auf eine Weise Luft, die wir später vielfach bedauern. Anstatt sich mit Identitätsfragen
auseinander zu setzen, die uns (oder der anderen Person) ungeheuer wichtig sind, führen
wir das Gespräch weiter so, als würde es nichts über uns selbst aussagen. Wenn es uns
nicht gelingt, die gegenseitige Wahrnehmung zu erweitern, so werden wir nie zu den
eigentlichen Ursachen unseres Unbehagens vordringen. Wenn wir die unterschiedlichen
Interpretationen der gemachten Erfahrungen und vorliegenden Informationen besser verstehen, können wir anfangen, konstruktivere Ansätze zu entwickeln.[326]

Vielfach neigen Menschen dazu, Fragen und Einschätzungen anderer mit **Aussagen** zu
kommentieren, wie z. B. »Das sehen Sie falsch!« oder »Das entspricht nicht den akademischen Standards!« (... wer definiert diese?) oder »Nein, ... das ist ... so und so!«
oder »Wie kommen Sie denn auf so einen Unsinn!«. Derartige Antworten implizieren
leicht die Botschaft, dass andere Ansichten nicht legitim seien und nur die eigene Wahr-

---

[324]   Thomas, (1996), Seite 129.

[325]   Vgl. Kreis, (1993), Seite 359 bis 361.

[326]   Vgl. Stone / Patton & Heen, (2000) Seite 33f.

nehmung erlaubt sei. WATZLAWICK versucht in diesem Zusammenhang zwischen »Wirklichkeiten« erster und zweiter Ordnung zu unterscheiden. »Wirklichkeiten erster Ordnung« sind laut WATZLAWICK messbar und beweisbar, sozusagen »objektiv«. Bei den »Wirklichkeiten der zweiten Ordnung« handele es sich dagegen um »subjektive« Reaktionen auf die »Wirklichkeiten erster Ordnung«. Auch wenn die tatsächliche Zimmertemperatur (Wirklichkeit der ersten Ordnung) messbar ist, so lässt sich doch trefflich darüber streiten, ob diese heiß, warm oder kalt ist (Wirklichkeit der zweiten Ordnung). In der betrieblichen Praxis fällt es jedoch bereits schwer, eine eindeutige Zuordnung des Geschehens in die Wirklichkeit der ersten oder zweiten Ordnung vorzunehmen. Denken Sie über Konfliktsituationen der letzen Monate nach; wenn Sie ehrlich zu sich selbst sind, dann werden Sie sich eingestehen, dass sich in der Regel die Streitigkeiten um die Frage der Interpretation des Sachverhaltes ergeben haben.[327]

Sie können dem drohenden Konflikt dadurch begegnen, dass Sie

- erstens die Interpretation der »Wirklichkeit« Ihres Gesprächspartners nicht kommentieren sondern **hinterfragen**,

- zweitens im Gespräch versuchen, die Gemeinsamkeiten der (scheinbar) unterschiedlichen Standpunkte herausarbeiten,

- drittens dabei auf »Du«/»Sie«-Botschaften verzichten und statt dessen aus der »Ich«-Position kommunizieren und

- viertens es lernen ggf. mehrere (unterschiedliche) Interpretationen eines Sachverhalts »gleichberechtigt« nebeneinander stehen zu lassen.

Die Engländer verwenden für den vierten Punkt folgende Redewendung: »**Let's agree to differ**«, welche zwei Botschaften enthält:

- »Können wir uns darauf einigen, dass wir uns in diesem Punkt nicht einigen müssen ...«

- »... ohne dass wir uns dabei missachten, einander böse sind, uns dabei schlecht fühlen müssen ...?«

Insbesondere die zweite Botschaft erscheint sehr wichtig, da wir (Deutschen) „dazu neigen, unsere Meinung mit unserer Person zu verwechseln. Nach dem Motto: Wer meine Meinung nicht teilt, lehnt mich als Person ab."[328] Ist es Zufall, dass wir im deutschen Sprachgebrauch keine vergleichbare Redewendung kennen? Vielleicht ist dieses mit ein Grund, weshalb es vielen schwer fällt, sich mit dem gebotenen »Respekt« gegenüber der »Wirklichkeit zweiter Ordnung« eines Kollegen zu äußern. „Es ist schon unglaublich, wie viele hochintelligente Leute regelmäßig ihre »**subjektive Meinung**« mit »**Fakten**« **verwechseln**, ... wenn Manager und Politiker von »Sachzwängen« reden, während sie lediglich ihre subjektive Wirklichkeit zweiter Ordnung durchsetzen wollen, ... wenn Professoren, Dozenten, Ausbilder oder Lehrer ihre subjektive Meinung als »offizielle Wirklichkeit« verkaufen ... wenn Wissenschaftler die öffentliche Diskussion beeinflus-

---

[327]   Vgl. Birkenbihl, (2000), Seite 193 bis 199.
[328]   Birkenbihl, (2000), Seite 196.

sen, indem sie vorgeben, nur Fakten aufzuzählen. Damit will ich sagen: Es ist schwer, zwischen Wirklichkeiten erster und zweiter Ordnung unterscheiden zu lernen."[329]

BIRKENBIHL schlägt vor, jedes Mal, wenn Sie die Meinung Ihres Gesprächspartners anzweifeln wollen, sich bewusst zu machen, wie dieses umgekehrt auf Sie wirken würde und in diesem Bewusstsein zu handeln.[330] In bestimmten Gesprächssituationen kann es hilfreich sein, gleichzeitig mit der Sachkritik die Botschaft zu versenden, dass Sie nicht die Fakten (und damit die Person) anzweifeln, sondern die Datenlage anders interpretieren. Statt zu sagen »Sie haben keine Ahnung ...!« sollten Sie die Hintergründe für die abweichende Interpretation hinterfragen und dann Ihre eigene Position in Form einer **»Ich-Botschaft«** deutlich zu erkennen geben: »Wir sind uns in den folgenden Punkten einig ... ich teile jedoch nicht Ihre Interpretation hinsichtlich ... sondern glaube ...«. Durch die Kenntlichmachung Ihrer eigenen Positionen und Meinungen geben Sie Ihren Mitmenschen die Gelegenheit, ihre eigene Anschauung der Dinge beizubehalten oder zu verändern, ohne sich persönlich gedemütigt fühlen zu müssen. Ihre Mitmenschen werden sehr viel eher bereit sein, Ihren auf der Sachebene vorgetragenen Argumenten zu folgen, wenn sie sich nicht (gleichzeitig) auf der Beziehungsebene angegriffen fühlen.[331]

Feedback wird unter dem Aspekt »Lob und Tadel« häufig als wichtiges und flexibles Führungsmittel vorgestellt. Vor dem Hintergrund der bisherigen Überlegungen wird die Wichtigkeit der Rückmeldung deutlich erkennbar. Wenn der Sender davon ausgeht, dass jede Nachricht eine Vielzahl von Botschaften enthält, sollte er von Zeit zu Zeit überprüfen, was von dem, was er sendet, tatsächlich ankommt. Im Feedback liegt eine Möglichkeit zur Verbesserung der Kommunikation und damit zur Vermeidung von Konflikten. Dieses gilt insbesondere dann, wenn das Feedback einen relativ hohen Selbstoffenbarungsanteil hat.[332] Er dient dazu, dem Interaktionspartner mitzuteilen, welche Gefühle, Emotionen und Gedanken sein Verhalten beim Sender der »Ich-Botschaft« ausgelöst hat. Im Vergleich zu »Du-Botschaften« werden die »Ich-Botschaften« vom Gesprächspartner leichter akzeptiert und tragen somit zu einem konstruktiveren Gesprächsverlauf bei. Sie sind kennzeichnend für einen **kooperativen Kommunikationsstil.**

Beim Feedback ist es hilfreich, zwischen der Wahrnehmung und Interpretation bewusst zu trennen.

Die vier Schritte für ein konstruktives Feedback umfassen:

1. **Wahrnehmung** der fünf Sinne wiedergeben:
   Ich sehe ... ich höre ... ich fühle ... ich rieche ... ich schmecke ...

2. **Interpretation** über »mögliche« Zusammenhänge anbieten:
   Ich denke ... ich vermute ... ich stelle mir vor ...

---

[329] Birkenbihl, (2000), Seite 198.
[330] Vgl. Birkenbihl, (2000), Seite 200.
[331] Vgl. Lumma , (1988), Seite 142f.
[332] Vgl. Steiger & Lippmann, (1999a), Seite 267.

3. **Empfindung** über meine gefühlsmäßige Reaktion und Bewertung wiedergeben:
   Ich fühle mich dabei ... mir geht es dann ...

4. **Verhaltenswunsch** formulieren:
   Ich wünsche mir, dass du ... ich möchte gern ... ich schlage vor ... ich finde wichtig, dass wir ... ich finde, wir sollten ...

Nicht jeder Satz, der mit »Ich« beginnt, beinhaltet eine »Ich-Botschaft« in dem oben genannten Sinne. Manche »Ich-Botschaften« sind unecht. Hinter ihnen versteckt sich genauso ein Vorwurf, eine Beschuldigung, ein Urteil wie hinter einer ineffektiven »Du-Botschaft«. Beispielsweise wird der Empfänger die Nachricht: »Ich finde, du bist blasiert« nicht sehr viel positiver aufnehmen, als »Du bist blasiert«.

Versuchen Sie statt Appelle an den anderen zu richten ihre eigenen **Bedürfnisse** zu **formulieren**. Statt »Lassen Sie mich in Ruhe« könnten Sie beispielsweise sagen »Ich brauche eine halbe Stunde Ruhe ... dann habe ich Zeit für Sie«. Kennzeichnen Sie ihre eigene Meinung, z. B.: »Ich finde diese Vorgehensweise ungünstig, weil..« und vermeiden Sie in der dritten Person zu sprechen: »So etwas macht *man* nicht!«. Mit dem Wort »man« heben Sie den moralischen Zeigefinger ohne deutlich zu machen, wessen Wertvorstellung sich dahinter verbirgt: Ihre, die der Gesellschaft, oder ggf. Gott? Wie soll der andere Stellung beziehen können, wenn Sie es erstens selbst nicht tun und zweitens ihn mit diesen »moralisierenden« Aussagen niederdrücken.

Häufig neigen Menschen dazu. nur einen Teil (meist den negativen) der Gefühle und Empfindungen mitzuteilen. Ein Beispiel: »Es ärgert mich, dass Sie heute Morgen schon wieder zu spät kommen« könnte ggf. vollständig lauten: »Es ärgert mich, dass Sie heute Morgen schon wieder zu spät kommen, jedoch freue ich mich, dass Ihnen nichts passiert ist«.[333]

Wenn Sie »Ich-Botschaften« erfolgreich formulieren wollen, dann können Sie sich von den folgenden Fragen leiten lassen:

- Was geht in mir vor?
- Welche meiner Bedürfnisse sind durch das Verhalten des Gesprächspartners bedroht?
- Worin bestehen meine eigenen primären Empfindungen?

»**Systemisches Denken**« kann in bestimmten Situationen ein hilfreiches Mittel der Konfliktbewältigung sein. Dieser Ansatz stammt aus der philosophischen Richtung des Konstruktivismus. Danach gibt es keine objektive Wirklichkeit, d. h. die Wirklichkeit entsteht erst durch den Beobachter als Teil des Systems.[334] Dieses Phänomen, welches wir bereits unter dem Stichwort »**Zirkuläre Kausalität**« kennen lernten (siehe Seite 58), führt vielfach zu Schwierigkeiten in der Kommunikation, offenbart jedoch zugleich ei-

---

333   Vgl. Sureda u. a., (2000) Seite 185.
334   Vgl. Fischer, http://www.hrudifisch.de/html/coaching/COACHING.html#Anchor-4.1-23522, 15.11.2002; Meinhardt & Weber, (2001), Seite 64f.

nen interessanten Lösungsansatz. „Die Art und Weise, wie jemand ein Problem beschreibt, enthält immer schon den Keim einer Lösung. Eine Falle, in die manche Führungskraft tappt, sei zur Illustration hier beschrieben. Die Falle lautet »Mehr desselben«. Wenn Herr Ulmer feststellt, dass Frau Vogel blaumacht, dann tritt gewöhnlich das formaljuristische Ritual in Gang. Der Vorgesetzte führt zuerst ein Gespräch »im Guten«. Wenn das nicht hilft, dann gibt's ein Kritikgespräch. Hilft das auch nicht, dann kommt die erste Abmahnung, dann die zweite, dann die Kündigung. Natürlich ist das auch eine Lösung, aber eine, die viel Nerven und Kraft kostet. Außerdem kann es passieren, dass auch die Nachfolgerin nicht »passt«, und das Ganze wiederholt sich. Der Fehler ist, dass der Vorgesetzte nur eine einzige Strategie anwendet, nämlich »Druck machen«. Wenn die kleine Druckdosis nicht hilft, dann wird sie systematisch erhöht - mit anderen Worten: er tut »mehr desselben«. Besser wäre es, erstens das Problem anders zu betrachten ... und zweitens die Strategie zu variieren und etwas ganz Neues auszuprobieren ... . Die Wahrscheinlichkeit, dass irgendetwas ganz anderes Erfolg hat, und sei es ein Kochkurs, ist allemal größer, als immer mehr Druck zu machen. Hierzu passt ein schönes Beispiel von PAUL WATZLAWICK: Ein Autofahrer hat eine Panne. Er steigt aus und kontrolliert den Benzinstand. Tatsächlich: Der Tank ist leer. Er füllt Benzin nach, steigt ein und startet. Aber das Auto fährt immer noch nicht. Kein Mensch käme jetzt auf die Idee, mehr Benzin in den Tank zu füllen. Im Führungsalltag erleben wir eine solche Vorgehensweise dagegen häufig. Der Mitarbeiter, der keine Leistung bringt, wird ermahnt, dann abgemahnt, zum zweiten Mal abgemahnt und schließlich gekündigt. Das Prinzip: »Mehr desselben«."[335]

Vielfach handelt es sich bei der Strategie »**Mehr desselben**« um ein Verhaltensspiel zwischen zwei oder mehreren Mitarbeitern. Die zirkuläre Kausalität führt dazu, dass jeder den anderen zum Täter und sich zum Opfer macht. Hier wird die weit verbreitete Lösungsstrategie »Mehr desselben« zum eigentlichen Problem.[336] In diesen Fällen erscheint es besonders sinnvoll, sich durch einen externen Coach unterstützen zu lassen (siehe auch Seite 141), insbesondere deshalb, da die betroffene Führungskraft als Teil des Systems häufig den »Wald vor lauter Bäumen nicht sieht« bzw. nicht sehen kann. Der Coach hat die Möglichkeit, sich im Rahmen der so genannten »paradoxen Interventionen« auf zweierlei Weise einzuschalten:

1.   Der Coach empfiehlt das Gegenteil dessen, was er erreichen will. Statt seinem Coachee zu empfehlen, die Strategie »Mehr desselben« aufzugeben, vermittelt er ihm die Botschaft: »Machen Sie weiter so!«. Diese Vorgehensweise ist dann angebracht, wenn der Coach damit rechnen muss, dass die Führungskraft sich dem unmittelbaren Weg zur Veränderung (unbewusst) widersetzen wird. Dieses ist beispielsweise dann der Fall, wenn Systeme durch dysfunktionale Muster zusammengehalten werden und jede Veränderung als Bedrohung der Stabilisierungsregeln empfunden wird. Mit dieser Vorgehensweise forciert der Coach den »Leidens-

---

[335]   Meinhardt & Weber, (2001), Seite 65.

[336]   Vgl. Fischer, http://www.hrudifisch.de/html/coaching/COACHING.html#Anchor-4.1-23522, 15.11.2002.

druck«, welcher als Voraussetzung für die Bereitschaft zur Veränderung angesehen werden kann.

2. Aus dem Blickwinkel einer vertrauensvollen Zusammenarbeit erscheint eine andere Vorgehensweise angemessen: Hierbei wird das Verhaltensspiel »Mehr desselben« zwischen dem Coach und dem Coachee thematisiert. Der Coach könnte seinen Gesprächspartner für die Problematik beispielsweise durch die folgende Frage sensibilisieren: »Was könnten Sie tun, um die Situation weiter zu verschlimmern?«. Ziel dieser Frage ist es, dem andern bewusst zu machen, wie »naheliegende« Lösungen die Eskalation des Konflikts beschleunigen. Stattdessen soll ein neuer Fokus eröffnet werden, damit die Führungskraft Handlungsalternativen erkennen kann. Zu diesem Zweck fragt der Coach in einem zweiten Schritt, was denn das Gegenteil der bisherigen Vorschläge sei und diskutiert mit dem Coachee, ob diese gegenteiligen Maßnahmen nicht genau das beinhalten, was in der konkreten Situation zum Erfolg führen könne.[337]

Mit der zweiten Vorgehensweise wird die »paradoxe Intervention« sozusagen theoretisch auf der kognitiven Ebene erarbeitet. Ich setze diese Technik als Coach seit vielen Jahren erfolgreich ein und habe die Erfahrung gemacht, dass nach anfänglichem Erstaunen nahezu alle Führungskräfte mit den entwickelten Alternativen zu dem »Mehr desselben« sehr positive Erfahrungen sammelten.

Mit Rückgriff auf das kybernetische Modell eines sich selbst steuernden Regelkreises (Feedback) lässt sich auf diese Weise eine recht praktikable Vorstellung dessen gewinnen, wie sich ein Problem »systemisch« erfassen lässt. Im »Systemischen Ansatz« bilden die Konflikte den Normalfall, welche aus der individuell konstruierten Wirklichkeit der Menschen hervorgehen. Konflikte werden auf diese Weise reflektiert und als Hinweise auf organisatorischen Veränderungsbedarf interpretiert. Die Führungskraft hat die Aufgabe, die verschiedenen Sichtweisen zu koordinieren.[338]

Eine weitere Möglichkeit, kommunikative Störungen innerhalb einer Gruppe zu thematisieren, ist das nach JOSEF LUFT & HARRY INGHAM benannte »**Johari-Fenster**«. Die Abbildung auf Seite 183 veranschaulicht, wie in der Kommunikation das Feld der Begegnung (die Arena) durch das »Johari-Fenster« vergrößert werden kann.

Das Konzept geht davon aus, dass sowohl bei der Person selbst als auch bei dem Interaktionspartner Bereiche existieren, die bekannt sind, und solche, die nicht bekannt oder unbewusst sind. Die Gemeinsamkeit, die der Kommunikation zu Grunde liegt, die Ebene, auf der sich die Gesprächspartner begegnen können, ist dadurch geprägt, dass sie beiden bekannt und damit verfügbar ist. In diesem Bereich »**verstehen**« sich die Gesprächspartner, da sie wissen, was der jeweils andere meint.

---

[337]   Vgl. Fischer, http://www.hrudifisch.de/html/coaching/COACHING.html#Anchor-4.1-23522, 15.11.2002; Meinhardt & Weber, (2001), Seite 55 bis 67.

[338]   Vgl. Fischer, http://www.hrudifisch.de/html/coaching/COACHING.html#Anchor-4.1-23522, 15.11.2002; Meinhardt & Weber, (2001), Seite 71.

Dieses Feld kann, wie im Schaubild verdeutlicht, vergrößert werden, einerseits durch **Offenheit** und andererseits durch das Einholen und Annehmen von Feedback (siehe hierzu auch die Aussagen zur Selbstoffenbarung und zur Rückmeldung im Nachrichtenquadrat auf Seite 56). Die Selbstwahrnehmung und -bewertung eines Menschen bestimmt deutlich das Verhalten der Interaktionspartner. Das Ziel des hinter dem »Johari-Fenster« stehenden Konzepts ist, durch Informationsbeschaffung und die Einholung von Feedback eine möglichst große »Arena« (Feld der Begegnung) zu schaffen. Dieses führt zu einer **Reduzierung** von **Vorurteilen, Projektionen** und **Übertragungen**.[339]

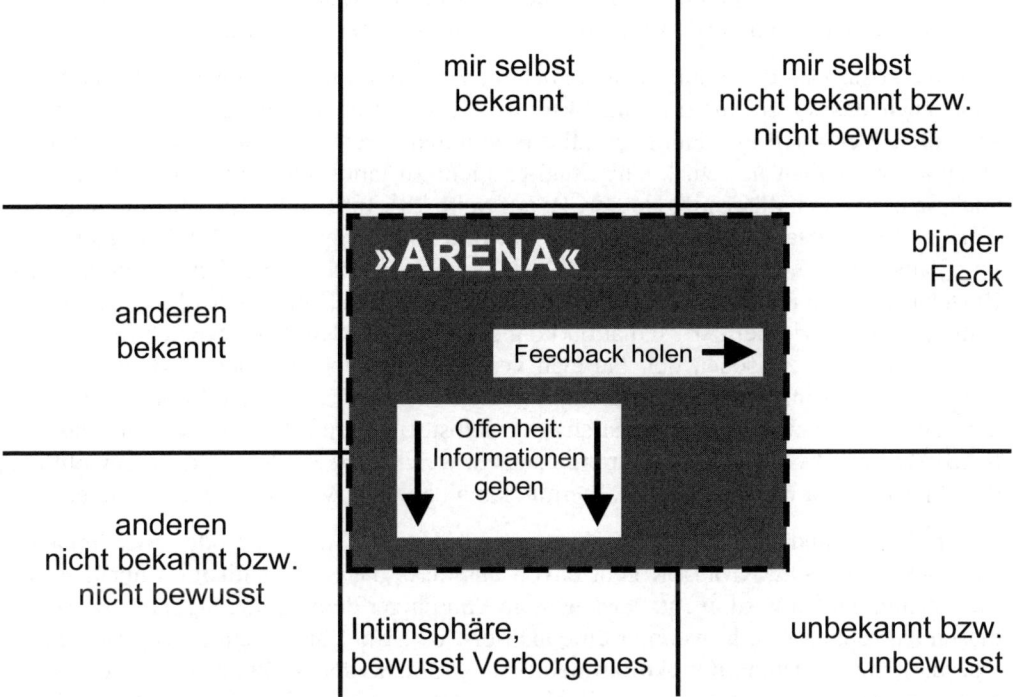

Abbildung 26:   **»Johari-Fenster«**
              Quelle: In Anlehnung an Luft & Ingham, (1998), Seite 154.

Ist die Konfliktsituation innerhalb einer Gruppe fortgeschritten und haben sich die Fronten verhärtet, kann es sehr hilfreich sein, einen Mediator einzusetzen. Die **Mediation** ist eine Vermittlung zwischen den Konfliktparteien. Sie ist immer dann erforderlich, wenn Menschen einander ihre Unterschiede vorwerfen und sich dadurch massiv beeinträchtigt oder blockiert fühlen. Als Vermittler kann nur jemand tätig werden, der selbst nicht Par-

---

[339] Vgl. Birker, (1998), Seite 153f; Hardman, http://www.hardman.at/psychophilo/content/
       psycho/sozialpsychologie.html, 29.10.2002.

tei ist. Im Mittelpunkt der Mediation steht die Zukunftsgestaltung, weniger die Vergangenheitsbewältigung. Im Brennpunkt stehen dabei die Konfliktparteien. Beide erhalten Gelegenheit zur Selbstdarstellung in Form von »Ich-Botschaften« und die Chance, dass sie vom jeweils anderen wahrgenommen werden. Der Mediator unterstützt die Konfliktparteien dabei durch **förderliches Fragen** und **strukturierendes Zusammenfassen**. Er ist sozusagen der Übermittler ihm treuhänderisch anvertrauter Informationen. Die Differenzen werden deutlich herausgearbeitet und erst am Ende der Konfliktkern benannt. Um ein möglichst sachliches Gespräch zu gewährleisten, sollten Verfahrensregeln festgelegt werden, die garantieren, dass alle Standpunkte gehört werden und emotionale Angriffe auf den Gesprächspartner unterbleiben. Schließlich wird ein verbindlicher »Vertrag« geschlossen, dessen Einhaltung gemeinsam überprüft wird.[340]

Sind die Positionen der Kontrahenten noch nicht »verhärtet«, so kann anstelle der Mediation auch das so genannte »**Konfliktgespräch**« in Betracht gezogen werden.[341] Es setzt die Bereitschaft und Fähigkeit aller Beteiligten voraus, sich auf das Konfliktthema einlassen zu wollen und zu können und es nicht zu tabuisieren oder zu verharmlosen (siehe hierzu das Fallbeispiel Herbert B. auf Seite 78). Im Konfliktgespräch geht es primär um **authentische Information**, um **Kontaktsicherung** und um **Veränderung**. Um komplementäre Kommunikation auf der Sachebene zu ermöglichen, sind »Ich-Botschaften« und Hinterfragen in Verbindung mit aktivem Zuhören erfolgversprechende Mittel. Ähnlich wie bei der Mediation können auch beim Konfliktgespräch Streit- bzw. Verfahrensregeln zwischen den Parteien vereinbart werden. Die Konfliktparteien sind dann sozusagen ihre eigenen Mediatoren. Nach dem Austausch der Informationen auf der Sach- und Beziehungsebene (Stichwort: Selbstoffenbarung) sollte auch am Ende des Konfliktgesprächs eine »Vereinbarung« stehen, welche von beiden Parteien gewollt und damit auch gelebt wird. Ein Kontrolltermin kann dabei die Verbindlichkeit sichern.[342]

Durch die Art und Weise, wie wir zuhören, können wir Annahme oder Nichtannahme ausdrücken. THOMAS GORDON geht davon aus, dass die Kommunikation nur dann erfolgreich verlaufen wird, wenn der jeweilige Empfänger dem Sender signalisiert, dass er diesen »akzeptiert«, d. h. wenn er eine »Du-bist-o.k.-Botschaft« sendet. GORDEN stellte fest, dass die »**Sprache der Annahme**« bzw. »Sprache der Nichtannahme« voraussagbare Konsequenzen in der Kommunikation hat. Die »Sprache der Nichtannahme« äußert sich in: be- bzw. verurteilen, kritisieren, bewerten, predigen, moralisieren, ermahnen, kommandieren, sich einmischen, stören, eindringen, unterbrechen, kontrollieren und so weiter. Diese Signale können beim Gesprächspartner zu Unbehagen, Angst (weil er sich angegriffen fühlt, Abwehrmanöver sind zu erwarten), Schützengrabenpositionen (er wartet jetzt nur darauf, den »Feind« abschießen zu können), Schuldgefühlen, Gefühlen des »Bedroht-Seins« oder des »Nicht-o.k.-Seins« führen. GORDON stellt weiterhin fest, dass die »Annahme« so mitgeteilt werden muss, dass der Gesprächspartner sie wahr-

---

340   Vgl. Berthold, http://www.markus-berthold.de/kommunikation/bansatz.htm, 15.09.2002;
       Redlich & Elling, (2000), Serite 194f.
341   Vgl. Kreis, (1993), Seite 359 bis 361.
342   Vgl. Berthold, http://www.markus-berthold.de/kommunikation/bansatz.htm, 15.09.2002.

nimmt. Das ist so, weil ein unsicherer Mensch die Abwesenheit von »Du-bist-o.k.-Botschaften« automatisch als Ablehnung auslegt, so dass hier vermeidbare Missverständnisse entstehen können. Verfügt der andere jedoch über ein ausgeprägtes Selbstwertgefühl, so wird ihn in der Regel eine »Du-bist-o.k.-Nachricht« trotzdem freuen, weil sie ein positives Feedback darstellt. Bei Verzicht auf positives Feedback werden die meisten Menschen dieses als negative Kritik auslegen.[343]

Der »sicherste« Weg, einen Studenten in der mündlichen Prüfung durchfallen zu lassen, ist, ihm kein Feedback zu geben. Soll dieses verhindert werden, so ist das »aktive Zuhören« ein wirksames Instrument um sicherzustellen, dass die Rückkopplung ihn erreicht. »Aktives Zuhören«, welches sich auch in vielen anderen Kommunikations- und Konfliktsituationen bewährt hat, ist gekennzeichnet durch:

■ das Ausreden lassen des Gesprächspartners,

■ das Unterdrücken spontaner eigener Meinungsäußerung,

■ hörbares und sichtbares Feedback, z. B. durch körpersprachliche Signale wie Kopfschütteln,

■ Zuhörfloskeln sowie

■ Wiedergabe des Gehörten mit eigenen Worten mit dem Ziel, Missverständnisse zu vermeiden und Verständnis zu signalisieren.[344]

Feedback ist folglich eines der wichtigsten Interaktionsmittel, welches auch in Form angeleiteter »Feedback-Runden« gewinnbringend eingesetzt werden kann. Hierzu ein praktisches Beispiel:

Eine Gruppe von Studenten bat mich vor einiger Zeit um meinen Rat. In ihrem Jahrgang hatten sich zahlreiche Cliquen gebildet und die Kommilitonen nutzten das gesamte Repertoire mikropolitischer Taktiken, um sich gegenseitig niederzumachen. Zusammen mit einem Kommilitonen zeichnete ich ein Soziogramm der Gruppe, wobei sich herausstellte, dass sich der »Unruheherd« besonders an einer Person manifestierte. Diese Person trat häufig arrogant auf und »forderte« von den »jüngeren« Kommilitonen, sie mit »Respekt« zu behandeln. In einer sehr verletzenden Art und Weise führte sie ihnen regelmäßig ihre »vermeintlichen« Unzulänglichkeiten vor Augen.

Ich führte mit der Gruppe eine Feedback-Runde durch, in der die Studenten Gelegenheit erhielten, ihre Kritik und Wünsche in Form von »Ich-Botschaften« an ihre Kommilitonen zu formulieren: »Ich fühlte mich verletzt ... Ich fand ganz toll, dass ... Ich wünsche mir für die Zukunft ... .« Dabei konnten die Feedback-Empfänger mit Hilfe von drei Schildern selbst bestimmen, wann die Kommilitonen nur positives Feedback geben durften, wann nur negatives, und wann sie selbst eine »Stellungnahme« zu dem Geäußerten abgeben konnten.

---

[343] Vgl. Birkenbihl, (2000), Seite 181f.

[344] Vgl. Berthold, http://www.markus-berthold.de/kommunikation/aktivzuhoeren/akzuhoeren. htm, 15.09.2002; Schulz von Thun, (2001), Seite 70f.

Der »arrogante« Student war der erste Kandidat, der zunächst das Schild »Positives Feedback« hob, alle anderen hatten sich zuvor erst dem »Negativen« ausgesetzt. Er erweckte den Eindruck, als ob er das Schild »Negatives Feedback« am liebsten ignorieren würde. Dieses war ihm aufgrund des psychologischen Drucks natürlich nicht möglich, da alle anderen sich diesem bereits ausgesetzt hatten. Nachdem er eine geballte Ladung vor allem negativer Kritik hatte über sich ergehen lassen müssen, hob er das Schild »Stellungnahme«. Seiner Mimik und Gestik nach zu urteilen, wappnete er sich zum Rechtfertigungs-Feldzug gegenüber den anderen. Die Gruppe stand demnach unmittelbar vor dem Abgleiten in das »Karpman-Dreieck«, was es aus meiner Sicht als Moderator unbedingt zu vermeiden galt.

Daher stoppte ich die Runde und nutzte die Gelegenheit, einige Fragen an die Gruppe zu formulieren: „Was glauben Sie, warum hat Ihr Kommilitone sich als Erster und Einziger zunächst positives Feedback geben lassen? ... Was könnte sich hinter seiner »Arroganz« verbergen? ... Welchen Nutzen zieht er durch sein »arrogantes« Auftreten? ... Weshalb neigt er dazu, Ihnen allen Ihre »vermeintlichen« Unzulänglichkeiten aufzuzeigen? ... Was kann die Gruppe für den Kommilitonen tun?« Schnell erkannten die Kommilitonen, dass das Verhalten des »arroganten« Studenten gar nichts mit ihnen selbst zu tun hatte, dass es sich um einen Schutz- und Kompensationsmechanismus handelte, welcher dem »arroganten« Studenten das »Überleben« sichern sollte. Sie erkannten hinter der gespielten und programmierten Rolle einen liebenswürdigen Menschen und ihr ursprünglicher »Ärger« wich dem Verständnis, der Anteilnahme und dem Wunsch, ihm eine »Brücke« bauen zu wollen. Die Flut der positiven Vorschläge zur Integration des »Täters« in die Gruppe schien endlos.

Obwohl es dem so häufig »arrogant« wirkenden Studenten zunächst schwer fiel, sich selbst in Frage zu stellen, erkannte er in einer Reihe von Einzelgesprächen mit den Kommilitonen, dass diese es mehrheitlich ehrlich meinten und trotz der Vergangenheit zu einem »Neuanfang« in der bislang belasteten Kommunikation bereit waren. Menschen, denen er zuvor im übertragenen Sinne die »Existenzberechtigung« abgesprochen hatte, reichten ihm die Hand zur Versöhnung. Er erkannte und nutzte die Chance, seine gesamte Kommunikation und damit sein Leben neu zu organisieren und zu strukturieren. Durch die positiven Erfahrungen, welche er durch die neue, durch »Respekt« gegenüber seinen Mitmenschen geprägte Kommunikation erfuhr, wurden die Situationen immer seltener, in denen er in sein altes »arrogantes« Verhaltensmuster zurückfiel. Nach Jahren stehe ich immer noch in Kontakt zu diesem »neuen« Menschen und freue mich ganz besonders darüber, dass er seine kommunikativen Erfolge auch im beruflichen und privaten Kontext umsetzen konnte. Mindestens genauso groß ist der Gruppenerfolg einzuschätzen, hatten doch alle Mitglieder die Gelegenheit, an einem selbst »erlebten« Beispiel zu erfahren, wie durch die Veränderung des eigenen Verhaltens die Kommunikation und Interaktion verbessert werden kann.

Dieses Beispiel zeigt, dass neben dem Feedback die **Identifizierung und Betonung von Gemeinsamkeiten** ein interessanter Ansatz zur Lösung von Gruppenkonflikten sein kann. Die Integration des Studenten konnte nur durch eine gemeinsame Anstrengung des gesamten Jahrgangs gelingen. Bereits 1961 sammelten Sozialpsychologen im Rahmen der so genannten »Robbers Cave-Studie« (benannt nach dem Durchführungsort in Oklahoma) Erfahrungen mit dieser Methode:

> „Die Probanden waren zwölfjährige Jungen, ausgewählt als typische amerikanische Mittelschichtkinder. Sie waren normale, gesunde, an ihre Umgebung gut angepaßte, glückliche Kinder, hatten gern ihren Spaß und steckten voller Energie. Die Versuchsleiterteilten die Jungen in zwei homogene Gruppen auf, so daß sie sich in Eigenschaften wie Intelligenz und Körpergröße glichen.
>
> Die Jungen erfuhren, daß sie in ein Feriensommerlager gehen würden, und daß man jede Gruppe für sich in ein abgeschiedenes Pfadfinderlager bringen würde.
>
> Das Ferienlager stand in Wirklichkeit unter Aufsicht der Experimentatoren, und die Leiter des Camps waren bei ihnen angestellt. Die Leiter beobachteten das Verhalten der Jungen und berichteten es den Experimentatoren. (Die Daten wurden unauffällig erhoben, da die Jungen die eigentliche Funktion der Gruppenleiter nicht ahnten.) Die Experimentatoren und die Leiter richteten die Aktivitäten im Lager nach einem zuvor ausgearbeiteten Plan ein, der drei Phasen hatte.
>
> Im ersten Stadium befaßte man sich getrennt mit den beiden Gruppen von Jungen, so daß sie sich mit ihrer Gruppe zu identifizieren und ihr zugehörig zu fühlen begannen. Dies erreichte man, indem man die Jungen an Projekten arbeiten ließ, mit denen sie Ziele erreichen würden, die sie alle guthießen und die die Kooperation aller erforderte. Zum Beispiel sollten sie das Schwimmloch ausbauen und eine Seilbrücke errichten. Man ging mit den Jungen so um, daß sich zwei Gruppen mit einem hohen Maß an Gruppenkohäsion bildeten. Die eine Gruppe nannte sich selbst die Klapperschlangen, die anderen waren die Adler. In diesem Stadium waren die Gruppen voneinander getrennt und arbeiteten unabhängig voneinander an verschiedenen Projekten. Am Ende des ersten Stadiums war es den Versuchsleitern gelungen, zwei echte und nicht bloß zusammengewürfelte Gruppen zu schaffen. Alle Jungen fühlten sich eindeutig ihrer Gruppe zugehörig.
>
> Im zweiten Stadium begannen die Berater den Konflikt zwischen den Gruppen zu schüren, indem sie sie in einer Reihe von Wettkämpfen wie Baseball und Tauziehen gegeneinander antreten ließen. Die Konkurrenz führte zur Feindschaft zwischen den Gruppen, die sich beschimpften, prügelten und gegenseitig in ihren Lagern überfielen. Die Klapperschlangen verabscheuten die Adler und umgekehrt. Die Jungen hatten Vorurteile gegen die Mitglieder der fremden Gruppe und schworen auf die Mitglieder der eigenen Gruppe.
>
> Das dritte Stadium bestand aus Bemühungen, die Feindseligkeit zwischen den Gruppen abzubauen. Die beiden Gruppen einfach zusammenzubringen (zum Beispiel zu gemeinsamen Mahlzeiten) dämpfte die Feindseligkeiten nicht. Daß man den Jungen einen gemeinsamen Feind (eine dritte Gruppe von Jungen) bot, min-

derte die Feindschaft von Klapperschlangen und Adlern nur teilweise. Die Gruppen verschoben die Feindseligkeit lediglich auf den gemeinsamen Feind.

Was die Feindseligkeit insgesamt schwinden ließ, war eben das, was im ersten Stadium dafür gesorgt hatte, daß sich in den Gruppen ein Zusammengehörigkeitsgefühl entwickelte. Die Experimentatoren stellten die Gruppen vor Aufgaben, zu deren Erfüllung sie zusammenarbeiten mußten. Die Aufgabenziele waren so gewählt, daß sie den Mitgliedern beider Gruppen am Herzen lagen. Zum Beispiel sorgte man dafür, dass der Lager-Lkw auf dem Weg zu einer Zelttour liegen blieb, auf die sich alle gefreut hatten. Alle Jungen mußten mit anpacken und den Lkw einen Hügel hinaufziehen, um ihn wieder in Gang zu bringen. Da das Ziel ein positives war, kam es zu keinen Feindseligkeiten. Da die beiden Gruppen sich gemeinsam anstrengen mußten, war Feindschaft zwischen ihnen nicht länger angemessen. Eine Reihe von solchen Kooperation erfordernden Abenteuern führte schließlich dazu, daß die Gruppen freundlich miteinander umgingen, bis die Jungen am Ende verlangten, sie wollten alle zusammen in einem Bus heimfahren. Mit ihrem bei einem Wettkampf gewonnenen Geld lud eine der Gruppen auf dem Heimweg gar die andere zu Milchshakes ein."[345]

Von einer »guten« und dauerhaften Lösung des Konflikts sollten alle Parteien profitieren, d. h. es kommt zu einer so genannten »**Win-Win-Situation**«. Voraussetzungen für das Zustandekommen von echter Einigung sind unter anderem ungezwungene Meinungsäußerung (Stichwort:»Ich-Botschaften«),

- gegenseitiges Vertrauen und Ernstnehmen der jeweiligen Interessen,
- freier Zugang zu den erforderlichen Informationen und
- mögliche Partizipation an der Entscheidungsfindung.

»Win-Win-Methoden« sind in den meisten Fällen zeitaufwendig und anspruchsvoll. Hauptziele bei der gemeinsamen Lösungsfindung sind zufriedene Partner.[346]

3.11 Der »jugendliche« Mitarbeiter

Seit SOKRATES beklagt sich die jeweils ältere Generation über den drohenden Verfall der Sitten der jüngeren Generation.[347] Was könnten die Ursachen für den so genannten **Generationenkonflikt** sein? Was veranlasst Jugendliche, auf die Ansprache der Erwachsenen mit Auflehnung, Trotz und Aggressivität zu reagieren?

---

[345]   Bourne & Ekstrand, (1992), Seite 428.

[346]   Vgl. Legewie & Ehlers, (2000), Seite 241 bis 243; Steiger & Lippmann, (1999b), Seite 353.

[347]   Vgl. Neuberger, (1990), Seite 37.

Meines Erachtens können derartige Reaktionen nur zu einem Teil mit der hormonellen Umstellung des menschlichen Körpers in diesem Lebensabschnitt erklärt werden. Ich glaube, dass eine **wesentliche Ursache in der unveränderten Ansprache** der Jugendlichen durch die erwachsenen Bezugspersonen zu sehen ist. Beispielsweise nehmen viele Eltern nicht wahr, dass sich ihre »Kinder« verändern, dass sie anfangen, Dinge selbstkritisch zu hinterfragen und auf ihre Weise den »Versuch einer Emanzipation (Verselbständigung)« vollziehen. Sie wollen nicht länger als »Kinder« wahrgenommen werden, sondern als gleichberechtigte Mitglieder unserer Gesellschaft, welche über die gleichen Selbstbestimmungsrechte wie die jeweils ältere Generation verfügen möchte.

Wenn sich der Jugendliche in diesem Lebensabschnitt weiterhin durch die Eltern oder auch durch den Ausbilder als »Kind« angesprochen fühlt, so ist meines Erachtens der **Konflikt vorprogrammiert**. Entscheidend ist dabei nicht, wie der erwachsene »Sender« die Botschaft meint, sondern wie diese von dem Jugendlichen aufgenommen wird. Unsere zweite Kommunikationsregel lautete »Jeder Mensch agiert vor dem Hintergrund seiner persönlichen Erfahrung« (siehe auch Seite 49). Was also von dem einen Jugendlichen als harmonische Ansprache empfunden wird, kann bei dem anderen zu einer heftigen Reaktion führen, und zwar immer dann, wenn er auf diese Art der Ansprache negativ konditioniert wurde oder sich ungewollt in die Rolle des »Kindes« gedrängt fühlt.

Da diese Mechanismen unbewusst ablaufen und in der Regel weder von den Erwachsenen noch von den Jugendlichen wahrgenommen werden, kommt es bei den Jugendlichen zu einer Anhäufung negativer Gefühle, die dann zum Ausbruch kommen, »wenn das Fass überläuft«. Die Erwachsenen sind oftmals überzeugt, dem Jugendlichen keinen Anlass zu dieser Reaktion gegeben zu haben und wundern sich über die plötzlichen Aufwallungen von Aggressivität und Zerstörungswut.

Da die Umweltbedingungen sich in den letzten Jahren aufgrund der Vielzahl der konditionierenden Einflüsse für Kinder und Jugendliche verschlechtert haben, ist meines Erachtens zu erwarten, dass die inneren Widersprüche und die damit verbundene Frustration, Aggression und Gewaltbereitschaft in den nächsten Jahren weiter ansteigen werden (siehe auch Seite 11 und 86).

Meines Erachtens kann den Jugendlichen in diesem Lebensabschnitt am besten dadurch geholfen werden, dass sie nicht nur als gleichberechtigte und **vollwertige Mitglieder unserer Gesellschaft** akzeptiert (»Du bist o.k.«), sondern auch als solche angesprochen werden, d. h. auf einer sachlichen Ebene ausgehend vom »Erwachsenen-Ich« des Senders (Erwachsener) gerichtet an das »Erwachsenen-Ich« des Empfängers (Jugendlicher).

Es ist meines Erachtens wichtig, den jugendlichen Mitarbeiter in dieser schwierigen Phase der »Abnabelung« durch eine **adäquate** (angemessene) **Ansprache** zu unterstützen. Es handelt sich hierbei um einen wichtigen Entwicklungsschritt zur Ausbildung des »Erwachsenen-Ichs«. Auch BERNE vertritt die Auffassung, dass es zu einer **gesunden Entwicklung** des Menschen gehöre, sich von »elterlichen Programmen« zu emanzipieren.[348]

---

348 Vgl. Fischer, (1983), Seite 37; Grießhammer, (1993), Seite 82 bis 84.

3.12 »Führungsethik«

Ethik umfasst insbesondere Dimensionen wie **verantwortungsbewusstes Verhalten** und sittliches Wertebewusstsein, welches eng verbunden ist mit der Frage des »Gewissens« der Führungsperson. Im »Gewissen« kommt es zu einer Verdichtung des »Wissens« und der konditionierten sowie der durch Erkenntnis gewonnenen »Werte« eines Menschen.[349]

Statt des Begriffes »Ethik« wird häufig auch der Begriff »Moral« verwendet. NEUBERGER stellt verschiedene Prinzipien ethischen Verhaltens zur Diskussion. Eine dieser vorgestellten Auffassungen beruht auf den Ideen des Philosophen IMMANUEL KANT. Sie besagt, dass sich eine Führungsperson ethisch beziehungsweise moralisch verhält, wenn sie im Rahmen der Entscheidungsfindung eine Bewertung in den Kategorien »sittlich gut/schlecht« vornähme und sich dabei dem Wertesystem unterwerfe, das für jedermann gelten solle.[350]

Hierbei stellt sich meines Erachtens die Frage, welche Werte, beziehungsweise welche Ansprüche für jedermann Gültigkeit haben sollen. Wer seine Mitarbeiter grundsätzlich für faul, unselbständig und inkompetent hält, wird vermutlich einen anderen Sozialisationsprozess durchlaufen haben, als derjenige, der seine Mitarbeiter beziehungsweise Mitmenschen als gleichberechtigte Individuen ansieht. **Folglich kann das personenbezogene, individuelle Wertesystem einer Einzelperson nicht der universelle Maßstab für den Umgang mit anderen sein!**

Hat sich die ethisch verantwortungsvolle Führungsperson dem Wertesystem der gesellschaftlichen Mehrheit zu unterwerfen? Sind Ziele dadurch ethisch im Sinne von menschlich, dass sie von vielen Menschen angestrebt werden? **Meines Erachtens ist es gefährlich, das Wertesystem der Allgemeinheit unkritisch zu übernehmen!** Im Dritten Reich konnten wir beobachten, wie sich das Wertesystem in einem Prozess der gegenseitigen Konditionierung und Programmierung in eine Richtung entwickelte, welche die Mehrheit der rational und kritisch denkenden Menschen heute ablehnt. Insofern widerspreche ich ULRICH, der Ethik als „... die Bereitschaft zur wahrhaftigen und unvoreingenommenen Bemühung um einen für alle Beteiligten akzeptablen Konsens oder Kompromiß ...“[351] beschreibt.

Dieser kurze Abriss hat gezeigt, dass das **Dilemma der »Führungsethik«** offensichtlich **nicht lösbar** ist. Auch wir wurden jahrzehntelang durch unsere Umwelt sozialisiert, konditioniert und programmiert und sind somit Teil des Systems. Zwar können wir versuchen, einen Perspektivwechsel vorzunehmen und unser Wertesystem kritisch zu hinterfragen, doch die notwendige »objektive« Distanz können weder wir noch ein anderes Mitglied (Subjekt) dieser Gesellschaft jemals erreichen.

---

[349]   Vgl. Häcker & Stapf, (1998), Seite 248; Ulrich, (1995), Seite 523.
[350]   Vgl. Neuberger, (1990), Seite 278; Neuberger, (2002), Seite 749.
[351]   Ulrich, (1981), Seite 68.

4. Mobbingprävention

„Erfolg haben genügt nicht. Andere müssen
scheitern."[352]

60.000 bis 80.000 Stunden verbringt ein Arbeitnehmer im Laufe seines Lebens an seinem Arbeitsplatz. Die täglichen Arbeitsanforderungen sowie die Nähe zu den Kollegen
sorgen für Konfliktpotential und damit verbundene Reibungsverluste. Führungsverhal-
ten, Über- und Unterforderung, Angst vor dem Verlust des Arbeitsplatzes, aber auch
Neid und Missgunst sind häufig genannte Ursachen. Die betrieblichen Folgen sind vielfältig: Mitarbeiterfrust, hohe Fehlzeiten, innere Frühverrentung, Dienst nach Vorschrift,
Intrigantenstadel und Mobbing - zum Teil mit Todesfolge.

Gerade diese Spitze des Eisbergs führt dazu, dass das Thema Mobbing zunehmend in
den Mittelpunkt des öffentlichen Interesses rückt. Neben »**humanitären**« **Aspekten**
sprechen insbesondere betriebswirtschaftliche Gründe dafür, Mitarbeiter für dieses besondere Thema zu sensibilisieren. Schätzungen zufolge liegen die mobbingbedingten
Ausfallkosten in der Bundesrepublik Deutschland bei 15 Milliarden Euro.[353]

Die Prävention hat im Hinblick auf Mobbing eine besondere Bedeutung. Sie kann in erster Linie dazu dienen, die **Eskalation von Konflikten** und die damit einhergehenden
Mobbingphänomene zu vermeiden. Im Unternehmen muss ein Problembewusstsein geschaffen werden, das die Aufnahme von Präventionsmaßnahmen und deren Umsetzung
und Akzeptanz in einer frühen Phase des Mobbinggeschehens erleichtert.

In der Fachliteratur ist eine Vielzahl von Maßnahmen zu finden, die Unternehmen präventiv gegen Mobbing anwenden können. Theoretisch erscheinen diese Maßnahmen oftmals als wirksam und leicht in das Unternehmen zu implementieren. Fraglich bleibt die
praktische Umsetzung und die Effektivität für die Praxis.

4.1 Begriffsbestimmung

Der Begriff »Mobbing« ist ein Kunstwort und auf das englische Wort »mob« zurückzuführen. Dabei wird das englische Substantiv »mob« übersetzt mit Pöbel, Gesindel, zu-
sammengerotteter Haufen und das englische Verb »to mob« mit über jemanden herfal-
len, angreifen, anpöbeln, attackieren.[354] Der Ursprung des Wortes »Mobbing« liegt im

---

[352]   Vidal, (1996), Seite 15.

[353]   Vgl. Kratz, (2000), Seite 4.

[354]   Vgl. Esser & Wolmerath, (2001), Seite 20.

lateinischen Ausdruck »mobile vulgus«, der wankelmütige Masse bzw. aufgewiegelte Volksmenge bedeutet. Im angelsächsischen Sprachgebrauch hat sich als Synonym zum Wort »**Mobbing**« der Begriff »**Bullying**« etabliert, der übersetzt werden kann mit tyrannisieren, schikanieren und einschüchtern.[355] Die Amerikaner benutzen zudem den Ausdruck »**(sexual) harassment**« und meinen damit das ständige Belästigen, Quälen und Aufreiben von Menschen am Arbeitsplatz.[356]

In der Wissenschaft wurde der Begriff »Mobbing« erstmals 1958 von dem Verhaltenswissenschaftler KONRAD LORENZ im Rahmen der vergleichenden Verhaltensforschung unter Tieren verwendet. Als Mobbing bezeichnete er dabei das zum eigenen Schutz dienende Angriffsverhalten einer Gruppe gegen ein einzelnes Wesen.[357]

In den Bereich der Humanbeziehungen wurde diese Bezeichnung erstmals in den 60er Jahren von dem schwedischen Arzt PETER-PAUL HEINEMANN übernommen. Er beschrieb damit eine bestimmte Art von Gruppengewalt unter Kindern. Seine Publikationen etablierten den Begriff »Mobbing« in der schwedischen Alltagssprache, jedoch abweichend von der heutigen Definition als Bezeichnung für alle Arten von Angriffen.[358]

Der Mobbingbegriff in seiner heutigen Bedeutung als »Psychoterror am Arbeitsplatz« wurde entscheidend von dem schwedischen Arbeitspsychologen und Mobbingexperten HEINZ LEYMANN geprägt. Der Ausgangspunkt seiner Untersuchungen in den 70er und 80er Jahren war die Erkenntnis, dass die Ursachen für psychische Belastungen von Arbeitnehmern oftmals nicht in deren Persönlichkeit, sondern in den betrieblichen Umfeldbedingungen zu suchen sind.[359]

LEYMANN entwickelte die derzeit geläufigste Definition von Mobbing und beschreibt den Begriff als einen zermürbenden Ablauf von Handlungen, der erst durch seine ständigen Wiederholungen zu Mobbing wird: „**Der Begriff Mobbing beschreibt negative kommunikative Handlungen, die gegen eine Person gerichtet sind** (von einer oder mehreren anderen) und die sehr oft und **über einen längeren Zeitraum** hinaus vorkommen und damit die Beziehung zwischen Täter und Opfer kennzeichnen."[360] Dieser sich wiederholende Handlungsablauf kann schwerwiegende psychische und physische Auswirkungen auf den Betroffenen haben.

In den 80er Jahren führte LEYMANN eine empirische Studie durch. Hinsichtlich der Ergebnispräsentation unterscheidet er insgesamt 45 Ausprägungen des »Mobbings«, die er in fünf Kategorien einordnet:[361]

---

355   Vgl. Kolodej, (1999), Seite 19.
356   Vgl. Kolodej, (1999), Seite 19.
357   Vgl. Niedl, (1995), Seite 12.
358   Vgl. Schlaugat, (1999), Seite 4f.
359   Vgl. Wolmerath, (2001), Seite 23.
360   Leymann (1993) Seite 21.
361   Vgl. Bröckermann, (2000), Seite 326f; Neuberger, (1999), Seite 14f; Niedl, (1995), Seite 80f.

■ **Angriffe auf die Möglichkeiten, sich mitzuteilen**
1. Der Vorgesetzte schränkt die Möglichkeiten des Betroffenen ein, sich zu äußern.
2. Der Betroffene wird ständig unterbrochen.
3. »Mitarbeiter« schränken die Möglichkeiten des Betroffenen ein, sich zu äußern.
4. Der Betroffene wird angeschrieen oder laut ausgeschimpft.
5. Die Arbeitsergebnisse werden ständig negativ kritisiert.
6. Das Privatleben des Betroffenen wird ständig kritisiert.
7. Telefonterror wird eingesetzt.
8. Mündliche Drohungen werden ausgesprochen.
9. Der Betroffene erhält schriftliche Drohungen.
10. Es kommt zu einer Kontaktverweigerung durch abwertende Blicke und Gesten.
11. Es werden Andeutungen gemacht, ohne dass etwas direkt ausgesprochen wird.

■ **Angriffe auf die sozialen Beziehungen**
12. Mit dem Betroffenen wird nicht (mehr) gesprochen.
13. Der (die) »Mobber« lässt (lassen) sich nicht ansprechen von dem Betroffenen.
14. Der Betroffene wird in einen Raum weitab von den Mitarbeitern gesetzt.
15. Den Mitarbeitern wird verboten, den Betroffenen anzusprechen.
16. Der Betroffene wird wie »Luft« behandelt.

■ **Angriffe auf das soziale Ansehen**
17. Hinter dem Rücken des Betroffenen wird schlecht über ihn gesprochen.
18. Gerüchte werden verbreitet.
19. Der Betroffene wird lächerlich gemacht.
20. Es wird der Verdacht ausgesprochen, der Betroffene sei psychisch krank.
21. Der Betroffene soll zu einer psychiatrischen Untersuchung gezwungen werden.
22. Eine »Behinderung« des Betroffenen wird ins Lächerliche gezogen.
23. Der Gang, die Stimme oder Gesten des Betroffenen werden imitiert, um den Betroffenen lächerlich zu machen.
24. Die politische oder religiöse Einstellung des Betroffenen werden angegriffen.
25. Der (die) »Mobber« macht (machen) sich über das Privatleben des Betroffenen lustig.
26. Der (die) »Mobber« macht (machen) sich über die Nationalität des Betroffenen lustig.
27. Der Betroffene wird gezwungen, Arbeiten auszuführen, die sein Selbstbewusstsein/Selbstwertgefühl verletzen.
28. Der Arbeitsplatz des Betroffenen wird in falscher oder kränkender Weise beurteilt.
29. Die Entscheidungen des Betroffenen werden (ständig) in Frage gestellt.

30. Dem Betroffenen werden obszöne Schimpfworte oder andere entwürdigende Ausdrücke nachgerufen.

31. Es kommt zu sexuellen Annäherungen oder zu verbalen sexuellen Angeboten.

■ **Angriffe auf die Qualität der Berufs- und Lebenssituation**

32. Dem Betroffenen werden keine Arbeitsaufgaben zugewiesen.

33. Dem Betroffenen wird jede Beschäftigung am Arbeitsplatz genommen, so dass er sich nicht einmal selbst Aufgaben ausdenken kann.

34. Dem Betroffenen werden sinnlose Arbeitsaufgaben gegeben.

35. Dem Betroffenen werden (ständig) Aufgaben zugeteilt, die ihn unterfordern.

36. Dem Betroffenen werden ständig neue Arbeitsaufgaben gegeben.

37. Dem Betroffenen werden »kränkende« Arbeitsaufgaben übertragen.

■ **Angriffe auf die Gesundheit**

38. Dem Betroffenen werden Arbeitsaufgaben zugeteilt, die seine Qualifikation übersteigen, um ihn zu diskreditieren.

39. Der Betroffene wird gezwungen, gesundheitsschädliche Arbeiten zu übernehmen.

40. Dem Betroffenen wird körperliche Gewalt angedroht.

41. Es kommt zur Anwendung leichter Gewalt, zum Beispiel um jemandem einen »Denkzettel« zu verpassen.

42. Es kommt zu körperlichen Misshandlungen.

43. Der (die) »Mobber« verursacht (verursachen) Kosten für den Betroffenen, um ihm zu schaden.

44. Der (die) »Mobber« richtet (richten) physischen Schaden im Heim oder am Arbeitsplatz des Betroffenen an.

45. Es kommt zu sexuellen Handgreiflichkeiten.

LEYMANN vertritt die Auffassung, dass Mobbing dann gegeben ist, wenn eine oder mehrere dieser 45 beschriebenen Handlungen über ein halbes Jahr oder länger mindestens einmal pro Woche auftreten.[362]

Auch wenn diese Liste unvollständig erscheinen mag, so vermittelt sie einen ersten Eindruck über das Repertoire möglicher Mobbing-Handlungen. Nahezu das gesamte Repertoire der von OSWALD NEUBERGER zusammengetragenen mikropolitischen Taktiken (siehe Seite 164) können gezielt oder auch unbeabsichtigt Mobbingeffekte auslösen. Im Laufe der Zeit kommt es häufig zu einer Verdichtung dieser Einzelhandlungen, die nicht selten in den Ausschluss des Betroffenen aus dem Unternehmen oder in Extremfällen sogar aus der Arbeitswelt mündet. Entscheidend für die Wirkung dieser einzelnen Transaktionen ist dabei weniger die Intention (Absicht) des oder der »Mobber«, als vielmehr die subjektive Bewertung des Betroffenen.

---

[362]   Vgl. Leymann (1993) Seite 22.

Der Diplom-Psychologe und Mobbingexperte BERND ZUSCHLAG entwickelt in starker Anlehnung an LEYMANN eine eigene Definition von Mobbing: „Der Begriff Mobbing beschreibt schikanöses Handeln **einer** oder **mehrerer Personen**, das gegen **eine Einzelperson oder eine Personengruppe** gerichtet ist. Die schikanösen Handlungen werden meistens über einen längeren Zeitraum hin wiederholt. Sie implizieren grundsätzlich die Täter-Absicht, das (die) Opfer bzw. sein (ihr) Ansehen zu schädigen und gegebenenfalls aus seiner (ihrer) Position zu vertreiben. Aber auch ohne Schikaneabsicht des Täters können dessen »normale« Handlungen von sensiblen Personen mißverstanden und als Mobbing empfunden werden."[363]

ZUSCHLAGS Definition unterscheidet sich von LEYMANNs Position in zwei wesentlichen Punkten: Zum einen beschränkt er die Handlungen nicht auf kommunikative Handlungen, weil seiner Meinung nach jede Handlung einen kommunikativen Aspekt impliziert, zum anderen hält er die Einschränkung »gegen *eine* Person gerichtet« für nicht ausreichend, da die Vergangenheit zeigt, dass Mobbing auch Personengruppen betreffen kann.

Eine weitere Definition von Mobbing stellte 1997 das Bundesarbeitsgericht auf: „Mobbing ist das **systematische Anfeinden, Schikanieren** oder **Diskriminieren** von Arbeitnehmern untereinander oder durch Vorgesetzte. Es wird begünstigt durch Stress-Situationen am Arbeitsplatz, deren Ursachen u. a. in einer Über- oder Unterforderung einzelner Arbeitnehmer oder Arbeitnehmergruppen, in der Arbeitsorganisation oder im Verhalten von Vorgesetzten liegen können. Schwierigkeiten bereiten vor allem das Erkennen von Mobbing, die Beurteilung der Glaubwürdigkeit der Betroffenen sowie die Abgrenzung gegenüber sozial anerkannten Verhaltensweisen am Arbeitsplatz."[364]

Obwohl viele der existierenden Definitionen Unterschiede aufweisen, sind bestimmte Elemente immer wieder zu finden. In jedem Definitionsansatz geht es um immer wiederkehrende Handlungen über einen längeren Zeitraum, einen nicht durch bestimmte Kriterien abgrenzbaren Kreis von Betroffenen und um negative Folgen für das Opfer. Dabei ist nicht offensichtlich, ob die Handlungen objektiv nachweisbar sein müssen oder ob bereits eine subjektive Interpretation als beeinträchtigendes Verhalten durch den Betroffenen genügt. Aus diesem Grund ist eine überschneidungsfreie Einordnung von Mobbing im Vergleich zu Konflikten oder Stress am Arbeitsplatz schwierig.

In Anlehnung an die Definitionsansätze von LEYMANN und ZUSCHLAG wird im Folgenden nachstehende Definition verwendet: »Unter **Mobbing** am Arbeitsplatz werden **Angriffe einer oder mehrerer Personen gegen ein Individuum oder eine Personengruppe** bezeichnet, die sich **regelmäßig über einen längeren Zeitraum wiederholen und zur Folge eine individuelle und/oder betriebliche Schädigung** haben. Entscheidend für die Wirkungen der einzelnen Handlungen ist dabei die subjektive Bewertung des/der Betroffenen und weniger die Intention des/der Mobber. Mobbing kann sowohl auf horizontaler Ebene zwischen den Kollegen als auch auf vertikaler Ebene zwischen

---

363 Zuschlag, http://www.horst-bertsch.de/mobbing.html, 17.09.2000.

364 Beschluss des Bundesarbeitsgerichts vom 15.01.1997, §7 ABR 14/96, veröffentlich: Biedermann, http://www.psychodoc.de/mobbingartikel2.htm, 13.02.2001.

der Führungskraft und seinen Mitarbeitern sowie entgegengesetzt auftreten.« Dabei ist der von LEYMANN entwickelte Katalog von Mobbinghandlungen eine Orientierungshilfe, um diese Angriffe zu erkennen.

4.2   Ursachen von Mobbing

Mobbinghandlungen gehen immer einher mit offenen oder **verdeckten Konflikten**, wobei der Konflikt selbst nicht Ursache sondern auch Begleiterscheinung des Mobbingprozesses sein kann. Die Forschungsansätze zu den Ursachen von Mobbing sind vielfältig. Wissenschaftlich fundierte Ergebnisse zu den Ursachen von Mobbing sind kaum vorhanden.[365] Im Folgenden soll ein Überblick über mögliche Auslöser für Mobbinghandlungen gegeben werden.

In der Literatur sind verschiedene Katalogisierungen bezüglich der Mobbingursachen zu finden, trotzdem zeigen sich wesentliche Übereinstimmungen in den unterschiedlichen Ergebnissen. So ergibt sich in der Zusammenschau ein umfangreicher Überblick über die möglichen Ursachen von Mobbing. LEYMANN sieht in den organisatorischen Strukturen die Auslöser des Mobbings und bezeichnet die Organisation, die Aufgabengestaltung und die Leitung der Arbeit als wichtige Ursachen für das Auftreten von Mobbingerscheinungen. Die Persönlichkeit und der Charakter der betroffenen Person spielen nach seiner Auffassung eine untergeordnete Rolle.[366] Für ZAPF hingegen können auch Persönlichkeitsmerkmale der betroffenen Personen primär ursächlich für Mobbinghandlungen sein. Er sieht die Auslöser in der Organisation, in der Gruppe, in der Person des Täters und in der Person des Opfers.[367] Auch ZUSCHLAG sieht neben organisatorischen Aspekten die wesentlichen Ursachen in der Person des Mobbingtäters und des Mobbingopfers begründet. Ein begünstigender Faktor liegt nach Auffassung von CHRISTA KOLODEJ in unseren heutigen gesellschaftlichen Strukturen.[368] Hinsichtlich der drei ursächlichen Kernbereiche

- **gesellschaftliche** Strukturen,

- **betriebliche** Strukturen wie z. B. Organisation und Aufgabengestaltung,

- **»inner-«persönliche** Strukturen der Täter, Opfer und Retter,

ist zu beachten, dass erstens eine eindeutige Zuordnung nicht immer möglich scheint, zweitens Ursachen aus den verschiedenen Bereichen kumulativ auftreten können und drittens diese unter Umständen durch gruppendynamische Prozesse eine Verstärkung erfahren.

---

[365]   Vgl. Schlaugat, (1999), Seite 30.
[366]   Vgl. Leymann, (1993), Seite 133 bis 143.
[367]   Vgl. Zapf, (1999), Seite 12 bis 18.
[368]   Vgl. Uni Graz, http://www.kfunigraz.ac.at/trmwww/mobbing-vortrag.pdf, 01.07.2002.

4.2.1 Gesellschaftliche Ursachen

Der durch die Industrialisierung entstandene Strukturwandel in der Gesellschaft und die damit einhergehenden Veränderungen in den Beziehungsstrukturen der Menschen sowie die rezessive Wirtschaftslage und diskriminierende gesellschaftliche Werte und Normen benennt KOLODEJ als wichtige gesellschaftliche Begünstigungsfaktoren für Mobbing.[369] Ein großes Konfliktpotential entsteht durch Entfremdung von der Arbeit infolge von Zerstückelung des Arbeitsprozesses, Computerisierung, Verdichtung der Arbeit und Individualisierung des Arbeitsplatzes.[370] Eine zunehmende Verschlechterung der Arbeitsmarktlage und die daraus resultierende Existenzangst verstärken das Konkurrenzdenken der Arbeitskollegen untereinander und minimieren die Kooperationsbereitschaft. Eine häufige Folge ist Mobbing. Weitere Faktoren für das Auftreten von Mobbing können gesellschaftlich bedingte Wertkonflikte sein. **Unterschiedliche Wertvorstellungen** bezüglich ästhetischer, ökonomischer, religiöser, sozialer, ethischer und politischer Werte bilden die Grundlage für divergierende Standpunkte und können somit eine weitere Ursache für Konflikte bilden. **Gerade Menschen, die den gesellschaftlichen Werten nicht entsprechen oder nicht entsprechen wollen, laufen Gefahr, Mobbingopfer zu werden.**

4.2.2 Betriebliche Ursachen

Die betrieblichen Auslöser für Mobbinghandlungen sind in noch umfangreicherem Maße als die gesellschaftlichen Aspekte für das Entstehen von Konfliktpotenzial verantwortlich. **Ein gestörtes Betriebsklima** ist häufig Ursache für soziale Konflikte und Mobbing am Arbeitsplatz.[371] Ungünstige Arbeitsbedingungen, wie z. B. Lärm, Schmutz, extreme Temperaturen und Unfallgefahr stellen für den Mitarbeiter eine Belastung dar und fördern das Entstehen von Stress. Auch straffe Organisationsstrukturen, gekennzeichnet durch starre Hierarchien und starke Kontrollmechanismen, verstärken soziale Spannungen, da der persönliche Handlungs- und Entscheidungsspielraum entscheidend eingeschränkt wird.[372] Ein **autoritärer Führungsstil begünstigt Mobbing** durch mangelndes Miteinbeziehen der Beschäftigten, was Unzufriedenheit und Frustration zur Folge haben kann. Die Mitarbeiter werden auf Dauer demotiviert und unzufrieden, da sie in keiner Weise Mitbestimmungsmöglichkeiten an ihrem Arbeitsplatz vorfinden. Unternehmen, die keinen oder nur geringen Wert auf Personalbetreuung legen und Fähigkeiten und Kompetenzen der Mitarbeiter ignorieren, begünstigen das Entstehen

---

[369] Vgl. Kolodej, (1999), Seite 50f.
[370] Vgl. Wolmerath, (2001), Seite 41f.
[371] Vgl. Schild & Heeren, (2002), Seite 116.
[372] Vgl. Niedl, (1995), Seite 57.

von Konflikten als einen wesentlichen Ausgangspunkt für Mobbinghandlungen.[373] Mangelnde Transparenz bezüglich Leistungsbewertung, Rollen-, Aufgaben- und Befugnisverteilung fördert das Konkurrenzdenken der Mitarbeiter untereinander und kann einen Nährboden für Konflikte liefern. Ebenso verhält es sich mit wettbewerbsorientierten Beförderungs- und Entlohnungssystemen, bei denen die Gefahr besteht, dass unter den Beschäftigten übermäßiger Ehrgeiz und **Rivalität** hervorgerufen werden und der Teamgeist einer Ellenbogenmentalität weicht. Daraufhin entstehen Konflikte und Stresssituationen, die wiederum Auslöser für einen Mobbingprozess sein können.

4.2.3   Personenbedingte Ursachen

Neben der Variante des Verhaltensspiels »Meins ist besser als deins«, mit dem der/die »Mobber« versuchen eigene Defizite zu kompensieren, kommt noch ein weiteres Motiv für Mobbinghandlungen in Frage: Wenn Sachkonflikte nicht mehr auf der Ebene des »Erwachsenen-Ichs« gelöst werden können, gehen sie oft auf die persönliche (emotionale) Ebene des »Kind-Ichs« über. Wenn die »strafenden« Kräfte des »Eltern-Ichs« mobilisiert werden, dann wird die Summe der Einzelhandlungen zu einer vernichtenden Waffe.

Eine **unbewältigte Stresssituation** kann Auslöser für Mobbinghandlungen sein. Als negativen Stress (Di-Stress) empfinden Menschen eine Situation, in der sie den Anforderungen der Umwelt nicht gerecht werden können. In der Forschung ist eine der gebräuchlichsten Erklärungen für das Phänomen Mobbing der Zusammenhang zwischen starken Stressreaktionen aufgrund arbeitsorganisatorischer Aufgaben und dem Auftreten von Mobbinghandlungen.[374] Es kann zur Übertragung des individuell erlebten Stresspotenzials auf andere Mitarbeiter kommen und so einen Mobbingprozess auslösen.

Der »**Neid**« auf Kollegen kann ebenfalls zu Mobbing führen, unabhängig von der Ursache wie z. B. Persönlichkeitsdefizite oder konkrete Benachteiligung im Unternehmen. Das Opfer dient häufig als Ventil für den Aggressionsabbau, obwohl die Frustration aufgrund betrieblicher Entscheidungen eigentlich der Unternehmensleitung gilt. Mobbing kann zudem durch einen Mangel an Bedürfnisbefriedigung der Täter entstehen. Dieser Mangel kann in der Person selbst liegen, z. B. durch eine **fehlgeleitete Sozialisation**, oder fremdverschuldet sein, wenn der Mitarbeiter beispielsweise zu wenig Anerkennung für seine Arbeit seitens der Unternehmensleitung erhält.[375] Ein häufiger Grund für Mobbing sind Antipathien gegen einen Kollegen.

Ursachen für Mobbinghandlungen können auch in der Person des Opfers selbst liegen. Glaubt man Befunden der Aggressionsforschung, so sind die Opfer von Mobbinghand-

---

[373]   Vgl. Niedl, (1995), Seite 57.
[374]   Vgl. Kolodej, (1999), Seite 62.
[375]   Vgl. Kolodej, (1999), Seite 66f.

lungen häufig entweder Menschen mit **geringem Selbstbewusstsein**, die auf Beleidigungen aggressiver und sozial unangepasster reagieren als andere oder Menschen mit übersteigertem Selbstbewusstsein. Untersuchungen von ZAPF haben ergeben, dass viele Mobbingopfer sich für ehrlicher, leistungsfähiger und innovativer als ihre Kollegen halten. Dadurch besteht die Gefahr, dass sie sich ungewollt ins Abseits stellen und Opfer von Mobbing werden.[376]

Beim Mobbing handelt es sich vielfach um einen **wechselseitigen Prozess**, das bedeutet, »Mobber« und »Gemobbte« nehmen einen ständigen Tausch der Rollen »Opfer«, »Verfolger« und in bestimmten Situationen »Retter« vor. Die Dynamik dieses Prozesses wurde bereits auf Seite 157 in dem so genannten »Karpman-Dreieck« beschrieben. Neben der in vielen Organisationen weit verbreiteten »Tabuisierung« des Themas »Mobbing« ist wahrscheinlich diese von KARPMAN beschriebene Dynamik der häufig wechselnden Rollen ein wesentlicher Grund für die von HANS-GEORG HAUSER wiedergegebene Erkenntnis: »**Mobbing - viele Opfer ... keine Täter**«.[377] Das »Verhaltensspiel« eskaliert oftmals derart, dass für die Betroffenen am Ende nur noch ein Szenario denkbar erscheint: »Der oder Ich« - »Sieg oder Niederlage«. Gewinner gibt es bei diesem »Spiel« nicht. Erstens sind auch bei den im Betrieb verbleibenden Mitarbeitern häufig körperliche und seelische Schäden zu beobachten. Zweitens wird vor dem Hintergrund der Überlegungen zur Transaktionalen Analyse auch der »Täter/Verfolger« über seinen Spielgewinn keine nachhaltige Zufriedenheit erfahren (siehe Seite 38). Dieses wird um so deutlicher, wenn wir uns vor Augen halten, dass es sich hierbei um ein »Spiel« handelt, dass vielfach über »Leben« und »Tod« entscheidet.

Wer im Unternehmen verbleibt, um es dem/den Kollegen »zu zeigen«, dass er sich nicht hinausmobben lässt, zahlt unter Umständen einen **hohen persönlichen Preis**. Vielfach würden diese Personen dadurch »gewinnen«, dass sie sich »rechtzeitig« diesem Spiel entziehen und sich in ein für sie geeignetes kommunikatives Umfeld begeben.

Für die Personen, die sich räumlich nicht verändern wollen oder können, gilt folglich, die »**Dynamik**« **des Mobbingprozesses zu unterbrechen**. Auch als »vermeintliches« Opfer haben sie hierzu Möglichkeiten, zum Beispiel durch die Aufgabe alter Verhaltensmuster (Stichwort Verlierer-Skript) oder durch die offene Thematisierung des Mobbing-Geschehens. Wenn der Betroffene sich selbst verändert, verändert sich damit auch die Dynamik seiner Beziehungen.

Für die **Betroffenen ist es in der Regel sehr schwer, den eigenen Anteil an der Eskalation einzugestehen**, schließlich fühlen sie sich als das »Opfer«. In der therapeutischen Praxis ist dieses jedoch häufig der einzige Ansatzpunkt. Der Therapeut kann weder die Kollegen noch das betriebliche Umfeld verändern, sondern nur Einfluss nehmen auf das Verhalten des Mobbing-Opfers.[378]

---

[376] Vgl. Zapf, (1999), Seite 16.

[377] Vgl. Hauser, http://www.proweg.com/files/pdf/HGHspeech.pdf, 01.05.2002.

[378] Vgl. Zapf, http://www.arte-tv.com/societe/mobbing2/dtext/index.htm, 22.01.2001.

4.2.4 Gruppendynamische Ursachen

Aus der Sozialpsychologie ist bekannt, dass die Zugehörigkeit zu einer Gruppe und deren Zusammenhalt für das Selbstwertgefühl von Menschen sehr wichtig ist.

Daraus ergeben sich mehrere Prinzipien des Miteinanders:[379]

1. Jede Gruppe achtet darauf, dass abweichende Meinungen und Haltungen nur in enggefassten Grenzen vorkommen. Wenn dies nicht möglich ist, wird der oder die **Andersdenkende** über kurz oder lang **hinausgeekelt**.

2. Ein weiteres Prinzip ist die Notwendigkeit einer eindeutigen »**Rang- und Hackordnung**«, durch die Aggressionen in der Gruppe reguliert und kanalisiert werden. Am besten eignet sich dafür jene Person, die sich am eindeutigsten von der Mehrheit der Gruppe unterscheidet.

3. Drittens braucht jede Gruppe zur Festigung des Zusammenhalts einen **gemeinsamen Gegner**, gegen den »man« kämpft bzw. mobbt!

4. Das vierte Prinzip des Gruppenverhaltens besagt: Je größer die **Angst der Gruppe** vor inneren oder äußeren Bedrohungen st (z. B. Massenarbeitslosigkeit oder Umstrukturierungen), um so extremer und rücksichtsloser geht diese gegen das »Andere«, das »Fremde« inner- und außerhalb der Gruppe vor.

5. Bei Polarisierungseffekten ist stets größte Vorsicht geboten, denn die Spaltung kann Ausdruck einer ungelösten **Ambivalenzspannung** sein. Indem die Mitarbeiter beispielsweise einen Kollegen oder eine Kollegenfraktion als inkompetent abstempeln, müssen sie sich mit ihrer eigenen Inkompetenz nicht mehr auseinandersetzen.

4.3 Auswirkungen von Mobbing

Die empirisch belegten und in den verschiedenen Forschungsansätzen dargestellten Folgen bzw. Auswirkungen von Mobbing unterscheiden sich im Einzelnen nur unwesentlich. Es sind in der Literatur jedoch verschiedenste Kategorisierungen zu finden. Während LEYMANN beispielsweise von Mobbingfolgen auf drei sich gegenseitig beeinflussenden Ebenen spricht (Ebene der Betroffenen, Ebene der Organisation und Ebene der Gesellschaft), trennt NIEDL in seinen Publikationen nur die gesundheitlichen Beeinträchtigungen von den personalwirtschaftlichen Effekten.[380] ESSER und WOLMERATH hingegen teilen die Folgen in **fünf Kategorien** ein: Auswirkungen auf den Mobbingbe-

---

379 Vgl. Kistner, http://www.igmetall.de/buecher/onlinebroschueren/mobbing
     /mobbing.html#top, 01.10.1997; Pühl, (1998), Seite 132.

380 Vgl. Niedl, (1995), Seite 59 bis 64.

troffenen, Auswirkungen auf den Mobber, Auswirkungen auf die Belegschaft, Auswirkungen auf die Betriebs- und Dienststelle und Auswirkungen auf die Gesellschaft.[381] ZUSCHLAG spricht von Folgen für das Mobbingopfer, für das Unternehmen und den Mobbingtäter.[382] In den folgenden Ausführungen werden die Auswirkungen von Mobbing in zwei Bereiche gegliedert: die individuellen Folgen für das Mobbingopfer und die betrieblichen Folgen für das Unternehmen. Empirische Ergebnisse liegen hauptsächlich hinsichtlich der Folgen für die Betroffenen vor.[383]

4.3.1   Individuelle Folgen für das Mobbingopfer

Die Handlungen eines Mobbers können für den Betroffenen weitreichende Auswirkungen haben und zu **psychischen, physischen** und **sozialen Beeinträchtigungen** führen. Verschiedene Mobbingstudien, darunter eine empirische Untersuchung von KLAUS NIEDL, der in einem österreichischen Krankenhaus das Phänomen Mobbing quantitativ untersuchte, haben ergeben, dass sich Mobbing eindeutig negativ auf das psychische und physische Befinden auswirkt.[384] Schon im Anfangsstadium eines Mobbingprozesses kommt es häufig zu Stress-Symptomen wie Schlafstörungen, Alpträumen, Kopfschmerzen, Magen- und Darmbeschwerden und Niedergeschlagenheit.[385] Aus diesen leichteren Befindlichkeitsstörungen können sich schnell schwerwiegende Krankheitssymptome entwickeln, die nicht selten zu chronischen und irreversiblen Gesundheitsschädigungen führen.

Ein **typischer Krankheitsverlauf** in Anlehnung an LEYMANNS Phasenmodell könnte sich wie folgt darstellen:

In der ersten Phase entstehen Konflikte, die unzureichend oder gar nicht bewältigt werden. Ein Indiz hierfür ist zum Beispiel ein »schlechtes« Betriebsklima, weil die Beschäftigten aufgrund ständiger Umstrukturierung stark verunsichert sind. Das spätere »Mobbingopfer« ist gewillt, zu einer vernünftigen Konfliktbewältigung beizutragen. Zu diesem Zeitpunkt ist noch nicht abzusehen, wohin die Situation führen wird.

In der zweiten Phase kommt es erstmals zum gezielten Einsatz typischer Mobbing-Handlungen. Der Konflikt eskaliert. Die »Front« der Mobber und Mobberinnen stabilisiert sich. Der/die Betroffene gerät in eine unterlegene Position und findet im beruflichen Umfeld keine Hilfe. Er oder sie schätzt die hinter den Mobbing-Attacken steckenden Absichten falsch ein und versucht immer noch, mit vernünftigen Argumenten den Konflikt zu lösen oder schützt sich mit aggressiven Abwehrreaktionen. Die »Gemobb-

---

381   Vgl. Esser & Wolmerath, (2001), Seite 49 bis 55.
382   Vgl. Zuschlag, (1994), Seite 90 bis 103.
383   Vgl. Schlaugat, (1999), Seite 32.
384   Vgl. Kolodej, (1999), Seite101 bis 103; Niedl, (1995), Seite 127 bis 132.
385   Vgl. Leymann, (1993), Seite 109.

ten« reagieren in dieser Phase mit typischen psychosomatischen Symptomen wie z. B. Schlaf-, Magen-, und/oder Darmstörungen sowie leichten depressiven Verstimmungen, welche häufig durch Stressoren unterstützt werden.

Die dritte Phase ist durch eine stabile Rollenzuweisung gekennzeichnet. Die betroffene Person oder Personengruppe ist von den »Mobbern« und den »Mobberinnen« »gebrandmarkt« worden, z. B. als Querulant, Besserwisser oder »Sensibelchen«. Sie steht als Sündenbock für das gestörte Betriebsklima da. Spätestens jetzt treten die Vorgesetzten auf den Plan, sofern sie nicht vorher schon am Geschehen aktiv beteiligt waren. Selten wird sich das Management auf die Minderheitenseite des Mobbingopfers stellen; ihre Versuche, die Situation in den Griff zu bekommen, führen häufig zu Verstößen gegen geltendes Arbeitsrecht, z. B. durch ungerechtfertigte Abmahnung der Gemobbten oder durch Degradierungen in der Arbeitsgruppe. Die Gemobbten erleben die ungerechtfertigten Beschuldigungen ihrer Umwelt als massive Kränkungen und reagieren darauf entweder mit Hilflosigkeit oder sie intensivieren ihre aggressiven Abwehrreaktionen. Sachlichen Argumenten sind die Kollegen in dieser Phase aufgrund der stabilen Rollenzuweisung in der Regel nicht mehr zugänglich. Dadurch verschlimmert sich das gestörte Verhältnis zwischen allen Beteiligten. Die psychosomatischen Beschwerden nehmen stark zu und sind behandlungsbedürftig. Krankheitsbedingte Fehlzeiten sind immer häufiger zu beobachten.

Mit Erreichen der vierten Phase spitzt sich die Situation dramatisch zu. Die betroffene Person/Personengruppe ist den beruflichen und sozialen Anforderungen nicht mehr gewachsen. Eine Weiterbeschäftigung am derzeitigen Arbeitsplatz ist vielfach auch bei objektiver Betrachtung nicht mehr möglich. Mängel in den Arbeitsergebnissen, die bisher nur unterstellt wurden, sind mittlerweile als Folge der Mobbing-Attacken tatsächlich zu beobachten. Spätestens jetzt ist der Arbeitgeber gezwungen, sich mit der gemobbten Person auseinander zusetzen. Die Frage, ob sie unverschuldet oder durch eigenes Verschulden in ihre missliche Lage kam, wird an dieser Stelle oftmals ausgeblendet. Mit disziplinarischen und arbeitsrechtlichen Maßnahmen versucht der Arbeitgeber, den Betriebsfrieden wiederherzustellen. Zu diesem Zweck werden die Betroffenen häufig an eine abgelegenen Stelle des Unternehmens versetzt und mit Scheinaufgaben oder sinnlosen Tätigkeiten betraut oder gar nicht beschäftigt.[386]

Noch schlimmer empfinden die Betroffenen in der Regel Maßnahmen, die den völligen Ausschluss aus dem Arbeitsprozess zum Ziel haben, wie z. B. das Vorantreiben einer Frühverrentung oder des einvernehmlichen Ausscheidens aus dem Unternehmen mit Zahlung einer Abfindung. In Einzelfällen versuchen Arbeitgeber, durch Unterstellung psychischer Krankheiten die Betroffenen in eine fachärztliche Behandlung zu drängen, weniger aus einer ernst genommenen Fürsorgepflicht heraus, als vielmehr das Ziel verfolgend, den jeweiligen Beschäftigten krankheitsbedingt kündigen zu können. In ihrer
völligen Verzweiflung und der Angst vor Verlust ihrer wirtschaftlichen Existenz kommt es teilweise zu heftigen Gegenattacken mit zum Teil unkontrollierten Wutausbrüchen. In

---

[386]   Vgl. KIM, http://www.mobbing-am-arbeitsplatz.de/wisausein/III_3_4.htm, 11.05.2002.

nahezu 70% der Fälle ist das Verhältnis zu Kollegen und Vorgesetzten durch ein extremes Misstrauen geprägt.[387] Als letzten Strohhalm suchen die Betroffenen in dieser Spätphase häufig professionelle Hilfe bei Mobbing-Beratungsstellen, Rechtsanwälten, Fachärzten und Psychologen.

Die gesundheitliche Verfassung der Betroffenen hat sich rapide verschlechtert. Viele der akuten psychosomatischen Symptome sind chronisch geworden. Es kommt häufig zu Selbsttötungsgedanken und -versuchen. Die Angst vor den Kollegen und Vorgesetzten weitet sich zu einem allgemeinen Angstzustand aus. Andauernde Persönlichkeitsveränderungen und eine lebenslange Behandlung mit Psychopharmaka können so das Ende einer Entwicklung markieren, **an deren Anfang ein »harmloser« Konflikt** stand.

AXEL ESSER und MARTIN WOLMERATH vergleichen die Befindlichkeit einer gemobbten Person sehr anschaulich mit dem Zustand von Personen, „...die extrem existenzbedrohenden sowie hilflos machenden Situationen (z. B. Seenot, Flugzeugabsturz, unter Trümmern verschüttet, Geiselhaft) ausgesetzt waren. Es entstehen psychische Überlebensängste, die der Betroffene nicht mehr ohne weiteres bewältigen kann."[388]

Aufgrund der gesundheitlichen Auswirkungen begeben sich viele Mobbingbetroffene in ärztliche Behandlung. Häufig wird die ursächliche Problematik von den Ärzten jedoch nicht erkannt und eine falsche medikamentöse Behandlung verordnet.[389] Diese symptomatischen Behandlungsmaßnahmen weisen in der Regel einen geringen Wirkungsgrad auf und helfen dem Mobbingbetroffenen nicht bei der Bewältigung seiner Probleme. Nicht selten scheint der Suizid der einzige Ausweg aus dieser Situation zu sein. Nach einer Studie des TÜV Rheinland sind 20% aller Selbstmordfälle in Deutschland Mobbingopfer.[390]

Neben den gesundheitlichen Folgen hat Mobbing auch erhebliche **Auswirkungen auf das soziale Umfeld** und die berufliche Situation des Gemobbten. KOLODEJ beschreibt Mobbing als einen „Prozess, der bei längerer Dauer und zunehmender Eskalation die gesamte Person in Anspruch nimmt. Die Gedanken drehen sich fast ausschließlich um den Mobbingprozess und lassen keinen Raum für andere Menschen und deren Belange."[391] Die Familie und der Freundeskreis werden einer starken Belastung ausgesetzt, was in Extremfällen das Abwenden vom Mobbingbetroffenen zur Folge haben kann. In diesen Fällen fühlen sich die Angehörigen oftmals überfordert und verfügen über keine ausreichenden Kraftreserven, die Situation mittragen zu können.[392] Die Auswirkungen von Mobbing auf die berufliche Situation bedrohen die Existenz des Betroffenen. Der Aus-

---

387   Vgl. Meschkutat / Stackelbeck & Langenhoff, (2002), Seite 77.
388   Esser & Wolmerath, (2001), Seite 50.
389   Vgl. Zuschlag, (1994), Seite 94.
390   Vgl. Kratz, (2000), Seite 6.
391   Kolodej, (1999), Seite 105.
392   Vgl. Esser & Wolmerath, (2001), Seite 50f.

schluss von der Arbeitswelt in Form von langfristiger Krankschreibung, Frührente oder Kündigung ist häufig die letzte Konsequenz am Ende eines Mobbingprozesses.[393]

4.3.2   Betriebliche Folgen für das Unternehmen

Neben den individuellen Auswirkungen für die Betroffenen hat das Phänomen Mobbing erhebliche Konsequenzen für die Unternehmen. In gleichem Maße wie ein »schlechtes« Betriebsklima Mobbing fördert, verschlechtert sich das Betriebsklima mit dem Auftreten von Mobbing. **Sinkende Leistungsbereitschaft** und **Verlust der Arbeitsmotivation** sind die Folge. In Extremfällen kann die Qualität und Quantität der Arbeitsergebnisse so stark abfallen, dass Arbeitsplätze gefährdet sind.[394] Die aufgrund von Mobbing entstehenden Kosten sind für die betroffenen Unternehmen von hoher Bedeutung. Hinsichtlich der Höhe dieser Kosten existieren keine empirisch abgesicherten Befunde. Die geschätzten Zahlen bewegen sich zwischen 15.000 und 50.000 Euro pro Jahr pro Mobbingfall.[395] Dazu gehören u. a. Kosten, die durch langfristige **Fehlzeiten, Kündigungen oder Versetzungen** entstehen und Kosten infolge verminderter Arbeitsproduktivität. Erhebungen von ZAPF ergaben, dass auf Mobbing 27% der Betroffenen mit langfristigen Fehlzeiten reagieren und 50% ihren Arbeitsplatz wechseln. Andere Studien weisen sogar wesentlich höhere Zahlen aus.[396]

Neben den weitreichenden negativen Folgen für das Unternehmen ist in der Fachliteratur in einzelnen Fällen auch von einem gewissen »Nutzen« für den Arbeitgeber die Rede. Dies ist der Fall, wenn es gelingt, durch Mobbing einen Personalabbau kostengünstig durchzuführen.[397]

4.3.3   Vier Beispiele für einen Mobbingverlauf

Die ersten drei der vier folgenden Beispiele stammen von der Industriegewerkschaft Metall.[398] Gewiss ist es für einen Außenstehenden nicht möglich, den Wahrheitsgehalt zu überprüfen. Interessant wäre zudem auch, den »**Eigenanteil**« der so genannten »Mobbingopfer« zu bestimmen. Dennoch geben die folgenden Beispiele einen guten Einblick in die Wirkungsmechanismen des Mobbinggeschehens:

---

[393]   Vgl. Zapf, (1999), Seite 20.

[394]   Vgl. Wolmerath, (2001), Seite 46.

[395]   Vgl. Walter, (1993), Seite 12.

[396]   Vgl. Zapf, (1999), Seite 20.

[397]   Vgl. Niedl, (1993), Seite 61.

[398]   Vgl. Kistner, http://www.igmetall.de/buecher/onlinebroschueren/mobbing/mobbing. html#top, 01.10.1997.

4.3.3.1 Mobbing - der Fall Rolf K. aus Worms

In einer Maschinenfabrik ist in der Buchhaltung die Stelle eines Gruppenleiters freigeworden. Einer der acht Angestellten, Christof J., die rechte Hand des alten Gruppenleiters, spekuliert nun auf die Nachfolge. Er hat dabei die Unterstützung der Kollegen und Kolleginnen. Aber der Arbeitgeber entscheidet sich anders. Die Geschäftsleitung will ein neues und modernes Datenbanksystem für die Buchhaltung erwerben und braucht dazu eine erfahrene Kraft. Nach einigen Gesprächen mit der Gruppe wird ein jüngerer Betriebswirt, Rolf K., eingestellt.

Unter der heimlichen Leitung des Christof J. beginnen die Kollegen gleich nach der Einstellung des Rolf K. zu intrigieren. Die Kollegen sprechen nicht mit dem »Neuen«, lassen sich von ihm nicht ansprechen und keine Anweisungen geben. Vorarbeiten, die durchgeführt werden müssen, um den Übergang zur neuen Technik vorzubereiten, bleiben einfach liegen. An einem Lehrgang zur neuen Buchführungs-Software, den der Arbeitgeber anordnet, nimmt die Abteilung zwar teil, aber ohne jegliche Motivation. Der Vortrag des Rolf K. wird von hämischen Bemerkungen begleitet. Die Mitarbeiter machen sich über ihn und die Neuerungen lustig. Von seinen Vorgesetzten bekommt Rolf K. keine Hilfe.

Im Management interpretiert man seine Probleme als Führungsschwäche. Vielleicht sei er doch zu jung für diese Aufgabe und noch nicht reif für den Job. Vielleicht habe man einen Fehlgriff getan und den Falschen eingestellt. Man schickt Rolf K. zu einem Gruppenleiterlehrgang, der ihm unter den gegebenen Umständen jedoch nicht viel nützt. Schließlich kündigt man Rolf K. und stellt einen anderen ein, dem es jedoch ähnlich ergeht. Die Modernisierung der Datenverarbeitung muss daraufhin verschoben werden.

4.3.3.2 Mobbing - der Fall Albert W. aus Bremen

Albert W., 43 Jahre, ist alkoholabhängig. Nach einer mehrmonatigen Entziehungskur ist er »trocken«. Er möchte beruflich neu anfangen und bewirbt sich auf eine interne Stellenausschreibung seines Arbeitgebers in einer anderen Stadt. Dieser - ein Automobilkonzern - stimmt seinem Wunsch zu und versetzt ihn in die süddeutsche Zentrale.

Dort tritt Albert W. seine neue Stelle als Sachbearbeiter der Vertriebsabteilung an. Sie setzt sich aus 12 Kollegen und Kolleginnen sowie einem Abteilungsleiter zusammen.

Zunächst wird Albert W. freundlich aufgenommen. Der Abteilungsleiter weist ihm ein Büro zu, das er mit einer Kollegin teilt. In dieser Abteilung ist es üblich, jede sich bietende Gelegenheit für einen kleinen Sektumtrunk zu nutzen. Wenn jemand in den Urlaub geht, gibt er/sie etwas aus, ebenso nach der Rückkehr. Das gleiche gilt für Geburtstage und ähnliche Gelegenheiten.

Schon in der Probezeit von Albert W. ergeben sich mehrere solcher Anlässe. Er darf jedoch als »trockener Alkoholiker« keinen Tropfen Alkohol mehr trinken. Da die Anlässe meistens zum Feierabend bzw. freitags gegen Mittag stattfinden, fällt es anfänglich nicht unangenehm auf, dass Albert W. jedes Mal einen wichtigen Termin hat. Als er drei Monate in der neuen Abteilung ist, gibt man ihm durch die Blume zu verstehen, dass es an der Zeit sei, den Einstand zu geben. So bringt Albert W. an einem Freitag Kuchen und Kaffee mit. Der Kuchen wird von allen gelobt. Nur den Sekt vermissen die Kollegen und Kolleginnen. Einige witzeln, dass Albert W. wohl Antialkoholiker sei.

Auf diese »Witze« zeigt er keine Reaktion. Fortan verändert sich das Verhältnis zu den Arbeitskollegen. Weil er nicht auf Anspielungen zu seiner Alkoholabstinenz reagiert, fängt die Abteilung an zu tuscheln. Sein Verhalten wird plötzlich als typische »Arroganz« eines Norddeutschen gesehen. Dazu passt auch rückblickend, dass er bei jedem feuchtfröhlichen Umtrunk eine Ausrede hatte, um nicht mitzumachen. Er wird nicht mehr gefragt, ob er an den Umtrünken teilnehmen möchte. Wenn für ein Geburtstagsgeschenk gesammelt wird, lassen ihn die Kollegen und Kolleginnen bewusst aus. Einige Male bekommt Albert W. zufällig mit, dass Geld gesammelt wird und spricht die zuständige Person an, um seinen Beitrag zu leisten. Man gibt ihm zu verstehen, dass es sich um eine informelle Sammlung handele, die nicht alle aus der Abteilung beträfe. Offensichtlich stehen jedoch alle Namen der Abteilung, einschließlich der Auszubildenden, auf der Liste.

Albert W. wird immer verschlossener. Seine Arbeit führt er sorgfältig aus. Seit seinem Alkoholentzug raucht er etwa zehn Zigaretten über den Tag verteilt. Seine Kollegin, mit der er sich den Raum teilt, hat es bisher nicht gestört, wenn er am offenen Fenster rauchte. Allmählich steigert sich sein Zigarettenkonsum bis auf vierzig Zigaretten am Tag. Ohne mit Albert W. eine Lösung des Problems zu besprechen, beantragt seine Kollegin die Versetzung in einen anderen Raum. Als Grund nennt sie dem Abteilungsleiter das rücksichtslose Rauchverhalten von Albert W. Nun sitzt Albert W. alleine in seinem Büro. Fragen zu Vorgängen, die er bearbeitet, erfolgen nur noch schriftlich über die Postmappe. Gespräche auf den Gängen, in der Teeküche oder den Büros verstummen, wenn er auftaucht. Mehrmals fragt er, was denn los sei. Nachdem er nie eine richtige Antwort oder nur ein »gar nichts« zu hören bekommt, schweigt er. Der Abteilungsleiter merkt, dass etwas nicht stimmt. Allerdings fragt er nur die Kollegen und Kolleginnen von Albert W. nach den Gründen, nicht ihn selbst. Sie erzählen, dass Herr W. ein Eigenbrötler sei, der sich wohl auch für etwas Besseres halte. So spitzt sich die Situation über viele Monate zu.

Das Rauchen und der psychische Druck schwächen das Immunsystem von Albert W.. Öfter ist er einige Tage krankgeschrieben, weil er erkältet ist oder starken Husten hat. Seine Arbeit wird nicht von den Kollegen übernommen. Jedes Mal, wenn er zurückkommt, quillt seine Ablage von unbearbeiteten Vorgängen über. Anstatt ein Gespräch mit dem Abteilungsleiter oder dem Betriebsrat zu führen, leidet Albert W. schweigend weiter. In dem Maße, wie seine Verbitterung zunimmt, lässt seine Arbeitsleistung nach. Aus Angst vor Arbeitsplatzverlust versucht er, seine verringerte Leistungsfähigkeit durch ungeheure Mengen von Kaffee und permanentes Rauchen zu kompensieren.

Schließlich spitzt sich die Lage noch mehr zu. Aufgrund fehlerhafter Bearbeitung von Bestellungen beschwert sich der Außendienst. Rechthaberisch versucht Albert W. in seiner Verzweiflung zu beweisen, dass er nicht schuld sei. Da er dieses jedoch offensichtlich ist, erhält er eine schriftliche Abmahnung. Die Ausgrenzung durch die Kollegen und Kolleginnen, die Arbeitsüberlastung, der körperliche Raubbau durch Nikotin und Koffein und nun die Abmahnung sind für Körper und Psyche von Albert W. zuviel. Er erleidet einen Kreislaufkollaps am Arbeitsplatz. Die ärztliche Diagnose ergibt ein stressbedingtes Erschöpfungssyndrom. In der Rehabilitationsklinik, die Albert W. in zwei Monaten körperlich und seelisch langsam wieder aufbaut, kommen während der psychotherapeutischen Behandlung die Ereignisse der letzen zweieinhalb Jahre zur Sprache. Mit Einwilligung von Albert W. setzt sich die Klinik mit dem Arbeitgeber und dem Betriebsrat in Verbindung.

Auf Betreiben des Betriebsrates setzen sich alle Beteiligten an einen Tisch. Die Kollegen/innen und der Abteilungsleiter sind beschämt und schockiert, als sie erfahren, dass Albert W. »trockener Alkoholiker« ist und nie wieder einen Schluck trinken darf. Weil es ihm unangenehm war, darüber zu sprechen, hatte er sich immer mit Ausreden von den Umtrünken ferngehalten. Durch mehrere Gespräche der gesamten Abteilung, unter Anleitung einer vom Arbeitgeber bezahlten Supervisorin, kommt es zu einer Aufarbeitung der dramatischen Entwicklung. Nach seiner Rückkehr aus der Rehabilitation entschuldigen sich alle bei Albert W. und versichern ihm ihr Bemühen, in Zukunft seine Alkoholabstinenz zu respektieren.

Seither ist das Klima in der Abteilung sehr viel offener, und Konflikte werden direkter angesprochen. Auch der Abteilungsleiter nimmt seither seine Fürsorgepflicht für die Arbeitsatmosphäre verantwortungsvoller wahr. Albert W. hat das Rauchen aufgegeben und fühlt sich in die Abteilung voll integriert.

4.3.3.3   Mobbing - der Fall Ulrike B. aus Köln

Ulrike B., 37 Jahre, arbeitet in der Betriebskantine einer Textilmaschinenfabrik. Seit der Scheidung vor zwei Jahren lebt sie mit ihrem Sohn (6 Jahre) und ihrer Tochter (8 Jahre) allein in einer Dreizimmerwohnung. Die Mehrfachbelastung als Alleinerziehende ist ziemlich aufreibend. Vor der Arbeit bringt sie die Kinder zur Schule, dann hetzt sie weiter in die Kantine, die ab acht Uhr geöffnet hat. Meistens herrscht dort Hektik ... und das auf sehr engem Raum.

Die Mitarbeiter und Mitarbeiterinnen wollen immer möglichst schnell bedient werden. Damit das möglich ist, müssten Ulrike B. und ihre Kolleginnen eigentlich zu fünft sein, in der Mittagspause sogar zu sechst oder siebt. In der Regel sind sie nur zu viert, fällt eine von ihnen aus, ist der Andrang kaum mehr zu bewältigen. Es kommt zu einer spannungsgeladenen Arbeitsatmosphäre. Dabei gerät Ulrike B. immer häufiger in die Schusslinie. Kommt sie einmal morgens 15 Minuten später, weil sie auf dem Weg von der Schule im Stau stecken geblieben ist oder die Kinder beim Frühstück getrödelt haben, wird sie angegiftet: »Während wir uns hier abschuften, machst du deinen Schönheitsschlaf. Dabei bringt der bei dir sowieso nichts mehr!«. Wird eines ihrer Kinder krank und muss sie deshalb zu Hause bleiben, heißt es am nächsten Tag: »Kein Wunder, dass die Kinder krank werden - bei der Mutter!«.

An einem Wochentag in den Schulferien holt ihr geschiedener Mann die beiden Kinder eine halbe Stunde später als verabredet ab. Als Ulrike B. völlig abgehetzt in der Kantine ankommt, stehen bereits acht ungeduldige Mitarbeiter vor der Theke. Die Kolleginnen zischen ihr während des gesamten Vormittags Gemeinheiten zu. Ulrike B. versucht, die Sticheleien zu ignorieren. Doch die Kolleginnen brauchen inzwischen schon keinen konkreten Anlass mehr, um ihre Beleidigungen loszulassen. Regelmäßig und aus heiterem Himmel pöbeln sie. Wenn Ulrike B., gekränkt und wütend, fordert, sie endlich in Ruhe zu lassen, wird sie mit einer hysterisch klingenden Stimme nachgeahmt. Um die Fassung nicht zu verlieren und vor den Kolleginnen nicht in Tränen auszubrechen, flüchtet sich Ulrike B. immer häufiger in den Waschraum, was zur Folge hat, dass sie danach noch mehr beschimpft wird.

Die Kolleginnen schrecken auch nicht davor zurück, ihren Umkleideschrank zu durchwühlen. Dort finden sie in ihrer Handtasche eine Heiratsanzeige, die sie ausgeschnitten hat. Von nun an kommen bei jedem zweiten Mitarbeiter, den Ulrike B. bedient, zweideutige und herabwürdigende Kommentare: »Den darfst du bedienen - der steht offensichtlich auf Speck« oder »wie wär's mit dem Typen mit der Igelfrisur? Der hat wenig auf dem Kopf, du hast wenig drin - ihr wärt doch ein richtiges Traumpaar!«.

Zwischen den Kolleginnen kommt es zu einer Art Wettbewerb: Wer hat die boshaftesten Sprüche auf Lager? Wer findet die größten Gemeinheiten? Wer bringt Ulrike B. am schnellsten zum Weinen? Der Körper von Ulrike B. streikt schließlich, vor allem die Lunge macht ihr zu schaffen. Sie kann kaum mehr frei durchatmen und leidet häufig unter Atemnot. Schließlich muss sie sich krankschreiben lassen. Doch nicht einmal zu Hause lässt man sie zufrieden. Nach 23 Uhr klingelt oft noch das Telefon. Hebt sie ab, hört sie entweder nur noch, wie aufgehängt wird oder boshaftes Gelächter.

Dennoch traut sich Ulrike B. nicht, sich bei ihrer Vorgesetzten zu beschweren - aus Scham und aus Angst, den Arbeitsplatz zu verlieren. Zusätzlich leidet sie unter einem schlechten Gewissen wegen ihrer Kinder, für die sie kaum noch Zeit und noch weniger die Nerven hat. Sie schleppt sich nur noch mit großer Überwindung zur Arbeit, setzt sich gegen die ständigen Attacken nicht mehr zur Wehr, in der schwachen Hoffnung, dass dieser »Psychoterror« eines Tages zu Ende gehen wird.

So vergeht ein Jahr, bis die Personalchefin Ulrike B. zu sich ruft. Es geht um die häufigen Fehlzeiten. Die Personalchefin vermutet, dass die Doppelbelastung von Berufstätigkeit und Kinderversorgung für sie als Alleinerziehende zu viel sei. Eigentlich will Ulrike B. nicht den wahren Grund ihrer Krankmeldungen nennen, aber sie bricht in Tränen aus und erzählt stockend von den Feindseligkeiten ihrer Kolleginnen. Die Personalchefin sieht sie ungläubig an, meint, ob Ulrike B. vielleicht zu empfindlich sei - sicherlich wären die kleinen Sticheleien nicht persönlich gemeint. Einen Job ohne Reibereien könne sie lange suchen. Aber sie würde darüber nachdenken, vielleicht fände sich eine andere interne Beschäftigung für sie. Als Ulrike B. das Büro verlässt, fühlt sie sich so gedemütigt und unverstanden wie nie zuvor. Drei Tage später werden die Atembeschwerden während der Arbeit so stark, dass sie zum Betriebsarzt gehen muss. Er stellt schweres Asthma fest und rät ihr zu einer Kur. Bis dahin wird sie von ihm krankgeschrieben. Etwa eine Woche später bekommt sie eine Genesungskarte von ihren Kolleginnen, die ein Jahr lang keine Gelegenheit ausgelassen hatten, sie zu quälen. Darin wünschen sie ihr gute Besserung. Ob die Kolleginnen selbst bemerkt haben, was sie mit ihren Schikanen angerichtet haben, oder ob sie von der Personalchefin auf ihr verletzendes Verhalten aufmerksam gemacht worden sind, weiß Ulrike B. nicht. Das chronisch gewordene Asthma verhindert, dass sie wieder an ihren alten Arbeitsplatz zurückkehren kann. Ulrike B. lebt mittlerweile mit ihren Kindern von Sozialhilfe und den Unterhaltszahlungen ihres geschiedenen Mannes.

> „Etwa 30 Prozent aller Suizide, so schätzen
> Fachärzte, gehen auf Mobbing zurück."[399]

4.3.3.4   Mobbing - der Fall Oliver F. aus Bremen

Wie auch Albert W. arbeitete Oliver F. für einen Automobilkonzern am Standort Bremen. Oliver F. war Entwicklungsingenieur, 38 Jahre alt und Vater von zwei Kindern. Die Einzelheiten seines Leidensweg sind uns nicht bekannt, dafür jedoch der Nachruf seiner Angehörigen:

, im März 2002

Statt Karten und als Danksagung für die Anteilnahme
(von ...   im Namen der Familie mit allen Anverwandten)
Ein letzter Gruß für unseren geliebten

Oliver F...

Lieber Oliver!
Du warst ein feiner Mensch, und so behalten wir Dich in Erinnerung.
Viele Leute wissen nichts mit feinen Menschen anzufangen oder mit ihnen umzugehen.
Ihnen hilft, dass ein feiner Mensch keine Vorwürfe macht und keine Schuldigen benennt. Ganz im Sinne der Eintracht und Harmonie im Team, worauf Du immer allergrößten Wert legtest und wofür Du alles gabst.
So werden ihre Gewissen rein, und auch diese Leute glauben fein zu sein, um kurze Zeit später erneut der Mittelpunkt inmitten der Menschen zu sein. Alles wieder „heile Welt", nur leider nicht mehr mit Dir darin!
Unglaublich viele feine Menschen haben Dich auf Deinem letzten Gang begleitet. Aus den Kreisen unserer Familien, unserer Verwandten und Angehörigen, Deiner Freunde, Deiner Bekannten und Deiner Kollegen. Viele weitere, die nicht kommen konnten, haben geschrieben.
Diesen feinen Menschen wollen wir hiermit – und ich denke auch in Deinem Namen – recht herzlich für ihre aufrichtige Anteilnahme danken!

Deine Eltern ...   und ...
Deine Brüder ...   und ...
mit Familien und allen Anverwandten

---

[399]   Zapf, http://www.arte-tv.com/societe/mobbing2/dtext/index.htm, 22.01.2001.

4.4   Betriebs- und Dienstvereinbarungen zur Mobbingprävention

4.4.1   Gesetzliche Grundlagen einer Betriebs- und Dienstvereinbarung

Betriebsvereinbarungen sind **schriftliche privatrechtliche Normenverträge** zwischen dem Arbeitgeber sowie dem Betriebsrat. Sie ergänzen zumeist die tariflichen Vereinbarungen.[400] Im öffentlichen Dienst werden Betriebsvereinbarungen als Dienstvereinbarungen bezeichnet und zwischen dem Arbeitgeber und dem Personalrat geschlossen.[401]

Das Betriebsverfassungsgesetz regelt die Beteiligungsrechte des Betriebsrates im Hinblick auf personelle, organisatorische, soziale und wirtschaftliche Angelegenheiten. Die Arbeitnehmer sollen dadurch in Angelegenheiten, welche sie betreffen, Mitsprachemöglichkeiten erhalten. In § 87 Absatz 1 des Betriebsverfassungsgesetzes (BetrVG) werden die Möglichkeiten der Mitbestimmung geregelt. Entsprechend gilt für den Personalrat § 75 Absatz 3 des Bundespersonalvertretungsgesetzes (BPersVG) . Voraussetzung für die Mitbestimmung ist die Bildung eines Betriebs- bzw. Personalrates.[402] Die Betriebs- bzw. Dienstvereinbarung ist die wichtigste Ausübungsform von Beteiligungsrechten im Rahmen der Betriebsautonomie. Ansatzpunkt für den Abschluss einer Betriebsvereinbarung ist § 87 Abs.1 Nr.1 BetrVG, der besagt, dass der Betriebsrat bei Fragen der Ordnung und des Verhaltens der Arbeitnehmer im Unternehmen ein Mitbestimmungsrecht hat, sofern gesetzliche und tarifliche Regelungen nicht existieren. Synonym dazu gilt für den Personalrat im öffentlichen Dienst der § 75 Abs. 3 Nr. 15 des Bundespersonalvertretungsgesetzes.[403] Die Betriebsvereinbarung gilt nur für die Mitarbeiter des oder der Unternehmen, für die sie abgeschlossen wurde. Zu unterscheiden sind erzwingbare und freiwillige Betriebsvereinbarungen. Erzwingbare Betriebsvereinbarungen können auch gegen den Willen des Arbeitgebers durchgesetzt werden, während dieser den freiwilligen Betriebsvereinbarungen zustimmen muss.

Ansatzpunkt für den Abschluss einer Betriebsvereinbarung zum Thema »Mobbing« ist der § 87 Absatz 1 Nummer 7 BetrVG, der besagt, dass der Betriebsrat Mitbestimmungsrechte hat bei „Regelungen über die Verhütung von Arbeitsunfällen und Berufskrankheiten sowie über den Gesundheitsschutz im Rahmen der gesetzlichen Vorschriften oder der Unfallverhütungsvorschriften."[404] Für eine Dienstvereinbarung gilt entsprechend § 75 Absatz 3 Nummer 11 des BPersVG. Im Zusammenhang mit Mobbing ist anzumer-

---

[400]   Vgl. Esser & Wolmerath, (2001), Seite 133.

[401]   Vgl. Bröckermann, (2001), Seite 216.

[402]   Vgl. Esser & Wolmerath, (2001), Seite 133f.

[403]   Vgl. Eichhorn / Hickler & Steinmann, (1998), Seite 27f.

[404]   Betriebsverfassungsgesetz, (2002), Seite 595.

ken, dass Arbeitsschutz in seinem heutigen Verständnis auch den Schutz der Arbeitnehmer vor psychischen Belastungen umfasst.[405] Der Betriebs- bzw. Personalrat hat das uneingeschränkte Initiativrecht und kann versuchen, das Zustandekommen mit Hilfe der Einigungsstelle zu erzwingen (§76 BetrVG bzw. § 71 BPersVG), wenn der Arbeitgeber einer Betriebs- bzw. Dienstvereinbarung zum Thema Mobbing nicht zustimmen will.[406] Diese Einigungsstelle ist jeweils zur Hälfte von Arbeitnehmern und Arbeitgebern und einer neutralen Person zu besetzten. Sie dient der Beilegung von Meinungsverschiedenheiten zwischen Arbeitgeber und Betriebsrat.

4.4.2 Aufbau und Inhalte einer Betriebs- und Dienstvereinbarung zur Mobbingprävention

Aus Vereinfachungsgründen wird im Folgenden nur von Betriebsvereinbarungen gesprochen.

Betriebsvereinbarungen mit dem Ziel der Mobbingvermeidung stellen eine besondere Form der Mobbingprävention dar. Jeder Beschäftigte erhält eine Ausfertigung dieser Vereinbarung. Die Mitarbeiter sollten verpflichtet werden, Mobbing zu vermeiden und zu bekämpfen. Im Idealfall wird die Betriebsvereinbarung aufgrund bisheriger betrieblicher Erfahrungen von Arbeitnehmer- und Arbeitgeberseite gemeinsam erarbeitet.[407] Sie sollte individuell auf das jeweilige Unternehmen zugeschnitten sein.[408] Es besteht die Möglichkeit, sich an **Musterbetriebsvereinbarungen** zu orientieren. Ein Beispiel hierfür findet der interessierte Leser im Internet (»www.atlando.de/publikationen.htm«.) Nachfolgend werden in Anlehnung an die Ausführungen von ESSER und WOLMERATH wichtige Bestandteile einer Betriebsvereinbarung zur Mobbingproblematik erläutert, die bei Bedarf um weitere Aspekte zu ergänzen sind:[409]

(1)   Überschrift

Die Überschrift sollte relativ weit gefasst und möglichst positiv formuliert sein, um gegebenenfalls neben der Mobbingproblematik auch andere vergleichbare Problemsituationen erfassen zu können. Mögliche Überschriften könnten sein: »Betriebsvereinbarung für ein partnerschaftliches Verhalten am Arbeitsplatz« oder »Dienstvereinbarung zu sozialem Umgang im Betrieb«.

---

[405]   Vgl. Esser & Wolmerath, (2001), Seite 134.

[406]   Vgl. Esser & Wolmerath, (2001), Seite 135.

[407]   Vgl. Kolodej, (1999), Seite 141.

[408]   Vgl. Esser & Wolmerath, (2001), Seite 136.

[409]   Vgl. Esser & Wolmerath, (2001), Seite 137 bis 139; Wolmerath, (2001), Seite 267 bis 284.

(2)   Präambel

In der Präambel sollten der Grund für den Abschluss der Betriebsvereinbarung sowie
Motive, Absichten und Ziele zum Ausdruck gebracht werden.

(3)   Geltungsbereich

Es werden der räumliche, der persönliche und der zeitliche Geltungsbereich festgelegt.
Der räumliche Geltungsbereich besagt, für welche(n) Betrieb(e) die Betriebsvereinbarung gilt. Generell betrifft sie das gesamte Unternehmen, sie kann sich aber auch auf bestimmte Bereiche bzw. Abteilungen beschränken. Der persönliche Geltungsbereich beschreibt, für welche Beschäftigten des Unternehmens die Vereinbarung gilt. Grundsätzlich ist sie nur sinnvoll, wenn sie für alle Mitarbeiter Gültigkeit hat, also gleichermaßen
auch für Führungskräfte. Wenn die Geltungsdauer der Betriebsvereinbarung in zeitlicher
Hinsicht beschränkt werden soll, wird dies im zeitlichen Geltungsbereich manifestiert.

(4)   Begrifflichkeiten

Hier wird eine genaue Definition von Mobbing dargelegt und eine Abgrenzung von
Verhaltensweisen und Umgangsformen vorgenommen. Häufig wird ein bei Bedarf zu
ergänzender Katalog von Mobbinghandlungen festgelegt.

(5)   Verhaltenskodex

Unter diesem Punkt werden für jeden geltende Verhaltensforderungen und nicht er-
wünschte Verhaltensweisen festgehalten.

(6)   Betriebsklima

Wenn erkannt worden ist, dass das Betriebsklima verbesserungswürdig ist, werden unter
diesem Punkt Maßnahmen zur Verbesserung geregelt. Es können auch schon der genaue
Zeitpunkt und der Ort der Maßnahmen bestimmt und fixiert werden.

(7)   Konfliktlösungsverfahren

Hier wird das Verfahren zur Bewältigung von Konfliktsituationen geregelt. Es kann ein
Maßnahmenkatalog oder Stufenplan zur Konfliktlösung bestimmt sowie das Einschalten
externer Personen (z. B. Ärzte, Juristen, Psychologen) vorgeschrieben werden.

(8)   Hilfe für Mobbingbetroffene

Unter dieser Überschrift werden Maßnahmen aufgeführt, die der Mobbingbetroffene als
Hilfe in Anspruch nehmen kann.

(9)   Sanktionen

Sanktionen, wie z. B. Abmahnung, Versetzung, Geldbuße, Kündigung werden aufgeführt und die Verfahrensschritte der Sanktionierung festgelegt. Die betrieblichen Sanktionen sind unabhängig von den staatlichen und haben z. B. keinen Einfluss auf ein Straf-
verfahren.

(10)   Mobbingbeauftragter

Unter diesem Punkt wird aufgeführt, welche Person Mobbingbeauftragter des Unternehmens ist und welche genauen Funktionen und Aufgaben er hat. Manifestiert werden sollten die Rechte des Beauftragten und die Qualifizierungsmaßnahmen, an denen er zwecks Vorbereitung auf seine Tätigkeit teilnehmen darf. Besonders wichtig ist die Klärung der Kostenübernahme, die in der Praxis regelmäßig zu Streitigkeiten führt.

(11)   Sensibilisierung und Qualifizierung

Vorgesetzte und Beschäftigte müssen gleichermaßen für das Thema Mobbing geschult werden. Dies kann durch Maßnahmen zur Qualifizierung und Sensibilisierung geschehen, welche die Beteiligten über Mobbing, dessen Folgen und die Möglichkeiten zur Ausschaltung von Mobbinghandlungen informieren.

(12)   Schlichtungsstelle

Der Schlichtungsstelle obliegt es, bei Meinungsverschiedenheiten, die bei der Umsetzung der Betriebsvereinbarung zwischen Arbeitgeber und Betriebsrat auftreten, vermittelnd einzugreifen. Unter diesem Punkt in der Betriebsvereinbarung wird u. a. die Besetzung der Schlichtungsstelle aufgeführt.

(13)   Schlussbestimmungen

Dieser Punkt behandelt u. a. die Festlegung der Art und Weise, wie die Mitarbeiter über die Betriebsvereinbarung informiert werden (z. B. durch Aushang am schwarzen Brett, Erläuterung auf einer Betriebsversammlung, Aushändigung der Betriebsvereinbarung). Die Schlussbestimmung sollte ergänzend eine salvatorische Klausel umfassen, die sicherstellt, dass bei Unwirksamkeit einzelner Bestimmungen der Betriebsvereinbarung die übrigen Bestimmungen wirksam bleiben. Des Weiteren können Angaben über das Inkrafttreten der Betriebsvereinbarung gemacht werden; wenn nicht anders vereinbart, tritt sie mit Unterzeichnung der Vertragsparteien in Kraft.

4.4.3   Betriebs- und Dienstvereinbarungen zur Mobbingprävention in der betrieblichen Praxis

Eine im Rahmen der empirischen Studie durchgeführte multimediale Recherche hat ergeben, dass mindestens 22 Unternehmen und Körperschaften des öffentlichen Rechts in der Bundesrepublik Deutschland über eine Betriebs- bzw. Dienstvereinbarung als Maßnahme zur Mobbingprävention verfügen. Die ersten Betriebs- und Dienstvereinbarungen zur Prävention gegen Mobbing wurden 1996 ins Leben gerufen. 15 der vorliegenden Vereinbarungen sind aus den Jahren 1997 bis 1999. Von den übrigen sieben existieren drei Vereinbarungen seit 1996. Vier sind seit weniger als einem Jahr in den jeweiligen Unternehmen implementiert.

In einigen Fällen haben sich die Unternehmen an bestehenden Vereinbarungen anderer orientiert, so beispielsweise die Sartorius AG an der Vereinbarung der Volkswagen AG.

Der Aufbau der Vereinbarungen ähnelt in den meisten Fällen den Ausführungen des Kapitels 4.4.2. Unterschiede sind jedoch in den Details zu erkennen. Während einige Betriebs- bzw. Dienstvereinbarungen die einzelnen Punkte sehr ausführlich und auf das Unternehmen zugeschnitten darstellen, weisen andere einen geringen Präzisierungsgrad auf.

Nach einer Vorbemerkung oder Präambel, in der die Motive und Ziele dargestellt sind, werden in allen vorliegenden Vereinbarungen die Geltungsbereiche definiert. Darauf folgend wird der Begriff Mobbing erläutert. Einige Unternehmen haben sich dabei an den 45 Mobbinghandlungen nach LEYMANN orientiert, während andere nur eine sehr kurze Begriffserklärung aufführen. Das Vorgehen im Mobbingfall wird dargestellt und mögliche Ansprechpartner, Konfliktlösungsstellen sowie Mobbingbeauftragte festgelegt, wobei häufig die Klärung der Kompetenzen und Kostenübernahme fehlt. Auch wird das Vereinbaren von Qualifizierungsmaßnahmen vielfach vernachlässigt. In jeder der vorliegenden Betriebs- bzw. Dienstvereinbarungen werden mögliche Sanktionen für den Täter festgehalten. Auch hier gilt, dass teilweise unpräzise Aussagen gemacht werden, während in anderen Vereinbarungen sehr genau darauf eingegangen wird, mit welchen Konsequenzen der Mobber zu rechnen hat.

Auffällig ist, dass die Dienstvereinbarung des Sächsischen Staatsministeriums für Wissenschaft und Kunst über einen geringen Detaillierungsgrad verfügt. Formulierungen wie z. B. »... die Problematik Mobbing ist im Rahmen von Fortbildungsveranstaltungen der Beschäftigten zu berücksichtigen ...« lassen einen hohen Interpretations- und Ermessensspielraum zu.

4.5   Juristische Aspekte des Mobbings

4.5.1   Grundgesetz, Strafprozessordnung und Strafgesetzbuch

Jeder Mensch hat im Grundgesetz verankerte Rechte, die auch als Schutz vor Mobbing interpretiert werden können. Mobbing verletzt die Grundrechte eines Menschen, insbesondere den **Schutz der Menschenwürde** (Artikel 1 Grundgesetz), das allgemeine Persönlichkeitsrecht (Artikel 2 Grundgesetz) und den Grundsatz der Gleichheit vor dem Gesetz (Artikel 3 Grundgesetz).[410]

Die rechtliche Auseinandersetzung mit dem Phänomen Mobbing ist schwierig, da das deutsche Rechtssystem keine ausdrücklichen Hinweise auf eine Strafbarkeit von Mobbing enthält. Mobbing als »Geschehensprozess« kann rechtlich nicht verfolgt werden,

---

[410]   Vgl. Walter, (1993), Seite 98; Schild & Heeren, (2002), Seite 104.

konkrete Mobbinghandlungen hingegen schon.[411] Strafbar sind z. B. vorsätzliche Körperverletzung (§ 223 StPO), schwere Körperverletzung (§ 226 StPO), Körperverletzung mit Todesfolge (§ 227 StPO), Beleidigung (§ 185 StGB), üble Nachrede (§ 186 StGB), Verleumdung (§ 187 StGB), Beleidigung trotz Wahrheitsbeweises (§ 192 StGB), unterlassene Hilfeleistung (§ 323 StGB) sowie Nötigung (§ 240 StGB).[412]

Auf Grundlage der strafrechtlichen Tatbestände lassen sich über § 823 BGB (Schadenersatzpflicht bei Vorsatz oder Fahrlässigkeit) und § 826 BGB (sittenwidrige vorsätzliche Schädigung) eine Reihe zivilrechtlicher Ansprüche ableiten. Schwierig ist die Beweisbarkeit der Handlungen. Nur selten lassen sich Zeugen finden, die zu einer Aussage bereit sind. Bei potenziellen Zeugen handelt es sich größtenteils um Befangene, entweder um die Mobbingtäter selber oder um Kollegen, die zwar mitbekommen was passiert, aber sich aus Angst, Schadenfreude, Feigheit oder anderen Motiven lieber passiv verhalten und schweigen.

Neben den oben genannten Grundrechten existieren weitere Gesetze, die Betroffenen helfen, sich gegen Mobbing am Arbeitsplatz zu schützen, Grenzen zu setzen und sich Gehör zu verschaffen. Eine Auseinandersetzung mit allen rechtlichen Möglichkeiten, d. h. der strafrechtlichen, zivilrechtlichen und arbeitsrechtlichen Bewertung von Mobbing, würde den Rahmen dieser Studie sprengen. Im Folgenden wird ein kurzer Überblick wichtiger Gesetzesauszüge bezüglich der Rechte und Pflichten der Arbeitgeber, Arbeitnehmer und des Betriebs- bzw. Personalrats gegeben.

4.5.2 Rechte und Pflichten des Arbeitgebers

Eine durch den Arbeitsvertrag begründete Pflicht des Arbeitgebers ist die Fürsorgepflicht. Dies bedeutet, dass der Arbeitgeber zur Einhaltung gewisser Schutz-, Sorgfalts- und Förderungspflichten gegenüber dem Arbeitnehmer verpflichtet ist.[413] Diese allgemeine Fürsorgepflicht wird in § 75 des BetrVG konkretisiert. Der Absatz 1 verpflichtet den Arbeitgeber, „(...) darüber zu wachen, dass alle im Betrieb tätigen Personen nach den Grundsätzen von Recht und Billigung behandelt werden."[414] Der Schutz der freien Persönlichkeitsentfaltung des Mitarbeiters durch den Arbeitgeber wird in Absatz 2 dieses Paragraphen manifestiert. Das bedeutet, Arbeitgeber sind verpflichtet, präventiv gegen Mobbing vorzugehen.[415] **Vorgesetzte müssen Mobbing unterbinden** und die Mitarbeiter darauf hinweisen, Mobbing zu unterlassen. Darüber hinaus ist der Arbeitge-

---

411 Vgl. Esser & Wolmerath, (2000), Seite 50f; Schild & Heeren, (2002), Seite 103.

412 Vgl. European Antimobbing Association, http://www.euro-antimobbing.org/index.html? rechte=ansprueche.html, 15.11.2002.

413 Vgl. Spanner, (2000) Seite 140f.

414 Betriebsverfassungsgesetz, (2002), Seite 589.

415 Vgl. Schild & Heeren, (2002), Seite 104.

ber verpflichtet, Beschwerden hinsichtlich von Mobbinghandlungen entgegenzunehmen, zu prüfen und gegebenenfalls für Abhilfe zu sorgen.[416] Am 1. August 2002 trat ein verschärftes Schadenersatzrecht in Kraft, wonach der Arbeitnehmer auch dann Schmerzensgeld von seinem Arbeitgeber verlangen kann, wenn dieser nicht alles tut, um gesundheitliche Beeinträchtigungen durch Mobbing oder Verletzungen der sexuellen Selbstbestimmung in seinem Unternehmen zu verhindern oder dagegen vorzugehen. Zuvor konnten Arbeitnehmer Schmerzensgeld nur dann verlangen, wenn ein solches schwerwiegendes Fehlverhalten vom Arbeitgeber selbst begangen wurde.[417]

Weitere Pflichten des Arbeitnehmers im Hinblick auf Mobbing sind im Arbeitsschutzgesetz festgelegt. § 2 Absatz 1 besagt, dass sich der Arbeitsschutz auf „(...) Maßnahmen zur Verhütung von Unfällen bei der Arbeit und arbeitsbedingten Gesundheitsgefahren einschließlich Maßnahmen der menschengerechten Gestaltung der Arbeit"[418] bezieht.

Der Arbeitgeber hat den Arbeitnehmer dementsprechend vor Mobbingangriffen zu schützen, da diese, wie in Kapitel 4.3 auf Seite 200 dargestellt, Auswirkungen auf die Gesundheit des Betroffenen haben können. Dies wird ebenfalls in § 3 Absatz 1 des Arbeitsschutzgesetzes deutlich, der die Grundpflichten des Arbeitgebers hinsichtlich des Arbeitsschutzes festlegt: „Der Arbeitgeber ist verpflichtet, die erforderlichen Maßnahmen des Arbeitsschutzes unter Berücksichtigung der Umstände zu treffen, die Sicherheit und Gesundheit der Beschäftigten bei der Arbeit beeinflussen. Er hat die **Maßnahmen auf ihre Wirksamkeit zu überprüfen** und erforderlichenfalls sich ändernden Gegebenheiten anzupassen. Dabei hat er eine Verbesserung von Sicherheit und Gesundheitsschutz der Beschäftigten anzustreben."[419]

4.5.3   Rechte und Pflichten des Arbeitnehmers

Zu den mobbingrelevanten Pflichten eines Arbeitnehmers gehört die Achtung der in Kapitel 4.5.1 genannten Grundrechte seiner Kollegen und Vorgesetzten.[420]

Die Rechte eines Arbeitnehmers im Hinblick auf Mobbing müssen differenzierter betrachtet werden. Jeder Mitarbeiter hat gemäß § 84 Absatz 1 BetrVG das Recht, sich bei Benachteiligung, Beeinträchtigung oder ungerechter Behandlung beim Arbeitgeber oder Betriebsrat zu beschweren.[421] Der Arbeitgeber muss die Beschwerde prüfen. Wenn er

---

[416]   Vgl. Walter, (1993), Seite 99.

[417]   Vgl. Bundesministerium für Arbeit und Sozialordnung, http://www.bma.bund.de/index. cfm?uuid=81E874F169AA4CC38F22EE2E4C5B9571&and_uuid=2C61F61284A443C7B1 3D7B86A36372F4, 30.07.2002.

[418]   Arbeitsschutzgesetz, (2002), Seite 301.

[419]   Arbeitsschutzgesetz, (2002), Seite 302.

[420]   Vgl. Walter, (1993), Seite 100.

[421]   Vgl. Kreuzer, (2000), Seite 62.

sie für gerechtfertigt hält, hat er entsprechende Abhilfe zu schaffen, bei Ablehnung muss er die Gründe für seine Entscheidung offen darlegen. Der Betriebs- bzw. Personalrat hat nach § 85 Absatz 1 des BetrVG bzw. § 68 Absatz 3 BPersVG bei berechtigter Beschwerde den Arbeitgeber zur Abhilfe anzuhalten. Das kann zum Beispiel in Form einer Abmahnung, Versetzung oder außerordentlichen Kündigung geschehen.[422] Falls sich Betriebs- bzw. Personalrat nicht einig werden, wird die Einigungsstelle zur Vermittlung herangezogen.

Der Arbeitnehmer hat als Mobbingbetroffener weiterhin das Recht, den **Arbeitgeber auf Schadenersatz zu verklagen**, wenn dieser selber als Mobbingtäter in Erscheinung getreten ist oder in Folge einer Beschwerde für Abhilfe hätte sorgen müssen, dies aber unterlassen hat. Die Rechtsgrundlage hierfür ist der § 75 des BetrVG bzw. § 67 Absatz 1 Satz 1 BPersVG in Verbindung mit dem § 823 Absatz 2 BGB. In der Regel hat eine Klage gegen den Arbeitgeber die Beendigung des Arbeitsverhältnisses zur Folge, da aufgrund der Geschehnisse eine weitere »vertrauensvolle« Zusammenarbeit meistens unmöglich erscheint.

Mobbing stellt eine arbeitsvertragliche Verletzung der Treuepflicht dar, die besagt, dass ein Arbeitnehmer seine Verpflichtungen so zu erfüllen hat, dass die Interessen der anderen Beschäftigten und des Arbeitgebers gewahrt bleiben.[423] Dies ergibt sich aus dem Arbeitsvertrag in Verbindung mit § 242 des Bürgerlichen Gesetzbuchs (BGB). Im Klartext bedeutet dies, dass der Arbeitnehmer dem Betrieb keinen Schaden zufügen darf. Da Mobbing den betrieblichen Ablauf stört, ist aufgrund dieser Pflichtverletzung der Arbeitgeber zu Sanktionen berechtigt. Im Extremfall kann dies zur außerordentlichen Kündigung gemäß § 626 BGB führen. Hier verfügt der Betriebsrat, ähnlich wie bei einer Versetzung (§ 99 Absatz 1 BetrVG) des Täters, über ein Mitbestimmungsrecht (§ 102 des BetrVG).

Sieht der Arbeitnehmer als letzten Weg nur die außerordentliche Kündigung, kann er sich dabei auf den § 626 BGB berufen. Die außerordentliche Kündigung muss innerhalb von zwei Wochen nach Auftreten der Mobbinghandlung ausgesprochen werden - je nach Schwere dieser Handlung kann die Kündigung angenommen oder ihr widersprochen werden.[424]

4.5.4   Rechte und Pflichten des Betriebs- bzw. Personalrats

Der Betriebs- bzw. Personalrat hat auf Grundlage des Betriebsverfassungsgesetzes bzw. Bundespersonalvertretungsgesetzes eine Reihe von Möglichkeiten, **präventiv gegen Mobbing** vorzugehen. Im Folgenden wird aus Vereinfachungsgründen nur von »Be-

---

[422]   Vgl. Schild & Heeren, (2002), Seite 109f.

[423]   Vgl. Schild & Heeren, (2002), Seite 106.

[424]   Vgl. Walter, (1993), Seite 101; Schild & Heeren, (2002), Seite 112.

triebsrat« gesprochen. Die Gesetzesquelle, die für den Personalrat aus dem Bundespersonalvertretungsgesetz gilt, ist jeweils in Klammern angefügt.

§ 80 Absatz 1 Nummer 1 BetrVG (§68 Absatz 4 BPersVG) besagt, dass der Betriebsrat über die Durchführung der zugunsten von Arbeitnehmern geltenden Gesetze, Verordnungen und Betriebsvereinbarungen wachen muss. In Verbindung mit § 75 des BetrVG (§ 67 Absatz 1 BPersVG) hat der Betriebsrat ein umfassendes Kontrollrecht und darf Mitarbeiterbefragungen zum Thema Mobbing durchführen.[425] Falls erforderlich, kann der Betriebsrat gemäß § 80 Absatz 1 Nummer 2 BetrVG (§68 Absatz 1 Ziffer 1 BPersVG) die Initiative ergreifen und Maßnahmen beantragen, welche die Beseitigung der mobbingfördernden Umstände zur Folge haben. Jedoch ist hier zu beachten, dass er keine rechtliche Handhabe zur Erzwingung dieser Maßnahmen hat.

Auf Grundlage des § 87 BetrVG (§ 75 BPersVG) kann der Betriebsrat mobbingvorbeugende Maßnahmen ergreifen, wie z. B. die **Initiative zu einer Betriebsvereinbarung**. Weitere präventive Möglichkeiten gegen Mobbing ergeben sich aus § 99 BetrVG (§75 Absatz 1 und § 76 BPersVG). Der Betriebsrat hat ein Mitbestimmungsrecht bei personellen Einzelmaßnahmen wie z. B. Neueinstellungen, Umgruppierungen oder Versetzungen. Besonders die Nummern 3, 4 und 6 des Absatzes 2 dieses Paragraphen sind mobbingrelevant. Sie besagen, dass der Betriebsrat seine Zustimmung verweigern kann, wenn der Mitarbeiter durch diese personelle Einzelmaßnahme betrieblich oder persönlich ungerechtfertigt benachteiligt wird oder die Gefahr besteht, dass der Mitarbeiter durch gesetzwidriges Verhalten den Betriebsfrieden stört.[426]

Der Betriebsrat kann nach § 104 BetrVG (§ 77 Absatz 2 Nummer 3 BPersVG) die Versetzung oder die Entlassung des Mobbingtäters verlangen, wenn der Arbeitnehmer die in § 75 Absatz 1 BetrVG aufgeführten Grundsätze grob verletzt und dadurch massiv den Betriebsfrieden stört.[427]

4.6   Maßnahmen zur Mobbingprävention

4.6.1   Grundsatzüberlegungen

Immer mehr Arbeitgeber nehmen das Vorhandensein von Mobbing auch in ihrem Unternehmen zur Kenntnis. Nicht zuletzt aufgrund des beachtlichen Kostenfaktors steigt die Bereitschaft, sich mit dem Problem Mobbing auseinander zu setzen und im Unternehmen Mobbingprophylaxe zu betreiben.[428]

---

[425]   Vgl. Schild & Heeren, (2002), Seite 107f.

[426]   Vgl. Schild & Heeren, (2002), Seite 108f.

[427]   Vgl. Esser & Wolmerath, (2001), Seite 311.

[428]   Vgl. Esser & Wolmerath, (2001), Seite 106.

Die in Kapitel 4.4.2 dargestellte Betriebs- bzw. Dienstvereinbarung ist nur eine Möglichkeit der Mobbingprävention. Sie kann durch eine Vielzahl anderer Maßnahmen unterstützt werden. Weitere Alternativen und ergänzende Maßnahmen werden im Folgenden vorgestellt. Dieser Überblick erhebt keinesfalls den Anspruch der Vollständigkeit. Die diskutierten Maßnahmen sind auf das jeweilige Unternehmen individuell abzustimmen. Sowohl Arbeitgeber als auch Betriebs- bzw. Personalrat haben die Möglichkeit der Initiative für eine **Anti-Mobbing-Betriebs- bzw. Dienstvereinbarung**. Die empirische Studie in Kapitel 4.7 zeigt, dass in allen bislang publizierten Fällen die Arbeitnehmervertretungen den Anstoß zu dieser Art der Mobbingprävention gaben. Zu dem gleichen Ergebnis kam auch MARTIN WOLMERATH mit seinen Erhebungen.[429] Im Idealfall hat sowohl der Arbeitgeber als auch der Betriebs- bzw. Personalrat ein großes Interesse an dem Thema, so dass gemeinsam ein wirksames Anti-Mobbing-Programm entwickelt werden kann.

4.6.2 Prävention auf Vorgesetztenebene

Vorgesetzte haben viele Möglichkeiten, Mobbing aktiv vorzubeugen. Die Bestandsaufnahme der aktuellen Situation am Arbeitsplatz sollte Ausgangspunkt für jede Mobbingprävention sein. Es ist erforderlich, das **Betriebsklima und die Arbeitsbedingungen** zu untersuchen und **positiv** zu **beeinflussen**. Anzeichen für eine »schlechte« Arbeitsatmosphäre können z. B. häufige Beschwerden einzelner Mitarbeiter, das Nachlassen gemeinsamer sozialer Aktivitäten oder das Nach-Außen-Tragen von Problemen zwischen Personen oder innerhalb der Abteilung sein. Auch die Durchführung einer Mitarbeiterbefragung oder regelmäßig durchgeführte Mitarbeitergespräche geben Aufschluss über das Betriebsklima.[430] Da eine weitere Ursache von Mobbing in der arbeitsorganisatorischen Gestaltung liegen kann, ist es ebenfalls erforderlich, die **Arbeitsbedingungen** im Unternehmen zu analysieren und sie gegebenenfalls zu **verbessern**. Eine Möglichkeit der Verbesserung liegt in der Gestaltung einer transparenten Arbeitsorganisation, d. h. ausformulierte Arbeitsplatz- und Tätigkeitsbeschreibungen sowie klare Aufgabenabgrenzungen sollten bestehen, um Missverständnissen sowie Rollen- und Zielkonflikten vorzubeugen.[431] Des Weiteren erscheint es wichtig, durch eine auf das Leistungsniveau der Mitarbeiter abgestimmte flexible Arbeitsplatzgestaltung längerfristige Über- bzw. Unterforderungen der Mitarbeiter zu vermeiden. Diese können Stresssituationen hervorrufen, die sich negativ auf das Verhalten der Mitarbeiter auswirken. Eine Verbesserung der Arbeitsbedingungen durch Verringerung der Belastungen in Folge von Lärm, Extremtemperaturen, Schmutz und Unfallgefahr wirkt sich positiv auf die Arbeitszufriedenheit und somit präventiv gegen Mobbing aus.

---

429   Vgl. Wolmerath, (2001), Seite 263.

430   Vgl. Schild & Heeren, (2002), Seite 116 bis 119.

431   Vgl. Kolodej, (1999), Seite 129f.

Eine weitere Form der Prävention stellen **Mitarbeiterpatenschaften** dar. Gerade neue Mitarbeiter haben einen schweren Stand im Unternehmen und können leicht zu Opfern von Intrigen werden. Bei dieser Maßnahme wird neuen Mitarbeitern ein »Pate« zugeteilt, der Ansprechpartner in allen organisatorischen und fachlichen Fragen ist. Er soll das Einleben und die soziale Integration begleiten und unterstützen, um Mobbinghandlungen vorzubeugen.[432]

Das Mitarbeiter-**Coaching** als eine Form der individuellen Beratung und Unterstützung von Mitarbeitern mit dem Ziel, berufliche Selbstgestaltungspotentiale zu fördern, unterstützt die Arbeitszufriedenheit und damit die Mobbingprävention.[433] Ein Coach bietet Hilfe zur Selbsthilfe – er gibt dem Mitarbeiter Hilfestellungen bei der Lösung von Problemen, um so schikanösem Verhalten vorzubeugen. Coaching kann sowohl von externen als auch von betriebsinternen Beratern, wie z. B. dem Vorgesetzten, durchgeführt werden. Letzteres ist nur bei Bestehen einer Vertrauensbasis zwischen Führungskraft und Mitarbeiter sinnvoll. Der Vorgesetzte »führt« nicht mehr im traditionellen Sinne, sondern nimmt eine Art Mentor- bzw. Coachingfunktion ein (siehe auch Kapitel 3.1 auf Seite 105).[434]

Die **Supervision** als eine Form der Mobbingprävention soll dem Mitarbeiter bei der Auseinandersetzung mit den beruflichen Anforderungen und der Bewältigung sich daraus ergebender Konflikte helfen. In einem Gespräch zwischen Mitarbeiter und Supervisor wird „eine Situation des beruflichen Alltags aus dem Blickwinkel verschiedener Dimensionen analysiert und erörtert, um eine einvernehmliche Problemlösung zu erarbeiten und ein vorher vereinbartes Ziel zu erreichen."[435] Durch die Darstellung verschiedener Sichtweisen ein und derselben Konfliktsituation soll ein vorschnelles polarisierendes Denken verhindert werden. Folglich ergibt sich eine große Chance, den Konfliktprozess zu beenden.[436] Bei dem Supervisor sollte es sich um einen externen Experten handeln, da nur so die nötige Unbefangenheit und Überbetrieblichkeit gewährleistet werden können.

Regelmäßig geführte **Gespräche** zwischen Vorgesetztem und Mitarbeiter werden häufig als das wichtigste Instrument zur Prävention von Mobbing angesehen.[437] Ein Bestandteil dieser Gespräche sollte die Abklärung der Ansprüche und Erwartungen beider Seiten sein. Möglichkeiten der zielgerichteten Mitarbeiterförderung und zukünftige betriebliche Ziele sollten aufgezeigt werden. Darüber hinaus ist die Auseinandersetzung mit betrieblichen Konflikten wesentliche Aufgabe der Mitarbeitergespräche. Gelingt es dem Vorgesetzten, eine offene und vertrauensvolle Atmosphäre zu schaffen, so können

---

432   Vgl. Bröckermann, (2001), Seite 141; vgl. Schild & Heeren, (2002), Seite 137.

433   Vgl. Scholz, (2000), Seite 962f.

434   Vgl. Kolodej, (1999), Seite 134 bis 136.

435   Schild & Heeren, (2002), Seite 129.

436   Vgl. Kolodej, (1999), Seite 133f.

437   Vgl. Brinkmann, (1995), Seite 160.

Konflikte im Unternehmen frühzeitig erkannt werden. Der Vorgesetzte hat die Möglichkeit einzugreifen und Hilfe zur Konfliktlösung zu geben, bevor der Konflikt eskaliert.[438]

Nicht zu unterschätzen ist die **Bedeutung des Führungsstils**, wenn es um das Phänomen Mobbing am Arbeitsplatz geht. Ein autoritärer Führungsstil verhindert den offenen und vertrauensvollen Umgang zwischen Mitarbeiter und Vorgesetztem. Das Verhältnis ist meistens sehr distanziert, da die individuellen Belange der Arbeitnehmer nicht beachtet werden. Bei einem extrem autoritären Vorgesetzten, der die Mitarbeiter als Untergebene sieht, besteht die Gefahr, dass er zum Mobbingtäter wird. Ein kooperativer Führungsstil hingegen schafft eine größere Mitarbeiterzufriedenheit und Motivation, da die Mitarbeiter aktiv an Entscheidungen mitwirken. Partnerschaftliches Denken und Handeln stehen im Vordergrund. In diesem von Offenheit und Mitsprache geprägten Arbeitsklima ist die Gefahr von Mobbinghandlungen wesentlich geringer einzuschätzen als in einer autoritär geprägten Atmosphäre.[439] In Zusammenhang mit der Bedeutung des Führungsstils kann das Führungskräftetraining eine weitere Maßnahme der Mobbingprophylaxe sein. Das Ziel dieser Schulungen ist die **Verbesserung der Fach- und Sozialkompetenz.** Die konstruktive Bewältigung von Konflikten ist eine wichtige Führungsaufgabe, da sich eine Überforderung in diesem Bereich negativ auf das Betriebsklima auswirken und damit Auslöser für Mobbinghandlungen sein kann. Dementsprechend ist es wichtig, die Kommunikations- und Interaktionskompetenzen der Führungskräfte in diesen Trainings zu steigern (siehe auch Kapitel 2 auf Seite 17).[440]

In der Literatur wird des öfteren die gezielte Personalauswahl als Präventionsmaßnahme genannt.[441] Durch psychologische Eignungsuntersuchungen sollen potenzielle Mobbingtäter erkannt werden. Diese Maßnahme sollte sehr kritisch betrachtet werden, da der Erfolg solcher Analysen fraglich und der damit zusammenhängende finanzielle und zeitliche Aufwand nur für wenige Unternehmen tragbar erscheint. Bei »ausreichender« Sensibilisierung und Schulung des Interviewers können jedoch durch die intuitive und systematische Analyse der Transaktionen bereits im Einstellungsgespräch nützliche Hinweise gewonnen werden, z. B. über das Wertesystem, über eine positive oder negative Weltanschauung, über bevorzugte »Verhaltensspiele« sowie über präferierte Kommunikations- und Interaktionskanäle. Sollten bei Ihnen Zweifel daran bestehen, dass sich der Bewerber in das vorhandene Kommunikations- und Interaktionssystem integrieren lässt, dann nehmen Sie lieber Abstand; ein altes Sprichwort besagt: »**Der faule Apfel verdirbt den ganzen Korb!**«.

Eine weitere sinnvolle Maßnahme zur Mobbingprävention ist die Vereinbarung von **Kommunikations- und Interaktionsregeln**, welche Sie beispielsweise aus den Kommunikationsstrategien auf Seite 59 ableiten können. Diese sollten Bestandteil einer Betriebsvereinbarung zur Mobbingprävention werden. Insbesondere die Verabredung auf

---

[438]   Vgl. Schild & Heeren, (2002), Seite 136.

[439]   Vgl. Kratz, (2000), Seite 37f.

[440]   Vgl. Kolodej, (1999), Seite 136 bis 138.

[441]   Vgl. Schild & Heeren, (2002), Seite 136f; Brinkmann, (1995), Seite 160f.

Verhaltensspiele in jeglicher Form verzichten zu wollen, ist für den Aufbau eines »guten« Betriebsklimas hilfreich. Der Vorschlag hierfür kann natürlich genauso gut von der Betriebs- bzw. Personalratsebene ausgehen.

4.6.3   Prävention auf Betriebs- bzw. Personalratsebene

Eine wichtige Maßnahme zur Mobbingprävention ist die **Aufklärung der Belegschaft** über das Phänomen Mobbing, seine Erscheinungsformen und die betrieblichen und individuellen Auswirkungen.[442] Voraussetzung dafür ist, dass der Betriebs- bzw. Personalrat an Schulungs- und Trainingsmaßnahmen zum Thema Mobbing teilnimmt, um das Wissen, Verhaltensweisen und Kommunikationsstrategien an die Kollegen weitergeben zu können. Zudem erscheint eine **Sensibilisierung der Leitungsebene** geboten. Dadurch wird ein höheres Problem- und Unrechtsbewusstsein im Unternehmen geschaffen. Wichtig für die erfolgreiche Umsetzung ist, dass das Thema Mobbing nicht länger tabuisiert, sondern offen thematisiert wird. Der Betriebs- bzw. Personalrat kann auf die Belegschaft einwirken, z. B. durch die Auslage von Broschüren und das Abhalten von Informationsveranstaltungen.

Eine mündliche Aufklärung ist in der Regel wesentlich effektiver als das bloße Verteilen schriftlicher Informationen. Auch das Angebot von Seminaren zur Mobbingproblematik bietet sich an. Der Betriebs- bzw. Personalrat hat gemäß § 98 Abs. 3 BetrVG ein Vorschlagsrecht. Er kann zielgerichtet einzelne Teilnehmer oder Teilnehmergruppen auswählen, die vorrangig betroffen zu sein scheinen.[443] Indem der Betriebs- bzw. Personalrat Mobbing thematisiert, wird ein wichtiger Schritt gegen dessen stillschweigende Duldung unternommen und die Isolierung der Betroffenen durchbrochen.

Die **Einrichtung einer betrieblichen Anlaufstelle** für Mobbingbetroffene ist empfehlenswert, um Mobbing am Arbeitsplatz dauerhaft vorzubeugen. Diese Anlaufstelle bietet Betroffenen die Möglichkeit, sich an jemanden wenden zu können, der auf das Problem Mobbing spezialisiert ist und Hilfestellung geben kann. Die Stelle sollte besetzt werden mit einem Arbeitspsychologen, einem Mediziner oder Sozialpädagogen mit arbeitspsychologischer Zusatzausbildung oder einer Person mit vergleichbarer Qualifikation. Denkbar wäre z. B. ein Betriebs- bzw. Personalratsmitglied, das sich durch entsprechende **Schulungs- und Bildungsmaßnahmen zum Thema Mobbing** für diese Position qualifiziert hat. Jede Lösung beinhaltet sowohl Vor- als auch Nachteile. Während ein Mitglied aus dem Betriebs- bzw. Personalrat über die erforderliche Nähe zur Belegschaft verfügt und über die betrieblichen Gegebenheiten informiert ist, aber auch mit allen anderen betrieblichen Schwierigkeiten belastet ist, kann sich ein externer Mobbingbeauftragter ausschließlich um diesbezügliche Aufgaben kümmern. Vorteilhaft erscheint ein

---

442   Vgl. Esser & Wolmerath, (2001), Seite 116 bis 118; Schild & Heeren, (2002), Seite 119f; Neuberger, (1999), Seite 119.

443   Vgl. Spanner, (2000), Seite 174f.

dem Betriebs- bzw. Personalrat unterstellter externer Beauftragter, der die gleichen Rechte wie Betriebs- und Personalratsmitglieder haben sollte, wie z. B. Anspruch auf Schulungen, Einschaltung von Sachverständigen und Einholung von Auskünften externer Stellen. In der betrieblichen Realität ist es nicht immer durchsetzbar, eine betriebliche Anlaufstelle für Mobbingbetroffene einzurichten. Die Größe des Unternehmens, die wirtschaftlichen und damit zusammenhängend die finanziellen Möglichkeiten, aber auch die Einsichtsfähigkeit des Arbeitgebers, sind zu berücksichtigende Aspekte.[444]

Eine **Mitarbeiterumfrage** zum Betriebsklima allgemein oder zum Thema Mobbing speziell kann sehr hilfreich sein, einen Überblick zur Präsenz des Themas zu erhalten und so Ansatzpunkte für einen Handlungsbedarf zu erkennen. Der Betriebs- bzw. Personalrat sollte im Rahmen seiner Sprechstunde ein offenes Ohr haben und versuchen, etwas über Mobbing am Arbeitsplatz zu erfahren. Auch ein Nachfragen bei Arbeitskollegen, die langfristig krank geschrieben sind oder häufiger krankheitsbedingt fehlen, kann helfen, Mobbingfälle zu erkennen.

4.7 Ergebnisse der durchgeführten empirischen Studie

Die im Auftrag der Privaten Fachhochschule für Wirtschaft und Technik (FHWT) durchgeführte empirische Untersuchung zeigt, dass sich bislang nur wenige Firmen und Körperschaften des öffentlichen Rechts systematisch mit der Thematik Mobbing auseinandersetzen. Neben umfassenden Schulungen zur Sensibilisierung der Mitarbeiter kommen dabei vor allem Betriebs- und Dienstvereinbarungen in Frage, welche »Spielregeln« für den Umgang mit Konflikten und Mobbingerscheinungen festlegen. Eine im Bundesgebiet durchgeführte multimediale Recherche brachte zum Vorschein, dass derzeit in nur **22 Unternehmen und Körperschaften derartige Vereinbarungen existieren**, welche mehr oder weniger öffentlichkeitswirksam nach außen kommuniziert werden.

Dies ist eine vergleichsweise geringe Zahl, wenn davon ausgegangen wird, dass **jeden Tag 1,5 Millionen Menschen Mobbing am Arbeitsplatz erleben**.[445] Zu den Organisationen mit einer Vereinbarung zur Mobbingprävention gehören beispielsweise die Volkswagen AG in Wolfsburg sowie die Stadt München.

Im Rahmen dieser Untersuchung wurden Interviews mit 17 der 22 Unternehmen geführt. Ansprechpartner waren Betriebs- bzw. Personalratsmitglieder sowie Vertreter der Arbeitgeberseite. Im Mittelpunkt der Befragung standen dabei die Entstehung, Umsetzung

---

[444] Vgl. Esser & Wolmerath, (2001), Seite 129 bis 132.

[445] Vgl. DGB, http://www.dgb.de/themen/mobbing-einfuehr.htm, 25.05.2002.

und Erfahrungen mit den jeweiligen Betriebs- und Dienstvereinbarungen. Die Ergebnisse der geführten Interviews im einzelnen:

1. Ursache für das Aufstellen einer Vereinbarung zur Mobbingprävention waren bei 14 der befragten Unternehmen **konkrete Mobbingfälle** oder zumindest Anzeichen von Mobbinghandlungen. In anderen Fällen waren die Verbesserung der Unternehmenskultur oder die Reduzierung der durch Ausfallzeiten entstehenden Kosten entscheidende Beweggründe.

2. Auffallend ist, dass in nahezu allen Fällen die Initiative zu einer Betriebs- und Dienstvereinbarung von der Mitarbeitervertretung ausging, obwohl es insbesondere aus betriebswirtschaftlicher Sicht auch im Interesse der Arbeitgeber liegen sollte, Mobbingprävention zu betreiben.

3. In vier Fällen haben Arbeitgeber- und Arbeitnehmervertreter eine gemeinsame Arbeitsgruppe für die Erarbeitung und Einführung zusammengestellt. In anderen Fällen erstellte der Betriebs- bzw. Personalrat einen Entwurf, welcher der Arbeitgeberseite vorgelegt und nach gemeinsamen Diskussionen verabschiedet wurde.

4. In nur vier Unternehmen waren alle (!) Mitarbeiter in Form von Gesprächen und Diskussionsrunden in den Entstehungsprozess integriert.

5. 10 der 17 befragten Unternehmen gaben an, dass neben der Betriebs- bzw. Dienstvereinbarung **weitere Präventivmaßnahmen** ergriffen würden. Regelmäßige Mitarbeitergespräche, Coaching und Schulungen der Führungskräfte sind die am häufigsten genannten Maßnahmen.

6. Die Seminar- und Schulungsangebote zur Mitarbeitersensibilisierung werden sehr unterschiedlich angenommen. In einigen Unternehmen werden diese stark frequentiert, in anderen ist die Resonanz minimal.

7. **Mitarbeiter, die sich nicht betroffen fühlen, sehen oftmals keine Notwendigkeit für die Mitwirkung an derartigen Trainingsmaßnahmen.** Andere scheuen die Teilnahme aus **Angst**, sich als Betroffene zu erkennen zu geben.

8. Einige Mitarbeiter haben die Befürchtung, dass die Seminare von Kollegen missbraucht werden könnten, um sich mit den »besten« Mobbingmethoden vertraut zu machen. Dieses kann offensichtlich am ehesten dadurch verhindert werden, dass das gesamte Personal auf einen entsprechenden Verhaltenscodex »eingeschworen« wird.

9. In sieben der 17 befragten Unternehmen hat sich das **Betriebsklima positiv entwickelt**. Ein besserer Umgang miteinander und eine verstärkte Offenheit gegenüber dem Thema Mobbing waren die Folge. Im Gegensatz dazu bemerkten acht der Unternehmen keine Verbesserung des Betriebsklimas. Das wurde in zwei der Fälle zurückgeführt auf die zunehmende Kürzung der Finanzmittel und die daraus resultierende Angst der Mitarbeiter, ihren Arbeitsplatz zu verlieren.

10. Die jeweiligen Betriebs- und Dienstvereinbarungen schätzten vier der Befragten als sehr effektiv, zwei als effektiv, vier als weniger effektiv und sieben nur in Verbindung mit zusätzlichen Maßnahmen als effektiv ein. Als unterstützende Maßnahmen wurden in nahezu allen Fällen die Aufklärung der Mitarbeiter, aber auch regelmäßige Mitarbeitergespräche und eine Verbesserung der Arbeitsbedingungen genannt. Mitarbeiter- und Führungskräfteschulungen wurden ebenfalls als wichtig empfunden.

4.8   Resümee zum Thema Mobbing

Als Ergebnis der empirischen Studie zum Thema Mobbingprävention lässt sich festhalten, dass in einigen Unternehmen die Betriebs- bzw. Dienstvereinbarung erfolgreich umgesetzt werden konnte, während in anderen Unternehmen noch **akuter Handlungsbedarf** besteht. Ziel sollte es sein, Betroffene zu ermutigen, Missstände zu thematisieren bevor sich daraus ein Mobbingfall entwickeln kann. Konflikte sollten früh genug aufgegriffen werden, um Lösungsmöglichkeiten zu finden. Im Idealfall entwickelt sich eine **positive »Streit-Kultur« im Unternehmen, geprägt durch den gegenseitigen Respekt**.

Jeder Mitarbeiter kann in die Situation geraten, »gemobbt« zu werden. Es gibt Konstellationen, welche die potentielle Gefahr begünstigen. Hierzu zählen beispielsweise:

- ein neuer Mitarbeiter in einer bestehenden Arbeitsgruppe,
- durch Umstrukturierungen veränderte Hierarchien sowie
- Rationalisierungsmaßnahmen, welche mit einem massiven Stellenabbau verbunden sind.

Als besonders gefährdete Personen gelten Menschen, die sich durch ein oder mehrere Merkmale von der Gruppe abheben, z. B. durch:

- eine Behinderung oder eine andere Sprache,
- einen anderen Sozialstatus (ledig/verheiratet/alleinerziehend),
- äußere Auffälligkeiten wie Kleidung, Haare, Verhalten (zum Beispiel ein Nichtraucher unter Rauchern oder umgekehrt) sowie
- andere weltanschauliche Ansichten.

Hierzu zählen auch die besonders Engagierten und Leistungsorientierten sowie die eher Introvertierten.

Bei den Betroffenen führen die hohen seelischen Belastungen oft zu psychosomatischen Krankheiten. Bereits nach wenigen Tagen können Beschwerden auftreten wie zum Beispiel Magen- und Darmprobleme, Schlaf- und Konzentrationsstörungen, Kopfschmerzen und depressive Verstimmungen. Je länger das »Opfer« dem Mobbing ausgesetzt ist, desto stärker entwickeln sich chronische Krankheiten, welche beispielsweise das Herzkreis-laufsystem, den Magen- und Darmtrakt, Atemwege und Haut betreffen können. Zudem steigt die Gefahr schwerer Depressionen verbunden mit Medikamentenabhängigkeiten oder Suchterkrankungen. Die Gefahr eines Suizids (Freitod) steigt beträchtlich.[446] »Angst« zählt zu den häufigsten Ursachen, weshalb Mitarbeiter einen Psychotherapeu-ten aufsuchen. Hinsichtlich des Arbeitserfolges spielt Angst eine erhebliche, leistungs-mindernde Rolle.[447]

Es gilt, eine **offene Kommunikation zu etablieren**, in der Schwierigkeiten direkt ange-sprochen werden können. Eine wichtige Rolle kommt den Führungskräften eines Unter-nehmens zu. Sie müssen als Schlichter, Coach und Prozessberater fungieren, um die Grundlage für eine erfolgreiche Mobbingprävention zu schaffen. Neben Mitarbeiter-schulungen zum Thema Konfliktmanagement ist es ebenso wichtig, **Führungskräfte in den Bereichen Mitarbeiterführung, Kommunikation, Stress- und Konfliktmana-gement zu qualifizieren.**

Der Abschluss einer Betriebs- bzw. Dienstvereinbarung zur Mobbingprävention schafft einen **verbindlichen Rahmen**, welcher in der betrieblichen Praxis mit Leben erfüllt werden muss. Insbesondere, wenn bei ihrer Entstehung nicht alle Mitarbeiter angemes-sen beteiligt werden, besteht die Gefahr, dass die Vereinbarungen als Stück Papier in der Schublade verschwinden. Gelingt es dagegen, allen Mitarbeitern die vereinbarten Spiel-regeln nahe zu bringen, dann haben potentielle Mobber wenig Chancen. Die konsequen-te Umsetzung mit regelmäßigen Qualitätskontrollen sichert die Effektivität der Maß-nahmen zur Mobbingprävention.

Die Erscheinung »Mobbing« ist keineswegs nur auf die Arbeitswelt begrenzt. Sie kann immer und überall auftreten, wo Menschen über einen längeren Zeitraum in formalen und informellen Gruppen zusammentreffen. Es sollte eine elementare Führungsaufgabe sein, die betriebliche Kommunikation fortlaufend auf Anzeichen für »Mobbing« zu un-tersuchen und den involvierten Mitarbeitern Wege zur Vermeidung und Beseitigung des »Konfliktpotentials« aufzuzeigen.

> „In welchem **Teufelskreis** wir auch immer sind, ich denke, wir sind frei ihn zu **durchbrechen**. Und wenn die Menschen ihn nicht durchbrechen, dann bleiben sie, wiederum aus freien Stücken, in diesem Teufels-kreis. Also begeben sie sich aus freien Stücken in die Hölle."[448]

---

[446]   Vgl. Biedermann, http://www.psychodoc.de/mobbingartikel2.htm, 13.02.2001.
[447]   Vgl. von Rosenstiel, (1992), Seite 228.
[448]   Sartre, (1995), Seite 2.

5. Zeit- & Stress-Management

5.1 »Effektiver« und »effizienter« Umgang mit der Zeit

> „Es ist nicht wenig Zeit, die wir zur Verfügung haben, sondern es ist viel Zeit, die wir nicht nutzen."[449]

5.1.1 Wege zur »Effektivitätssteigerung« - Life-Leadership

Zeit ist eines der wichtigsten Güter in unserer schnelllebigen Welt. Ein klassisches Zeitplanbuch oder traditionelle Vorstellungen reichen in der Regel nicht mehr aus, um sich in der heutigen Kommunikationsgesellschaft zurechtzufinden. Eine ständige Erreichbarkeit über Fax, Handy, eMail, SMS usw. dominiert den Alltag der meisten Arbeitnehmer. Aktives Zeitmanagement ist jedoch bedeutend mehr als reine »Effizienzsteigerung«. Während die erste bis dritte Generation des Zeitmanagement sich in erster Linie mit Gedächtnishilfen, Terminkalendern und Planungstechniken beschäftigte, geht es in der vierten Generation um die **Entwicklung eines effektiven Denk- und Handlungsmodells**. Zu diesem neuen »ganzheitlichen« Selbstmanagement gehört auch die aktive Lebensgestaltung, die auf einen vernünftigen Ausgleich zwischen beruflichen Anforderungen und privat-familiären Wünschen abzielt.

Entscheidend ist nämlich nicht, »wie schnell« Sie etwas machen, sondern »was« Sie machen und »warum« Sie es machen. STEPHEN R. COVEY drückt diesen Umstand durch folgende Metapher aus: »Man kann bei strahlend blauem Himmel auf der Autobahn unterwegs sein und eine gewaltige Strecke zurücklegen - die Effizienz könnte nicht größer sein. Aber wenn man in Richtung Rom fährt, obwohl man eigentlich nach Oslo will (oder sollte), dann ist dies nicht sonderlich effektiv im Sinne von vernünftig.«[450] Durch effizientere Methoden schaffen Sie vielleicht mehr in gleicher Zeit, aber im Grunde genommen laufen Sie Gefahr, sich einfach nur noch schneller zu drehen, „wie der Hamster im Laufrad - emsig auf der Stelle tretend."[451]

Gerade die Frage der »**Effizienz**« **im Sinne einer gesteigerten** »**Wirtschaftlichkeit**« ist in Berufen mit einem hohen kommunikativen Anteil eher schwierig. Stellen Sie sich vor, Sie sind Betreuerin in einem Altenheim und müssen aus Gründen der »Effizienz« zu einem pflegebedürftigen Menschen Folgendes sagen: »Tut mit leid, Sie können Ihre tiefsten Gefühle jetzt nicht zum Ausdruck bringen, ich habe nur 2 Minuten Zeit für Sie!«.

---

449   Seneca, (2002a), Seite 9.
450   Vgl. Covey, (2001), Seite 21.
451   Seiwert, (2002a), Seite 8.

Wichtiger als Schnelligkeit ist demnach das Ziel unseres Schaffens. Wie können Sie Ihre persönlichen **Lebensvisionen** identifizieren; wie erkennen Sie, was für Sie wichtig und erfüllend ist? Sie können spezielle Seminare besuchen, die sich neben Zeitplantechniken insbesondere auch mit der »Sinnfrage« Ihres Tuns beschäftigen und/oder von geschultem Personal coachen lassen. Nützliche Hinweise und Checklisten für Ihre persönliche Positionsbestimmung und weitere Lebensplanung erhalten Sie zudem in der Fachliteratur.

Effektiv zu sein bedeutet, sich die »**richtigen**« Ziele und **Prioritäten** zu setzen, d. h. die richtigen »Dinge« zu tun. Effizienz dagegen umfasst eine Ausprägung des ökonomischen Prinzips, nämlich ein vorgegebenes Ziel mit einem minimalen Aufwand zu erreichen oder anders ausgedrückt: die Dinge »richtig« zu tun.[452]

Nur wer eine klare Vision, ein berufliches und persönliches Leitbild oder ein Lebensziel hat, ist in der Lage, seinem Leben Sinn und Richtung zu geben. Eine Vision sollte innerlich so klar und fest verankert sein, dass sie gleich einer inneren Mission konsequent verfolgt werden kann. Um **Ihr persönliches Leitbild** zu entwickeln, sollten Sie sich beispielsweise mit den folgenden Fragestellungen auseinander setzen:

- Meine größten Momente von Glück, Erfolg und Erfüllung habe ich, wenn ...

- Das Gefühl des Erfolges bzw. der Erfüllung ist nachhaltig in Situationen ...

- Wenn ich nicht mehr für meinen Lebensunterhalt arbeiten müsste, dann würde ich am liebsten ...

- Der Grund, warum ich dies tun würde, ist ...

- Dinge, die ich am besten kann und die eine positive Wirkung haben ...

- Was werde ich für meine Gesundheit, Ernährung und Erholung in den nächsten ... tun ...

- Was will ich im Zeitraum von ... bis ... beruflich erreichen und welchen Nutzen habe ich persönlich davon ...

- Wie werde ich künftig meine Freizeit sinnvoll gestalten (auch mit Familie, Freunden und Bekannten) ...

- Auf meiner Laudatio zum 90. Geburtstag möchte ich, dass meine Familie, Freunde, Kollegen ... Folgendes über mich sagen ...

- Am Ende meines Lebens möchte ich zurückblicken auf ...

Das so genannte **Life-Leadership** beinhaltet, dass Sie Ihre Ziele und Ihr Leben eigenverantwortlich und für sich selbst glaubwürdig bestimmen. Definieren Sie Ihre beruflichen und persönlichen Schlüsselaufgaben. Beide Bereiche müssen integriert und ausbalanciert werden. Die Formulierung Ihrer Kernaufgaben sollte auf keinen Fall zu einer Trennung von Beruf und Privatleben führen oder zur ausschließlichen Orientierung am Beruf. Ziel Ihres persönlichen Life-Balance-Modells sollte es sein, einen Ausgleich zwi-

---

[452]   Vgl. Seiwert, (2002a), Seite 230.

schen allen relevant erscheinenden Lebensbereichen wie z. B. Arbeit, Körper, Beziehungen und Sinn zu schaffen.[453]

Bei der Definition Ihrer Strategie des persönlichen Erfolgs sollten Sie sich von EDWARD DE BONO leiten lassen: „Was gilt in den Augen der Menschen als **Erfolg**: Der Gewinn einer olympischen Goldmedaille oder des Turniers von Wimbledon, viel Geld zu verdienen, ein großes Unternehmen zu leiten, Dinge in Bewegung zu bringen oder den Nobelpreis zu gewinnen? Oder meint man eher den persönlichen Erfolg: Wenn also jemand gegen Ende seines Lebens das Bewußtsein hat, daß er ein glückliches, erfülltes und befriedigendes Leben geführt hat? Wer ist erfolgreicher, jemand der Millionen verdient hat, aber unglücklich und unzufrieden ist, oder der unauffällige Durchschnittsmensch, der ein glückliches Leben geführt hat? Ich möchte mich auf diese Diskussion an dieser Stelle nicht einlassen, weil es wirklich zu viele verschiedene Einstellungen zum Erfolg gibt, und nur durch die Unzulänglichkeit der Sprache müssen wir uns auf diesen einen Begriff beschränken. Vielleicht wäre die einfachste Definition in folgender Umschreibung enthalten: »Eine Sache in Angriff nehmen und wie vorgesehen abschließen.«" [454]

> „Mehr Dinge schneller zu tun ist kein Ersatz dafür, das Richtige zu tun."[455]

5.1.2   Wege zur »Effizienzsteigerung«

Nachdem Sie Ihre zentrale (Lebens-)Frage geklärt haben, sollten Sie sich Gedanken zu Ihrer Zeiteinteilung machen. Viele Menschen wissen abends nicht, was sie während des Tages wirklich Entscheidendes geleistet haben. Potentielle Zeitdiebe können sein:

■   **Die Unfähigkeit »Nein!« zu sagen,**
   ... ist ein sehr verbreiteter Zeitfresser; oftmals das Ergebnis einer fehlgeleiteten Sozialisierung und Konditionierung.

■   **Fehlende oder unklar formulierte Ziele**
   Viele Menschen können zwar sagen, was sie zu tun haben; die Wenigsten schreiben sich jedoch auf, was sie in ihrem Leben, im Folgenden Jahr, in der nächsten Woche oder auch am heutigen Tag erreichen wollen und setzen deshalb allzu häufig die falschen Prioritäten. Zudem ist ohne schriftliche Fixierung der Ziele ein Soll-/Ist-Vergleich kaum möglich.

---

[453]   Vgl. Seiwert, (2002a), Seite 230f.

[454]   de Bono, (1993), Seite 11.

[455]   Covey, (2001), Seite 38.

■ **Chaos am Arbeitsplatz**
Sofern Sie die Hälfte Ihrer Zeit mit dem Suchen Ihrer Arbeitsunterlagen verbringen, sollten Sie ggf. Ihre Büroorganisation überdenken. Es sei denn, Sie gehören zu den Menschen, die sich in einer für sie »überorganisierten« Umgebung unwohl fühlen und erst in ihrem persönlich strukturierten »Chaos« Kreativität entfalten.

■ **Unterbrechungen und Ablenkungen**
Unangemeldete Besucher, Telefonate, Gespräche und anderes verursachen den so genannten »Sägeblatteffekt«. Auch »kurze« Ablenkungen von einer Aufgabe führen zu einer neuerlichen Anlauf- und Einarbeitungszeit. Die Summe dieser Leistungsverluste können bis zu 28 % der »produktiven« Zeit ausmachen.

■ **Langwierige und/oder überflüssige Besprechungen**
Überprüfen Sie Ihr eigenes Meeting-Verhalten. Verlangen Sie konsequent nach klaren inhaltlichen und zeitlichen Absprachen.

■ **Unangemeldete Besucher und externe Störungen**
Haben Sie sich schon einmal gewehrt? Haben Sie all den wichtigen Menschen, die einfach mal reinschauen, jemals freundlich, aber bestimmt gesagt, dass Sie gerne einen Termin machen, aber momentan eine wichtige Aufgabe zu erledigen haben?

■ **Überperfektionismus**
Das Pareto-Prinzip besagt, dass wir in 20% der richtig eingesetzten Zeit 80% unserer Erfolge erzielen. Dies gilt für alle Lebensbereiche. Für die letzten 20% Prozent der Leistung müssen wir demnach 80% unserer Zeit investieren. Wägen Sie ab, ob der Aufwand in einem angemessenen Verhältnis zum Nutzen steht.

■ **Mangelnde Konsequenz und Selbstdisziplin**
Versuchen Sie Ihre (schriftlich) formulierten Ziele fristgerecht umzusetzen. Seien Sie bei der Zeitplanung großzügig und planen Sie Zeitreserven für unvorhergesehene Dinge. Vor allem planen Sie Ihre Freizeit, die Sie dann auch konsequent und ohne schlechtes Gewissen genießen sollten.

■ **Fehlende Prioritäten und Tagesplanung**
Lernen Sie, konsequent Prioritäten nach den Kriterien Wichtigkeit und Dringlichkeit zu setzen. Neben dem Pareto-Prinzip sind weitere Techniken empfehlenswert wie z. B. das Eisenhower-Prinzip und die ABC-Analyse.

■ **Nicht angepasste Kommunikation**
Missverständnisse bei Absprachen mit Kollegen und Kunden behindern häufig den Arbeitsablauf und führen ggf. zu Reibereien. Dieses kann daran liegen, dass sich Ihre Art zu kommunizieren nicht in die vorhandenen Strukturen einfügt.

Um Leistungsverluste durch Unterbrechungen zu vermeiden, hat es sich in der Praxis bewährt, täglich eine »**stille Stunde**« oder »**Sperrzeit**« einzurichten. In dieser Zeit lassen Sie sich von niemandem stören. Die wenigsten Menschen müssen tatsächlich rund um die Uhr telefonisch erreichbar und persönlich sprechbereit sein. Stellen Sie sich die Frage, was anders laufen wird, wenn Sie sich für eine Stunde von Ihrer Umwelt abschirmen. Bei Besprechungen oder Gesprächsterminen mit Kunden werden Sie sich in der Regel auch nicht stören lassen. Betrachten Sie diese persönlichen Sperrzeiten daher als einen wichtigen Termin. Überlegen Sie deshalb, zu welchen Zeiten am ehesten mit Störungen zu rechnen ist. Planen Sie dort keine wichtigen Aufgaben ein, an denen Sie konzentriert arbeiten müssen.

Im Folgenden werden zwei gebräuchliche Methoden der Prioritätensetzung und Tagesplanung vorgestellt:

5.1.2.1 Das Eisenhower-Prinzip

Der General und spätere amerikanische Präsident DWIGHT D. EISENHOWER entwickelte ein Prinzip der **Prioritätensetzung**, dessen großer Vorteil in seiner Einfachheit liegt. Wer es schafft, dieses Prinzip in seinem Bewusstsein zu verankern, verfügt über eine gute Grundlage für erfolgreiches Arbeiten. Die Funktionsweise des Eisenhower-Prinzips kann folgendermaßen umschrieben werden:[456]

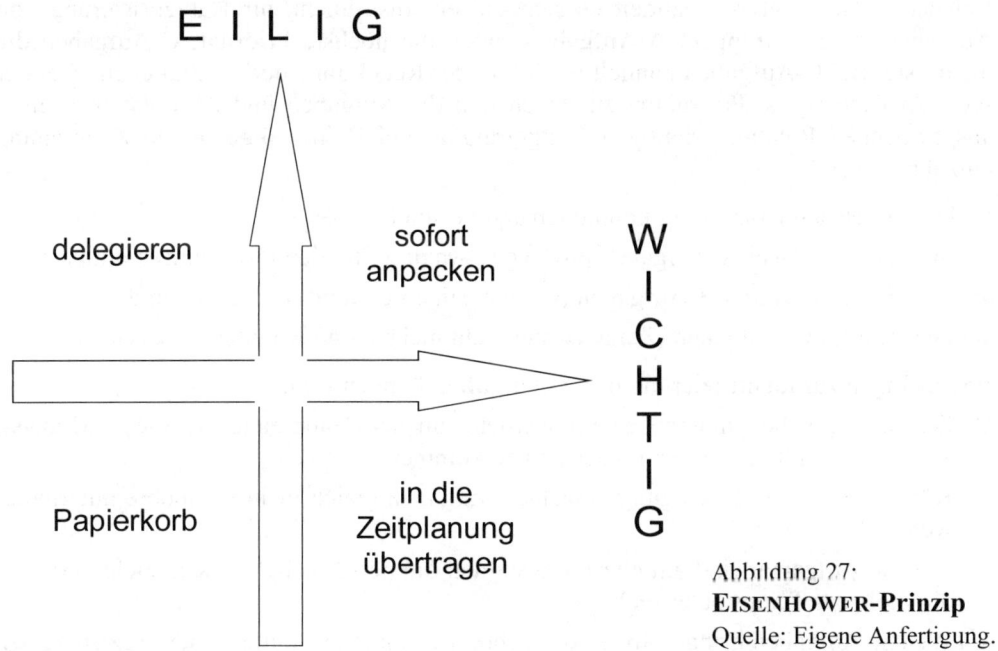

Abbildung 27:
EISENHOWER-Prinzip
Quelle: Eigene Anfertigung.

Durch die Einteilung der Aufgaben und Ziele nach den beiden Kategorien »wichtig«/»unwichtig« sowie »eilig«/»nicht eilig« können vier Gruppen von Aufgaben unterschieden werden:

---

[456] Vgl. Klumpp, http://www.methode.de/am/zm/amzm002.htm, 01.10.2002; White House, http://www.whitehouse.gov/history/presidents/de34.html, 15.11.2002.

- Aufgaben, die unwichtig und nicht eilig sind
  (...in den Papierkorb werfen)
- Aufgaben, die unwichtig, dafür aber sehr eilig sind
  (... an die Mitarbeiter delegieren)
- Aufgaben, die wichtig, aber nicht eilig sind
  (... in die Zeitplanung übertragen und zur rechten Zeit in Angriff nehmen)
- Aufgaben, die sowohl wichtig als auch eilig sind
  (...anpacken)

Das Eisenhower-Prinzip verfolgt zwei Zielrichtungen; es verbindet die strategische Ebene des Selbst- und Zeitmanagements mit einer konkreten Arbeitsmethodik.

5.1.2.2 Die ABC-Analyse

Bei der »ABC-Analyse« handelt es sich um ein Instrument zur Kategorisierung von Aufgaben in drei Gruppen. A-Aufgaben haben die höchste Priorität, C-Aufgaben die niedrigste. Bei C-Aufgaben handelt es sich in der Regel um Routinetätigkeiten. Ziel der ABC-Analyse ist es, Prioritäten zu setzen und die Aufgaben und Aktivitäten in einer ausgewogenen Relation, richtigen Rangordnung und Reihenfolge in die Zeitplanung einzubringen.[457]

In der praktischen Umsetzung könnte jemand beispielsweise ...

- nur eine oder zwei A-Aufgaben pro Tag (etwa drei Stunden insgesamt) einplanen,
- weitere zwei bis drei B-Aufgaben (Gesamtzeit eine Stunde) vorsehen und
- den Rest für C-Aufgaben (Zeitaufwand nicht mehr als 45 Minuten) reservieren.

Impulsfragen zur Identifizierung der **A-Aufgaben** können sein:

- Welche Aufgaben müssen erfüllt werden, um den Hauptzielen (Jahres-, Monats-, Wochen- oder Tagesziel) am nächsten zu kommen?
- Können durch die Erledigung einzelner Aufgaben gleich mehrere andere miterledigt werden?
- Welche Aufgaben sind am ehesten geeignet, die persönlichen Gesamtziele und/oder die Ziele des Teams zu erreichen?
- Welche Aufgaben bringen Ihnen bzw. Ihrem Team lang-, mittel- oder kurzfristig den größten Nutzen?
- Bei welchen Aufgaben haben Sie im Falle der Nichterfüllung mit negativen Folgen zu rechnen?

---

[457] Vgl. Bundschuh, http://www.gm.fh-koeln.de/~bundschu/dokumente/Referate/358/, 15.10.2002; FpA e.V., http://www.fpa-net.de/Die%20Zeit%20managen%20klein.htm, 20.09.2002.

Impulsfragen zur Identifizierung der **C-Aufgaben** können sein:

- Welche Ihrer »wichtigen« Aufgaben können Sie delegieren?
- Wird es jemand bemerken, wenn Sie die Aufgabenstellung nicht bearbeiten?
- Handelt es sich bei der Aufgabe um eine Angelegenheit, die sich »im Laufe der Zeit« von allein erledigen wird?
- Ist es sinnvoll, den Vorgang erst einmal beiseite zu legen, um ihn später zusammen mit gleichartigen Aufträgen abzuarbeiten?
- Ist der Aufwand für die Bearbeitung deutlich höher als der Nutzen für Sie, das Team oder die Firma?
- Handelt es sich bei der Aufgabe um eine Routinetätigkeit, die sie sozusagen »im Schlaf« erledigen können?

Alle Vorgänge, die sich weder der Kategorie A noch C eindeutig zuordnen lassen, sind **B-Aufgaben.**

Bei der Bearbeitung der A-, B- und C-Aufgaben sollten die natürlichen und individuellen Schwankungen der Leistungsfähigkeit im Tagesrhythmus berücksichtigt werden. Dieser persönliche Rhythmus wird unter anderem bestimmt durch Ernährungsgewohnheiten und andere persönliche Merkmale. Die Leistungsfähigkeit der meisten Menschen im Verlauf eines Tages sieht folgendermaßen aus: Der Leistungshöhepunkt liegt am Vormittag; dieses Niveau wird während des gesamten Tages nicht mehr erreicht. Nach dem Mittag schließt sich dann ein weitverbreitetes Schlaf-Tief an, welches von manchen Menschen (vielfach vergeblich) durch starken Kaffeegenuss bekämpft wird. Nach einem erneuten Zwischenhoch am frühen Abend fällt die Leistungskurve kontinuierlich ab, um dann einige Stunden nach Mitternacht ihren absoluten Tiefpunkt zu erreichen.[458]

Jeder von uns muss mit den individuellen Schwankungen seiner persönlichen Leistungsfähigkeit umzugehen lernen. Unter Effizienzgesichtspunkten erscheint es vorteilhaft, dass Sie die Erledigung der komplizierten und wichtigen Dinge (A-Aufgaben) während Ihres Leistungshochs einplanen. In den berühmten Leistungstiefs sollten Sie nicht gegen Ihren biologischen Rhythmus arbeiten, sondern versuchen zu entspannen und/oder diese Phase für soziale Kontakte und Routinetätigkeiten (C-Aufgaben) zu nutzen. Nach dem Anstieg der Leistungskurve am späten Nachmittag ist es sinnvoll, sich erneut wichtigeren Aktivitäten (B-Aufgaben) zuzuwenden.

Die Orientierung der Arbeitsplanung an der individuellen biologischen Leistungskurve führt zu einer erheblichen Produktivitätssteigerung. Zu langes und intensives Arbeiten macht sich nicht bezahlt, da Konzentration und Leistungsfähigkeit nachlassen und sich Fehler einschleichen können. Betrachten Sie Pausen nicht als verschwendete Zeit, sondern als erholsames Auftanken von Energie. Medizinische Untersuchungen zeigen, dass der höchste Erholungswert etwa nach einer Stunde Arbeitszeit erzielt wird. Es erscheint

---

[458] Vgl. Steiger & Lippmann, (1999a), Seite 163 bis 165.

vorteilhaft, mehrere kurze Pausen einzuplanen, da sich der optimale Erholungseffekt innerhalb der ersten zehn Minuten einstellt.[459]

5.1.3 Zusammenfassung der Überlegungen zum Umgang mit der Zeit

Wenn Ihnen jemand eine Universallösung zum Thema Zeitmanagement präsentiert, seien Sie skeptisch. Das »Optimum« können letztlich nur Sie selbst bestimmen; es ist von vielen Faktoren abhängig. Werden Sie beispielsweise durch Ihre linke Gehirnhälfte dominiert, dann sind Ihnen Sekundärtugenden wie Rationalität, Ordnung und Disziplin vertraut. Wenn Sie rechtsdominant geprägt wurden, dann treffen auf Sie eher Begrifflichkeiten wie Intuition, Emotionalität und schöpferisches Chaos zu.[460] **Je nachdem, in welcher Welt Sie sich zu Hause fühlen, wird Ihr Optimum eine höchst individuelle und persönliche Lösung sein** und sich grundlegend von denen Ihrer Mitmenschen unterscheiden. Es gibt auch Menschen, die sich in beiden Welten zu Hause fühlen, ggf. abhängig von der jeweiligen beruflichen oder privaten Umgebung und den damit verbundenen Rollenerwartungen.

Ein förderliches Zeit- und Selbstmanagement ist dadurch gekennzeichnet, dass es Ihnen damit »gut« geht. Nehmen Sie sich die Zeit, um Ihr Leben sinnvoll zu strukturieren und mit vernünftigen Inhalten zu füllen. Ein »sinnvolles« Leben ist keine Frage der Schnelligkeit, Effizienz und vermeintlich »guten« Abkürzungen, sondern wird dadurch bestimmt, in welchem Maße es Ihnen gelingt, sich auf das wirklich Bedeutungsvolle in Ihrem privaten und beruflichen Kontext zu konzentrieren. Um es mit LOTHAR SEIWERT auszudrücken:

> „Denken Sie daran: Heute beginnt der Rest Ihres Lebens."[461]

5.2 Stress-Bewältigung und -prävention

In einer Abhandlung zu dem Thema Kommunikation und Interaktion sollte meines Erachtens das Thema Stress-Bewältigung und -prävention nicht fehlen: »Stress« ist zu ei-

---

[459] Vgl. Seiwert, (2002a), Seite 203 bis 205.
[460] Vgl. MSC, http://www.mscoaching.com/methphil.htm, 10.11.2002.
[461] Seiwert, (2002b), Seite 9.

nem der größten **Gesundheitsrisiken** in der modernen Arbeitswelt geworden. Dies ergab eine Untersuchung in den Mitgliedstaaten der Europäischen Union. Danach nehmen Leistungsverdichtung, Arbeitstempo und Zeitdruck ständig zu und lagen 1996 deutlich höher als im Vergleichsjahr 1991. Bereits jeder Dritte »leidet« permanent unter Stress-Symptomen.[462]

Gerade die Intensität der heutigen Anforderungen, die mit einer Führungsverantwortung verbunden ist, macht es erforderlich, sich mit seinen persönlichen, geistig-psychischen und körperlichen Ressourcen auseinander zu setzen. Die folgenden Ausführungen sollen auf die Gefahr des Verlustes dieser letztendlich einzig tragenden Elemente hinweisen und praktische Hinweise im Umgang mit Stress geben.

5.2.1   Di-Stress und Eu-Stress

»Stress« hat für die meisten Menschen eine negative Bedeutung. Diese Form des Stresses, die unter anderem mit Gefühlen der Bedrohung und Angst verbunden ist, wird auch **Di-Stress** genannt. Er ist gekennzeichnet durch ein Ungleichgewicht zwischen Anforderungen der (Arbeits-)Umwelt und den persönlichen Möglichkeiten (wie z. B. Leistungsfähigkeit, Zeit, Erwartungen), diese zu bewältigen. Er tritt einerseits bei Überforderung auf, wenn die Belastung zu intensiv und zu lange andauert und die Erholungsphasen für den Organismus nicht mehr ausreichen. Andererseits kann das auslösende Moment auch Langeweile und Unterforderung sein, was in unserer heutigen Leistungsgesellschaft jedoch seltener auftritt als die »empfundene« Überforderung.[463]

Eu-Stress dagegen ist der schmale Pfad zwischen den **Extremen der Über- und Unterforderung**. Die Situation wird von dem Betroffenen als eine Herausforderung empfunden, welche verbunden ist mit Freude und Begeisterung. Eu-Stress ist positiv, er befähigt zu großen Leistungen und verschafft dem Betroffenen mit Erreichung des Zieles ein Gefühl der Zufriedenheit.[464]

> „Stress stimuliert Körper und Geist. Wer sich nicht aufregt, lernt nichts Neues."[465]

Ursprünglich stammt das Wort »Stress« aus der Materialkunde und wurde für die Beschreibung der Beanspruchung durch Zug oder Biegung verwendet. Erst seit den 60er

---

462   Vgl. Gesellschaft Arbeit und Ergonomie – online e.V., http://www.sozialnetz-hessen.de/ergo-online/Krank-beschw/g_stress.htm?csok=1, 27.08.1998.

463   Vgl. Kalnins & Röschmann, (2000) Seite 165; Legewie & Ehlers, (2000), Seite 201 bis 203.

464   Vgl. Dorsch, (1998) Seite 191, 252 und 842.

465   Possemeyer, (2002), Seite 155.

Jahren wird der Begriff im menschlichen Kontext verwendet und beschreibt den inner-
körperlichen Mechanismus, mit dem der menschliche Organismus auf externe physikali-
sche und psychische Faktoren durch Anpassung (Eu-Stress) oder Erschöpfung (Di-
Stress) reagiert.[466]

5.2.2   Individuelle Aspekte des Stresses

Jeder **Mensch** nimmt Stress anders wahr und entwickelt seine eigenen Strategien der
Verarbeitung. Was für den einen bereits schwer belastend sein kann (Di-Stress), empfindet ein anderer als Herausforderung oder anregenden »Kick« (Eu-Stress). Offensichtlich spielen innere, psychische Prozesse eine wichtige Rolle dabei, ob eine Situation positiv oder negativ erlebt wird. Die individuellen Bewältigungsmöglichkeiten, d. h. die
erlernten Muster mit Belastungen umzugehen, werden entscheidend beeinflusst durch
vorhandene Handlungs- und Entscheidungsspielräume. Was ein Mensch bewältigen
kann, hängt in entscheidendem Maße von der Dauer, Intensität und Anzahl der Stressoren und anderer Belastungen sowohl im privaten wie auch im beruflichen Umfeld ab.
Wird eine Situation über einen längeren Zeitraum als sehr negativ empfunden, so kann
es zu dem so genannten »Burn-Out-Syndrom« kommen, einem Zustand der »totalen»
Erschöpfung.

Sobald negativ empfundener Stress zum Dauerzustand wird und keine ausreichenden
Erholungsmöglichkeiten vorhanden sind, führt dieses zu Motivationsverlusten, Beein-
trächtigungen in der Leistungsfähigkeit und Ermüdungserscheinungen. Chronischer Di-
Stress hat gesundheitliche Folgen für Körper und Psyche.[467]

5.2.3   Stressoren

Stressoren wirken auf den Menschen, er wird beansprucht. Einerseits wird dadurch seine
Funktionstüchtigkeit, z. B. die geistige Flexibilität, erhalten und gestärkt und andererseits aber auch Ressourcen verbraucht. Alltägliche eingegrenzte Stresserlebnisse sind
nicht schädlich, sie können sogar anregend sein. Wird der Widerspruch zwischen den
Anforderungen und den Bewältigungsmöglichkeiten zu groß, löst er Gefühle wie Angst,
innere Anspannung, Hilflosigkeit usw. aus.

Einige Stressforscher bezeichnen die schädlichen, den Menschen überlastenden Anforderungen, als Di-Stress, während die positiven, für das Leben notwendigen Reize und

---

[466]   Vgl. Bourne & Ekstrand, (1992), Seite 310f ; Steiger & Lippmann, (1999a), Seite 140; von
        Quast, (1994), Seite 13f; von Rosenstiel, (1992), Seite 100f.

[467]   Vgl. Kalnins & Röschmann, (2000) Seite 167f; Possemeyer, (2002), Seite 148 bis 155;
        Seiwert, (2002a), Seite 230.

Anregungen Eu-Stress heißen. Die Arbeitswissenschaft beschäftigt sich mit Stress am Arbeitsplatz als eine Reaktion auf psychische Fehlbeanspruchungen. Als potentielle Stressoren am Arbeitsplatz gelten:[468]

■ **Psychisch-mentale Stressoren**
- quantitative Überforderung durch die Leistungsmenge bzw. das Arbeitstempo
- qualitative Überforderung durch Informationsflut, Unübersichtlichkeit oder Kompliziertheit
- Unterforderung, weil der Arbeitsinhalt nicht der Qualifikation entspricht
- Überforderung durch unergonomische Software
- widersprüchliche Arbeitsanweisungen
- ständige Unterbrechungen, z. B. durch EDV-Ausfall
- unvollständige Informationen
- mangelhafte Rückmeldungen
- unklare Zielvorgaben
- Leistungs- und Zeitdruck
- Angst vor Misserfolg und Kontrolle
- hohe Verantwortung für Personen oder Werte
- ungenügende Einarbeitung
- unklare Zuständigkeiten

■ **Soziale Stressoren**
- fehlende Anerkennung und Unterstützung durch Kollegen und Vorgesetzte
- schlechtes Betriebsklima
- Konflikte
- Konkurrenzdruck
- isoliertes Arbeiten
- geringe Entwicklungsmöglichkeiten
- Diskriminierung oder Benachteiligung
- Kollision der Arbeitsbedingungen mit Familienerfordernissen
- Angst vor Arbeitsplatzverlust
- mangelhafte Information und Beteiligung am Betriebsgeschehen

■ **Physische Stressoren**
- z. B. Lärm
- Kälte bzw. Hitze
- Nacht- und Schichtarbeit
- ungünstige Licht- und Beleuchtungsverhältnisse

---

[468] Vgl. Dorsch, (1998) Seite 842f; Gesellschaft Arbeit und Ergonomie – online e.V., http://www.sozialnetz-hessen.de/ergo-online/Krank-beschw/g_stress.htm?csok=1, 27.08.1998; Steiger & Lippmann (1999a), Seite 151 bis 156.

5.2.4   Reaktionen des menschlichen Körpers auf Di-Stress

Der menschliche Körper reagiert auf Stresssituationen wie vor Millionen Jahren, als unsere Vorfahren noch Jäger und Sammler waren. Er bereitet sich auf **Flucht** oder **Angriff** vor. Der Organismus mobilisiert kurzfristig sämtliche Reserven. Stresshormone wie z. B. Adrenalin und Noradrenalin werden freigesetzt. Sie mobilisieren Energiereserven wie Zucker und Fett, erhöhen den Blutdruck und die Pulsfrequenz und beschleunigen die Atmung. Durch die erhöhte Sauerstoffzufuhr wird die Muskulatur auf Leistung getrimmt. Die Pupillen erweitern sich, um mehr Informationen über das Auge aufnehmen zu können. Die Schweißproduktion wird gesteigert. Weitere Symptome sind zusammengebissene Zähne und ein angespannter Kiefer, was in anhaltenden Stresssituationen zu Kopfschmerzen führen kann. Die nicht «lebensrettenden» Funktionen werden heruntergefahren wie z. B. die Immunabwehr, die Verdauung und Sexualfunktionen. Dies geht einher mit einer Drosselung der körpereigenen regenerativen Funktionen. Am Arbeitsplatz münden die ausgelösten körperlichen Reaktionen jedoch nicht in adäquate körperliche Aktivitäten. Unter Dauerstress stößt der Organismus immer wieder neu Mobilisierungsprozesse an, bleibt aber durch den Bewegungsmangel z. B. im Büro körperlich blockiert.[469]

Unter Bedingungen des **Di-Stress** kommen konditionierte und programmierte Handlungsstrategien zum Tragen. Statt »intelligente« und »kreative« Problemlösungen zu suchen bzw. zu entwickeln, wird auf die »alten« »eingeübten« Verhaltens- und Handlungsmuster zurückgegriffen. Die Komplexität der Situation reduziert sich auf **einfache Ja-Nein-Entscheidungen**. Dieses ist eine Entscheidung des Unterbewusstseins und dient dem Selbstschutz, eine Art Dienst nach Vorschrift im Arbeitsalltag, um die Gesamtheit der Anforderungen bewältigen zu können. Stress-Situationen können zu gefährlichen Black-outs führen, bei denen das Gehirn den Zugriff auf die Großhirnrinde verweigert und damit das »Denken« verhindert. Dem Menschen steht dann nur noch der Teil des Gehirns mit dem dazugehörigen Stress-Notfallprogramm zur Verfügung, das bereits den Neandertalern das »Überleben« sicherte. In solchen Situationen ist es unmöglich, sachlich zu denken, zuzuhören, zu fragen oder zu argumentieren. Zum Beispiel ist das so genannte »Brett vorm Kopf« bei Prüfungen eine typische Reaktion des **Stress-Notfallprogramms**.[470]

Statt des großen Bären begegnen die Menschen heute kleinen »Stress-Bärchen« wie z. B. der Stau auf dem Weg zur Arbeit, keine Mittagspause wegen einer kurzfristigen Besprechung sowie eine Meinungsverschiedenheit mit dem Kollegen oder dem Chef.[471]

---

469   Vgl. Kalnins & Röschmann, (2000), Seite 167f.
470   Vgl. Bundesvereinigung für Gesundheit e.V., http://www.weltgesundheitstag.de/2002/ Themen/sport4.html, 15.10.2002; Kalnins & Röschmann, (2000), Seite 168; Possemeyer, (2002), Seite 155.
471   Vgl. Kalnins & Röschmann, (2000), Seite 168.

Dauerstress führt zur Ermüdung und Erschöpfung. Die Ermüdung wächst nicht einfach linear, sondern um ein Vielfaches mit der Dauer der Stressbeanspruchung. **Häufige und frühzeitige Pausen** sind sehr wichtig, um dieser Erscheinung vorzubeugen. Je nach persönlicher Einschätzung und Motivation, Arbeitsstrategie, Abwechslung und Erholungsphasen kann der Ermüdungsprozess ohne Leistungseinbußen hinausgezögert werden. Stress wirkt nach. **Körperliche und emotionale Stress-Symptome klingen nicht sofort ab, es braucht Zeit, bis der Mensch wieder sein normales Gleichgewicht gefunden hat.** Nach einschneidenden Stressphasen kann das sogar mehrere Wochen dauern. Immer mehr Beschäftigte haben einen verlängerten Arbeitstag durch lange Anfahrten, mehr Überstunden, flexible Arbeitszeiten. Sind dadurch die Erholungsphasen nicht mehr ausreichend, geraten sogar normale Alltagsbelastungen zum Stressfaktor. Stress schädigt auf Dauer die Gesundheit. Aus Befindlichkeitsstörungen werden Erkrankungen. Typisch sind Kreislaufstörungen, vegetative Dystonie, Reizmagen, Verdauungsstörungen, Konzentrationsstörungen, Kopfschmerzen, Migräne, Krankheitsanfälligkeit, Abgeschlagenheit, Erschöpfung, Nervosität, Schlafstörungen, Herz-Kreislauf-Erkrankungen, Magen-Darmkrankheiten, Depressionen, Atemwegserkrankungen, Burnout-Syndrom und so weiter. Das Risiko einer Erkrankung ist höher, als allgemein angenommen wird. Das Forschungsprojekt AIDA, eine Befragung in den Verwaltungsabteilungen von zwölf Mittel- und Großbetrieben, zeigt, dass 60 % derjenigen, die über hohe Belastungen klagen, unter psychosomatischen Beschwerden leiden. Ihr Gesundheitsrisiko ist doppelt so hoch, wie das der weniger belasteten.[472]

5.2.5   Stress-Bewältigung

Die Stressreize werden je nach der **persönlichen Struktur** des Menschen sehr unterschiedlich verarbeitet: z. B. durch Rückzug, Angriff, Aggression gegen sich selbst und andere, Lachen, Weinen und so weiter. Nur selten sind diese meist unbewussten Reaktionsmuster auf die heute üblichen »**Stress-Bärchen**« optimal. Ein optimaler Umgang mit Stress würde bedeuten, dass der Mensch jederzeit die Stressreize wahrnimmt und diese kognitiv (bewusst) steuern kann.

Unerfreulicherweise verfügen wir jedoch weder über die Mittel, das auslösende Moment zu unterbinden, noch können wir die einmal freigesetzten Stresshormone wieder einfangen. Die **Neandertaler hatten den Vorteil, dass sie** durch das Weglaufen vor dem Bären **ihren Hormonspiegel sehr schnell wieder regulieren konnten.** Da wir in unserer heutigen Arbeitswelt dieses in der Regel nicht realisieren können, müssen wir uns einen anderweitigen Ausgleich schaffen, z. B. durch sportliche Aktivitäten oder Entspannungstechniken. Bei dem gezielten Einsatz von Bewältigungsstrategien wird auch von »Stress-Management« gesprochen. Wer dieses versäumt, obwohl er viele Stress-Situa-

---

472   Vgl. Bundesvereinigung für Gesundheit e.V., http://www.weltgesundheitstag.de/2002/ Themen/sport4.html, 15.10.2002; Possemeyer, (2002), Seite 155.

tionen negativ erlebt, läuft Gefahr, aufgrund der ständig »alarmierten« Köperfunktionen nachhaltige gesundheitliche Schäden zu erleiden.[473]

> „Wir brauchen Unternehmensstrukturen, die den
> Selbstrespekt, das soziale Klima und die Identifikation
> mit dem Unternehmen fördern."[474]

5.2.6   Stress-Prävention

Möglichkeiten zur **Selbstbestimmung** von Arbeitsschritten und ein »**gutes**« **Betriebsklima** mindern negative Stressfolgen. Präventive Maßnahmen wirken vor allem dann effektiv, wenn sie arbeitsorganisatorische, ergonomische und verhaltensorientierte Veränderungen miteinander verknüpfen.[475]

■ Beispiele für **betriebliche Maßnahmen** zur Stress-Prävention:
  - Unterstützung beim Zeit- und Selbstmanagement
  - für regelmäßige Pausen sorgen
  - Handlungsspielräume erweitern, z. B. durch »Job-Enrichment« oder »Teilautonome Arbeitsgruppen«
  - Lärmminderung
  - soziale Kompetenz stärken
  - ausreichende Qualifikation
  - Betriebsklima pflegen

■ Beispiele für **persönliche Maßnahmen** zur Stress-Prävention:
  - Verminderung der situativen Anreger und Antreiber:
    → Frustrationserlebnisse einschränken und durch **Lebensfreude** ersetzen
    → Antreiber (Erläuterung siehe Seite 44 und 77) mit Hilfe der folgenden Fragen überprüfen und ggf. eliminieren:
    - Inwieweit ist ein Antreiber heute für mich noch gerechtfertigt?
    - Inwieweit verzerrt ein Antreiber meine Wahrnehmung der gegenwärtigen Situation?
    - Was würde geschehen, wenn ich einen Antreiber in sämtlichen Situationen ernst nehme?
    - Was würde passieren, wenn ich einen Antreiber vollends über Bord werfe?

---

[473]   Vgl. Bundesvereinigung für Gesundheit e.V., http://www.weltgesundheitstag.de/2002/ Themen/sport4.html, 15.10.2002; Kalnins & Röschmann, (2000), Seite 169f; Rundnagel, http://www.sozialnetz-hessen.de/ergo-online/Ges-Vorsorge/stress-bewaelt.htm?csok=1, 27.08.1998; von Quast, (1994), Seite 23.

[474]   Sandberg, (2002), Seite 169.

[475]   Vgl. Possemeyer, (2002), Seite 164f.

  - Welche Vor- und Nachteile bringt die rigorose Befolgung des Antreibers in der gegenwärtigen Situation?
  - Welche Vor- und Nachteile bringt eine bedingte »Befolgung« des Antreibers, und welches müssten die Bedingungen sein?
- Änderung auf der Bewertungsebene:
  - → Misserfolge, Provokationen nicht so schwer nehmen
  - → Schuldzuschreibungen kritisch prüfen
  - → Einstellungen zu Macht, Besitz und Wettkampf hinterfragen
  - → Selbstvertrauen und Selbstsicherheit stärken
  - → **positives Denken**
- Erlernen von alternativem Verhalten:
  - → Mitteilen von Gefühlen und Wünschen
  - → Problemlösungstechniken, z. B. Gesprächsführung, Mediation,
  - → gewaltloser Widerstand
- Förderung von Aggressionshemmungen:
  - → Negative Verstärkung, Bestrafung
  - → pädagogisch-moralische Einsicht
- Abbau der Stresshormone durch **Entspannung** und/oder **körperliche Betätigung** wie z. B. Sport ... sofern möglich alleine oder mit »freiwilligen« Interaktionspartnern
- Gesund ernähren, wenig oder gar nicht rauchen und so weiter.[476]

Die Katharsishypothese, wonach ein Ausleben der aggressiven Neigungen in der Interaktionssituation selbst zur Klärung bzw. Beseitigung der Spannungen bzw. Konflikte führe, scheint heute sehr zweifelhaft zu sein. Neuere Untersuchungen bestätigen die soziale Lerntheorie, der zufolge jede Aggression notwendigerweise neue Aggressionen hervorruft. Es entsteht dann eine so genannte Aggressionskette und damit ein sich selbst verstärkender negativer Regelkreis.[477]

> „Man muss dem Geist Erholung gönnen, so wird er,
> ausgeruht, sich kräftiger und frischer erheben"[478]

---

[476] Vgl. Steiger & Lippmann (1999a), Seite 148 bis 159; von Quast, (1994), Seite 67 bis 80; von Rosenstiel, (1992), Seite 102 bis 106.

[477] Vgl. Bundesvereinigung für Gesundheit e.V., http://www.weltgesundheitstag.de/2002/ Themen/sport4.html, 15.10.2002; Hardman, http://www.hardman.at/psychophilo/content/ psycho/sozialpsychologie.html, 29.10.2002; Possemeyer, (2002), Seite 169.

[478] Seneca, (2002), Seite 46.

Anhang

Erster Fragebogen zum Themenkreis »Shaping«

Liebe(r) Seminarteilnehmer(in),

das Fach Personalführung lebt stark von der Interaktion und dem Erfahrungsaustausch. Deshalb bin ich sehr an Ihren persönlichen Erfahrungen und Einschätzungen interessiert. Zur Vergrößerung der empirischen Datenbasis bitte ich Sie, folgende Fragen zu beantworten. Der Aufbau des Fragebogens gewährleistet die volle Anonymität Ihrer Person. Geben Sie bitte deswegen Ihren Namen nicht an!

Bitte füllen Sie die Fragen in der vorgesehenen Reihenfolge aus. Es gibt keine »richtigen« oder »falschen«, sondern nur für Sie »zutreffende« Antworten.

Herzlichen Dank für Ihre Mitarbeit!

Allgemeine statistische Angaben:

Geschlecht:
- ○ Weiblich
- ○ Männlich

Schulabschluss:
- ○ Keinen
- ○ Hauptschule
- ○ Realschule
- ○ Abitur

Alter:
- ○ 0 bis unter 20 Jahre
- ○ 20 bis unter 30 Jahre
- ○ 30 bis unter 40 Jahre
- ○ 40 bis unter 50 Jahre
- ○ 50 bis unter 60 Jahre
- ○ 60 und älter

Berufsbildung:
- ○ keine
- ○ Abschluss in einem anerkannten Ausbildungsberuf
- ○ Meister
- ○ Betriebswirt HWK oder IHK
- ○ Berufsakademieabschluss
- ○ Fachhochschulabschluss
- ○ Universitätsabschluss

Und jetzt geht's los:

1. **Kennen Sie bereits den in der Psychologie verwendeten Begriff »Shaping«?**
   - ○ Ja.
   - ○ Nein.

Die bewusste und gezielte Einflussnahme auf Menschen ohne deren Wissen, oftmals gegen deren eigenen Willen, wird im Allgemeinen auch als »Manipulation« bezeichnet. Hierzu einige Fragen:

2. **Fühlen Sie sich durch Kollegen »manipuliert«?**
    O   Ja – sehr stark.
    O   Ja – stark.
    O   Ja – wenig.
    O   Nein – überhaupt nicht.

3. **Fühlen Sie sich durch Freunde, Bekannte oder Familienmitglieder »manipuliert«?**
    O   Ja – sehr stark.
    O   Ja – stark.
    O   Ja – wenig.
    O   Nein – überhaupt nicht.

4. **Haben Sie den Eindruck, durch moderne Massenmedien, insbesondere durch die Werbung, »manipuliert« zu werden?**
    O   Ja – sehr stark.
    O   Ja – stark.
    O   Ja – wenig.
    O   Nein – überhaupt nicht.

5. a) **Hatten Sie schon einmal Schwierigkeiten, Ihre Interessen und Bedürfnisse bei den Kollegen durchzusetzen?**
        O   Ja – öfter mal.
        O   Ja – manchmal.
        O   Nein – niemals.
    b) **Wenn ja, aus welchem Grund:**
        ...

6. **Glauben Sie von sich selbst, auf das Verhalten Ihrer Kollegen und Vorgesetzten maßgeblich Einfluss nehmen zu können?**
    O   Ja – das traue ich mir zu.
    O   Ja – aber eine Einflussnahme ist meines Erachtens nur in sehr geringem Maß möglich.
    O   Nein – ich wüsste nicht, wie das funktionieren sollte.
    O   Nein – ich glaube nicht, das Verhalten beeinflussen zu können.

7. a) **Was sind Ihre Beweggründe, andere Menschen zu »manipulieren«?**
        ...
    b) **Geben Sie ein Beispiel für eine von Ihnen durchgeführte Manipulation:**
        ...

Herzlichen Dank für Ihre Mitarbeit!

LUTZ STÜHRENBERG

Zweiter Fragebogen zum Themenkreis »Shaping«

Liebe(r) Seminarteilnehmer(in),

mit diesem zweiten Fragebogen soll festgestellt werden, ob und in welchem Umfang die multimediale Präsentation »Shaping« das Bewusstsein und die Einstellung der einzelnen Teilnehmer hinsichtlich der Thematik »Manipulation« beeinflusst hat. Deshalb bitte ich Sie nochmals, anonym zu den folgenden vier Fragen Stellung zu nehmen:

1. **Fühlen Sie sich durch Kollegen »manipuliert«?**
   - O   Ja – sehr stark.
   - O   Ja – stark.
   - O   Ja – wenig.
   - O   Nein – überhaupt nicht.

2. **Fühlen Sie sich durch Freunde, Bekannte oder Familienmitglieder »manipuliert«?**
   - O   Ja – sehr stark.
   - O   Ja – stark.
   - O   Ja – wenig.
   - O   Nein – überhaupt nicht.

3. **Haben Sie den Eindruck, durch moderne Massenmedien, insbesondere durch die Werbung, »manipuliert« zu werden?**
   - O   Ja – sehr stark.
   - O   Ja – stark.
   - O   Ja – wenig.
   - O   Nein – überhaupt nicht.

4. **Sofern Sie Ihre Meinung / Einstellung zu den ersten drei Fragen im Laufe des Seminars verändert haben sollten – was war Ihrer Auffassung nach ausschlaggebend?**

   _____

   _____

   _____

   _____

Herzlichen Dank für Ihre Mitarbeit!

LUTZ STÜHRENBERG

Fragebogen zum Themenkreis »Kommunikation und Interaktion«

Liebe(r) Seminarteilnehmer(in),

vor einem halben Jahr haben Sie sich mit den Ideen der »Transaktionalen Analyse« theoretisch und in praktischen Übungen auseinandergesetzt. Mit diesem Fragebogen möchte ich von Ihnen erfahren, ob Ihnen dieses Kommunikationsmodell im Umgang mit Kollegen, Kunden usw. geholfen hat.

1. **Sind Sie durch die Auseinandersetzung mit dem Kommunikationsmodell der Transaktionalen Analyse »sensibler« für die betriebliche Kommunikation und Interaktion geworden?**
   - O   Ja – sehr sensibel - ich analysiere häufig Kommunikationssituationen.
   - O   Ja – sensibel, manchmal analysiere ich Kommunikationssituationen.
   - O   Ja – wenig –   ich analysiere manchmal Kommunikationssituationen, z. B. wenn ich mich »emotional« verletzt fühle.
   - O   Nein – überhaupt nicht - in meiner Kommunikation hat sich nichts geändert.

2. **Verzichten Sie seit dem Besuch des Seminars bewusst auf »Verhaltensspiele«?**
   - O   Ja – immer.
   - O   Ja – häufig.
   - O   Ja – manchmal.
   - O   Nein – überhaupt nicht.

Sofern Sie mit »**Nein – überhaupt nicht**« geantwortet haben, begründen Sie bitte Ihre Antwort:

...

3. **Auf der Seite 59 des Buchs »Professionelle betriebliche Kommunikation« finden Sie zehn ausgewählte Kommunikationsstrategien, welche wir vor einem halben Jahr gemeinsam diskutiert haben. Welche der Strategien war für Sie zwischenzeitlich besonders bedeutsam? Bitte begründen Sie Ihre Antwort und geben Sie ggf. ein Beispiel.**

...

4. **Welches der folgenden Attribute beschreibt am ehesten die Veränderung Ihres Kommunikations- und Interaktionsverhaltens, sofern sich dieses geändert hat? (Mehrfachantworten möglich!)**

   O emotionaler   O sachlicher

   O konfliktreicher   O aufmerksamer

   O verständiger   O konfliktärmer

   O respektvoller   O autoritärer

   O kooperativer   O hinterlistiger

   O nachgiebiger   O reflektierter

   O ...   O ...

5. ERIC BERNE **beschreibt in seinem Grundmodell der menschlichen Psyche die Entwicklung eines Neugeborenen bis in das Jugendlichenalter. Trifft dieses Entwicklungsmodell bzw. eines der daraus resultierenden Lebensskripte auf Ihre Person zu?**

   O Ja – sehr stark.

   O Ja – stark.

   O Ja – es gibt Überschneidungen.

   O Nein – überhaupt nicht.

6. **Würden Sie gerne ein Folgeseminar besuchen?**

   O Ja

   O Nein

   Wenn »JA« - was würden Sie gerne intensivieren?
   Inhaltlich:

   ...

   Praktische Übungen:

   ...

   Würden Sie aus Ihrer heutigen Perspektive anderen ebenfalls den Besuch eines derartigen Kommunikations- und Interaktionsseminars empfehlen?

   O Ja

   O Nein

   Begründung:

   ...

   Herzlichen Dank für Ihre Mitarbeit!
   LUTZ STÜHRENBERG

Quellenverzeichnis

Literatur und Fachzeitschriften

Aggrey (James), »Die Parabel vom Adler«, erschienen in: Rutherford (Peggy) [Hrsg.], »African Voices«, New York 1960, übernommen aus: Rüttinger (Rolf) & Kruppa (Reinhold), »Übungen zur Transaktionsanalyse«, Hamburg 2001.

Alderfer (Clayton P.), »Existence, Relatedness, and Growth. Human Needs in Organizational Settings«, New York 1972.

Amelang (Manfred) & Zielinski (Werner), »Psychologische Diagnostik und Intervention«, Berlin - Heidelberg & New York 1997.

Anderson (R.), »Kognitive Psychologie«, Heidelberg 1989.

Arbeitsschutzgesetz (ArbSchG), in der Fassung vom 07.08.1996, abgedruckt in DTV-Beck-Texte - Arbeitsgesetze, München 2002.

Argyris (Chris) & Schön (Donald A.), »Die Lernende Organisation: Grundlagen, Methode, Praxis«, Stuttgart 1999.

Baruch (Bernard), zitiert aus: Nalebuff (Barry) & Brandenburger (Adam), »Coopetition - kooperativ konkurrieren: Mit der Spieltheorie zum Unternehmenserfolg, New York & Frankfurt am Main 1996.

Bay (Rolf H.), »Zur Psychologie der Versuchsperson«, Köln & Wien 1981.

Beilfuß (Hartwig) & Lannte (Brigitte), »Zur Wirksamkeit der Transaktionsanalyse«, Diplomarbeit an der Carl von Ossietzky Universität Oldenburg 1994.

Berkel (K.), »Konflikte in und zwischen Gruppen«, erschienen in: von Rosenstiel (Lutz) u. a. [Hrsg.], »Führung von Mitarbeitern: Handbuch für erfolgreiches Personalmanagement«, Stuttgart 1999.

Berne (Eric), »Spiele der Erwachsenen – Psychologie der menschlichen Beziehung«, Reinbek bei Hamburg 1999.

Berne (Eric), »Transactional Analysis in Psychotherapy: A Systematic Individual and Social Psychiatry«, Castle Books 1961.

Berne (Eric), »Transaktionsanalyse der Intuition«, Paderborn 1991.

Berne (Eric), »Was sagen Sie, nachdem Sie „Guten Tag" gesagt haben? - Psychologie des menschlichen Verhaltens«, Frankfurt am Main 1995.

Berryman (Julia), »Psychologie: Eine Einführung«, Bern / Toronto / Göttingen & Seattle, 1991.

Betriebsverfassungsgesetz (BetrVG), in der Fassung vom 25.09.2001, abgedruckt in DTV-Beck-Texte - Arbeitsgesetze, München 2002.

Birkenbihl (Vera F.), »Kommunikationstraining – Zwischenmenschliche Beziehungen erfolgreich gestalten, Landsberg am Lech 2000.

Birker (Klaus), »Betriebliche Kommunikation«, Berlin 1998.

Böck (Ruth), »Personalmanagement«, München & Wien 2002.

Bonne-Winkel (Marela), »Politische Prozesse in der strategischen Unternehmensplanung«, Wiesbaden 1997.

Bourne (Lyle E.) & Ekstrand (Bruce R.), »Einführung in die Psychologie«, Eschborn bei Frankfurt am Main 1992.

Brandes (Dieter), »Konsequent einfach: Die Aldi-Erfolgsstory«, München 1999.

Braun (Anna Katharina), »Die Suche nach den Narben der Kindheit«, Interview mit Anna Katharina Braun - aufgenommen von Annette Lessmöllmann, erschienen in: Joffe (Josef) & Naumann (Michael) [Hrsg. und Chefredakteure], Die Zeit (Wochenzeitung) Nr. 45, Hamburg 31. Oktober 2002.

Breisig (Thomas), »It's Team Time - Kleingruppenkonzepte in Unternehmen«, Köln 1990.

Breuer (Franz), »Qualitative Psychologie: Grundlagen, Methoden und Anwendungen eines Forschungsstils«, Opladen 1996.

Brinkmann (Ralf D.), »Mobbing, Bullying, Bossing - Treibjagd am Arbeitsplatz«, Heidelberg 1995.

Bröckermann (Reiner), »Personalführung, Arbeitsbuch für Studium und Praxis«, Köln 2000.

Bröckermann (Reiner), »Personalwirtschaft - Lehrbuch für das praxisorientierte Studium«, Stuttgart 2001.

Bröckermann (Reiner), »Personalwirtschaft, Arbeitsbuch für das praxisorientierte Studium«, Köln 1998.

Brown II (Michael), »Abriss der Transaktionsanalyse«, Frankfurt am Main 1984.

Bry (Adelaide), »The TA primer: Transactional Analysis in Everyday Life«, New York unter anderem 1973.

Büchi (Rudolf) & Chrobok (Reiner), »Organisations- und Planungstechniken im Unternehmen«, Stuttgart 1997.

Bundespersonalvertretungsgesetz (BPersVG), 15. März 1974, BGBl I 1974, 693, FNA 2035-4, Stand: Änderung durch Art. 9 G v. 9 .7.2001 I 1510, Maßgaben aufgrund EinigVtr vgl. BPersVG Anhang EV.

Bürgerliches Gesetzbuch (BGB), in der Fassung vom 29.11.2001. abgedruckt in DTV-Beck-Texte, München 2002.

Carnegie (Dale), »Rede: Die Macht des gesprochenen Wortes«, Lahr 1994.

Chruden (Herbert J.) & Sherman (Artuhur W. Jr.), »Managing Human Ressources«, Cincinnati u. a. 1984.

Cialdini (Robert B.), »Die Psychologie des Überzeugens - Ein Lehrbuch für alle, die ihren Mitmenschen und sich selbst auf die Schliche kommen wollen«, Bern / Göttingen / Toronto & Seattle 1997.

Clarkson (Petruska), »Transaktionsanalytische Psychotherapie - Grundlagen und Anwendung – Das Handbuch für die Praxis«, Freiburg / Basel & Wien 1996.

Cohen (David), »Die geheime Sprache von Geist, Verstand und Bewußtsein«, Wien 1997.

Covey (Stephen R.), »Der Weg zum Wesentlichen: Zeitmanagement in der vierten Generation«, Frankfurt am Main 2001.

de Bono (Edward), Taktiken und Strategien erfolgreicher Menschen: Erfolgsfaktoren erkennen«, München 1991.

Diegel (Werner) & Kwiatkowski (Gerhard) (Chefredaktion), Meyers Großes Taschenlexikon – Band 7, Mannheim / Wien & Zürich 1987.

Drumm (Hans Jürgen), »Personalwirtschaftslehre«, Berlin u. a. 1995.

Eichhorn (Hans-Josef), Hickler (Helmut) & Steinmann (Rolf), »Handbuch Betriebsvereinbarung«, Frankfurt am Main 1998.

Elisk (Wolfgang), »Personalmanagement als Spiel«, Stuttgart 1998.

Empter (Stefan), »Handeln, Macht und Organisation: Zur interaktionistischen Grundlegung sozialer Systeme, Augsburg 1988.

Engholm (Björn), »Ich habe einen Traum«, Interview mit Björn Engholm – aufgenommen von Marc Kayser, erschienen in: Joffe (Josef) & Naumann (Michael) [Hrsg. und Chefredakteure], Die Zeit (Wochenzeitung) Nr. 8 Hamburg 15. Februar 2001.

Ernst (Heiko), »Empathie: die Kunst, sich einzufühlen«, erschienen in: Psychologie Heute (monatlich erscheinende Zeitschrift), Julius Beltz GmbH & Co. KG Weinheim [Hrsg.], Weinheim Mai 2001.

Esser (Axel) & Wolmerath (Martin), »Mobbing - Der Ratgeber für Betroffene und ihre Interessenvertretung«, Frankfurt am Main 2001.

Fempel (Kurt) & Zander (Ernst), »Praxis der Personalführung: Was Sie tun und lassen sollten«, München 2001.

Fend (Helmut), »Entwicklungspsychologie des Jugendalters: Ein Lehrbuch für pädagogische und psychologische Berufe«, Opladen 2000.

Fischer (Helmut), »Die Transaktionsanalyse: Anstöße zur kritischen Auseinandersetzung«, München 1983.

Forgas (Joseph P.), »Soziale Interaktion und Kommunikation: Eine Einführung in die Sozialpsychologie«, Weinheim 1999.

Freud (Sigmund), zitiert aus Neuberger (Oswald), »Führen und geführt werden« (Basistexte Personalwesen), Stuttgart 1990.

Fritzenkötter (Christiane), »Die psychologischen Säulen des Glücks«, erschienen in: Psychologie Heute (monatlich erscheinende Zeitschrift), Julius Beltz GmbH & Co. KG Weinheim [Hrsg.], Weinheim Mai 2001.

Fröhlich (Werner D.), »Wörterbuch zur Psychologie«, München 1994.

Frost (Peter), »Power, Politics and Influence«, erschienen in: Jablin und andere [Hrsg.] , »Handbook of Organizational Communication, Newbury Park 1987.

Gamber (P.), »Konflikte und Aggression im Betrieb: Problemlösungen mit Übungen, Tests und Experimenten«, München und Landsberg am Lech 1995.

Gauß (Carl-Friedrich), zitiert aus: Fuchs (Jürgen) [Hrsg.], »Das biokybernetische Modell: Unternehmen als Organismus«, Wiesbaden 1992.

Goleman (Daniel), »Emotionale Intelligenz«, München 2001.

Grießhammer (Rolf), »Konfliktfähigkeit«, St. Ingbert 1993.

Häcker (Hartmut) & Stapf (Kurt H.) [Hrsg.], unter ständiger Mitarbeit von Christian Becker-Carus unter anderem, »Dorsch Psychologisches Wörterbuch«, Bern, Göttingen, Toronto & Seattle1998.

Hagehülsmann (Ute) & Hagehülsmann (Heinrich), »Der Mensch im Spannungsfeld seiner Organisation - Transaktionsanalyse in Managementtraining, Coaching, Team- und Personalentwicklung«, Paderborn 1998.

Hagehülsmann (Ute), »Beratung und TA - Wie geht denn das? - Transaktionsanalyse in Aktion«, Paderborn 1993.

Hamann (Angelika) & Huber (Johann J.), »Coaching: Die Führungskraft als Trainer«, Leonberg 2001.

Harris (Amy Bjork) & Harris (Thomas A.), »Einmal o.k. - immer o.k., Transaktionsanalyse für den Alltag«, Reinbek bei Hamburg 2000.

Harris (Thomas A.), »Ich bin o.k. - du bist o.k.: Wie wir uns selbst besser verstehen und unsere Einstellung zu anderen verändern können - Eine Einführung in die Transaktionsanalyse«, Reinbek bei Hamburg 2000.

Hartig (Matthias), »Erfolgsorientierte Kommunikation«, Tübingen und Basel 1997.

Hauser (Eberhard), »Coaching: Führung für Geist und Seele«, erschienen in: Feix (Wilfried E.) [Hrsg.], »Personal 2000«, Wiesbaden 1991.

Heidebrink (Horst), »Jean Piaget«, erschienen in: Helmut E. Lück und Rudolf Miller [Hrsg.], Illustrierte Geschichte der Psychologie, Weinheim 1999.

Henning (Gudrun) & Pelz (Georg), »Transaktionsanalyse«, Freiburg im Breisgau 1997.

Herber (H. J.), »Motivationsanalyse«, Stuttgart 1985.

Herriger (Catherine), Wie Rituale unser Leben bestimmen: Macht und Magie unbewußter Botschaften im Alltag«, Weyarn 1998.

Hertzer (Karin), »Ich wünsch mir weniger«, eine Rezension zu dem Buch: de Graf (John) / Wann (David) & Naylor (Thomas H.), »Affluenza - Zeitkrankheit - Konsum«, München 2002, erschienen in: Psychologie Heute (monatlich erscheinende Zeitschrift), Julius Beltz GmbH & Co. KG Weinheim [Hrsg.], Weinheim Dezember 2002.

Herzberg (Frederick) / Mausner (Bernard) /Synderman (Bernard) & Bloch (Barbara), »The Motivation to Work«, New York / London & Sydney 1967.

Hillenkamp (Sven), »Ich will auch«, zitiert aus: Joffe (Josef) & Naumann (Michael) [Hrsg. und Chefredakteure], Die Zeit (Wochenzeitung) Nr. 45, Hamburg 24. Oktober 2002.

Holzheu (Harry), »Natürliche Rhetorik«, München 2000.

Hopfenbeck (Waldemar), »Allgemeine Betriebswirtschafts- und Managementlehre: das Unternehmen im Spannungsfeld zwischen ökonomischen, sozialen und ökologischen Interessen«, Landsberg am Lech 1992.

Hoyos (Carl Graf), »Motivation«, erschienen in: »Lehrbuch der Ergonomie«, Schmidtke (Heinz) [Hrsg.], München und Wien 1981.

Jervis (Giovanni), »Grundfragen der Psychologie«, Berlin 2001.

Kalnins (Monika) & Röschmann (Doris), »Icebreaker: Wege bahnen für Lernprozesse«, Hamburg 2000.

Klöpfer (Franz) & Nies (Ulrich), Erfolgreich durch interne Kommunikation: Mitarbeiter besser informieren, motivieren, aktivieren«, Neuwied 2001.

Kolodej (Christa), »Mobbing - Psychoterror am Arbeitsplatz und seine Bewältigung«, Wien 1999.

Korndörfer (Wolfgang), »Unternehmensführungslehre: Einführung, Entscheidungslogik, soziale Komponenten«, Wiesbaden 1995.

Krainz (Ewald E.) & Groß (Horst), »Eitelkeit im Management: Kosten und Chancen eines verdeckten Phänomens«, Wiesbaden 1998.

Kratz (Hans-Jürgen), »Mobbing - Erkennen - Ansprechen - Vorbeugen«, Wien 2000.

Krech (David) u. a., »Grundlagen der Psychologie 3: Lern- und Gedächtnispsychologie«, Weinheim & Basel 1985.

Kreis (Rudolf), »Handbuch der Betriebswirtschaftslehre«, Münschen und Wien 1993.

Kreuzer (Christine), »Mobbing, Bullying und Bossing aus juristischer Perspektive - Die rechtliche Situation von Arbeitnehmern bei Mobbing und verwandten Formen von Psychoterror am Arbeitsplatz und die Rechte und Pflichten des Arbeitgebers.«, erschienen in: Personalführung, Heft 3/2000, 32. Jahrgang.

Kubie (Lawrence S.), zitiert aus: Harris (Thomas A.), »Ich bin o.k. - du bist o.k.: Wie wir uns selbst besser verstehen und unsere Einstellung zu anderen verändern können - Eine Einführung in die Transaktionsanalyse«, Reinbek bei Hamburg 2000.

Küpper (Willi) & Felsch (Anke), »Organisation, Macht und Ökonomie - Mikropolitik und die Konstitution organisationaler Handlungssysteme«, Wiesbaden 2000.

Lantermann (Ernst), Otto (Jürgen) & Döring-Seipel (Elke), »Vernünftiges Denken ist ohne Emotionen nicht möglich«, erschienen in: Psychologie Heute (monatlich erscheinende Zeitschrift), Julius Beltz GmbH & Co. KG Weinheim [Hrsg.], Weinheim Mai 2001.

Legewie (Heiner) & Ehlers (Wolfram), »Handbuch der modernen Psychologie«, Augsburg 2000.

Leymann (Heinz), »Mobbing - Psychoterror am Arbeitsplatz und wie man sich dagegen wehren kann«, Hamburg 1993.

Looss (Wolfgang), »Unter vier Augen: Coaching für Manager«, Landsberg am Lech 1997.

Luft (Josef) & Ingham (Harry), Schaubild »Johari-Fenster«, abgedruckt in: Birker (Klaus), »Betriebliche Kommunikation«, Berlin 1998.

Lumma (Klaus), »Die Teamfibel - Oder das Einmaleins der Team- und Gruppenqualifizierung im sozialen und betrieblichen Bereich«, Hamburg 2000.

Maess (Kerstin) & Maess (Thomas), »Personaljahrbuch 2000: Wegweiser für zeitgemäße Mitarbeiterführung«, Neuwied 1999.

Marx (Karl), »Das Kapital - Kritik der politischen Ökonomie - 3. Band (Nachdruck)«, Frankfurt am Main 1983.

Maslow (Abraham H.), 1970.

Mast (Claudia), »Unternehmenskommunikation«, Stuttgart 2002.

McGregor (Douglas), »Der Mensch im Unternehmen«, Düsseldorf und Wien 1973.

Meinhardt (Karin) & Weber (Hermann), »Erfolg durch Coaching: Führung im 21. Jahrhundert«, Hamburg 2001.

Meininger (Jut), »Transactional Analysis: Die neue Methode erfolgreicher Menschenführung«, München 1974.

Meschkutat (Bärbel), Martina Stackelbeck & Georg Langenhoff, »Der Mobbing-Report: Repräsentativstudie für die Bundesrepublik Deutschland«, Dortmund 2002.

Mintzberg (Henry), »Power in and around Organizations«, Englewood Cliffs 1983.

Molcho (Samy), »Körpersprache«, München 1998.

Neuberger (Oswald), »Führen und führen lassen«, Stuttgart 2002.

Neuberger (Oswald), »Führen und geführt werden« (Basistexte Personalwesen), Stuttgart 1990.

Neuberger (Oswald), »Mikropolitik - Der alltägliche Aufbau und Einsatz von Macht in Organisationen« (Basistexte Personalwesen), Stuttgart 1995.

Neuberger (Oswald), »Mobbing - Übel mitspielen in Organisationen«, Mering 1999.

Neuberger (Oswald), »Theorien der Arbeitszufriedenheit« , Stuttgart u. a. 1974.

Niedl (Klaus), »Mobbing - Bullying am Arbeitsplatz«, München und Mering 1995.

Niedl (Klaus), zitiert aus: Leymann (Heinz), »Mobbing - Psychoterror am Arbeitsplatz und wie man sich dagegen wehren kann«, Hamburg 1993.

Oskar Frischenschlager, »Wien, wo sonst: Die Entstehung der Psychoanalyse und ihrer Schulen«, Wien u. a. 1994.

Oswald (Heinrich), »Unternehmerische Motivation im Aufwind«, erschienen in: Jean Paul Thommen [Hrsg.], »Management-Kompetenz: Die Gestaltungsansätze des Executive MBA der Hochschule St. Gallen«, Zürich 1995.

Paulsen (H. C.), »Psychologie der Unternehmensführung«, Konstanz 1970.

Pfützner (R.), »Kooperativ führen: eine Führungslehre für Vorgesetzte«, Köln 1994.

Piaget (Jean), »Das symbolische Denken und das Denken des Kindes«, erschienen in: Sibylle Volkmann-Raue [Hrsg.], »Jean Piaget: Drei frühe Schriften«, Freiburg im Breisgau 1993.

Piaget (Jean), »Die klassischen Entwicklungsfaktoren«, erschienen in: Reinhard Fatke [Hrsg.], »Jean Piaget über Jean Piaget«, München 1981.

Piaget (Jean), »Intelligenz und Affektivität in der Entwicklung des Kindes«, Aloys Leber [Hrsg.], Frankfurt am Main 1995.

Piaget (Jean), zitiert aus: Vollmers (Burkhard), »Das Werden der Person: Psychologie als dialektische Kulturwissenschaft«, Göttingen 1999.

Porter (Lyman W) & Lawler (Edward), »Managerial Attitudes and Performance«, Homewood 1986.

Possemeyer (Ines), »Stress - Wie meistern wir die schöne neue Arbeitswelt?, GEO - Das Reportage-Magazin, Gruner + Jahr, Hamburg Heft 03/2002.

Preissler (Peter R.) / Koop (Michael) & Neuberger (Oswald), »Unternehmens- und Personalführung«, Landsberg am Lech 1992.

Pühl (Harald), »Team-Supervisionen: Von der Subversion zur Institutionsanalyse«, Göttingen 1998.

Rahn (Horst-Joachim), »Betriebliche Führung«, erschienen in: Klaus Olfert [Hrsg.], Kompendium der praktischen Betriebswirtschaft, Ludwigshafen 1992.

Rauen (Christopher), »Coaching: Innovative Konzepte im Vergleich«, Göttingen 2001.

Redlich (Alexander) & Elling (Jens R.), »Potential Konflikte: ein Seminarkonzept zur Konflikmoderation und Mediation für Trainer und Lerngruppen«, Hamburg 2000.

Rogoll (Rüdiger), »Nimm dich wie du bist«, Freiburg im Breisgau 1982.

Roth (Wolfgang L.) / Brüning (Marietta) & Edler (Joachim), »Coaching - Reflektionen und empirische Daten zu einem neuen Personalentwicklungsinstrument«, erschienen in: Wilker (Friedrich W.) [Hrsg.], »Supervision und Coaching«, Bonn 1995.

Rückle (Horst), »Körpersprache verstehen und deuten«, Niederhausen 1994.

Rüttinger (Rolf) & Kruppa (Reinhold), »Übungen zur Transaktionsanalyse«, Hamburg 2001.

Rüttinger (Rolf), »Konflikt und Konfliklösung«, Goch 1980.

Rüttinger (Rolf), »Transaktionsanalyse«, erschienen in: Arbeitshefte Führungspsychologie Band 10, Heidelberg 1999.

Sader (Manfred), »Psychologie der Gruppe«, Weinheim und München 1998.

Sandberg (Carl Gustav), »Das Unternehmen der Zukunft: Zusammenarbeit statt Einzelkampf«, GEO - Das Reportage-Magazin, Gruner + Jahr, Hamburg Heft 03/2002.

Sartre (Jean-Paul), »Geschlossene Gesellschaft«, Reinbek bei Hamburg 1995.

Scanlan (B. K.), »Erfolgreiche Mitarbeitermotivierung«, München 1973.

Schaller (Roger), »Das große Rollenspiel-Buch: Grundtechniken, Anwendungsformen, Praxisbeispiele«, Weinheim und Basel 2001.

Schaub (Horst) & Zenke (Karl G.), »Wörterbuch Pädagogik«, München 1999.

Scheller (Ingo), »Szenisches Spiel: Handbuch für die pädagogische Praxis«, Berlin 1998.

Schiferer (Rüdiger), »Alfred Adler«, erschienen in: Frischenschlager (Oskar) [Hrsg.], »Wien - wo sonst!«, Wien u. a. 1994.

Schild (Ihno) & Heeren (Andreas), »Mobbing - Konflikteskalation am Arbeitsplatz – Möglichkeiten der Prävention und Intervention«, München 2002.

Schlaugat (Kerstin), »Mobbing am Arbeitsplatz - eine theoretische und empirische Analyse«, München 1999.

Schlegel (Leonard), »Die Transaktionale Analyse - Eine Psychotherapie, die kognitive und tiefenpsychologische Gesichtspunkte kreativ miteinander verbindet«, Tübingen und Basel 1995.

Schlegel (Leonard), »Handwörterbuch der Transaktionsanalyse«, Freiburg im Breisgau 1993.

Schmidbauer (Wolfgang), »Psychologie: Lexikon der Grundbegriffe«, Reinbek bei Hamburg 1991.

Schmidt (Rainer), »Immer richtig miteinander reden, Transaktionsanalyse in Beruf und Alltag«, Paderborn 1998.

Scholz (Christian), »Personalmanagement - Informationstheoretische und verhaltenstheoretische Grundlagen«, 5. neubearbeitete und erweiterte Auflage, München 2000.

Schönpflug (Wolfgang), »Geschichte und Systematik der Psychologie«, Weinheim 2000.

Schreyögg (Astrid), »Coaching - wer braucht das?«, erschienen in: Wilker (Friedrich W.) [Hrsg.], »Supervision und Coaching«, Bonn 1995.

Schreyögg (Astrid), »Coaching: eine Einführung für Praxis und Ausbildung«, Frankfurt am Main & New York 1996.

Schreyögg (Georg), »Organisation: Grundlagen moderner Organisationsgestaltung«, Wiesbaden 1996.

Schulz von Thun (Friedemann), »Miteinander reden 1 - Störungen und Klärungen – Allgemeine Psychologie der Kommunikation«, Reinbek bei Hamburg 1995.

Schulz von Thun (Friedemann), »Miteinander reden: Kommunikationspsychologie für Führungskräfte«, Reinbek bei Hamburg 2001.

Schulz-Hardt (Stefan), »Realitätsflucht in Entscheidungsprozessen: Von Groupthink zum Entscheidungsautismus, Bern / Göttingen & Toronto 1996.

Seiwert (Lothar), »Das Bumerang Prinzip«, München 2002a.

Seiwert (Lothar), »Das neue 1 x 1 des Zeitmanagement: Ziele im Griff, Ziele in Balance - Kompaktes Know-how für die Praxis«, München 2002b.

Seneca (Annaeus Lucius), erschienen in: Leonhardt (Roland) [Hrsg.], »Seneca-Praktische Philosophie für Manager«, Wiesbaden 2002.

Seneca (Annaeus Lucius), erschienen in: Seiwert (Lothar), »Das Bumerang Prinzip«, München 2002a.

Skinner (Burrhus F.), »A matter of consequences«, New York 1983.

Spanner (Hansgeorg), »Mobbing am Arbeitsplatz - Ansprüche des betroffenen Arbeitnehmers gegenüber Arbeitskollegen und Arbeitgeber«, Frankfurt am Main 2000.

Staehle (Wolfgang H.), »Management«, München 1989.

Steiger (Thomas) & Lippmann (Eric), »Handbuch angewandte Psychologie für Führungskräfte: Führungskompetenz und Führungswissen«, Band I, Heidelberg 1999a.

Steiger (Thomas) & Lippmann (Eric), »Handbuch angewandte Psychologie für Führungskräfte: Führungskompetenz und Führungswissen«, Band II, Heidelberg 1999b.

Steiner (Claude), »Wie man Lebenspläne verändert: Das Skript-Konzept in der Transaktionsanalyse«, Paderborn 1993.

Steinmann (Horst) & Schreyögg (Georg), »Management - Grundlagen der Unternehmensführung - Konzepte, Funktionen und Praxisfälle«, Wiesbaden 1991.

Stewart (Ian) & Joines (Vann), »Die Transaktionsanalyse: Eine neue Einführung in die TA«, Freiburg / Basel & Wien 1990.

Stewart (Ian), »Transaktionsanalyse in der Beratung: Grundlagen und Praxis transaktionsanalytischer Beratungsarbeit«, Paderborn 1991.

Stone (Douglas) / Patton (Bruce) & Heen (Sheila), »Offen gesagt! Erfolgreich schwierige Gespräche meistern: Das Harvard-Gesprächs-Projekt«, München 2000.

Stroebe (W.) / Hewstone (M.) & Stephenson (G. M.) [Hrsg.], »Sozialpsychologie«, Berlin u. a. 1997.

Sullivan (Harry Stack), zitiert aus: Harris (Thomas), »Ich bin o.k. - du bist o.k.: Wie wir uns selbst besser verstehen und unsere Einstellung zu anderen verändern können - Eine Einführung in die Transaktionsanalyse«, Reinbek bei Hamburg 2000.

Sureda (Bárbara) u. a.,»Aktiv und erfolgreich mit Psychologie: Verhalten - Intelligenz - Lernen - Motivation - Liebe - Emotionen, Klagenfurt 2000.

Tannenbaum (Robert) & Schmidt (Warren H.), »Führungsstil: demokratisch oder autoritär«, erschienen in: Havard Manager, »Führung und Organisation«, Hamburg 1997.

Thagard (Paul), »Kognitions-Wissenschaft«, Stuttgart 1999.

Thomas (Alexander), »Analyse der Handlungswirksamkeit von Kulturstandards«, erschienen in: »Psychologie interkulturellen Handelns«, Thomas (Alexander) [Hrsg.], Göttingen 1996.

Türk (Klaus), »Neuere Entwicklungen in der Organisationsforschung: Ein Trend Report«, Stuttgart 1989.

Ulrich (Peter), »Führungsethik: Ein grundrechteorientierter Ansatz«, erschienen in: Jean Paul Thommen [Hrsg.], »Management-Kompetenz: Die Gestaltungsansätze des Executive MBA der Hochschule St. Gallen«, Zürich 1995.

Ulrich (Peter), »Wirtschaftsethik und Unternehmensverfassung: Das Prinzip des unternehmenspolitischen Dialogs«, erschienen in: Hans Ulrich [Hrsg.], »Management-Philosophie für die Zukunft«, Bern & Stuttgart 1981.

Vester (Frederic), »Denken, Lernen, Vergessen: Was geht in unserem Kopf vor, wie lernt das Gehirn, und wann läßt es uns im Stich?«, Stuttgart 1982.

Vester (Frederic), »Neuland des Denkens - Vom technokratischen zum kybernetischen Zeitalter«, Stuttgart 1993.

Vidal (Gore), zitiert aus: Nalebuff (Barry) & Brandenburger (Adam), »Coopetition - kooperativ konkurrieren: Mit der Spieltheorie zum Unternehmenserfolg, New York & Frankfurt am Main 1996.

von Cube, »Besiege Deinen Nächsten wie Dich selbst: Aggression im Alltag«, München 1993.

von Quast (Christoph), »Psychotest Streßmanagement«, München 1994.

von Rosenstiel (Lutz), »Die motivationalen Grundlagen des Verhaltens in Organisationen. Leistung und Zufriedenheit«, Berlin 1975.

von Rosenstiel (Lutz), »Grundlagen der Organisationspsychologie«, Stuttgart 1992.

Vroom (Victor H.), »Work and Motivation«, New York, London, Sydney 1964.

Walter (Henry), »Mobbing - Kleinkrieg am Arbeitsplatz. Konflikte erkennen, offen legen und lösen«, Frankfurt am Main 1993.

Wartenberg (Rolf), »Kritische Sichtung des Ansatzes von E. Berne und Vorschläge zu einer theoretisch grundlegenden Neufassung«, Peter Gottwald (Erstgutachter) & Siegfried Grubitzsch (Zweitgutachter): Dissertation an der Carl von Ossietzky Universität Oldenburg 1989.

Weber (Max), »Gesammelte Aufsätze zur Soziologie und Sozialpolitik«, Tübingen 1924.

Weiber (Günter), »Vater Freud und die frühe psychoanalytische Bewegung«, Opladen 1996.

Weinert (Ansfried), »Lehrbuch der Organisationspsychologie«, München u. a. 1981.

Weisman (Gisele), »The winner's way: A Transactional Analysis Guide for Living, Working and Learning«; Belmont California 1980.

Weßling (Matthias) / Barthe (Oliver) & Lubbers (Bernd Wolfgang), »Coaching von Managern«, Berlin 1999.

Whitmore (John), »Coaching für die Praxis«, Frankfurt am Main & New York 1996.

Wiendieck (Gerd) & Wiswede (Günter) [Hrsg.], »Führung im Wandel: Neue Perspektiven für Führungsforschung und Führungspraxis«, Stuttgart 1990.

Wiener (Norbert), »Kybernetik. Regelung und Nachrichtenübertragung im Lebewesen und in der Maschine«, Düsseldorf 1992, übernommen aus: Freimuth (Joachim) & Zirkler (Michael) [Hrsg.], »Lizenz zum Führen? 360-Grad-Feedback in der Personal- und Organisationsentwicklung«, Hamburg 2001.

Wildenmann (Bernd), »Professionell Führen«, Kriftel 1996.

Williams (Arthur L.), »Das Prinzip Gewinnen«, Landsberg am Lech 2000.

Wimmer (Rudolf), »Organisationsberatung: Neue Wege und Konzepte« Wiesbaden 1992.

Wolmerath (Martin), »Mobbing im Betrieb - Rechtsansprüche und deren Durchsetzbarkeit«, Baden-Baden 2001.

Wons (Frank), »Ein handlungstheoretisches Persönlichkeitsmodell als Annahmekern einer Metatheorie für evaluative Studien zur Wirksamkeit von Psychotherapie und deren Anwendung auf Transaktionsanalyse«, Grubitzsch (Siegfried) [Erstgutachter] & Gottwald (Peter) [Zweitgutachter]: Diplomarbeit an der Carl von Ossietzky Universität Oldenburg 1999.

Woolams (Stan) & Brown (Michael), »TA: The total handbook of transactional analysis«, USA - Englewood Cliffs 1979.

Zapf (Dieter), »Mobbing in Organisationen - Überblick zum Stand der Forschung«, erschienen in: Zeitschrift für Arbeits- und Organisationspsychologie, Heft 43, 1999.

Zuschlag (Bernd), »Mobbing. Schikane am Arbeitsplatz«, Göttingen 1994.

Internet

B. F. Skinner Foundation, http://www.bfskinner.org/images.asp, 12.02.2002.

Berthold (Markus), http://www.markus-berthold.de/kommunikation/aktivzuhoeren/ akzuhoeren.htm, 15.09.2002.

Berthold (Markus), http://www.markus-berthold.de/kommunikation/bansatz.htm, 15.09.2002.

Berthold (Markus), http://www.markus-berthold.de/kommunikation/wasistwas/ ta/thdreieck.htm, 15.09.2002.

Biedermann (Klaus), http://www.psychodoc.de/mobbingartikel2.htm, 13.02.2001.

Bundesministerium für Arbeit und Sozialordnung, http://www.bma.bund.de/index.cfm? uuid=81E874F169AA4CC38F22EE2E4C5B9571&and_uuid=2C61F61284A443C7 B13D7B86A36372F4, 30.07.2002.

Bundesverband für Körper- und Mehrfachbehinderte e. V., http://www.bvkm.de/ glossar.htm#Autismus, 20.03.2000.

Bundesvereinigung für Gesundheit e.V., http://www.weltgesundheitstag.de/2002/ Themen/sport4.html, 15.10.2002

Bundschuh (Manfred), http://www.gm.fh-koeln.de/~bundschu/dokumente/Referate /358/, 15.10.2002.

CEST, http://www.social-psychology.com/myphp/print.php?sid=15, 02.09.2002.

Deißenböck (Florian), http://www.deissenboeck.de/downloads/faq-psy_2up.pdf, 08.10.2001.

DGB, http://www.dgb.de/themen/mobbing-einfuehr.htm, 25.05.2002.

Ehlers (Hans-Joachim), aus Raum & Zeit 85/97,veröffentlicht: http://www.altbier-express.de, 01.10.2002.

European Antimobbing Association, http://www.euro-antimobbing.org/index.html? rechte=ansprueche.html, 15.11.2002.

Fischer (Rudi), http://www.hrudifisch.de/html/coaching/COACHING.html#Anchor-4.1-23522, 15.11.2002.

FpA e.V., http://www.fpa-net.de/Die%20Zeit%20managen%20klein.htm, 20.09.2002.

Gesellschaft Arbeit und Ergonomie - online e.V., http://www.sozialnetz-hessen.de/ergo-online/Krank-beschw/g_stress.htm?csok=1, 27.08.1998.

Hamann (Uwe), http://www.transaktionsanalyse.net, 11.12.2001.

Hardman (Johannes), http://www.hardman.at/psychophilo/content/psycho/ sozialpsychologie.html, 29.10.2002.

Hauser (Hans-Georg), http://www.proweg.com/files/pdf/HGHspeech.pdf, 01.05.2002.

IBBW, http://www.ibbw.de/grafik/4_fernkurse/4_5_dla/4_5_3_probe.html, 01.10.2002.

IBS, http://www.fh-niederrhein.de/fb06/ibs/supervision.htm, 14.09.1999.

IMP, http://diggity.schwag.org/~zeno/skinner, 12.02.2000.

Kersting (Heinz J.), IBS, http://www.fh-niederrhein.de/fb06/ibs/supervision.htm, 14.09.1999.

KIM, http://www.mobbing-am-arbeitsplatz.de/wisausein/III_3_4.htm, 11.05.2002.

Kistner (Thomas), http://www.igmetall.de/buecher/onlinebroschueren/mobbing /mobbing.html#top, 01.10.1997.

Klumpp (Bruno), http://www.knowhow-kompakt.com/am/zmana/amzm005.htm, 15.10.2001.

Klumpp (Bruno), http://www.methode.de/am/zm/amzm002.htm, 01.10.2002.

Klumpp (Bruno), http://www.methode.de/pm/um/pmum3.htm, 15.10.2001.

Mastel (André), http://www.mastel.ch/projekt-ada1/, 01.08.2001.

Möller (Peter), http://www.philolex.de/philolex.htm. 15.09.2002.

MSC, http://www.mscoaching.com/methphil.htm, 10.11.2002.

NGFG, http://www.grenzwissenschaft.de/texte/br003.htm, 01.10.1999.

NGFG, http://www.ngfg.com/texte/aw008.htm, 01.09.2002.

NGFG, http://www.ngfg.com/texte/bg001.htm, 01.09.2002.

NGFG, http://www.ngfg.com/texte/nv045.htm, 01.09.2002.

Parak-Winkler (Ursula), http:// www.mds-network.com/download/CoachingCurriculum. ppt+Coach+intellektuelle+Flexibilit%C3%A4t&hl=de&ie=UTF-8, 15.11.2002

Payer (Margarete), http://www.payer.de/kommkulturen/kultur043.htm, 06.11.2000.

PBS Online, http://www.pbs.org/wgbh/aso/tryit/brain/cortexhistory2.html, 04.03.2000.

Rose-Neiger (Ingrid), http://www2.hdm-stuttgart.de/arbeitsamt/media/pdf/download/ vortraege/workshop_rose_neiger.pdf, 09.10.2000.

Rundnagel (Regine), http://www.sozialnetz-hessen.de/ergo-online/Ges-Vorsorge/stress-bewaelt.htm?csok=1, 27.08.1998.

TAII, http://indigo.ie/~liztai/index.html?/~liztai/ta/berndate.htm, 04.12.1996.

Teuber (Stephan), http://www.loquenz.de/pdf/ue/coaching_fk.pdf, 03.11.2002.

Uni Graz, http://www.kfunigraz.ac.at/trmwww/mobbing-vortrag.pdf, 01.07.2002.

University of Tennessee, http://www.utm.edu/research/iep/m/machiave.htm, 10.06.2002.

White House, http://www.whitehouse.gov/history/presidents/de34.html, 15.11.2002.

Zapf (Dieter), http://www.arte-tv.com/societe/mobbing2/dtext/index.htm, 22.01.2001.

Zuschlag (Bernd), http://www.horst-bertsch.de/mobbing.html, 17.09.2000.

Personenverzeichnis

Stichwortverzeichnis

T

Tabuisierung V, 72, 79, **132**, **184**, 199, 222
Tagesplanung 230
Täter 39, 64, 73, 85, 181, 186, 192, 195,
    196, 198, 199, 201, 215, 217, 221
Teamfähigkeit 145
Teilautonome Arbeitsgruppe 240
Teilen und Herrschen 82, 165
Teufels-Kreislauf 64, 85, 226
Theorie der Ver-Führung 117
Theorie X 111, 113
Theorie Y 111, 112, 113
Totalverweigerer 77
Traditionen V, 21, 59, 103, 111, 142, 165,
    166, 220, 227
Trainingsmaßnahmen 222, 224
Transaktion 18, 39, 55, 57, 61, 160, 169
Transaktion, verdeckte 39, 55, 57, 61,
    160, 169
Transaktionale Analyse VI, **17 bis 104**,
    105, 120, 121, 131, 136, 141, 148, 157,
    169, 176, 199, 245
Transaktionsdiagramm 48
Transaktions-Reaktion 18
Transaktions-Stimulus 18
Trauer 59, 67, 70, 72, 149
Traumatische Erfahrungen 31, 67
Traurigkeit 23, 66, 69, 79, 93, 99
Trick 38, 39, 73, 81, 165, 169
Triebe 23, 105
Tyrannisieren 167

U

Über- und Unterordnungsverhältnis 120
Überforderung 191, 195, 219, 235, 237
Übertragung 8, 183, 198
Umgang mit der Zeit 234
Umwelt 5, **8**, 10, 11, **12**, 24, 26, 27, 29, **30**,
    33, 66, 75, 81, 85, 123, 142, 146, 166,
    189, 190, 198, 202, 230, 235
Unbehagen 48, 62, 177, 184
Unfallverhütungsvorschriften 210
Unselbständigkeit 46
Unterforderung 191, 195, 219, 235, 237
Unternehmensziele 169
Unterwerfungsdrang 65
Unzufriedenheit 88, 109, 172, 197
Unzulänglichkeit 64, 75, 132, 185,
    186, 229

Urprotokoll 31
Urvertrauen 31, 33

V

Valenz 113
Varianten der Lebensbewältigung 34
Verachtung 37, 58, 70, 77
Veränderung V, 1, 12, 15, 16, 19, 26, 57,
    84, 87, 101, 153, 170, 173, 184
Veränderung der Gefühlslage 57
Veränderung der Persönlichkeit 101
Veränderung von Verhaltensmustern 153
Veränderungs- und Anpassungsprozesse
    26, 170, 173
Verantwortung 9, 14, 69, 80, 109, 111,
    112, 121, 128, 166, 173, 190, 235
Verantwortung, ethische 16
Verblüffung 39, 169
Verfolger 79, 157, 158, 159, 160, 161, 199
Verfolger-Rolle 158
Verfolger-Spiele 88, 158, 160
Verhaltensänderung V, **1 bis 16**, 137
Verhaltenskodcx 212
Verhaltensspiele **33**, **38 bis 40**, 46, 56, **60**,
    61, 65, 81, 82, 84, 87, 103, 105, 122,
    160, 161, 162, 169, 175, 181, 182, 198,
    199, **221**, 245
Verhaltensspiele, ... der Opfer 160
Verhaltensspiele, ... der Retter 160
Verhaltensspiele, ... der Verfolger 160
Verhaltensspiele, Mehr desselben 181, 182
Verhaltensspiele, Meins ist besser als deins
    39, 46, 56, 65, 81, 122, 160, 198
Verhaltensstrategien 23
Verhaltensweisen 2, 4, **8**, **9**, 11, 12, **14**, 20,
    21, **34**, 45, 59, 61, **77**, 85, 96, **103**, 127,
    131, 195, 212, 222
Verhaltenswunsch 180
Verhärtung 174
Verletzlichkeit 72, 79
Verlierer **37**, 39, **52**, **60**, **134**, 170, **172**, 199
Verlierer-Skript 37, 199
Vernichtung 174
Verständnis 19, 44, 74, 78, 105, 108, 175,
    185, 186
Verstärkung 5, 6, 7, 196, 241
Versuch-und-Irrtum 7
Vertrauen 21, 31, 141
Vertrauensvolle Zusammenarbeit 217